主　　编　武市红　高　屹

主要撰稿人（按姓氏笔画为序）
　　　　　　王　宁　王　骏　王丛标　许宝利
　　　　　　刘金田　宋毅军　武市红　张爱茹
　　　　　　高　屹　姜淑萍　阎建琪　裴淑英

[纪念版]

邓小平与共和国
重大历史事件

武市红 高屹 主编

人民出版社

目　录

前　言

我国不但完全结束了旧时代的黑暗历史，建立了社会主义社会，也改变了人类历史的进程。

——邓小平

七十年前，毛泽东主席在北京天安门庄严宣布了中华人民共和国的成立，中国人民从此站立了起来。七十年来，在中国共产党的领导下，中国人民在建设社会主义的道路上取得了举世瞩目的成就，我们这个古老的国家和民族改变了几百年积贫积弱的"东亚病夫"形象，以崭新的面貌屹立于世界的东方。

共和国的七十年是一部撼人心魄的历史长卷，经历了一个个春夏秋冬，伴随着一场场风风雨雨，犹如昨天发生的一幕幕重大历史事件，向人们诉说着这样朴素和深刻的历史箴言：没有共产党就没有新中国，只有社会主义能够救中国；毛泽东让中国人民站了起来，邓小平让中国人民富了起来。

在二十世纪马克思主义与中国实际相结合的长期过程中，毛泽东和邓小平这两位时代巨人，分别领导中国共产党和中国人民进行了两次深刻的社会革命，完成了两次历史性的飞跃，形成了两大理论成果，由此也开创了与他们的名字紧密相连的两个崭新的时代。毛泽东时代取得了中国革命的胜利，创立了新中国，建立了社会主义的基本制度；邓小平时代进行了第二次革命的实践，开辟了新时期，找到了在改革开放中实现社会主义现代化的新道路。

邓小平是中国人民的伟大儿子。他早年投身于中国革命。第二次国内革命战争时期在广西领导武装起义，创建红7军、红8军和革命根据地。抗日战争时期，与刘伯承一道率部英勇抗敌，开辟和领导华北敌后抗日根据地。解放战争时期，同刘伯承一起率领大军，千里跃进大别山，参与领导和指挥淮海战役、渡江战役，解放南京、上海及东南诸省，宣告国民党反动统治的覆灭。然后又率部进军大西南，参加领导了和平解放西藏，完成中国大陆的解放。他为新中国的诞生，建立了赫赫战功。

新中国成立后，我们党面临着怎样从新民主主义向社会主义过渡，以及探索一条在经济文化比较落后的条件下建设社会主义道路的任务。邓小平在主持西南地区的工作期间，卓有成效地领导了全区的政权建设、社会改造和经济恢复，开创了西南地区稳定、发展的新局面。1952年他调到中央工作后，先后担任政务院副总理、中共中央秘书长、国务院副总理等重要职务，参与了许多重大决策的制定和经历了一系列重大事件。在反对高岗、饶漱石阴谋分裂党、篡夺党和国家最高权力的重大斗争中，邓小平作出了重要贡献。在1956年党的八届一中全会上，他当选为中共中央政治局常委、总书记，成为以毛泽东为核心的中央领导集团的重要成员。在主持中央书记处工作的十年中，他一直处在中央领导工作的第一线，直接参加党和国家的重要决策，为社会主义制度的建立和社会主义建设的展开，为探索适合中国国情的建设社会主义的道路，为总结经验，纠正失误，调整政策，克服主要由于"左"的错误而出现的三年经济困难，担负起繁重的任务，提出了许多正确的主张。在党的建设上，提出共产党要接受监督，健全党的民主生活；在经济建设上，提出纠正"左"的错误和恢复国民经济正常发展的意见，主持制定《国营工业企业工作条例（草案）》，提出恢复和发展农业生产的正确主张（即著名的"猫论"）；在中苏论战中，曾多次率代表团去莫斯科同苏共谈判，坚决维护中国共产党的独立自主的原则立场，等等。

"文化大革命"是共和国历史上一起时间最长、影响最大、错误最重的事件。邓小平在这场长达十年的动乱中两次受到错误的批判和斗争，并被撤销一切职务，经历了他革命生涯中最艰难、最曲折的时期。林彪集团被粉碎后，邓小平复出。1974 年他代表中国政府在联合国第六届特别会议上发言，系统阐述了毛泽东关于三个世界划分的理论。1975 年周恩来病重，邓小平主持党、国家和军队的日常工作。他力挽狂澜，对"文化大革命"以来所造成的严重困难局面开始了大刀阔斧的整顿，同"四人帮"进行了针锋相对的斗争。这次全面整顿，反映了广大干部和群众的愿望，代表了党的正确领导，是后来邓小平领导的改革开放的一次试验和预演。

1976 年，周恩来、朱德、毛泽东相继去世。党中央政治局代表全党和全国人民的意志，一举粉碎了"四人帮"，从危难中挽救了党和国家，从而结束了"文化大革命"。当时，面对百废待举、百业待兴的局面，人们期待拨乱反正，走出"以阶级斗争为纲"的藩篱，进行四化建设。然而，尽管当时主持中央工作的同志也想抓经济、搞建设，但却坚持"左"的错误指导思想，坚持"两个凡是"的错误方针。拨乱反正举步维艰，平反冤假错案阻力很大，经济工作中求成过急和其他一些"左"倾政策在继续。历史在徘徊中前进，中国向何处去？在历史与现实的比较中，人们越来越清楚地看到，由"照过去方针办"的领导人来领导纠正党内的"左"倾错误特别是恢复党的正确路线和优良传统，是不可能的。经历了长期"左"的痛苦特别是"文化大革命"那场深重灾难的中国人民将期望投向了以邓小平为代表的中国共产党老一辈无产阶级革命家身上。在广大党员和人民的迫切要求下，邓小平再度复出。他不负众望，在历史转折关头，担负起历史的重任，以其卓越的才能和非凡的胆略，在千头万绪中抓住决定性环节，从端正思想路线入手进行拨乱反正。他强调实事求是是毛泽东思想的精髓，反对"两个凡是"的错误观点，支持开展真理标准问题的讨论，在具有历史意义的北方谈话中提出把党和国家工作重点转移到经济建设上来的历史性任务，为党的十一届三中全会的召开作了思想准备。

党的十一届三中全会，有学者将其评价为党的历史上第二次"遵义会议"，它的召开是决定中国命运和社会主义前途的重大事件。这次全会，在邓小平的领导下，重新确立解放思想、实事求是的思想路线，确定把党和国家工作的中心转移到经济建设上来，作出实行改革开放的决策。随后，邓小平又旗帜鲜明地提出坚持四项基本原则。党的"一个中心、两个基本点"的基本路线开始形成。这次全会，标志着建国以来党的指导思想实现了伟大的历史转折，开辟了改革开放和集中力量进行社会主义现代化建设的历史新时期。经过这次全会，邓小平成为党的第二代中央领导集体的核心。

在以改革开放为主要标志的社会主义事业发展的新时期，共和国面临着国内外新的形势和变化，经历了许多影响深远的重大事件。在党的正确路线的重新确立与发展中，在一系列关键问题的重大决策中，在改革开放和现代化建设局面的开拓中，在党和国家各项重大政策的制定中，邓小平以马克思主义的理论勇气、求实精神、丰富经验和远见卓识，发挥了主要决策人的作用，作出了重大的贡献。他在新时期建树的历史功绩是多方面的。其中最主要的，是正确解决了关系我们党和国家前途命运的两个重大课题，从而建树了两个伟大的历史功绩。这就是：坚持科学地评价毛泽东的历史地位和毛泽东思想的科学体系，根本否定"文化大革命"的错误实践和理论，同时坚决顶住否定毛泽东和毛泽东思想的错误思潮，亲自主持制定《关于建国以来党的若干历史问题的决议》，系统总结新中国成立以来我们党的历史经验，实现了我们党在指导思想上的拨乱反正；创立和发展了建设有中国特色社会主义理论——邓小平理论，这一理论，是当代中国的马克思主义，是马克思主义在中国发展的新阶段。在这个理论的指导下，制定了党在社会主义初级阶段的基本路线，确立了党在经济、政治、外交、教育、科学、文化、军事、祖国统一、党的建设等方面的一整套方针政策，成功地开辟了在改革开放中实现社会主义现代化的新道路。

黑格尔曾经说过：谁道出了他那个时代的意志，把它告诉他那个时代并使之实现，他就是那个时代的伟大人物。历史进入 20 世纪 70 年代，在决定中国命运和中华民族前途的关键时刻，邓小平代表人民的意志和时代精神，领导了以改革开放为标志的"第二次革命"。邓小平指出：旧的那一套经过几十年的实践证明是不成功的。过去我们搬用别国的模式，把自己封闭起来。历史在前进，我们却停滞不前，就落后了。20 年的经验尤其是"文化大革命"的教训告诉我们，不改革不行，不制定新的政治的、经济的、社会的政策不行。十一届三中全会制定了这样的一系列方针政策，走上了新的道路。改革开放从十一届三中全会起步，十二大以后全面展开，为中国"打开了一条一心一意搞建设的新路"。它经历了从农村改革到城市改革，从经济体制的改革到各方面体制的改革，从对内搞活到对外开放，社会主义物质文明和精神文明一起抓的波澜壮阔的历史进程。在这个进程中，以邓小平为核心的第二代领导集体领导我们党确定了一整套路线、方针和政策，作出了一系列重大的战略决策。其中主要有：不断排除来自否定改革开放的"左"的干扰和否定四项基本原则的右的干扰，在坚持四项基本原则的基础上，把改革开放和现代化建设不断引向深入；从中国的国情出发，制定了分三步走基本实现现代化的战略步骤和宏伟目标；不断破除旧的传统观念的束缚，逐步从过去社会主义只可以搞计划经济的模式中摆脱出来。从邓小平提出社会主义也可以搞市场经济，经过改革实践的发展和十二大、十二届三中全会、十三大的理论探索，特别是经过1992年邓小平的南方谈话和江泽民在中央党校的讲话，十四大确定我国经济体制改革的目标是建立社会主义市场经济，这是一个影响深远的伟大创举；兴办经济特区，开放沿海城市，对外开放逐渐向全国推进，基本形成了全方位、多层次、宽领域的对外开放格局；提出科学技术是第一生产力，把科技教育放在优先发展的战略地位，为党和国家实施"科教兴国"战略打下基础；大力推进政治体制改革，发展社会主义民主，健全社会主义法制，努力建设社会主义民主政治，走依法治国的道路；作出和平与发展是当今世界两大主题的新判断，改变了"一条线"战略，调整了与美国、日本、欧洲国家和苏联等国的关系，确定了独立自主的和平外交政策，为现代化建设创造了一个和平有利的国际环境；创造性地提出了"一国两制"的伟大构想，解决了历史上遗留下的香港、澳门问题，推动了祖国和平统一进程；作出了人民解放军裁减员额100万的重大决策，提出了新时期军队建设的指导思想，推动了军队革命化、现代化、正规化建设；巩固和发展了新时期爱国统一战线，尊重知识、尊重人才，充分调动了亿万人民现代化建设的积极性；重视社会主义精神文明建设，反对资产阶级自由化，确定了"两手抓，两手都要硬"的方针，强调物质文明和精神文明都搞好，才是有中国特色的社会主义；坚持和改善党的领导，加强党的思想建设、组织建设和作风建设，完善党和国家的领导制度；等等。这些，概括起来，就是改革开放，建设有中国特色的社会主义。坚持改革开放是决定中国命运的一招。在这个伟大的历史进程中，因为有这些正确的路线、方针、政策，有邓小平等老一辈革命家作中流砥柱，我们的党和国家经受了各种困难和曲折，特别是顶住了1989年春夏之交国内政治风波和80年代末90年代初东欧剧变、苏联解体这样的国内外形势变化的巨大压力的考验，保证了我国改革开放的社会主义方向，取得了现代化建设的巨大成就。改革开放改变了中国，也影响了世界。

要坚持改革开放，坚持党的基本路线一百年不动摇，邓小平强调：关键在人。从第二代领导集体建立之日起，邓小平就把培养接班人作为第一位的战略任务，并身体力行，带头废除实际存在的领导职务终身制，推进党中央领导层的新老交替。当他看到十三届四中全会选出的以江泽民为核心的党中央已卓有成效地开展工作时，毅然在 1989 年十三届五中全会上，辞去了担任的中央军委主席最后一个职务。在第二代领导集体向第三代领导集体顺利过渡的过程中，邓小平发挥了决定性的作用。这一重大举措，在我们党的历史上和国际共产主义运动史上，都是开创性的，对保持党和国家的长治久安，把建设有中国特色社会主义事业不断推向前进具有极其重要和深远的意义。

1992 年初，在改革开放的又一个关键时刻，邓小平视察南方并发表重要谈话。谈话总揽全局、高屋建瓴，科学地总结了十一届三中全会以来党的基本实践和基本经验，从理论上深刻回答了长期困扰和束缚人们思想的许多重大认识问题，不仅对开好党的十四大具有重要指导作用，而且对整个社会主义现代化建设具有深远意义。党的十四大提出了用邓小平建设有中国特色社会主义理论武装全党的历史性任务，确定了我国发展社会主义市场经济的改革目标和模式。以邓小平南方谈话和党的十四大为标志，中国社会主义改革开放和现代化建设进入一个新的阶段。

以江泽民为核心的党的第三代中央领导集体，高举邓小平理论的伟大旗帜，继续推进新时期我们从事的建设有中国特色社会主义伟大事业，经受住了来自国内外经济生活中和社会政治社会中各种困难和风险的严峻考验。党的十五大进一步确立了邓小平理论在全党的指导地位，并将其载入党章，全面规划了我国跨世纪发展的宏伟目标。十五大以来，以江泽民为核心的党中央，创造性地运用邓小平理论解决我国经济、政治、文化发展的一系列重大问题取得了新的成果，社会主义改革开放和现代化建设进一步深入发展。这表明我们党对建设有中国特色社会主义的认识达到了新的高度，以江泽民为核心的党中央具有在国内外复杂形势下驾驭全局，把邓小平为核心的第二代领导集体开创的建设有中国特色社会主义伟大事业全面推向 21 世纪的能力。

我们的共和国，已经走过了 70 年的历程。70 年的艰苦奋斗使古老的中国焕发了青春，使中华大地真正活跃起来。它把中华民族百年求富求强的梦想逐步地变为现实，它为中国人民在 20 世纪人类发展的史册上面书写下了极其光辉灿烂的一页。在纪念共和国诞生 70 年的时候，我们欣慰、我们自豪；在展望共和国下一个 70 年的时候，我们清醒、我们振奋。按照邓小平设计的中国社会主义现代化建设"三步走"发展战略，到共和国成立 100 周年之时，我们的国家将基本实现现代化，达到中等发达国家的水平。到那时，我们中国将对人类作出更大的贡献。在向新世纪迈进的新征途上，中国人民充满信心，中国一定会把邓小平开创的建设有中国特色社会主义事业继续进行下去。这种信心，来自于我们有邓小平理论这面伟大的旗帜，有一个高举这面旗帜领导我们前进的坚强有力的党中央领导集体；来自于我们千百年来凝聚而成的不屈不挠、奋发向上的民族精神。

谨以此书献给我们的共和国诞生 70 周年。

邓小平与大西南建设

　　到西南后，西南局规定的一九五〇年的任务概括为几个数字：九十万，九十万，六千万，六十万。什么叫九十万、九十万呀？头一个九十万，就是起义、投诚、俘虏的国民党官兵有九十万，怎么消化，怎么安置，怎么教育改造，这是个大难题，需要解决。还有一个九十万，就是土匪，要把他们消灭。这个完成得很顺利。打土匪本来是很困难的事情，我们声威雄壮啊，把他们打怕了，费劲也不大。六千万就是西南地区人口中百分之九十的基本群众，要把他们发动起来，搞土改闹翻身。还有一个是要提高我们部队六十万干部战士的质量，以担当起新的繁重的工作任务。这四项任务完成得不错。

——邓小平

主政大西南

　　1949 年 10 月 1 日，中华人民共和国建国的时候，邓小平 45 岁。他作为新中国的开国元勋，参加了在北京举行的开国大典。这是他有生以来第一次来到北京，这也是他第一次登上天安门城楼。

　　在中华人民共和国成立的时候，祖国的大西南还没有解放。邓小平作为进军大西南的主帅之一，参加完开国大典，便和刘伯承、贺龙一起，踏上了进军大西南的征程。

大西南包括云南、贵州、四川、西藏以及当时的西康，总面积达230万平方公里，是国民党逃离大陆前最后控制的地区。按照中共中央的战略部署，刘伯承、邓小平、贺龙等采取了大迂回、大包围的战略方针，以第二野战军和第一野战军十八兵团相互配合，仅用了不到2个月的时间，就歼灭了国民党军队90万人，解放了6000万西南同胞，完成了中国大陆最后一次大规模的歼灭战。

邓小平和刘伯承一起率领刘邓大军从黄土高原，走进晋冀鲁豫战场，经过中原大战，横渡长江天险，最后一直打到大西南。仗打完了，邓小平作为"封疆大吏"坐镇西南，担负起了领导西南人民进行经济建设的任务。

新中国成立伊始所面临的是饱经战乱，百废待兴的局面。在中国共产党的领导下，人民共和国开始了艰巨的国家建设和社会改造工作。西南地区的工作，由西南局第一书记邓小平主持。此后，邓小平又担任了西南军政委员会副主席、西南军区政委的职务。

几十年后，1989年11月20日，邓小平以十分平静的口吻向人们讲述他在西南所度过的这段难忘的岁月："到西南后，西南局规定的一九五〇年的任务概括为几个数字：九十万，九十万，六千万，六十万。什么叫九十万、九十万呀？头一个九十万，就是起义、投诚、俘虏的国民党官兵有九十万，怎么消化，怎么安置，怎么教育改造，这是个大难题，需要解决。还有一个九十万，就是土匪，要把他们消灭。这个完成得很顺利。打土匪本来是很困难的事情，我们声威雄壮啊，把他们打怕了，费劲也不大。六千万就是西南地区人口中百分之九十的基本群众，要把他们发动起来，搞土改闹翻身。还有一个是要提高我们部队六十万干部战士的质量，以担当起新的繁重的工作任务。这四项任务完成得不错。"

甘当小学生

祖国的大西南是我国许多少数民族聚居的地区。这里，少数民族人口较多，分布面广，各民族的社会发展水平差异很大，民族关系复杂。

邓小平一到西南，就把少数民族工作摆在了重要位置。他深知，民族工作不同于其他工作，要想做好民族工作，就必须进行深入细致的调查研究。他认为，在少数民族问题上，自己还是一个小学生。为此，他虚心地向研究民族问题的专家们请教。

1950 年 7 月，中共中央派出了赴西南地区的中央民族访问团。这个访问团的任务，一方面是向少数民族解释政府的民族政策，另一方面对少数民族地区进行调查研究。这个访问团的团长便是对民族问题颇有研究的费孝通先生。

中央民族访问团一到西南，邓小平就亲切地会见了代表团的成员，并专门邀请对民族问题颇有研究的费孝通先生到他办公室叙谈。他开门见山地问费孝通："你认为当前民族问题主要应抓些什么？"

费孝通坦率地说："还是少数民族和汉族的关系问题。解放前，少数民族除了受本民族统治阶级的剥削和压迫以外，还要受汉族统治阶级的压迫。因此，他们对汉族有一种反感心理。解放以后情况完全不同了，在中华人民共和国这个大家庭里，各民族一律平等。但是因为现在是刚解放，少数民族地区与广大的汉族居住地区的经济发展和生活水平差距很大，因此，他们在心理上对汉族的隔阂仍然存在，所以，使少数民族了解共产党的民族政策，很重要。"

邓小平听后连连点头说，问题抓到点子上了。少数民族有点怕汉人，确实有历史原因。因为历史上的反动统治阶级实行的是大民族主义的政策，这只能加深民族仇视。现在我们的干部就要用自己的行动来改变他们心目中的汉人形象，凡是在少数民族地区工作的干部，都要深入下去，和他们交朋友，要使他们认识到，我们是新汉人。他中肯地说，汉族和少数民族有了矛盾，首先我们要承担责任，自己要先认错、道歉，这样才能取得人家的谅解。比如长征时，红军经过西南少数民族地区，传播了一些革命的种子，产生过一些好的革命影响。红军北上时，有的同志饿慌了，为了生存，做了一些违犯纪律的事。解放了，我们应该跟他们说：当时将革命的负担放在你们的身上，你们对保存红军尽了最大的责任。对那时办得不对的事，应当向他们赔礼。这次我们到那里，一些少数民族人士也很坦率地说，那时把粮食吃光了，心里不愿意，现在理解了。他们为自己的解放感到高兴。这就叫以心换心。

邓小平的坦诚使费孝通先生甚为感动。望着邓小平真挚的神情，费孝通不禁暗自钦佩共产党。这是一个真心实意为百姓办事的党啊！为这样的党办事，和这样的党合作，应该。想到这里，费孝通不由得十分动情，他接着又进言："要解决民族隔阂，主要应该反对大民族沙文主义。"

邓小平想了想说：狭隘民族主义和大民族主义都要反对。但是应当首先老老实实取消大民族主义。只要大民族主义一抛弃，就可以换得少数民族抛弃狭隘的民族主义，两个主义一取消，团结就会出现了。……

不知不觉中，这次从上午9点多钟开始的谈话已进行了两个多小时，到了吃午饭的时间了。邓小平热情地留费孝通吃饭。他们边吃边谈。

吃过午饭，费孝通先生就要走了，邓小平再一次恳切地说：民族团结很重要。在少数民族问题上我还是个小学生，你是专门做这项工作的，要多参谋啊！

费孝通先生听后连忙说："不敢当，有什么需要我做的，尽管指示。"

邓小平握着费孝通先生的手连连说："不要说指示，你是先生嘛，欢迎你再来！"

邓小平正是本着这种尊重专家，尊重知识，虚心好学，不耻下问的精神，使西南地区的民族工作较好地开展起来。他从大处着眼，主持西南局制定了一系列适合各民族地区情况的方针、政策，提出：对少数民族的许多事宜，不盲动，不要轻率跑去进行改革，不要轻率地提出主张，宣传民族政策也不要轻率；不能由外面的力量去发动少数民族内部的所谓阶级斗争，不应由外部的力量去制造阶级斗争，不能由外力去搞什么改革。不仅如此，邓小平还从一点一滴的小事入手，从一些细微之处着眼来做民族工作。他反复强调民族工作切忌犯急性病，要坚持"长期、艰苦、耐烦"的工作方针。他明确要求：我们的军队和地方干部，要认真执行"三大纪律、八项注意"。尊重少数民族的风俗习惯和宗教信仰，诚恳热情地接待他们每一个人，不侵犯他们一丝一毫的利益，不轻率地提出他们今天还不能接受的主张，不要把自以为对的事，在还没有得到他们赞成的条件下，去强制他们执行。

在邓小平的领导下，西南地区的民族工作搞得有声有色，为各民族的发展进步创造了条件，邓小平也受到了各民族人民的拥护和爱戴。直到现在，西南各民族人民谈到解放初期当地的发展状况，特别是边疆民族地区的状况以及进入边疆地区工作的同志所做的耐心细致的、艰苦的工作，都会赞不绝口地谈起邓小平当时对民族工作的一些重要指示，因为这些地区的发展变化，是和邓小平当时提出的一系列有关民族工作的指示精神分不开的。

心系家乡铁路建设

1949 年 7 月的一天，邓小平在上海他和陈毅的住处接待了专程来访的陈毅的堂兄陈修和。这时，邓小平已经接到了进军和经营大西南的任务。邓小平对陈修和说：中央已同意他和刘伯承司令员一起率第二野战军进军大西南。重庆是抗战时期的陪都，上海、南京、武汉不少工厂内迁到了那一带，这一次也有不少单位往那里迁。西南解放后，接管、安置、恢复生产的任务很重。他请陈修和介绍些内情。

陈修和抗战时期就在大西南做兵工工作，对那里的情况了如指掌。他特别对于当年全国最大最新式的汉阳工厂的设备迁到重庆的近况深为关切。谈话间又联系到成渝铁路。陈修和介绍说：重庆钢铁厂有汉阳炼钢厂内迁的完好设备和技术力量，完全可以年产四万多吨铁路钢轨，可是国民党政府还是把成渝铁路的修建让给法国人来搞。他发现法国经过第二次世界大战的摧残，自己也并无能力承担，法国的打算是从美国马歇尔计划援助法国的物资中拨出一部分来修建成渝铁路，赚中国人的钱。后来蒋介石要打内战了，又停下来。说到这里，这两个四川人不由一阵感慨。是啊，自古以来就有"蜀道难，难于上青天"的说法。作为四川人，他们更了解四川人的苦衷。想当初他们出川都是靠一条水路才走出那个四面高山的"壶中天地"。清朝末年，四川人民为了修建自己的铁路，捐献交纳了多少银两！可清朝政府却突然下令把川汉铁路公司收归国有，并把川汉铁路的建筑权出让给英国、法国。四川人民立即掀起声势浩大的保路运动，并直接由保路转到辛亥革命。虽然他们那时年龄还小，但却和四川的父老兄妹们一样，对中国人四川人要有自己的铁路之事刻骨铭心。直到现在，以天府之国著称的四川仍然没有一条铁路。他们怎么能不感慨万千呢！

"成渝铁路的准备工作搞了多少了？"邓小平问。

"搞了不少。铁路线已基本勘定。不少段的路基已经筑成。内江铁桥的大桥墩已经修出水面。这些都可以利用，工期可以缩短。"

邓小平点了点头恳切地说："你对这一切既熟悉又有感情。修和兄，你能不能和我们一起进川去走一趟呢？帮我们做好接收开创的工作？"

这一次一向心直口快的陈修和没有立刻回答。

邓小平说："刘伯承司令员和我都希望你去。但是你肯定还有别的任务。请你考虑一下，怎样安排能对大西南的接收和建设更有利？"

陈修和迟疑了一下，说：邓政委、刘司令员如此看重、信任，四川人民是我父老兄弟，我一个四川人，本当欣然应命。可是我已接到朱老总的通知，要我作为特邀代表出席将于9月间在北平召开的全国新政治协商会议，8月中旬就要报到。

邓小平听后高兴地向陈修和表示祝贺。因为特邀代表共75人，都是全国各界第一流的精英和代表人物。陈修和能作为特邀代表，兵工界同仁会感到欣慰和振奋。

陈修和接着说：他在上海的工作即将完成，填表登记的兵工技术骨干已达二百多人。他再深入了解一些情况后，就要到北京参加计划和调查的工作，在兵工技术方面提出建设方案，供中央作决策的参考。到四川去，恐怕只能在有了总体计划后才能成行。

"好，"邓小平略一沉吟说："我赞成。这样对全局更有利！那就请你为我们物色一批兵工技术人才，帮助我们动员他们到四川去。"

"好的，我一定完成这个任务。"陈修和想了想，说："八月中旬交差，要得吗？"

"要得！"邓小平高兴地说，"还有个事，你个人另外再写一份意见书，多多提出建议，包括那个——成渝铁路。"

这次谈话后不久，邓小平就到了南京，为二野继续向大西南进军做准备。8月17日，他亲笔给陈修和写信：

修和兄赐鉴：

面托物色兵工技术人材事，谅蒙办妥。兹派陈志坚同志来沪办

理此事，请赐接洽。关于安家费用等项，亦请商同办理。费神之处，容候面谢。顺此谨致

敬礼！

弟　邓小平上
八月十七日于南京

信写完后，邓小平立即派当时在第二野战军军械处工作、熟悉兵工技术的陈志坚到上海与陈修和接洽，延聘熟悉川滇兵工厂的技术人才。第二天，8月18日，陈志坚亲手把这封信交到了陈修和的手里。陈修和读信后非常欣悦，他打开书桌抽屉，从中取出一叠材料卷宗交给陈志坚，陈志坚一看，在这些档案材料上，一个个名字都是当年兵工技术界卓有名望和地位的兵工技术人才。仅司局长、厂长级的人物就有二十多名。陈修和一一向陈志坚介绍了他们的经历、特长、品性、家庭情况，介绍了设在上海新亚大酒店124包房里的办事处同兵工界朋友们联系的情况，同陈志坚商议了拜访他们的办法和安家费用的数额。最后，陈修和又取出一份复写清晰的意见书给了陈志坚，用纯正的四川话说："请面交邓政委，这是他要我写的书面意见，如能早日实施，川中人民有福了！"接着，陈修和具体安排了陈志坚和他已联络过的专家的见面方式。在陈修和的具体帮助下，仅用了几天的时间，陈志坚就确定了到大西南参加西南服务团的人选。其中陈修和推荐的，无一遗漏，均表示愿在规定日期前去南京报到，而且他们当中需要安家费的人极少。

一个月以后，9月的一天，在全国新政治协商会议厅里，陈修和看到一位军人快步向他走来，定睛一看，原来是邓小平政委。

邓小平紧紧握着陈修和的手说："非常感谢你！陈志坚带回来的意见书、档案材料，都收到了。你邀请来的几十位技术人员，全部报到。我们还组织他们学习了政策。这些留法留德的同志，跟我们有共同语言：爱国！我们决心把成渝铁路很快修起来！"

1950 年初，西南刚刚解放，主政西南的邓小平就主持制定了修建成渝铁路的周密计划。两年后，1952 年 7 月 1 日，成渝铁路全线修成通车。四川人民盼望了几十年的成渝铁路终于在共产党执政的时代修成了，这也是新中国成立后修建的第一条铁路。

　　陈修和介绍的专业技术人才，不仅在修建成渝铁路中作出了重大贡献，而且他们当中的大多数人都长期留在西南工作，为大西南的建设起了重要作用。

邓小平与西藏和平解放

全国我就这个地方没去过。看来是去不成了，照张相留个
纪念。

——邓小平

1949 年，当人民解放战争取得了决定性胜利，大西北已经全部解
放，大西南战役也即将结束时，解放西藏，维护祖国的统一，已成为全
国人民的呼声，更是广大藏族人民和一些上层藏族人士的期望。而西藏
的和平解放又是和邓小平的名字紧紧地连在一起的。

刘邓接到毛泽东从莫斯科发来的四个 A 的急电

1950 年元旦。这是新中国成立后的第一个元旦，全中国人民都沉
浸在辞旧迎新的喜悦之中。而此时，我们人民共和国的缔造者毛泽东主
席却远在莫斯科。望着窗外欢天喜地庆祝元旦的莫斯科人，毛泽东陷入
了深深的思索之中。这一夜，住在莫斯科郊外姊妹河斯大林第二别墅的
毛泽东几乎一夜没有合眼。新生的人民共和国尚待建设，祖国的统一大
业还没有完成，西藏、台湾、海南岛还没有解放，这一切怎么能使他安
然入睡呢？

在异国他乡的这个元旦之夜，毛泽东是怀着焦虑的心情度过的。他心事重重，一支接一支地抽烟，不停地在屋里踱来踱去。就在这苦苦的思索当中，一个坚定的信念形成了，他自言自语地说："解放西藏势在必行。"在此之前，他曾致电彭德怀，提出以西北局为主，经营西藏的问题。1949 年 12 月 30 日，他收到了彭德怀的来电，电报说：从北路进藏困难很大，短期内难以克服。拿着彭老总的这封来电，毛泽东陷入了沉思。他放下电报，又点燃了一支烟。经过十分慎重的思考和权衡，他决定：把这个任务交给西南局。但是刘伯承、邓小平领导的西南局的剿匪任务才开始，把这个艰巨的任务交给他们，我毛泽东是不是太没人情味了。沉思良久，毛泽东转身走到桌边，摊开纸，略一思考，挥笔写道：

中央、德怀同志，并转小平、伯承、贺龙三同志：

（一）德怀同志十二月三十日关于西藏情况及入藏路线的电报业已收到阅悉。此电请中央转发刘邓贺三同志研究。

（二）西藏人口虽然不多，但国际地位极其重要，我们必须解放之，并改造为人民民主的西藏。由青海及新疆向西藏进军，既有很大困难，则向西藏进军和经营西藏的任务应确定由西南局担负。

（三）……

（四）进军及经营西藏是我党光荣而艰苦的任务。西南刚刚解放，西南局诸同志工作极忙，现又给此入藏任务，但因任务重要，且有时间性，故作如上建议。

这些建议是否可行，请西南局筹划电复为盼。

毛泽东

1 月 2 日上午 4 时于远方

当天，刘伯承和邓小平收到了毛泽东的这封写着四个 A 的急电。

这个时候，二野的许多官兵已经脱下了军装，转为了工作队。但是仅仅过了六天，邓小平就回电毛泽东，进军西藏的计划已经安排妥当。

西南局在接到进藏的任务之后，便立即投入了入藏前的准备工作。刘伯承和邓小平决定：进军西藏的任务由十八军担负。从此，十八军的数万官兵就与西藏这片古老而神圣的土地紧紧联系在一起了。他们在风雪高原创造了惊天地、泣鬼神的伟大业绩，谱写了一曲藏汉民族团结建设新西藏的宏伟的历史诗篇。

进军西藏　政治先行

解放西藏，或许是邓小平戎马生涯中最为特殊的一场战斗。要在这块贫穷落后、广袤荒凉、情况复杂、矛盾交错的少数民族地区完成进军任务，进行革命和建设事业，是前无古人的，也没有现成的经验可以借鉴。在这场特殊的战斗中，邓小平不仅展现了他作为一个军事家的杰出才能，更展现出他作为一个政治家的卓越的领导才能。

常言道：兵马未动，粮草先行。邓小平根据西藏的特殊情况，认为，进军西藏，不仅要粮草先行，更重要的是政治要先行。

1950年1月15日，刘伯承和邓小平在重庆曾家岩召开十八军师以上干部会议。刘伯承首先讲话，他亲切地看着眼前这些自己的爱将，十分严肃而又幽默地说："你们都很年轻，是进军西藏的各路诸侯。西藏这个地方非常特殊、敏感，历史上一些帝王将相多次用兵，有的翻了船，损兵折将，有的不战自退。我们是人民的军队，要处处体现出王者之师，仁义之师的形象。"刘伯承讲话时，邓小平锐利的目光一直注视着十八军这些高级将领的表情。刘伯承的话刚停，他就接着说：西藏地方政府军队兵力有六七千人，如果向三大寺征兵，则生反抗，如向农牧民或其他寺庙征兵，最多有三万人，实际上只能征二万人左右，所以军事上我们占优势。接着，他用手指敲着桌面说：但是要注意一点，其宗教上有相当强的力量，但不足惧怕，我们会想办法在各方面战胜它。他进而指出，关于西藏的问题，我们要军事政治协同解决。要注意，西藏为单一民族，约有二百万人，政策问题极为重要。解决西藏问题，军事和政治比较，政治是主要的。从历史上看，对藏多次用兵都未解决，而解决都亦多靠政治，如唐朝和番。以后用兵均未成。解决西藏问题应多靠政治，要团结达赖、班禅两大派，要靠政策走路，靠政策吃饭。

2月17日，邓小平对十八军军长张国华说：你必须立即成立一个政策研究室，要调查西藏的情况。同时各级都要动员起来学会几句藏话，以便应酬宣传。要沟通和藏民族的语言，便于接近他们，了解他们，便于开展工作。不懂藏话，一到西藏你就成了聋子，就要吃亏。

根据刘邓两位首长的指示，张国华于2月28日在成都东胜街一座三层楼房里，成立了"西藏问题研究室"，通过各种渠道对西藏进行调查了解，为解决西藏问题提供了大量的第一手材料。

根据毛泽东提出的"进军西藏，不吃地方"的重要方针，邓小平提出了"政治重于军事，补给重于战斗"的进军方针，并强调进军西藏衣、食、住、行都是新问题，吃饭是头等大事，进藏所需各类物资除就近购买和筹措外，主要由内地运送的补给原则。

在邓小平的严格要求下，进藏部队全体官兵纪律严明，秋毫无犯。即使在冰天雪地的进军途中，也始终坚持住帐篷而不进寺庙，不经同意不住民房。许多干部战士断粮了，宁可饿肚子，也决不吃群众地里的一把青稞。

在宗教这个西藏最敏感的问题上，邓小平更是多次教导进藏部队要切实保护喇嘛寺庙，尊重西藏僧俗人民的宗教信仰，用自身的模范行动增进汉藏民族的团结。有一次，在行军途中，一位战士对横在路上的老鹰踢了一脚，即因不尊重藏胞风俗，违犯政策纪律而被给以警告处分。

1951 年 9 月，由十八军副政委王其梅率领的先头部队准备进入拉萨城之前，邓小平专门交代，到拉萨之后，会见达赖喇嘛时，如果他提出来摸顶，可以不受我们军队纪律的约束，让他摸顶，并代表官兵向他赠送礼品。

进藏部队这种严格要求、认真执行纪律的作风，赢得了西藏广大僧俗人民的信任。无论是西藏的高层官员、僧侣、贵族，还是一般的老百姓，都热情地称赞进藏部队是"新汉人""菩萨兵"。

和为贵

1950 年 2 月 25 日，刘少奇代表党中央电示西南局："我军进驻西藏的计划是坚定不移的。但可采用一切办法与达赖集团谈判，使达赖留在西藏与我和解。"电报具体提出了争取和平解放西藏的方针，并指示西南局、西北局认真研究西藏情况，物色适当人选去拉萨做争取工作。并拟定与西藏当局谈判的条件。接到电报后，邓小平和西南局立即全面贯彻落实党中央关于和平解放西藏问题的方针，始终把解放西藏的筹码放到和平的天平上。

在物色赴藏劝和代表人选时，当时的西南军政委员会委员、西康省人民政府副主席、朱德总司令长征时路过藏区结识的好朋友、甘孜白利寺的格达活佛，主动提出愿意前去。对于格达活佛的这种爱国精神，邓小平表示了由衷的敬佩。但鉴于当时西藏地方政府态度顽固，缺乏和平诚意，拉萨形势比较复杂，因而数次急电劝告格达活佛暂不要前去拉萨，并将此意见报告了朱总司令。朱总司令立即电告西南局，对格达活佛深明大义，以西藏人民的利益为重，舍身劝和的精神表示钦佩，但劝他不去拉萨。无奈格达活佛决心已定，他要在劝和成功后再进京拜见朱总司令等中央领导。西南局只好尊重他本人的意愿。邓小平专门修书，请格达活佛转送达赖喇嘛，表明毛主席、党中央对和平解放西藏、统一祖国大陆的英明决策和一片诚意。然而，令人遗憾和痛心的是，格达活佛壮志未酬，和平使命未竟，便在昌都惨遭暗害。对于这位伟大的爱国主义者、杰出的民族英雄的去世，邓小平和藏汉人民悲痛不已。追悼会上，他与刘伯承、贺龙等送了挽联和花圈。

1950年5月11日，西南局向党中央报告了和平解放西藏的四条方针政策，作为与西藏地方当局谈判的基础。一周之后，党中央原则上肯定了西南局关于贯彻和平解放西藏方针的政策和策略思想。随后，邓小平又按照党中央的指示精神，亲自主持起草了和平解放西藏的十项政策：（一）西藏人民团结起来，驱逐英美帝国主义势力出西藏，西藏人民回到中华人民共和国祖国的大家庭中来。（二）实行西藏民族区域自治。（三）西藏现行各种政治制度维持原状概不变更。达赖活佛之地位及职权不予变更。各级官员照常供职。（四）实行宗教自由，保护喇嘛寺庙，尊重西藏人民的宗教信仰和风俗习惯。（五）维持西藏现行军事制度不予变更，西藏现有军队成为中华人民共和国国防武装之一部分。（六）发展西藏民族的语言文字和学校教育。（七）发展西藏的农牧、工商业，改善人民生活。（八）有关西藏的各项改革事宜，完全根据西藏人民的意志，由西藏人民及西藏领导人员采取协商方式解决。（九）对于过去亲英美和亲国民党的官员，只要他们脱离与英美帝国主义和国民党的关系，不进行破坏和反抗，一律继续任职，不咎既往。（十）中国人民解放军进入西藏，巩固国防。人民解放军遵守上列各项政策。人民解放军的经费完全由中央人民政府供给。人民解放军买卖公平。

这十项政策，充分考虑到了西藏社会的现实，照顾到了各阶层的利益，非常符合西藏的实际情况，甚至有的藏族代表人士还觉得这十条太宽了些。邓小平说：我们对西藏的十条，"就是要宽一点，这是真的，不是假的，不是骗他们的。所以这个政策的影响很大，其力量是不可低估"。"我们确定，在少数民族里面，正是由于过去与汉族的隔阂很深，情况复杂，所以不能由外面的力量去发动少数民族内部的所谓阶级斗争，不应由外部的力量去制造阶级斗争，不能由外力去搞什么改革。"改革是需要的，"但是这个改革必须等到少数民族内部的条件具备以后才能进行"。现在我们民族工作的中心任务是：搞好团结，消除隔阂。这十项政策，凝聚着邓小平的智慧和创造，充分展示出了他作为一个政治家的胆略和气魄。它既充分照顾到了西藏各族各阶层人民的利益，又维护了祖国的统一和民族的大团结。

邓小平起草的这份历史性文件，由西南局报到中央后，立即受到了党中央、毛泽东的充分肯定和高度赞扬。后来中央人民政府同西藏地方政府签订的和平解放西藏的十七条协议，就是以这十条为基础，在这个大的框架上发展起来的。

然而，尽管党中央和西南局为西藏的和平解放倾注了大量的心血，但在帝国主义和外国反动势力的支持下，西藏当局仍然紧紧地关闭着和平的大门。为了打开进藏的道路，1950 年 10 月 6 日，著名的昌都战役打响了。这场战役历时十八天，于 10 月 24 日胜利结束。昌都一役，为最终实现和平解放西藏创造了条件，奠定了和平谈判的基础。在我党政策的感召和各方面的努力下，达赖喇嘛终于面对现实，抛弃了幻想，派出了以阿沛·阿旺晋美为首的西藏地方政府和谈代表团。

1951 年 4 月 16 日，西藏和谈代表阿沛·阿旺晋美一行到达重庆，受到各方面代表和群众的热烈欢迎。邓小平等西南党政军领导于 19 日接见并宴请了他们。邓小平耐心地向他们讲述了我党争取和平解放西藏的十大政策，并一再坦诚而又坚定地表示我党一定会认真执行这些政策，并阐明了争取达赖从亚东回来对和平进军的好处，希望他们消除隔阂和猜疑，使谈判成功。邓小平对阿沛·阿旺晋美在关键时刻深明大义，从西藏广大人民的利益出发而主张和谈的历史性选择，作了高度评价，并勉励他永远保持爱国本色，为西藏人民的建设事业作出更大的贡献。

5月23日，中央人民政府和西藏地方政府签订了和平解放西藏的十七条协议。西藏终于实现了和平解放。

5月25日，中共中央军委按照协议，下令中国人民解放军进藏部队分路进驻西藏。进藏部队于八、九月间先后出发，他们攀越了高耸的雪山，跨过了湍急的河流，穿过了茂密的原始森林和辽阔的草原沼泽地带，战胜了气候严寒、空气稀薄、雨雪冰雹等重重的自然障碍，于10月至11月间，先后进驻拉萨及其他预定地区，把五星红旗插上了世界屋脊。12月20日，十八军及西北军区的独立支队在拉萨举行了胜利会师大会。

当伟大祖国大家庭里的藏族同胞满面春风给中国人民解放军将领献上洁白的哈达的时候，拉萨向祖国报告着春讯。

> 六弦琴哟，且莫弹，
>
> 单皮鼓哟，且莫打，
>
> 迎元旦，战士先把银线牵，
>
> 春天要和拉萨说悄悄话！
>
> ……
>
> 拉萨春意浓啊，
>
> 战士是高原的迎春花！

这首歌，唱出了西藏人民对解放军战士的热爱之情，也唱出了他们对新生活的憧憬。

那么，此时此刻，远在重庆，正在领导着祖国大西南建设的邓小平一定也听到了这首报春的歌声。

是啊，西藏的和平解放是和邓小平的名字紧紧地连在一起的，共和国不会忘记他，人民不会忘记他，广大的藏族同胞更是不会忘记他。

然而，邓小平一生却没有踏上过这片使他梦魂萦绕的热土。他曾多次遗憾地说过，他没有到过西藏。但是，他对西藏却怀有特殊的感情。1992年1月21日，邓小平到深圳的"锦绣中华"微缩景区游览，在那里的"布达拉宫"前，这位一向不爱照相的老人破例同家人及亲属、陪同的负责同志一一合影留念。他又一次遗憾地说："全国我就这个地方没去过。""看来是去不成了，照张相留个纪念。"

邓小平与高饶反党联盟的斗争

　　这个事情，我知道得很清楚。毛泽东同志在 1953 年底提出中央分一线、二线之后，高岗活动得非常积极。他首先得到林彪的支持，才敢于放手这么搞。那时东北是他自己，中南是林彪，华东是饶漱石。对西南，他用拉拢的办法，正式和我谈判，说刘少奇同志不成熟，要争取我和他一起拱倒刘少奇同志。我明确表示态度，说刘少奇同志在党内的地位是历史形成的，从总的方面讲，刘少奇同志是好的，改变这样一种历史形成的地位不适当。高岗也找陈云同志谈判，他说：搞几个副主席，你一个，我一个，这样一来，陈云同志和我才觉得问题严重，立即向毛泽东同志反映，引起他的注意。

——邓小平

　　1952 年 7 月，邓小平被调到中央工作，任政务院常务副总理兼财经委员会副主任，随后又兼任财政部长一职。到中央工作不久，邓小平便经受了新中国成立后第一次重大的党内斗争，即同高岗、饶漱石反党联盟的斗争的考验。

"五马进京，一马当先"

50年代初，在完成了经济恢复和土改、镇反等民主改革任务后，为适应大规模经济建设的需要，中共中央决定将各中央局和大区行政委员会的主要负责人及一批工作人员调到中央工作，并调整、增设中共中央和中央国家机关的部分机构，以加强中央的集中统一领导。继1952年7月邓小平由西南局调到中央工作后不久，高岗、饶漱石、邓子恢、习仲勋也陆续离开东北局、华东局、中南局、西北局，赴京担任党和国家机关的领导职务。

高岗赴京的日期是1952年11月。赴京前，他任中共中央东北局第一书记、东北人民政府主席、东北军区司令员兼政治委员，集东北的党、政、军大权于一身，同时他还是中央人民政府的副主席。赴京后，他除继续担任中央人民政府副主席职务外，还兼任国家计划委员会主席。饶漱石赴京的日期是1952年2月。赴京前，他任中共中央华东局第一书记、华东军政委员会主席。进京后，他担任中共中央组织部部长职务。应该说，当时高岗、饶漱石是很受党中央和毛泽东器重的，特别是高岗的权力、地位甚为显赫，一时有"五马进京，一马当先"之说。由高岗担任主席的国家计委亦有"经济内阁"之称。但高岗、饶漱石权欲熏心，对这样的安排仍不满足。特别是高岗，对其职位在刘少奇、周恩来之下一直耿耿于怀，尤其是对刘少奇不服和不满。

1953年上半年，毛泽东为了加强集体领导，对党和国家机关的领导机构和人事安排，做了大幅度的调整。将政务院各口的工作重新做出了分工：外交部工作，由周恩来负责；计划工作和八个工业部的工作，由高岗、李富春、贾拓夫负责；劳动工资工作，由饶漱石负责；政法工作，由董必武、彭真、罗瑞卿负责；财政、金融、贸易工作，由陈云、薄一波、曾山、叶季壮负责；铁路、邮电工作，由邓小平负责；农林、水利、农业互助合作工作，由邓子恢负责；文教工作，由习仲勋负责。这是中央为加强集中统一领导所采取的重要措施。但是，高岗竟错误地认为，这是毛主席对周恩来的不信任，是削弱周总理对政府工作领导权的步骤。他以为自己的权势在日益扩大，地位也在不断提高，有可能担任更高的职务，于是更加妄自尊大，目空一切，个人野心急剧膨胀起来。

1953 年底，在党中央准备撤销中央局、大区行政委员会的同时，毛泽东为了减轻自己担负的繁重的日常工作，加强集体领导，提出将中央的领导班子分为一线、二线。这样，党和国家的领导机构将进行大幅度调整，人事安排也会作相应的变动。高岗、饶漱石闻讯后更加紧了其阴谋分裂党的活动。

高、饶向党发难

高、饶是从大肆攻击和诽谤刘少奇开始其分裂党的活动的。

高岗对刘少奇的不满由来已久。还在建国前夕，刘少奇在天津讲话后不久，就曾批评高岗所在的东北局在对待民族资产阶级问题上犯了"左"的错误，由此，高岗便开始产生对刘少奇的不满，进而不择手段地对刘少奇进行一系列的攻击和诬陷。他公然在当时担任东北铁路系统的苏联总顾问科瓦廖夫面前造谣中伤刘少奇。他说，中国党内有一个以刘少奇为代表的"亲美派"。科瓦廖夫随即写信告诉了斯大林。高岗访苏回国后，又向人散布说，斯大林不喜欢刘少奇，也不重视周恩来，而最赏识他高岗。苏联部长会议第一副主席来我国进行友好访问，与高岗谈判有关鞍钢工程建设的事。交谈中，高岗问这位副主席："你说中国要不要消灭资本主义？"对方回答说："当然要消灭！"高岗说："我就是这个意见，但是我的意见在我们党内却得不到支持。"这位副主席问："是吗？是怎么一回事。"高岗毫不掩饰地说："请你回去报告苏共中央，就说在我们的中央有人反对我。"

进京不久，他就开始搜集刘少奇在工作中的一些缺点错误，把刘少奇在工作中的一些缺点、错误，并且是已经改正了的缺点、错误，积累起来，加以传播，并夸大其词地说，刘少奇自七大以来犯了一系列的路线错误。他散布说：刘少奇在七大被抬得太高了，几年来的实践证明，他并不成熟。他只搞过白区工作，没有军事工作和根据地建设的经验，只依靠华北的经验指导全面工作，而看不起东北的经验。他还授意别人写文章，以他的名义公开发表，借以抬高自己，打击刘少奇。他写的《反对资产阶级思想对党的侵蚀，反对党内的右倾思想》一文，把刘少奇阐述过的关于党对民族资产阶级政策的观点，关于农村互助合作的观点等，一概当作所谓"党内的右倾思想"加以批判。

1953年夏季全国财经工作会议期间，个人野心急剧膨胀的高岗和饶漱石窥测形势，以为他们篡夺党和国家最高领导权的机会到了，于是把这次会议作为他们进行阴谋活动的一个场所。他们利用这次会议批判"新税制"错误之机，在会上发表种种无原则的言论，制造党内纠纷。在会外，他们散播流言，诬蔑中央有所谓的"圈圈"和"摊摊"，破坏中央的威信，特别是攻击刘少奇和周恩来，吹嘘高岗自己。

在1953年九、十月间召开的全国组织工作会议上，身为中共中央组织部长的饶漱石极力配合高岗的行动。他未向党中央汇报便开展了对中央组织部副部长安子文的批判，欲以达到反对刘少奇、分裂党中央的目的。

高岗、饶漱石为了搞垮刘少奇和周恩来，利用各种场合，散布所谓"军党论"，把中国共产党分为"根据地和军队的党"与"白区的党"两部分。他们不顾军队是由党建立和领导的事实，断言"党是军队创造的"，并自封为"根据地和军队的党"的代表人物。他们提出，党中央和国家领导机关当时掌握在以刘少奇为首的"白区的党"手里，因此，应当"改组"中央。

他们企图拉拢中央和各大区的负责人。他们先是拉拢了中南军政委员会负责人林彪。紧接着，高岗来找邓小平，企图挑拨邓小平与中央其他负责人的关系，并以更高的官位相利诱，以求取得邓小平的支持。

邓小平说"不"

在这场严峻的党内斗争面前，邓小平始终坚持原则，同高岗、饶漱石进行了坚决的斗争。

到中央工作之前，邓小平同高岗、饶漱石的接触和交往并不多。到中央后，他担任政务院副总理，主管财经事务，后兼任财政部长。国家计委成立后，他又与陈云、彭德怀、饶漱石等人成为国家计委的委员。由于工作关系，他与高岗、饶漱石的接触逐渐多了起来。

面对高岗的分裂活动和各种诱惑，邓小平丝毫不为所动，断然拒绝了他的拉拢，当高岗找邓小平正式谈判，说刘少奇不成熟，要争取和他一起拱倒刘少奇时，邓小平明确表示态度，并直言相劝。他说："刘少奇同志在党内的地位是历史形成的，""改变这样一种历史形成的地位不适当"。但是，高岗并没有听从邓小平的直言劝告，而且更加肆无忌惮地进行了一系列的"小组织"活动。他经常在自己的住地，利用请客、组织舞会等活动，散布流言，拉拢干部，逢甲说乙，逢丙说丁，制造党内不和。1953年下半年，高岗对设立总书记表示不赞成，而主张多设几个副主席，并反对刘少奇同志当总书记或者副主席。当他听说书记处要开会把这个问题定下来时，唯恐自己当不上副主席，见拉拢邓小平不成，便又去拉拢陈云。他对陈云说：要搞副主席就多搞几个，你一个，我一个。同样遭到陈云的断然拒绝。这时，邓小平和陈云都觉得这是个重大的原则问题，事态发展下去，有分裂党的危险，于是，他们及时把这件事向毛泽东做了汇报。事隔20多年后，1980年3月，邓小平在同起草《关于建国以来党的若干历史问题的决议》的同志的谈话中，回顾了他所亲身经历的这场党内斗争的情景，他说：

这个事情，我知道得很清楚。毛泽东同志在1953年底提出中央分一线、二线之后，高岗活动得非常积极。他首先得到林彪的支持，才敢于放手这么搞。那时东北是他自己，中南是林彪，华东是饶漱石。对西南，他用拉拢的办法，正式和我谈判，说刘少奇同志不成熟，要争取我和他一起拱倒刘少奇同志。我明确表示态度，说刘少奇同志在党内的地位是历史形成的，从总的方面讲，刘少奇同志是好的，改变这样一种历史形成的地位不适当。高岗也找陈云同志谈判，他说：搞几个副主席，你一个，我一个，这样一来，陈云同志和我才觉得问题严重，立即向毛泽东同志反映，引起他的注意。

邓小平和陈云的这一行动，可以说是反对高岗、饶漱石的反党阴谋斗争的转折点。在此之前，毛泽东虽然发现了高岗、饶漱石的一些不正常的活动，但并未把它看得很严重。在听了邓小平和陈云的汇报后，他立刻高度警惕，密切注视事态的发展，同时开始削弱高岗、饶漱石的权力。

粉碎"高饶联盟"

1953年12月，毛泽东提出在他离京休假期间由刘少奇负责中央工作。高岗出面反对，并且私下活动，要求由他担任党中央总书记或副主席，还要求调换一些政务院副总理。12月24日，中央政治局召开会议，批评高岗、饶漱石反党阴谋活动。毛泽东在会议上讲话，他说：

"北京有两个司令部，一个是以我为首的司令部，就是刮阳风，烧阳火；一个是以别人为司令的司令部，就是刮阴风、烧阴火，一股地下水"，指出了高岗反党阴谋活动的性质及其严重性，向高岗的阴谋活动提出了严厉警告。同时为了维护党的团结和统一，提出了关于增强党的团结的建议。

1954年2月6日至10日，党的七届四中全会在北京召开。会议揭露和批判了高岗和饶漱石在1953年召开的全国财经工作会议和第二次全国组织工作会议及其前后的反党分裂活动。会上，朱德、周恩来、邓小平、陈云等人都发了言，严肃批评高岗、饶漱石破坏党的团结和统一，篡党夺权，阴谋分裂党的活动。会议要求全党对野心家、阴谋家提高警惕，希望他们幡然悔悟，改正错误。全会一致通过了《关于增强党的团结的决议》。但是，高岗、饶漱石仍然执迷不悟，不做深刻检讨，不愿痛改前非。高岗还以自杀（未遂）与党对抗。

七届四中全会并没有对高岗、饶漱石做组织结论。在此之后，为全面查清他们的反党阴谋活动，对证高、饶的种种反党活动事实，并对他们进行教育和挽救，中央书记处在2月中旬分别召开了高岗问题、饶漱石问题的两个座谈会。受中央之托，周恩来主持高岗问题座谈会，邓小平、陈毅、谭震林主持饶漱石问题座谈会。随后，在中央政治局领导下，东北局、华东局、山东分局和上海市委等又召开专门会议，对高、饶问题进行揭发和批判，在无可抵赖的事实面前，高岗仍拒不悔改，自绝于党和人民，于8月17日自杀。

1955年3月21日至31日，在北京召开了中国共产党全国代表会议，邓小平代表党中央作《关于高岗、饶漱石反党联盟的报告》，全面论述了党同高、饶反党联盟斗争的经过，以及进行这场斗争的重要意义和经验教训。会议通过了《关于高岗、饶漱石反党联盟的决议》，宣布将他们两人开除出党，撤销其党内外一切职务。至此，这场斗争取得了完全的胜利，全党的团结和统一得到了维护和加强。邓小平在 1980 年 3 月的一次谈话中，再一次充分肯定了这次党内斗争的正确做法和成功经验。他说："揭露高饶的问题没有错。""高饶问题的处理比较宽，当时没有伤害什么人，还有意识地保护了一批干部。总之，高饶问题不揭露、不处理是不行的。现在看，处理得也是正确的。"

反对高岗、饶漱石的斗争，对于刚刚到中央工作不久的邓小平来说，无疑是一场严峻的考验。在这场斗争中，邓小平立场坚定，旗帜鲜明，充分表现出了对党高度忠诚负责的优秀品质和出色的组织才能。1954 年，邓小平出任党中央秘书长，并接替饶漱石，兼任党中央组织部部长，主管党中央的日常工作和组织事务，深得毛泽东和党中央的器重和信任。

邓小平与八大

> 一九五六年召开的党的第八次全国代表大会，分析了生产资料私有制的社会主义改造基本完成以后的形势，提出了全面开展社会主义建设的任务。八大的路线是正确的。但是，由于当时党对于全面建设社会主义的思想准备不足，八大提出的路线和许多正确意见没有能够在实践中坚持下去。八大以后，我们取得了社会主义建设的许多成就，同时也遭到了严重挫折。
>
> ——邓小平

1956 年是中国社会主义建设历史进程中极其重要的一年。这一年的 9 月 15 日，具有历史意义的中国共产党第八次全国代表大会在北京召开。这是中国共产党执政以后召开的第一次全国代表大会，是一次继往开来的重要会议。大会确定要把党和国家的工作重点转移到经济建设上来。八大也是邓小平政治生涯的重要转折点，无论是在筹备会议的过程中，还是在大会期间各项议程的进行中，邓小平都十分引人注目。在八届一中全会上，他当选为中共中央总书记，成为以毛泽东为核心的第一代中央领导集体的主要成员。

参加筹备工作

1955年3月31日，毛泽东在党的全国代表会议上代表中共中央宣布：中央决定1956年下半年召开党的第八次全国代表大会。他号召全党"为胜利地召开党的第八次全国代表大会而斗争！"从决定召开八大起，中共中央便开始了各项准备工作。邓小平作为中共中央秘书长、中央组织部部长，肩负起了筹备工作的重任，从起草大会的报告到安排大会的具体日程，从审阅大会的发言稿到安排大会发言，从讨论八大代表选举问题到起草大会通知，关于八大的大事小情，他几乎都参与了。

1955年4月21日，邓小平将草拟的八大政治报告起草委员会、修改党章和修改党章报告起草委员会名单报送毛泽东。根据毛泽东提交政治局会议讨论的批示，5月12日，中央政治局召开会议进行讨论并予以通过。邓小平同时参加了上述两个起草委员会的工作。

作为大会的主要筹备人之一，邓小平还担负着大会及会议文件的宣传解释工作。根据毛泽东"由邓小平同志报告第八次党代会问题决议的意义和内容"的提议，邓小平曾数次在中央全会上对八大问题作解释和说明。

这一年的9月18日，邓小平将他修改审定后的《关于召开党的第八次全国代表大会决议草案的说明》报毛泽东审阅，毛泽东看后批示：我认为可以照这样去讲。10月4日，邓小平在北京召开的中共七届六中全会扩大会议上代表中央政治局作了《关于召开党的第八次全国代表大会的决议草案的说明》。邓小平在说明稿中，着重对党的第八次全国代表大会推迟召开的原因、八大的主要议程、代表选举、召开的时间等作了解释。他说：1945年至1949年，我们正处在急风暴雨的革命战争中，1950年至1952年，我们全神贯注地进行了完成民主改革、恢复国民经济和巩固人民民主专政这些极为繁重巨大的工作，并且进行了紧张的抗美援朝斗争。1953 年下半年，党中央察觉了高饶反党联盟，显然，在解决了高饶反党联盟这样重大事件后，再来考虑召开中共八大，无疑是更为适当的。此后的几年中，党规定了过渡时期的总路线，第一届全国人民代表大会通过并公布了宪法，在社会主义改造和建设及其他各方面工作中，有了更多宝贵的经验。同时，经过整党、建党、审干、总路线宣传，社会主义改造和建设一系列实际斗争教育，党的组织更加团结和巩固，党的政治觉悟有所提高，所有这些，实际上为党的八大做了更为充分的政治准备和组织准备。所以，中央认为，召开八大的时机完全成熟了。七届六中全会扩大会议通过了《关于召开党的第八次全国代表大会的决议》。

1956 年 3 月 23 日，邓小平在中南海的西楼会议室主持中央秘书长会议，讨论八大代表选举等问题。一个月后，他又在这里召开的中央秘书长会议上，具体主持讨论出席八大代表的名单。5 月 11 日、12 日、18 日，邓小平又连续主持秘书长会议，讨论中央一级机关出席八大代表候选人问题。12 日，他在怀仁堂召开的中央机关有关单位负责人会议上，专门讲解了代表候选人问题。

8 月 15 日，他亲自代中央起草下发的通知：（一）八次大会定于 9 月 15 日开幕。（二）现决定 9 月 1 日到 9 月 14 日举行八大的预备会议。（三）请你们通知各代表务必于 8 月 31 日以前到达北京，向中央办公厅报到。（四）中央决定各地区和各单位所选出的候补代表，一律列席八次大会，请通知他们同时到达北京。

为了更直接地、具体地准备八大会议，中共中央于同年 8 月 22 日召开了党的七届七中全会第一次会议，在这次会议上，邓小平就八大的六个文件作了说明。他强调，八大议题和安排发言，应该突出八大讨论国家经济建设的主题。他举例说：像工业方面，除了一些比较带系统性的发言外，还要组织二十几篇稿子，这样才表现出会议是在讨论建设这个重点。对此，毛泽东和与会者深表赞同。毛泽东说：小平同志说得对，这一次重点是建设。报告里面有这几个大题目，都可以讲。但是重点是两个：一个是社会主义改造，一个是经济建设，这两个重点中主要还是在建设，这个报告的主要部分，3 万字中有三分之一是讲建设。很显然，突出经济建设这个中心，是八大报告的主题。

八大筹备工作紧张繁忙而又发扬民主，为开好党的八大奠定了坚实的组织基础和思想基础。

作关于修改党章的报告

1956 年 9 月 15 日至 27 日，中国共产党第八次全国代表大会在北京举行。出席这次大会的代表共 1021 人（应到代表 1026 人），代表着全党 1073 万党员。在这次党的全国代表大会上，毛泽东致开幕词，刘少奇作政治报告，周恩来作关于发展国民经济的第二个五年计划的建议的报告，邓小平作关于修改党章的报告。

《关于修改党的章程的报告》是在邓小平的亲自主持和领导下进行的。对于修改党章工作，邓小平不仅抓大势，抓方针性的意见，而且连报告的具体细节、报告的字句都注意到了。在 1956 年 8 月 22 日召开的七届七中全会第一次会议上，毛泽东在谈到八大文件修改方针时说：第一次推翻你的，第二次推翻他的，推翻过来推翻过去，这也说明我们是有民主的。他还说：修改时要先提大势，先提方针性的意见。邓小平在发言时进而指出：刚才主席讲了，先提大势，先提方针性的意见。但有些文件，像党章，就不那么好提大势了，必须是哪一个字要改，就改哪一个，凡有意见的都在这个本子上批。毛泽东听后表示完全赞成，补充道：不仅是大势，也包括细节、文字。

邓小平在紧张、繁忙的筹备工作中抽出时间对自己将要在八大上作的《关于修改党的章程的报告》进行了数次重要的修改。改动内容最多的是第一部分关于修改党章所根据的条件。在此，报告从党组织的状况分析入手，阐明了我们党处于执政以后所面临着新的考验。指明了经受这种考验所应当采取的办法。此外，对坚持党的群众路线，坚持实行民主集中制等部分，邓小平也都作了不少修改。对于报告的文字，邓小平也是力求简洁、顺畅。所以，修改党章的报告虽然文字较长（2.9 万字），但字句简洁，生动有力，体现了他一贯的文风。

9 月 16 日，邓小平代表中共中央向八大作了《关于修改党的章程的报告》。他的报告根据历史唯物主义的原理和我们党的切身经验，深刻总结了新中国成立后执政党建设的新经验，并且借鉴国际共产主义运动的经验，提出了加强党的建设的任务和措施。报告强调指出：中国共产党已经是执政的党，已经在全部国家工作中居于领导地位。执政党的地位，使我们党面临着新的考验，我们需要实行党的内部的监督，也需要来自人民群众和党外人士对于我们党的组织和党员的监督。民主集中制是我们党的列宁主义的组织原则，是党的根本的组织原则，也是党的工作中的群众路线在党的生活中的应用。在我们党内，长时期以来，由党的集体而不是由个人决定重大的问题，已经形成一个传统。违背集体领导原则的现象虽然在党内经常发生，但是这种现象一经发现，就受到党中央的批判和纠正。我们党从来认为，任何政党和任何个人在自己的活动中，都不会没有缺点和错误，这一点，现在已经写在我们的党章草案的总纲里去了。因为这样，我们党也厌弃对于个人的神化。个人崇拜是一种有长远历史的社会现象，这种现象，也不会不在我们党的生活和社会生活中有它的某些反映。我们的任务是，继续坚决地执行中央反对把个人突出、反对个人歌功颂德的方针，真正巩固领导者同群众的联系，使党的民主原则和群众路线，在一切方面都得到贯彻执行。

邓小平的这篇报告，提出了关于执政党建设的原则和主张，把毛泽东创立的党的建设理论大大地向前推进了一步，对党的建设具有重大的和长远的指导意义。

出任中共中央总书记

1956 年 9 月 13 日，中共中央在北京召开了七届七中全会第三次会议。在这次会议上，毛泽东专门讲了中共中央准备设副主席和总书记的问题，重点是向与会同志推荐和介绍陈云和邓小平。

毛泽东认为，为了党和国家的长治久安，党中央设副主席和总书记是非常必要的。他说：我们这些人（包括我一个、总司令一个、少奇同志算半个，不包括恩来同志、陈云同志跟邓小平同志，他们是少壮派），就是做"跑龙套"工作的，我们不能登台演主角，没有那个资格了，只能维持维持，帮助帮助，起这么一个作用。

当毛泽东谈到党中央秘书长一职改为总书记，并推举邓小平担任总书记时，邓小平表示：我还是比较安于担任秘书长这个职务。毛泽东接着风趣地说：他愿意当中国的秘书长，不愿意当外国的总书记；其实，外国的总书记就是中国的秘书长，中国的秘书长就是外国的总书记。他说不顺，我可以宣传宣传，大家如果都赞成，就顺了。接着，毛泽东以赞许的口吻说：我看邓小平这个人比较公道，他跟我一样，不是没有缺点，但是比较公道。他比较有才干，比较能办事。你说他样样事情都办得好呀！不是。他跟我一样，有许多事情办错了，也有的话说错了，但是比较起来，他比较会办事。他比较周到，比较公道，是个厚道人，使人不那么怕。我今天给他宣传几句。他说他不行，我看行。顺不顺要看大家的舆论如何，我观察是比较顺的。不满意他的人也会有的，像有人不满意我一样。你说邓小平没有得罪过人，我不相信，但大体说来，这个人比较照顾大局，比较厚道，处理问题比较公正，他犯了错误对自己很严格。他说他有点诚惶诚恐，他是在党内经过斗争的。

截至当时，中国共产党的高级干部中得到过毛泽东的肯定性评价的人为数不少，但得到他这么高评价的人大概只有邓小平了。毛泽东对邓小平的赏识和器重由此可见一斑。

在八大上，邓小平当选为中共中央委员。在随后于 9 月 28 日召开的八届一中全会上，他当选为中共中央政治局委员、中共中央政治局常委、中共中央总书记。这时的中共中央政治局常委由毛泽东、刘少奇、周恩来、朱德、陈云、邓小平六人组成。从此，邓小平进入了中国党政最高领导层，成为以毛泽东为核心的中国共产党第一代中央领导集体的成员。这一年，他刚满 52 岁。

八届一中全会以后，邓小平整整当了十年总书记，负责主持中共中央书记处的工作。他后来曾经说："在我的一生中，最忙的就是那个时候。"

八大是中国社会主义建设史上的一个里程碑，在以毛泽东为核心的第一代中央集体的领导下，这次大会胜利地完成了预定的各项议程，取得了圆满的成功。八大的主要成就是：一、正确分析了社会主义改造基本完成后国内主要矛盾的变化，确定把党的工作重点转向社会主义建设。二、通过总结第一个五年计划的经验，制定了全面开展社会主义建设的正确方针和建立新的社会主义经济体制的方案。三、根据巩固人民民主专政和社会主义建设的需要，提出要进一步扩大民主生活，健全我国的法律制度。四、分析了党的队伍的状况，确定了加强党的建设的正确路线和方针。五、选出了新的中央委员会和以毛刘周朱陈邓为核心的党中央领导机构，为后来党中央成员的新老交替创造了良好的条件。

八大制定的路线是正确并富有创造性的，这是以毛泽东为代表的中国共产党人在探索社会主义道路的过程中取得的一个重大成果。八大之后，全国各族人民根据党的八大所提出的集中力量发展社会生产力的战略任务，在党的领导下开始了大规模的社会主义经济建设。作为党的总书记，邓小平坚决贯彻执行党的八大路线，为推动我国经济发展更加废寝忘食地工作着。但是，由于当时历史条件的限制和经验不足，八大以后我们党的指导思想上发生了"左"的错误，八大提出的路线和许多正确的方针、意见没有能够在实践中坚持下去。正如邓小平后来所说的，八大"分析了生产资料私有制的社会主义改造基本完成以后的形势，提出了全面开展社会主义建设的任务。八大的路线是正确的。但是，由于当时党对于全面建设社会主义的思想准备不足，八大提出的路线和许多正确意见没有能够在实践中坚持下去。八大以后，我们取得了社会主义建设的许多成就，同时也遭到了严重挫折"。

邓小平与 1957 年反右派斗争

1957 年的反右是必要的，没有错。同志们可以回想一下，1957 年的问题是个什么问题呢？1949 年到 1957 年，我们用 8 年时间基本上完成了农业、手工业和资本主义工商业的社会主义改造，进入社会主义。这个时候出来一股思潮，它的核心是反对社会主义，反对党的领导。有些人是杀气腾腾的啊！当时不反击这种思潮是不行的。问题出在哪里呢？问题是随着运动的发展，扩大化了，打击面宽了，打击的分量也太重。大批的人确实处理得不适当，太重，他们多年受了委屈，不能为人民发挥他们的聪明才智，这不但是他们个人的损失，也是整个国家的损失。

——邓小平

毛泽东说，不整风党就毁了

整风，是中国共产党在延安时期创造的加强党的建设的一种好方法。延安整风为夺取新民主主义和社会主义的胜利奠定了思想基础。

1956 年，中国实现了由新民主主义到社会主义的转变，进入了新的历史发展时期。在这个新的历史时期，党和国家面临的社会关系和根本任务发生了变化。但是党内的许多人并不了解或者不很了解这种新情况和新任务，执政党的地位，又使得党内一部分人容易采取单纯行政命令的办法去处理问题。甚至产生特权思想，用错误的态度和方法对待人民群众。正如毛泽东在八大开幕词中指出的，七大以来的 11 年，两次革命的实践证明党的路线是正确的，我们的党是一个政治上成熟的伟大的马克思列宁主义政党，"但是我们还有严重的缺点。在我们的许多同志中间，仍然存在着违反马克思列宁主义的观点和作风，这就是：思想上的主观主义、工作上的官僚主义和组织上的宗派主义。这些观点和作风都是脱离群众、脱离实际的，是不利于党内和党外团结的，是阻碍我们事业进步、阻碍我们同志进步的。"作为总书记，邓小平也看到了党组织和党员身上存在的各种问题。9 月 16 日，他在修改党章的报告中指出，过去 7 年，对党的组织和党员来说，脱离实际和脱离群众的危险，教条主义和经验主义的错误，不是比过去减少而是增加了。

鉴于这种情况，毛泽东提出要开展整风运动。他说，中国的改革和建设靠我们来领导。如果我们把作风整顿好了，我们在工作中间就会更加主动，我们的本事就会更大，工作就会做得更好。通过整风，不断地把我们身上的错误东西整掉，使我们能够更好地负起迅速发展经济和文化，改革和建设我们的社会主义社会的任务。邓小平也提出，要运用过去整党工作的经验，采取群众性的批评与自我批评的方法，对党员进行工作作风的整顿。

1957 年 4 月 27 日，中共中央发出了《关于整风运动的指示》。《指示》指出："几年以来，在我们党内，脱离群众和脱离实际的官僚主义、宗派主义和主观主义，有了新的滋长"，因此，有必要"在全党重新进行一次普遍的、深入的反官僚主义、反宗派主义、反主观主义的整风运动"。目的是"提高全党的马克思列宁主义的思想水平，改进工作作风，以适应社会主义改造和社会主义建设的需要"。方针是"从团结的愿望出发，经过批评和自我批评，在新的基础上达到新的团结"。方法是和风细雨、实事求是的批评与自我批评，从上而下，从领导干部到全体党员逐步展开。

随着《指示》的发表，整风运动正式开始。

5月4日，毛泽东为中央起草了《关于继续组织党外人士对党政所犯错误缺点展开批评的指示》，指出："最近两个月以来，在各种有党外人士参加的会议上和报纸刊物上所展开的，关于人民内部矛盾的分析和对于党政所犯缺点的批评，对于党与人民政府改正错误，提高威信，极为有益，应当继续展开，深入批判，不要停顿或间断。"根据中央和毛泽东的部署，中央统战部于5月初至6月初，分别召开了两个座谈会，一个是各民主党派、无党派民主人士座谈会，一个是工商界人士座谈会。前者开了13次，有70余人次发言；后者开了25次，有108人次发言。在这期间，国务院各部门的党组、党委，各省、市、自治区党委和一些高校党委，也相继召开了党外人士座谈会，请他们帮助党整风。

在各种座谈会上，党外人士畅所欲言，对党和政府提出了大量的批评、意见和建议，其中绝大部分是正确的和中肯的，受到中央和毛主席的肯定和欢迎。1957年5月8日，上海《解放日报》邀请22位中、小学教师举行座谈会，请他们谈谈工作中所遇到的各种问题。5月10日，该报第2版以《大胆揭露矛盾，帮助党内整风》为题，用整版的篇幅刊登了这次座谈会的发言摘要。毛泽东看到后，在这份报纸的第2版上做了如下批语："少奇、恩来、陈云、小平、彭真同志阅。这一整版值得过细一看，不整风党就毁了。"这表明，以毛泽东为首的中国共产党人把这次整风看得相当重要。

反右派扩大化

世界上的事情是复杂的，发展是曲折的。难以预料的情况令整风运动迅速逆转。整风期间，极少数资产阶级右派分子利用帮助党整风的机会，杀气腾腾，向党向社会主义发动了猖狂进攻，欺骗和煽动一部分人，掀起了一股反党反社会主义的思潮。例如，他们把共产党在国家和社会生活中的领导地位攻击为"党天下"，说什么在全国范围内，不论大小单位，"都要安排一个党员作头儿，事无巨细，都要看党员的颜色行事，党这样做，是不是'莫非王土'那样的思想，从而形成了现在这样一个一家天下的清一色局面"。这个"'党天下'的思想问题是一切宗派主义现象的最终根源，是党和非党之间矛盾的基本所在"。他们甚至反对共产党执政，鼓吹共产党和民主党派"轮流执政"。……

这些言论引起了毛泽东的极大警觉。5月15日，他写了《事情正在起变化》的文章，指出，党外人士"对我们提出的批评，大多数是对的"，"右派的批评也有一些是对的"，但他同时指出，"最近这个时期，在民主党派中和高等学校中，右派表现得最坚决最猖狂"，"他们不顾一切，想要在中国这块土地上刮起一阵害禾稼、毁房屋的七级以上的台风"。6月8日，毛泽东为中共中央起草了《关于组织力量反击右派分子进攻的指示》，同日，《人民日报》发表了题为《这是为什么?》的社论，决定对右派进攻实行反击。从此，在全国范围内开展了反右派斗争。

应当指出的是，在当时的形势下，对某些严重违反社会主义利益的错误言论进行批评，对极少数右派分子的进攻予以回击，在全国人民中间进行坚持社会主义道路的教育，以稳定新建立起来的社会主义制度，是完全必要的。但是，由于党的领导对右派进攻的形势作了过分严重的估计，把大量人民内部矛盾当作敌我矛盾，把许多正常的甚至善意的批评和建议，视为右派进攻，再加上中央在 1959 年 10 月发出的关于划分右派分子的标准的指示中规定的若干政策界限也未能得到严格的执行，这样，就发生了反右派斗争严重扩大化的问题，全国有 55 万人被划成资产阶级右派分子。而这 55 万人中，除极少数是真右派外，绝大多数或者说 99% 都是错划的。在这些被错划的人当中，有许多参加革命多年的党的干部，许多同党长期合作共事的爱国人士和朋友，许多学有专长的知识分子和富有经营管理经验的工商业者，以及许多政治上热情但不成熟的青年学生。由于被划为右派，他们受了长期的委屈、压制和不幸，使他们不能在社会主义事业中发挥应有的作用，这不但是他们个人的损失，也是整个国家的损失。

1959 年，党中央发出了关于分期分批摘掉右派分子帽子的指示，从 1959 年到 1964 年，先后五批摘掉 30 多万右派分子的帽子。但在当时"左"的思想影响下，不可能进行实事求是的甄别改正工作。这些人虽然摘了帽子，但实际上他们的工作安排，他们的子女上学、参军、就业等仍然受到歧视。在"文化大革命"中，这些摘帽右派的右派分子问题又被重新提起，再次遭到批判斗争，更不要说那些没有摘掉右派分子帽子的人了。

邓小平说，反右派扩大化我就有责任

反右派斗争是邓小平谈论较多的一个话题。在整风、反右派过程中，他主张："必须使反右派斗争的结果，有利于而不是不利于'百花齐放，百家争鸣'这个方针贯彻执行，有利于而不是不利于培养人民群众敢讲话的空气。"

粉碎"四人帮"后，邓小平实事求是地指出："我看对反右派斗争，还是两句话：一句话是必要的，一句话是扩大化了。"

所谓"必要的"，邓小平是这样解释的，"1949 年到 1957 年，我们用 8 年时间基本上完成了农业、手工业和资本主义工商业的社会主义改造，进入社会主义。这个时候出来一股思潮，它的核心是反对社会主义，反对党的领导。有些人是杀气腾腾的啊！当时不反击这种思潮是不行的。"

对于扩大化，邓小平说："随着运动的发展，扩大化了，打击面宽了，打击的分量也太重。大批的人确实处理得不适当，太重，他们多年受了委屈，不能为人民发挥他们的聪明才智，这不但是他们个人的损失，也是整个国家的损失。"

对反右派扩大化错误，邓小平勇于承担了责任。他说"1957 年反右派，我们是积极分子，反右派扩大化我就有责任，我是总书记呀。"

同时，他还接受了这一深刻的历史教训。十一届三中全会以后，邓小平领导中国共产党一方面坚持同错误思潮开展长期不懈的斗争，另一方面明确宣布不搞政治运动。1981 年 7 月，他在讲到思想战线的状况时说：一些地方发表的错误言论，有许多话大大超过了 1957 年的一些反社会主义言论的错误程度。对于这种错误倾向要进行严肃的批评，但是"要接受过去的教训，不能搞运动"，"我们今后不搞反右派运动"。这或许就是他讲的"过去的错误也是我们的财富"的一个内涵吧！

翻过心酸的一页

粉碎"四人帮"后，在拨乱反正的大形势下，1978 年 4 月 5 日，中共中央批准了统战部、公安部的《关于全部摘掉右派分子帽子的请示报告》。中央批示明确指出：在"右派分子"摘帽以后，不要再叫他们"右派分子"或"摘帽分子"，不得歧视他们。还指出：对"右派分子"的家属子女，在入团、入党、参军、升学、招工等问题上都不应受到影响。

同年 11 月 17 日，《人民日报》发表社论《一项重大的无产阶级政策》。社论说："在这次摘帽工作中，对右派分子，一般不搞甄别平反，对确属于错划为右派分子的人，尽管事隔多年，也要实事求是地予以纠正。"社论再次重申要搞好右派分子的工作安置和生活出路，要做到人尽其才，发挥所长。并指出，"今后在提职、提级、调整工资、奖励授予职称等问题上，都要与其他职工一样对待，不要歧视他们。"

这一次才是真的摘掉了右派分子的帽子。连同右派分子的家属、亲属在内，这一次解放的人要接近上千万人。随后，一大批被错划为"右派分子"的人返回或走上了重要的工作岗位，有不少人还担任了党和国家高级领导职务。

共和国历史上这令人心悸、令人心酸的一页，终于在十一届三中全会的光辉照耀下，在思想解放的大潮中翻过去了。

邓小平与石油工业的战略东移

在第二个五年计划期间，如果能在东北地区找出油来，那就很好。

——邓小平

邓小平亲自抓石油问题

中华人民共和国成立后第一个五年计划（1952—1957年）的执行情况是很值得乐观的。1957年粮食产量达到3901亿斤，棉花产量3280万担，钢铁产量达到535万吨，原煤1.31亿吨……大大超额完成了"一五"计划原定的指标。但是，石油工业却没有完成任务。"一五"计划对石油工业的要求是生产201万吨原油，而实际只完成了145万吨。

当时中国的石油工业的状况是，原油的生产主要靠新中国成立前发现的玉门、独山子和延长三个油田，以及新中国成立后发现的克拉玛依油田，这些油田1957年全年的总产量仅86吨。国民经济建设和国防用油大部分要依靠进口。因而有些人以为，中国是一个贫油国家。

石油工业能不能发展、有没有希望，引起了党中央、国务院的高度重视。1956年党的八大以后，邓小平作为党的总书记，分管石油工业。

尽管日理万机，但他仍然深入到玉门、四川等几个我国仅有的油气田调查研究，思考石油勘探的战略布局问题。

1957年初，邓小平在成都召集石油、地质两部的负责人开了一个石油促进会。他在会上说："四川只要出了一吨石油，也算有了石油工业了！"1958年2月初，邓小平视察了地处崇山峻岭的四川石油勘探局川南矿区。在草棚搭起的会议室，他语重心长地鼓励大家，多打井，多产油气，为国家建设多作贡献。当气矿负责同志把两小瓶原油样品送给他时，他拿着样品高兴地说："总算看到四川有了石油了"。

要有更多的石油，当然要靠天然油

1958年2月11日，第一届全国人民代表大会第五次会议通过了余秋里为石油工业部部长的任命。2月13日，邓小平就亲自对他说："秋里同志，赶快上任吧，我安排他们向你汇报，让你有个底，好早些开展工作！"

26日，余秋里接到国务院办公厅的通知：明天上午8时到中南海居仁堂参加由邓小平同志主持的石油工业部汇报会。参加这次汇报会的除了邓小平、余秋里以外，还有原石油工业部部长李聚奎和勘察司司长唐克以及翟光明、王纲道两位工程师。李聚奎首先介绍了石油工业的总形势和一些基本情况。接着由唐克作详细的汇报。

"一五"期间，我国石油产量中，人造油占有较大比重。大连、抚顺、茂名等地的人造油产量达到60万吨，与天然油旗鼓相当。石油界对搞天然油还是搞人造油存在不同的见解。有的同志认为，我国有相当数量的油页岩资源，搞人造油风险小，把握大，应重点发展。而多数同志认为，人造油成本高，难以大规模发展。我国地域辽阔，沉积岩分布广泛，只要加强勘探，一定能够找到丰富的天然油，应该搞天然油为主。

当唐克讲到人造油的生产情况时，邓小平说："听说石油部门有一个搞人造油还是搞天然油的争论，石油工业怎样发展？我看人造油是要搞的，并且要下决心搞。但是中国这样大的国家，要有更多的石油，当然要靠天然油。"

邓小平提出搞天然油，从发展战略上为石油工业指明了方向，使我国石油工业开始走上了以发展天然油、天然气为重点的新的历史阶段。以后几十年的实践证明，邓小平的这一论断是非常富有远见的，对我国原油产量迅速增长起了决定性作用。据近年进行的新一轮石油、天然气资源评价，按现有的技术和世界通用的储量标准计算，我国最终石油可采资源约为140亿吨，天然气可采资源量约为10.5万亿立方米，分别在世界上居第9位和第10位。现在，我国32个省、自治区、直辖市中，已有24个发现了油气资源。"中国贫油"的说法已成为世人不再提及的历史。

增加石油勘探队的人力和物力

50年代，由于我国的石油勘探队伍力量薄弱，装备落后，技术人才缺乏，石油勘探一直上不去。那时全国石油职工仅有14万人，205个钻井队，使用的大多是中小型钻机，年钻井总进尺只有52万米，地质勘探、油田开发的专业人员也很少。这样的薄弱力量，勘探工作根本无法全面铺开，只能集中在几个地方开展工作，全国普查更谈不上。

听到这些情况，邓小平说："现在你们的地质队和地球物理队可不可以加一番，轻便钻机要自己造，可以和机械部商量一下，你们也要促进一下。要做1200米钻机，也要搞3000米的钻机。套管、钻杆应当努力设法在国内解决。总之，一个是勘探队的问题，一个是钻机问题，应该促进一下。"第二个五年计划期间，你们打钻子（指钻井进尺）加一番行不行?"

根据小平同志的这一指示，国家计委和机械部立即行动，帮助石油部解决人员、装备问题。1958 年底，钻井队由 205 个增加到 394 个，增加了近一倍；石油工人的人数由 14 万人增加到 23 万人。为后来进军松辽平原打下了坚实的基础。

邓小平说：石油勘探工作应当从战略方面来考虑问题

1958 年以前，我国石油勘探主要在西部地区，东部地区勘探工作做得很少，大量地区甚至是一片空白。而西部地区即使有油，受运输条件限制也很难运出来。因此，尽快在东部地区找到石油，就近就地解决主要消费区的用油需要显得十分紧迫。当唐克讲到石油勘探工作的规划部署时，邓小平说：石油勘探工作应当从战略方面来考虑问题。战略、战役、战术总是要三者结合的。总的来说，第一个问题是选择勘探突击方向。找油就和打仗一样，过分分散就不利。要分别轻重缓急，排出一个先后次序。全国就这么大，二三十个地方总是有的，应该选择重要的地方先突击勘探，不要十个指头一般齐。不然的话，就会浪费一些时间。

关于如何开展石油勘探布局问题，邓小平指出，要在经济比较发达、交通条件好的地区加快石油勘探工作。他说，对松辽、华北、华东、四川、鄂尔多斯五个地区，要花一些精力，好好研究一番。在第二个五年计划期间，如果能在东北地区找出油来，那就很好。就经济价值来说，华北和松辽是一样的，主要看哪个地方先搞出油来。苏北要增加勘探工作量，这个地方如果搞出油来，那对沿海一带很有好处。苏北如果找到油，年产 100 万吨，就值得大搞。由此类推，东北如何促进，四川如何促进，都应该考虑。在真正有希望的地方，如东北、苏北、四川这3块搞出油来，就很好。邓小平还指示，什么时候搞成，要提出一个方案来。

按照小平同志的指示，石油部连续召开了5次党组会议和两次部务会议，坚决调整部署。1958年，石油部先后组建了松辽石油勘探局、华东石油勘探局、华北石油勘探处，以加强这些地区的勘探工作。石油勘探重点从此由西部地区开始向东部地区转移，很快打开了新局面。1959年9月26日，位于松辽盆地中央的"松基三井"喷出了工业性油流，由此发现了大庆油田，揭开了中国石油工业崭新的一页。

经过3年多的艰苦会战，初步建立起了我国第一个大型油田。此后，渤海湾地区相继发现和建成了胜利、辽河、华北、中原、大港、河南、冀东等油田，使这一地区成为我国一个重要的产油区。当年邓小平十分关注的苏北地区也发现和建成了江苏油田，并在1995年实现了小平同志"年产一百万吨"的要求。目前，我国整个东部地区原油产量保持在1.2亿吨，基本形成了主要产油区靠近石油消费区的布局。

邓小平与"大跃进"

在 1958 年，我们犯了错误，搞大跃进，开始不尊重经济规律了，这就使生产下降了。

——邓小平

1958 年，在人民共和国的历史上是一个"创高产""放卫星"的"火红的年代"。"大跃进""大食堂""大锅饭""大炼钢铁"成了时髦的名词，几乎人人皆知。从 1958 年到 1960 年，在我国历史上习惯称为"大跃进"的年代。连续三年的"大跃进"，打乱了正常的经济建设秩序，浪费了巨大的人力和资源，使我国经济发展遭到严重的挫折，造成了国民经济比例的严重失调，给我们留下的教训也是非常深刻的。1985 年 4 月，邓小平在回顾这段历史的时候，明确指出："一九五八年'大跃进'，一哄而起搞人民公社化，片面强调'一大二公'，吃大锅饭，带来大灾难。"

"大跃进"的发动

1957 年后，我们党内"左"的思想开始抬头，逐渐占了上风。在 1958 年 1 月的南宁会议上，毛泽东批评了 1956 年的"反冒进"，把那时中央领导同志实事求是地纠正经济工作中的急躁冒进偏向，说成是所谓"右倾""促退"。由反对"反冒进"进而提出"大跃进"。《人民日报》在2月2日的社论中说："我们国家现在正面临着一个全国大跃进的新形势，工业建设和工业生产要大跃进，农业生产要大跃进，文教、卫生事业也要大跃进。"从南宁会议到3月成都会议的二三个月的时间里，在批判"反冒进"的气氛下，提出了一些不切实际的动员口号。例如，要求苦战三年，使大部分地区的面貌基本改观，在五年到七年内，使各省和自治区的地方工业总产值赶上或者超过当地的农业总产值，使农业基本实现机械化和半机械化。同时，还制定了1958年国民经济计划的第二本账，主要计划指标比2月间全国人民代表大会通过的第一本账都大幅度提高了。例如，农业总产值的增长速度由6.1%提高到16.2%，工业总产值的增长速度由10%提高到33%。这标志着经济工作中急躁冒进的"左"倾错误开始发展起来。

同年5月召开了党的八大二次会议。这次会议通过的社会主义建设总路线，其正确的一面是反映了广大人民群众迫切要求改变我国经济文化落后状况的普遍愿望，其缺点是忽视了客观经济规律。毛泽东在谈到"大跃进"时，批评了一些不同意指标过高的意见，说现在从中央到地方都还有一部分"观潮派""秋后算账派"。他要求各个山头、村落，各个机关、部队、工厂、合作社，都要"插红旗、拔白旗"。这次会议后，6月间钢铁工业拟订"大跃进"的目标，酝酿1958年钢的产量要比1957年翻一番；设想1959年超过3000万吨，1962年达到八九千万吨以上。各协作区也召开农业会议，纷纷提出农业的"大跃进"目标。像西北这样一向低产的地区，提出全地区每人平均粮食产量1958年要达到1100斤，1959年要达到2000斤，1962年要突破3000斤。在农业增产措施方面，大力推广土地深翻，要求全国必须在二三年内把全部耕地深翻一次，并推行高度密植。同时报刊上不断宣传"高产卫星"，如小麦亩产达到 7320 斤，早稻亩产达到 36900 多斤，还批判了"农业增长有限"论。"人有多大胆，地有多大产"，"只要我们需要，要生产多少就可以生产多少粮食出来"等错误口号也流行开来。

在这种虚报浮夸的气氛下，1958 年 8 月，中共中央政治局在北戴河举行扩大会议，这次会议估计 1958 年粮食产量将达 6000 亿斤到 7000 亿斤，棉花产量将达 7000 万担左右，农产品产量将"几倍、十几倍、几十倍地增长"。基于对农业生产形势的这种过高估计，会议要求各省、自治区党委把注意重心从农业转到工业方面来，并正式决定和公开宣布 1958 年钢的产量要比 1957 年翻一番，即要达到 1070 万吨。这是当时实有的开采、冶炼、运输能力所不可能达到的。为了实现这个任务，会议以后立即在全国掀起了一个空前规模的"全民大炼钢铁运动"，于是，全国几千万人一齐上阵，大搞"小（小高炉）、土（土法炼铁、炼钢）、群（群众运动）"。大炼钢铁成为压倒一切的中心任务，各行各业都支援"钢帅升帐"。结果耗费了巨大的人力和资源，全年合格的钢产量只有 800 万吨，仅完成翻一番计划的四分之三。在大炼钢铁的同时，交通、邮电、教育、文化、卫生等事业也都开展"全民大办"。这种"以钢为纲"所带起的一系列"大办"，把"大跃进"运动推向了高潮。此后，以高指标、瞎指挥、浮夸风和"共产风"为主要标志的"左"倾错误严重地泛滥开来。

"大跃进"带来大灾难

发动"大跃进"，是我们党在 50 年代后期工作中的一个重大失误，是一场实实在在的大灾难。正如邓小平后来在总结这段历史时所说的："一九五八年的'大跃进'和人民公社运动，完全违背客观实际情况，头脑发热，想超高速发展"。结果"带来大灾难"。

例如，1958年开始的工业"大跃进"，最具典型性的是全党全民大炼钢铁。随着运动的逐步深入，在全国掀起了大炼钢铁的热潮。一时间，各级党委第一书记亲自挂帅，动员了约9000万人上山，砍树挖煤，找矿炼铁，建起上百万个小土高炉、小土焦炉，用土法炼钢。为完成"1070"，国家投入了巨大的人力、物力和财力，不少地方矿产资源遭到破坏，森林被砍光，群众做饭的锅被砸光，但没有生产出多少合格的产品。当时生产出的名叫"烧结铁"的高硫铁根本不能炼钢。如用于浇铸，也因铸件发脆、太硬，而无法加工。由于矿石品位低、生铁质量差和追求高产快炼等多种原因，大钢厂的产品质量也显著降低了。

与此同时，"大跃进"对工业产品质量的影响，几乎扩及所有工业部门。国家经委1959年1月27日的一份报告中提到：重点煤矿原煤灰分由原来的百分之十几，增加到20%至30%。玉门油矿运出的原油，其含水率由原来的2%增加到15%至20%。据一机部部长赵尔陆1959年5月26日向毛泽东报告：最近检查去年年底和今年年初安排的一批轧钢机，比较普遍地存有质量问题，有的非常严重，甚至不敢交付使用。1959年5月28日，中共中央总书记邓小平在听取薄一波和李富春汇报时，特别提醒他们要注意轻工业产品的质量问题，他说，我国轻工业产品质量高的声誉，在国际上几个月就垮下来了。现在生产的纸，跟战争时期的纸差不多。

当时，基本建设工程质量问题也十分严重。据统计，1958年10月以后，由于强调快速施工，随意修改设计和建筑结构，随意使用代用材料，随意破除规章制度，发生了许多严重的质量事故，倒塌了不少新建的厂房，砸死了人。给国家造成了人力、物力、财力的巨大浪费。

不仅如此，"大跃进"还造成了国民经济严重的比例失调，如消费与积累、工业与农业、工业和交通运输、工业内部之间比例的失调。严酷的事实，使对"大跃进"充满信心的毛泽东也认识到，只讲多快、不讲比例是不行的。1959年3月26日，上海会议期间，薄一波在向中央汇报时谈到消费与积累的比例关系失调时，毛泽东说"这不是大跃进，这是破坏大跃进，都跃不了嘛！只有这么多粮食，大家都吃不饱，""这种方法是破坏跃进的方法。"

中央犯错误，不是一个人负责，是集体负责。

"大跃进"运动，使国民经济遭受严重挫折，使人民生活受到很大的影响。但是，它终究是我国探索社会主义建设新道路中的失误。对于自50年代后期起一段时间党的失误，邓小平坦言：我也有份。

其实，对于"大跃进"，邓小平有他自己的看法。早在1957年10月，邓小平在西安干部会上的一个讲话中，就曾向一些在进行社会主义建设问题上头脑发热的人提出了警告，他说：搞建设并不是一件容易的事，它比较革命要困难得多，在这方面我们还没有多大的本事。所以，要把我们这么一个贫穷落后的国家建设成为社会主义的先进的工业国家，需要长期的刻苦的努力，需要在相当长的时间里一心一意地搞经济建设。对于阶级斗争这门科学，我们党、我们的干部是学会了。但在改造自然方面，这门科学对我们党来说，对我们干部来说，或者是不懂，或者是懂得太少了。如果不一心一意，不好好学习，不总结经验，我们也会在建设问题上栽跟头。他进而指出：正因为我们不懂，所以我们要学习外国的经验，不仅要学习苏联的，也要学习世界上一切先进的经验，世界各国，包括美国在内，有先进的东西我们也要学。但学习要面对国家的现实，教条主义就是脱离自己的现实，不顾自己的特点，盲目地照搬。如果采取教条主义的方法去学习就坏了，什么时候都要从我们国家的实际出发。邓小平的这个讲话，反映了他对中国进行社会主义建设的正确思路，这跟不久后所发生的"大跃进"的做法是格格不入的。

由此也可以看出，对"大跃进"运动，邓小平内心里是不赞成的。

正当大炼钢铁运动在全国各地如火如荼地展开并日益深入的时候，1958年10月，邓小平亲自到广西视察了大炼钢铁的情况。他迎着滚滚浓烟，深入察看小高炉群。他一个炉子一个炉子地看，看得非常认真。看着沿途那些炼出来的铁，这位曾经在法国施奈德钢铁厂干过炼钢工作的总书记，越看心里越不是滋味，他忧心忡忡地问随行的冶金专家："你们看，这些铁的质量怎么样？"一位专家指着地上堆放的两种产品说："这种的质量还比较好，那种算是烧结铁。"邓小平拿起夹杂有矿石和木炭的烧结铁掂量了一下，恳切地对陪同的地方领导同志说："各族广大群众建设社会主义的积极性很高，精神很可贵。今后，要设法炼出像专家说的那种质量较高的铁来。至于这种烧结铁，还不能算是铁！"邓小平的一席话，既充分赞扬了各族群众大干社会主义的可贵精神，又对盲目上马土法炼钢炼铁的做法提出了批评，这无疑是给当时头脑日益发热的人们吃了一副清醒剂。

到1961年，毛泽东提出要纠正"左"的错误，迅速恢复国民经济的时候，邓小平立刻全身心地投入进去。为尽快挽回"大跃进"造成的损失，迅速发展生产，改善人民生活作出了巨大的努力。

尽管如此，在后来总结这段历史的时候，邓小平却从来没有推卸自己的责任，多次强调他也犯过错误，要对共和国历史上这段历史负责。他在党的十一届五中全会第三次会议上说："1958年'大跃进'，我们头脑也发热，在座的老同志恐怕头脑发热的也不少。这些问题不是一个人的问题。我们应该承认，不犯错误的人是没有的。拿我来说，能够四六开，百分之六十做的是好事，百分之四十不那么好，就够满意了，大部分好嘛"。1980年4月1日，他在同中央负责同志谈话时进而指出："'大跃进'，毛泽东同志头脑发热，我们不发热？刘少奇同志、周恩来同志和我都没有反对，陈云同志没有说话。在这些问题上要公正，不要造成一种印象，别的人都正确，只有一个人犯错误。这不符合事实。中央犯错误，不是一个人负责，是集体负责。在这些方面，要运用马列主义结合我们的实际进行分析，有所贡献，有所发展。"短短几句话，反映了他的求实态度和对历史负责的可贵品质。

邓小平对人民公社的历史思考

中国社会主义农业的改革和发展，从长远的观点看，要有两个飞跃。第一个飞跃，是废除人民公社，实行家庭联产承包为主的责任制⋯⋯

——邓小平

1984年，诞生于轰轰烈烈的"大跃进"中的人民公社，在走过了26年后，最终解体了。在这26年中，中国农村的发展或停滞，中国农民的希望或苦难，都直接与人民公社制度有关。邓小平，作为中国共产党第一代领导集体的重要成员和第二代领导集体的核心，亲历了人民公社形成和解体的全过程，对人民公社有过反复的思考，对人民公社的最终解体起了重要的决策作用。

邓小平赞同搞人民公社，但很快发现人民公社还存在问题

1958年夏秋，在农业生产合作社并社过程中出现了人民公社。以毛泽东为代表的中国共产党人对这一新生事物普遍感到异常的兴奋，并大加赞赏。这年的8月，毛泽东在视察了河北的徐水、安国和河南的新

乡县七里营公社后，称赞"还是办人民公社好，它的好处是，可以把工、农、商、学、兵结合在一起，便于领导。"在毛泽东的支持和赞扬下，8月17日在北戴河召开的中央政治局扩大会议，将人民公社问题列入了会议的议题。会上，毛泽东和中央其他领导同志都同意在农村办人民公社。作为中共中央总书记的邓小平对毛泽东的看法也积极赞同，对人民公社这个新生事物也有着极大的热情。他说：公社本身是社会主义性质，为共产主义作准备，全民所有制逐步增加，公社一建立积累很大，积累可为全民所有。

8月29日，北戴河会议正式通过了《中共中央关于在农村建立人民公社问题的决议》。随后，一个大办人民公社的全民运动在全国农村中正式地普遍地开展起来。

"人民公社好"在当时可以说是全党的共识。邓小平也是这样认为的。他说，向共产主义过渡的最好形式是人民公社，"看来基本道路解决了"。

人民公社政社合一的体制，主要特点是一大二公。随着公社化运动所产生的"共产风"以及生产上的瞎指挥、高指标、高估产、高征购、高用粮等等，仅仅几个月的时间，就暴露出比较严重的问题。这些问题，引起了党中央和毛泽东的重视，也引起了邓小平对人民公社的深思。

1958年10月，邓小平在云南视察时对省委负责同志说，还是要慢一点，自然一点。在参加《关于人民公社若干问题的决议（草案）》讨论时，他说，目前公社只能说是集体所有制，只能说有全民所有制的因素。按劳分配、工资级差在社会主义社会仍然有积极作用，不能否定。在党的八届六中全会上，邓小平对建成社会主义和共产主义的标准作了具体的说明。他说，人民公社今天还不是共产主义的，连社会主义还没有建成，怎么就是共产主义呢？形式是共产主义的，内容不完全是共产主义的。他还说，要把社会主义和共产主义的界限划清楚。在 15 年、20 年或更长的一段时间内，我们的任务是建成社会主义社会，逐步增加共产主义的因素，为过渡到共产主义准备条件，并根据这个质的规定来制定目前阶段的方针政策，这样才会使我们既不犯保守主义的错误，又不犯冒险主义的错误。

在正确看待人民公社的问题上，邓小平有他自己的认识。当全党对人民公社都还处于盲目推崇的时候，邓小平就提出应当看到，人民公社是一个新问题，不能疏忽大意，要不断总结经验，加强领导。他多次强调，人民公社还正在试验，正确不正确，还要看几年。

邓小平没有参加庐山会议，作为党中央领导集体中的重要一员，他无条件地拥护和服从中央关于批判彭德怀右倾机会主义的决议。但他并没有因为对彭德怀的错误批判，而放弃对人民公社问题的思考。1960年初，他在中央召开的天津会议上指出，人民公社主要是"条件不成熟，急于过渡，一平二调妨碍积极性，如果不注意，要妨害生产的，要妨害过渡，延缓过渡的时间"。这个问题是"很重大的一个问题"。

对于人民公社中出现问题的原因，邓小平作了分析。他认为，实事求是的精神受到了损害。为什么不实事求是？是方法出了问题，不调查研究。觉察到了问题，不认真去调查和处理。过去几年调查研究很少，搞了许多虚假现象。

1961 年全党大兴调查研究之风。4 月，邓小平和彭真到了北京郊区顺义。他深入到农民家里了解情况，不断和干部群众座谈，对公社的体制、规模、基本核算单位、食堂、评工记分等问题进行了深入细致的调查。在调查研究中，邓小平认为，农业减产的原因是政策问题。人民公社的一些政策，影响了群众生产积极性。他充分肯定了当时尚有争议的"三包"（包工、包产、包成本）、"一奖惩"（超额有奖，减产受罚）、"四固定"（土地、劳力、耕畜、农具固定到生产队使用）的责任制，指出"一定要实行定额包工,多劳多得是天经地义的事,是社会主义的分配原则"。对农村公共食堂,他说,"公共食堂是一个大问题,现在群众的议论很多,要注意一下。"当他了解到不少农民不想吃食堂时肯定地表示:"吃食堂是社会主义,不吃食堂也是社会主义。要根据群众的意愿,决定食堂的去留。"

5月10日,邓小平和彭真致信毛泽东,信中说,要进一步全面地调动农民的积极性,对供给制、粮食征购和余粮分配、三包一奖、评工记分、食堂、所有制等措施,还需要加以改进,有些政策要加以端正。报告中明确提出,三七开供给制,带有平均主义性质,害处很多,干部和群众普遍主张取消。三天后,毛泽东批示,将此信发给各中央局、各省、市、区党委供参考。

在广泛调查研究的基础上,党中央对人民公社问题的认识逐渐加深,措施也逐步改进,基本上刹住了急过渡和"共产风"。1962年2月13日,中央发出了《关于改变农村人民公社基本核算单位问题的指示》,规定公社一般以生产队为基本核算单位。至此,生产关系已实质上调整到初级合作社的阶段,但在形式上还维持着人民公社的体制。

为了恢复农业生产,当时还出现了一些新的情况,如有的地方实行"包产到户""责任到田""五统一"等等。对于这些情况,党内有些人认为是对人民公社体制的否定,是"单干风",是倒退。邓小平不同意这种看法,他说,"农业本身的问题现在看来,主要还得从生产关系上解决"。现在要恢复农业生产,也要看情况,就是在生产关系上不能采取一种固定不变的形式。生产关系究竟以什么形式为最好,恐怕要采取这样一种态度,就是哪种形式在哪个地方能够比较容易、比较快地恢复和发展农业生产,就采取哪种形式;群众愿意采取哪种形式,就应该采取哪种形式,不合法的使它合法起来。"白猫、黑猫,只要抓住老鼠就是好猫。"但是,邓小平的这些考虑,不久随着批"单干风"和"包产到户"，实际上被否定了。

邓小平号召全党解放思想，突破禁区。支持包产到户。他说，人民公社不是一个成功的试验。

"文化大革命"中，在极左思潮的影响下，不少农村人民公社又开始出现并队、联队核算及没收生产队山林、社员自留地的现象，特别是在全国农业学大寨、普及大寨县的运动中，一味地推广大寨式的评工记分，取消集贸市场、取消自留地的经验，大搞"割资本主义尾巴"等等，使得广大农民的生活仍处于贫困的境地，农业的发展十分缓慢。人民公社政社合一的体制所形成的弊端是权力越来越集中，计划经济统得越来越死，生产大队、生产队和社员个人没有一点自主权。公社还坚持不懈地用超经济的强制手段来规范农民的行为，持续不断地开展阶级斗争和路线斗争，不遗余力地向农民灌输"社会主义"思想，用政治手段试图把农民发展成为"社会主义的新人"。在分配上搞平均主义，严防产生"新生的资产阶级分子"。

人民公社的这种弊端到了70年代后期越来越突出地暴露出来了。靠政治手段，解决不了农村经济的发展，解决不了农民的温饱问题。

70年代后期，全国一些地方又悄悄地搞起了被批判了多次的"包产到户"。这种对人民公社制度的冲击，给农民带来了真正的实惠，给社会和生产力的发展带来了可喜的变化，也引起了中央领导层的深思。

1977年7月邓小平第三次复出后，针对我国农业发展现状，对人民公社的问题进行了深入的思考，并且从理论上和实践上对我国农村的现行体制进行了新的探索。

第一，邓小平号召全党同志要敢于突破"禁区"。农村人民公社体制在当时就是一个不能动摇的"禁区"。人民公社是在毛泽东支持和倡导下搞起来的，搞了近 20 年，尽管这 20 年来中国农业发展缓慢，人民生活依然贫困，但人们还是认为人民公社是社会主义的重要象征。在这 20 年中虽然也对人民公社进行过一些纠正和调整，人民公社退到了以生产队为核算单位，但这是最后一道防线，不能再退了。毛泽东在世时一直认为再退就是道路问题。

面对这一"禁区"，1978 年 9 月邓小平在听取中共辽宁省委常委汇报时指出，我们要根据现在的国际国内条件，敢于思考问题，提出问题，解决问题。千万不要搞"禁区"，"禁区"的害处是使人们思想僵化，不敢根据自己的条件考虑问题。一个公社有自己的条件，有自己的情况，一个大队有自己的条件，有自己的情况，有一般，也有特殊，大量的是特殊，重要的是要根据自己的特殊情况考虑问题。他对吉林省委常委们说：现在摆在我们面前的问题，关键还是实事求是、理论与实际相结合、一切从实际出发。不论搞农业、搞工业、搞科学研究，搞现代化，都要实事求是，老老实实。学大庆、学大寨要实事求是。大寨有些东西不能学，也不可能学。比如评工记分，它一年搞一次，全国其他人民公社、大队就不可能这样做，取消集贸市场也不能学。自留地完全取消也不能学。小自由完全没有了，也不能学。所有在一个县、在一个公社工作的同志，都要根据一个县、一个公社的条件，在大队工作的同志也要根据一个大队条件，搞好工作。要鼓励哪怕是一个生产大队、一个生产队很好地思考，根据自己的条件，思考怎样提高单位面积产量，提高总产量，还有技术方面、多种经营方面，那些该搞的还没有搞，怎么搞。这样，发展就快了。不久以后，邓小平在视察天津时又反复强调要解放思想，开动机器，从实际出发，不要当懒汉。他说，大队、小队都有特殊性，不能划框框，不能鼓励当懒汉。过去不能碰"禁区"，谁独立思考就好像是同毛主席对着干。实际上毛主席是真正讲实事求是的。我们过去是吃大锅饭，鼓励懒汉，包括思想懒汉，管理水平、生活水平都提不高。现在不能搞平均主义。毛主席讲过先让一部分人富裕起来。后来邓小平说他 1978 年的东北之行是"到处煽风点火",事实上他的这些讲话精神,确实点燃了中国农村改革的熊熊烈火,是对人民公社体制冲击的先声。

1978 年 10 月,邓小平在中国工会第九次全国代表大会的致词中第一次提出,各条战线不仅需要进行技术上的重大改革,而且需要进行制度上组织上的重大改革。这种要从制度上进行重大改革的提法,一个多月以后,在中央工作会议和十一届三中全会上成为全党的共识。邓小平在中央工作会议上要求上至中央下至一个生产队,都要实事求是,都要解放思想,开动脑筋想问题、办事情。希望各级党委和每个党支部,都来鼓励、支持党员和群众勇于思考、勇于探索、勇于创新,都来做促进群众解放思想、开动脑筋的工作。邓小平特别提出应该让地方和企业、生产队有更多的经营管理的自主权。他说,一个生产队有了经营自主权,一小块地没有种上东西,一小片水面没有利用起来搞养殖业,社员和干部就要睡不着觉,就要开动脑筋想办法。全国几十万个企业,几百万个生产队都开动脑筋,能够增加多少财富啊!邓小平的这些思想鼓舞了广大农民冲破人民公社制度长期以来对他们的禁锢,对废除人民公社制度起了重要的推动作用。

第二,邓小平重申坚持按劳分配原则,鼓励一部分人先富起来。

针对人民公社制度下分配上的平均主义,邓小平反复阐述马克思主义的按劳分配原则,批判吃大锅饭的错误做法。1977 年 9 月,邓小平在会见美联社董事会代表团时指出,过去"四人帮"不提倡搞生产,认为搞生产就是"唯生产力论",就是"不革命",就是"走资本主义道路"。他们反对按劳分配原则。所谓按劳分配就是多劳多得,少劳少得,不劳不得。现在我们要恢复按劳分配原则。1978 年 8 月,他谈到四川农村的情况时说,所谓政策,还是老政策,无非是按劳分配,这是最根本的，不是吃大锅饭，干不干一样，干好干坏一样，按劳分配，再加上有点小自由，如养鸡，给少量的自留地，一年就搞起来了，两年就翻身了。1978 年 12 月党的十一届三中全会根据邓小平的意见，原则通过了《中共中央关于加快农业发展若干问题的决定（草案）》。草案指出：必须首先分清究竟什么是社会主义，什么是资本主义，社队的多种经营是社会主义经济，社员的自留地、家庭副业和农村集市贸易是社会主义经济的正当补充，决不允许把它们当作资本主义经济来批判和取缔。按劳分配、多劳多得是社会主义的分配原则，决不允许把它当作资本主义原则来反对。我们的一切政策是否符合发展生产力的需要，就是要看这种政策能否调动劳动者的生产积极性。

第三，支持包产到户，实行联产承包责任制。

1978 年秋，安徽省遇到历史上从未有过的大旱。面对严峻的形势，中共安徽省委作出了"借地度荒"的决定：凡是集体无法耕种的土地，可以借给农民种麦，并鼓励农民开荒多种，谁种谁收谁有，国家不征公粮，不分统购任务。在借地的基础上，肥西县山南公社在全省首先闯开禁区，搞了包产到户。与此同时，凤阳县梨园公社小岗生产队 18 户农民，冒着挨批、挨斗、坐牢的风险，决定分田，包干到户。这一举动，翻开了中国农村发展史上新的一页，宣告家庭联产承包经营责任制这一新的农业生产体制开始形成。就在小岗村人试行大包干的时候。中国的其他地区也都搞起了不同形式的生产责任制。四川、云南搞了包产到组，广东农民实行了"五定奖"。1979 年 1 月《人民日报》陆续报道了这四个省实行生产责任制的情况，随即引出了一场激烈的争论。

家庭联产承包，意味着对"三级所有，队为基础"的人民公社体制的彻底否定。一些同志认为，必须注意保持人民公社体制的稳定。1979 年 4 月中央工作会议讨论生产责任制问题时，只有少数几个省委书记明确表示支持。6 月，在五届人大二次会议期间，担任中共安徽省委书记的万里找到陈云，陈云对安徽的包产到户做法表示双手赞成。邓小平在听了万里的汇报后说：你就这么干下去，实事求是地干下去。关键时刻，对生产责任制表明了支持的态度。

第四，邓小平提出，公社制度还是一个有待探索的问题。

农村的改革有力地冲击着人民公社制度。1980 年，四川广汉县的农民率先摘掉了挂了 22 年的人民公社的牌子。1981 年 9 月 9 日，邓小平在会见以竹入义胜为团长的日本公明党第十次访华代表团时谈到了农村改革和人民公社问题。他说，人民公社建立以后，我们已经感到"一大二公"的目标并不是很快能实现的，那时候毛主席还在，也意识到这个问题了。所以，后来毛主席经过多次调查研究，提出要搞三级所有制，即公社，生产大队，生产队三级，以生产队为基础。我们现在正在研究公社制度问题，这还是一个探索的问题。

1982 年 12 月五届人大五次会议修改宪法，决定改变农村人民公社政社合一的体制重新设立乡政权。人民公社宣告退出历史舞台。12 月 31 日，中央政治局讨论通过了《当前农村经济政策的若干问题》，指出：人民公社的体制，要从两方面进行改革。这就是，实行生产责任制，特别是联产承包制；实行政社分设。这个文件作为中发（1983）1 号文件下发。

第五，邓小平认为，人民公社不是一个成功的试验。

1983 年 5 月 22 日，邓小平在会见毛里求斯总理贾格纳特时说，我国农村过去十分贫困，主要原因之一就是搞"以粮为纲"。人民公社制度的试验也不那么理想。当前，我国农村实行生产责任制，实行因地制宜、多种经营的方针，调动了农民的生产积极性，仅仅用了三年多的时间，农村面貌就大大改观，大多数农民开始摆脱了贫困，成效是显著的。同年 9 月，邓小平在会见英国前首相希思时说，我们过去的失误都是由于走得太快。就拿农村政策来说，过去由低级社到高级社就是太快了点，其后，又由高级社进到人民公社，现在看来不是一个成功的试验。10月，中共中央、国务院发出了关于实行政社分开建立乡政府的通知。指出，随着农村经济体制的改革，现行农村政社合一的体制显得很不适应。当前的首要任务是把政社分开，建立乡政府。通知要求这项工作要与选举人民代表大会代表的工作结合进行，大体上在1984年底前完成。这样，人民公社的体制到1984年最终结束了。

80年代农村人民公社制度所以能够废除，主要是我们党对"什么是社会主义"有了一个正确的认识。在农村改革初期，邓小平就号召全党解放思想。1980年4月他指出，不解放思想不行，甚至包括什么叫社会主义这个问题也要解放思想。邓小平认为，不要光喊社会主义的空洞口号，社会主义不能建立在贫困的基础上。"社会主义的经济政策到底对不对，归根到底要看生产力是否发展，人民收入是否增加，这是压倒一切的标准，空讲社会主义不行，人民不相信。"我们是社会主义国家，社会主义优越性的根本表现就是能够允许社会生产力以旧社会所没有的速度迅速发展，使人民不断增长的物质文化生活需要能够逐步得到满足。推行了20多年的农村人民公社的体制，束缚了生产力的发展，是不符合社会主义的根本要求的。邓小平说，我们在一个长时期内忽视了发展社会主义社会的生产力，从1957年起，我们的生产力的发展非常缓慢，拿农村来说，至1966年的10年间，农民的收入没有增长多少，多数地区的农民还处在贫困状态。"文化大革命"时期情况更加困难，如果按照社会主义的标准来要求，这是很不够的。因此，邓小平支持农村改革，赞同实行家庭联产承包责任制，赞同废除人民公社的体制。

家庭联产承包责任制的推广，冲击了人民公社高度集中的计划经济体制，极大地调动了农民的生产积极性。由于这种责任制赋予农民对土地的经营权利，农业分散劳动的特点，使得农业生产中资源的配置趋向合理，劳动效率大大提高，这就解放了大量剩余劳动力，从而为乡镇企业的发展开辟了广阔的道路。乡镇企业的发展，解决了占有农村剩余劳动力的出路问题。促进了农村的社会分工，改变了农民的生产方式和生活方式，为实现农村现代化提供了光明的前景。

邓小平与"反右倾"甄别平反

> 干部甄别平反，对于调动干部的积极性，特别是调动县以下农村干部和群众的积极性很重要。所谓甄别平反，主要对象是干部，可是每一个干部都联系着群众，实际上影响到大量的群众。
>
> ——邓小平

毛泽东说，要把这种歪风邪气打下去

1959年毛泽东发动批判彭德怀，并不是针对一个人、几个人，而是针对他认为存在的所谓"右倾思潮"和反映了这种"思潮"的一批人。因此庐山会议后，在全国范围内从上到下开展了一场声势浩大的"反右倾"斗争。

1959年8月7日，中共中央发出了《关于反对右倾思想的指示》，要求"必须抓紧8、9两月，鼓足干劲，坚决反对右倾思想"。并说："反右倾，鼓干劲，现在是时候了。机不可失，时不再来。"

8月8日，辽宁省接到省委负责人从庐山传来的消息后，立即传达贯彻，于8月9日作了《关于执行〈中共中央关于反对右倾思想的指示〉的报告》。说本省在今年初和5月后落实生产计划的过程中，两度发生部分干部松劲情绪的右倾思想，经过斗争，工业生产局面又两度好转，"从这里可以看出：右倾松劲情绪抬头生产就要下降，鼓足了干劲生产就会上升；这个事实充分说明了气可鼓不可泄的真理。"

8月12日毛泽东对此作了批示，表扬了辽宁省委，并提出："看来各地都有右倾情绪、右倾思想、右倾活动存在着，增长着。有各种不同程度的情况，有些地方存在着右倾机会主义向党猖狂进攻的形势。"要求"把这种歪风邪气打下去。"

紧接着，《人民日报》发表了《人民公社万岁》《得不偿失论可以休矣》等社论，推动开展"反右倾"运动。错误地强调说"右倾已成为当前的主要危险"，党的工作已经是反右而不是继续反"左"；不正确地估计各地都有"右倾"，并认定"右倾机会主义分子"的"本心和实质"，是"反对走社会主义道路"，"要走资本主义道路"，"是企图使资本主义复辟"。并说上半年经济建设中出现的升、降、升的"马鞍形"，"是由于右倾思想、右倾活动、特别是右倾机会主义的作怪。""是从阴沟中钻出来的阴风、逆流"。

由此可见，发动"反右倾"运动，是"左"倾指导方针下"鼓干劲，继续大跃进"的一种需要。

全党、全军、全国"反右倾"

八届八中全会后，全党、全军、全国开展了历时半年左右的"反右倾"运动。

1959年9月，全军各大军区召开了团以上干部会议，28691人参加了会议。同时，各省军区和师、团召开排以上党员干部会，批判了一批所谓的"右倾机会主义分子"。仅一个多月时间，全军就重点批判了847名干部。到11月底，全军共划出"右倾机会主义分子"1848人，其中团以上干部195人，占10.5%。还有许多人因对总路线、人民公社、大跃进有些意见或表现"不坚定"，被指责为"中间派"，被划为"中右""二类""三类"。

中央国家机关和各省、市、自治区反"右倾"的干部会议，分三个步骤进行。第一步，传达中共中央《关于开展增产节约运动的决议》，讨论增产指标，批判"右倾松劲情绪"，开展竞赛；第二步，阅读彭德怀的信和张闻天发言的记录，开展鸣放辩论，在此基础上，传达中共八届八中全会《关于以彭德怀同志为首的反党集团的错误的决议》和毛泽东7月23日、8月16日的讲话，联系本地区、单位和个人情况，进行普遍检查和重点批判；第三步，对"问题严重"的人进行组织处理。

组织处理的依据，是11月27日中共中央批准的军委总政治部提出的《关于划分右倾机会主义的标准和处理办法》。文件规定的标准是：公开散布系统的右倾言论，从多方面攻击总路线、"大跃进"、人民公社的；积极支持彭德怀的"纲领"，公开为"反党集团"辩护，攻击党中央、毛泽东的；历史上多次犯错误的，对党心怀不满的，这次又借口批评"大跃进"，猖狂攻击的；执行党的路线政策"一贯右倾"，"大跃进"以来又有严重"右倾"言论和行动，仍"执迷不误"的。

依据这个规定，中央国家机关重点批判了1900余人，重点"帮助"了2714人，将224人定为"右倾机会主义分子"。湖南省仅县以上机关单位就有4696人被重点批斗，1630人被定为"右倾机会主义分子"。其他各省、市、自治区的情况也大致如此，有的省市还抓了"右倾机会主义反党集团"。

11月21日，中共中央作出规定，这次"反右倾"只在党内干部中进行，因而没有涉及各民主党派和一般知识界。但其影响仍波及广大农村、工厂。

在农村，开展了以进行两条道路的斗争和社会主义教育为纲的整社、整风运动，错误地批判了相当一部分农村干部和富裕中农。因为，当时认为："在农村中如果不把一部分富裕中农反党反社会主义的猖狂进攻彻底粉碎，人民公社就不可能进一步巩固，农业的继续大跃进和贯彻执行党的总路线也是不可能的"，"不要以为一部分富裕中农的进攻……不足为患"，"反对社会主义的富裕中农，虽然只占富裕中农的一个部分"，可是，"他们和党内右倾机会主义分子一样，……危害作用是很大的。"湖南省农村的重点批判对象，约占总人数的1%，"其中以大队规模集中批判的，每个大队约三五人"。广东省召开县和社的几级干部会，被重点批判的基层干部约占到会人数的3%，生产队一级的干部则占10%左右。对于富裕中农，以大队为单位，批判一两个或二三个代表人物，汕头一个专区被重点批判的上中农即达3867人。

在工厂，"反右倾"主要指向基层干部，重点批判干部中的"一长制"思想。当时认为："有些人所以那样坚持'一长制'，实际上是不要党委领导，也就是反对政治挂帅。他们喜欢'一长制'，是因为这块牌子十分有利于他们搞独立王国和进行反党的活动。"

在高等院校，批判了"党员专家"。因为据说"浸透了资产阶级世界观的'党员专家'一方面以党员资格获取党内外的政治信任，另一方面又以专家资格同党分庭抗礼，他们坚持要走反党、反群众的道路。"北京大学有128个党员教师骨干，被认为"有严重资产阶级思想以专家自居，不服从甚至反对党的领导的"有17人，占9.7%。

"反右倾"造成了极为严重的后果。据1962年甄别平反时的统计，在这次"反右倾"斗争中被重点批判和定为右倾机会主义分子的干部和党员，有300多万人。而这些干部和党员，大都是敢于讲真话，敢于反映实际情况和敢于提出批评意见的同志。他们受到不应有的打击，并由此精神上、工作上受到影响，不能正常发挥自己的积极性、主动性，这对我们党是非常大的损伤，对国家和人民的事业是个重大损失。

甄别平反

1961 年 6 月 12 日，毛泽东在中央工作会议上讲话，认为 1959 年的"反右倾"犯了扩大化的错误，不该把反右倾斗争搞到群众中去，提出要对几年来批判和处分错了的干部、党员甄别平反。

根据毛泽东讲话的精神，这次会议通过的《中共中央关于讨论和试行农村人民公社工作条例修正草案的指示》，明确规定："为着发扬民主，有必要对于最近几年来，受过批判和处分的干部和党员，实事求是地加以甄别。""过去批判和处理完全错了的，要改正过来，恢复名誉，恢复职务；部分问题批判和处理错了的，要改正这一部分问题的结论。对于生产大队和生产队的干部的处分，应该交给群众审查。至于错误地对群众（包括富裕中农在内）进行的批判，应该在适当场合向他们道歉；如果作了错误处分的，还应该纠正。"指示还规定：今后在不脱产干部和社员群众中间，不许再开展反对右倾或者"左"倾的斗争，禁止给他们戴帽子。由此开始了从农村到各界各方面甄别平反的工作。

7 月 19 日，中共中央在《关于自然科学工作中若干政策问题的批示》中又指示，在知识分子中开展平反工作。《批示》指出："在反右派斗争以后，各单位对一部分知识分子进行的批判，要加以清理。""凡是批判错了，或者有一部分错了的，都要甄别事实，分清是非，纠正错误，由党的负责干部采取适当方式向他们讲清楚，戴了帽子的要摘掉，以利于解除思想疙瘩，发扬民主，增强团结。一定要使知识分子敢于讲真话，畅所欲言，言者无罪，闻者足戒。"并指示，今后"在学术工作中，一定要百花齐放、百家争鸣，不戴帽子，不拿棍子，不抓辫子。"

但是，由于当时认识还不一致，这项工作进展得很缓慢。针对这种情况，邓小平主持中共中央书记处，于1962年4月27日制定和发出了《中央关于加速进行党员、干部甄别工作的通知》。要求"对于党员、干部的甄别平反工作，必须根据扩大的中央工作会议的精神，加强领导，加速进行。"

《通知》指出："当前甄别工作的重点，是县级以下的农村基层干部。凡是在拔白旗、反右倾、整风整社、民主革命补课运动中批判和处分完全错了和基本错了的党员、干部，应当采取简便的办法，认真地、迅速地加以甄别平反。"方法是"由上一级党委派负责同志帮助所在组织摸清被错批判和错处分的党员、干部的情况，召集他们开会、谈话，然后召开干部大会或党员大会、群众大会，宣布一律平反。其中即使有的有些轻微错误，也不要留尾巴。有关领导干部应当当场向被错批判错处分的党员、干部进行道歉。上级党委应派人参加平反大会，说明错误的责任主要在上级，号召卸掉包袱，加强团结和搞好生产。"《通知》要求迅速解决基层干部和一般党员这批人平反问题之后，"集中力量比较快地解决县以上一些人的甄别平反工作。"

5月11日，邓小平又在中央工作会议上突出强调了这一问题。他说："最近中央发了一个关于甄别平反工作的文件，请大家注意。干部甄别平反，对于调动干部的积极性，特别是调动县以下农村干部和群众的积极性很重要。所谓甄别平反，主要对象是干部，可是每一个干部都联系着群众，实际上影响到大量的群众。这个工作军队搞得最早，也安定得最早。对地方来说，有些地方也搞得比较好。谭震林同志在山东看到干部的生产积极性、人民的精神面貌比河南好一些。经过研究，原因很多，其中一条就是后期伤害的人比较少，并且对他们采取一揽子平反的方法，所以工作比较主动。四川也是采取这个办法。现在大家都赞成这个办法，就是全国县以下，首先是农村，来个一揽子解决。就是说，过去搞错了的，或者基本搞错了的，统统摘掉帽子，不留尾巴，一次解决。因为县以下都是一些基层干部，问题只是那么多，右倾也只是右倾到那个程度，'左'倾也只是'左'倾到那个程度。他们又是直接联系群众的，亲戚朋友各方面的人听到这些事，人心不安。大家情绪不安定，是不利的。现在我们不是要抓生产队吗？为了把基层干部和群众的积极性调动起来，甄别平反是一个很重要的工作，不要轻视这个工作。上面的领导同志，要下去帮助承担责任，这样搞可以快一些。这件工作，请各中央局告诉各省、市、自治区党委，凡是开始做了的，继续做，没有做的，迅速做。其结果一定要向群众当面公布。这实际上是我们承认错误，承认我们过去搞得不对。"

从这以后，甄别平反工作明显加快。据 23 个省、市、自治区和中央直属机关的不完全统计，过去几年受到批判、处分的党员、干部和群众共 807 万人，其中党员、干部 433 万人，群众 374 万人。截至 1962 年 8 月底，已经甄别平反了 695 万人，占 86%，其中党员和干部甄别了 365 万人，占 84%；群众甄别了 320 万人，从而解除了压在他们身上的政治包袱。

邓小平与七千人大会

毛泽东在七千人大会上的讲话也是好的。可是到了 1962 年七、八月间北戴河会议，又转回去了，重提阶级斗争，提得更高了。

——邓小平

1962 年 1 月 11 日至 2 月 7 日，中共中央在北京召开扩大的工作会议。出席会议的有中央，各中央局、各省市自治区党委及地、县、重要厂矿企业党委和部队的负责干部，共 7718 人。这是我们党在执政后召开的一次空前规模的大会。

邓小平和刘少奇共同主持讨论大会的报告

由于"大跃进"、人民公社化运动连续三年多的失误，国家生产建设和人民生活都出现了严重的困难。党中央领导人头脑逐渐冷静下来，开始在一系列会议上总结经验教训。继 1961 年初召开八届九中全会之后，五、六月间在北京召开的中央工作会议，也是一次总结经验教训的重要会议。会上，毛泽东指出，如果违背了客观规律，就一定要受惩罚，我们就是受惩罚，最近三年受了大惩罚，土地瘦了，人瘦了，牲畜瘦了，"三瘦"不是惩罚是什么？这个社会主义谁也没有干过，未有先学会社会主义的具体政策而后搞社会主义的。我们搞了11年，现在要总结经验。

党中央为纠正具体工作中"左"的错误，克服严重的经济困难，进行了大量的工作。在"调整、巩固、充实、提高"方针的指导下，大力恢复农业生产，制定了《农村人民公社工作条例〈草案〉》，坚决实行退赔政策，减轻农民负担，加强各行各业对农业的支援。与此同时，中央决定在最近二三年内应更多地把经济管理权上交中央和中央局，减少职工人数和城镇人口，大力压缩社会集团购买力。9月中央在庐山召开工作会议，确定对国民经济实行进一步调整，降低工业、基本建设的过高指标。这些调整措施的出台，使农业形势开始出现了好转的苗头，工业的滑坡也已停止，对扭转严重的经济困难局面产生了积极作用。然而，由于党内思想认识不统一，调整工作遇到困难。

在这种情况下，中共中央决定召开一次扩大的工作会议，解决党内存在的认识分歧。由邓小平主持起草，1961年11月16日中央发出了《关于召开扩大的中央工作会议的通知》，指出：1958年以来，在中央和地方的工作中间"发生了一些缺点和错误，并且产生了一些不正确的观点和作风，妨碍着困难的克服，中央希望，经过这次会议，能够总结经验，统一认识，鼓足干劲，加强纪律性，全党团结一致，一心一德，积极地、不失时机地加强各方面的工作，使当前的困难较快地得到克服，使我国的社会主义建设得到顺利发展"。

为了开好这次会议，邓小平主持中央书记处会议，检查了1958年以来中共中央所发的文件，后来形成了一个形势报告。在这个报告里，邓小平提出首先一定要正视当前国民经济所存在的严重困难；对于困难所产生的原因，他认为责任第一是中央，第二是省，这其实也是中央常委的共识；因此，现在应该在认真总结近几年，特别是"大跃进"以来经验教训的基础上，全力进行调整工作，力争尽快扭转国民经济的被动局面。

随后，邓小平和刘少奇一起为"七千人大会"的书面报告做准备。1961年11月6日，邓小平在钓鱼台8号楼召开了报告起草人员的会议，他提出起草报告的框架为四部分：一、形势和任务：农村情况开始好转，工业生产下降基本稳定，应坚决贯彻八字方针，争取三年调整工作见效；二、关键是加强中央的集中统一领导，加强民主集中制，克服分散主义；三、改进党风，贯彻实事求是的工作作风和群众路线的工作，加强党内民主；四、基本经验教训（这一部分后来并入第一部分）。12月21日，邓小平主持讨论了报告第一稿。一直到会议召开前，他和刘少奇几次共同主持讨论报告稿。

毛泽东在会上承担了责任

1月11日，"七千人大会"开幕。刘少奇代表中央作"书面报告"。此后到29日上午，会议主要是围绕刘少奇的报告进行分组讨论和提出修改意见。根据毛泽东的意见，"书面报告"还没经中央政治局讨论，就直接和大家见面。因为参加会议的各方面人员，多数接近实际和基层，能够从各个角度提出意见，能更好地集思广益。与此同时，刘少奇、邓小平还共同主持了有政治局成员、各大区书记组成的"书面报告"起草委员会，进行更加深入的讨论和修改。1月27日，毛泽东主持召开全体大会，在大家阅读、讨论"书面报告"的基础上，刘少奇从国内外形势、集中统一和党的作风等几个方面，作了一些更具体、更深入的解释、说明和补充。刘少奇说，过去我们经常把缺点、错误和成绩，比做一个指头和九个指头的关系，现在恐怕不能这样套，恐怕是三个指头和七个指头的关系。有的地方农民说是"三分天灾，七分人祸"。这是会议的第一个高潮。原计划在此基础上,中央主要领导人作讲话,便结束会议。但在会议进行中,许多人反映,话还没有说完,还憋着一肚子气。于是,毛泽东与政治局常委同志商量,决心让大家把要讲的话都讲出来,把"气"出完,这便进入了第二个高潮。

1月30日下午,毛泽东在大会上作了长篇讲话,主题是民主集中制问题。在讲话中,毛泽东主动承担了"大跃进"以来所犯错误的责任:"凡是中央犯的错误,直接的归我负责,间接的我也有份,因为我是中央主席"。他对有些省委、地委、县委"一切事情,第一书记一说就算灵敏"的错误行为进行了严厉的批评,明确指出"没有民主,就不可能正确地总结经验。没有民主,意见不是从群众中来,就不可能制定出好的路线、方针、政策和办法"。毛泽东还特别强调,运用批评和自我批评的方法,是解决人民内部矛盾,充分发扬民主的唯一正确的方法。

邓小平谈民主集中制问题

2月6日,邓小平在会上也作了重要讲话。他说,要搞好国内建设,搞好各方面的工作,首先决定于我们党的领导。我们党有五个优点:有大批好的骨干,并包括大批新的积极分子;有好的传统,好的作风,即理论联系实际,联系群众,批评与自我批评;有对党高度信赖的人民。这些条件,使党一定能够领导人民取得社会主义建设的胜利,也一定能在国际共产主义运动中担负起责任。但是,最近几年来,党的领导,党的工作中出现了缺点,特别是党的优良传统受到了削弱。其原因,一是对毛泽东思想学习不够,提出的任务和口号不实事求是,二是同党内斗争发生一些偏差,伤害一大批党内外干部,以及没有贯彻民主集中制,运动中过火等。他还进一步阐述了民主集中制问题。他说:民主集中制是党和国家的最根本的制度，坚持这个制度，是关系到我们党和国家命运的事情。毛泽东强调提出这个问题，意义很重大。这几年来，由于我们没有搞好民主集中制，以致上下不通气，这是一个带普遍性的严重的现象。他在谈到实行党内民主的问题时，提出了一个重要的观点，就是要对权力实行监督。我们党是执政党，对权力实行监督，最重要的是对我们党的各级领导人（包括党委会的所有成员），应该有监督。这种监督是来自几个方面的，来自上面，来自下面（下级），来自群众，也来自党小组生活。那么，哪一种监督最有效呢？邓小平提出了自己的见解："我觉得，对领导人最重要的监督是来自党委会本身，或者书记处本身，或者常委会本身"。他建议，领导人的党组织生活应放到党委会、书记处、常委会去。刘少奇插话说，一个月开一次党内生活会。邓小平说，三个月一次也很好。刘少奇表示同意，说："一季有一次，一年四次也好，开党内生活会。这么一个建议，行不行？每一个委员会，搞批评和自我批评，过党的生活。"毛泽东补充说："检查工作，总结经验，交换意见。"为什么党委自身的相互监督是最重要的呢？邓小平说："上级不是下级天天看到的，下级也不是能天天看到的，同级的领导成员之间自然是最熟悉的。"他还特别强调要学习马列主义理论和毛泽东著作，要造成一种学习理论的空气和学习实际的空气。不学习或不注意学习，忙于事务，思想就容易庸俗化，就要犯错误。

毛泽东、邓小平关于民主集中制问题的讲话，在会上引起了强烈的反响。从1月31日到2月7日，各小组先后召开会议，对省委、中央局国家机关，中央机关及负责同志提出了中肯的意见。这些负责同志在会上发言，对这几年的工作中的失误进行了认真的检讨和自我批评。有的省委书记亲自到县委书记身旁，为自己出过坏主意和作风粗暴而赔礼道歉，双方都感动得流泪。这是全国解放后开得最成功的领导干部交心会，大家在批评和自我批评的基础上，真正达到了统一思想，总结经验的目的。

林彪在会上的讲话与会议的气氛很不协调。他说，现在这些困难，"恰恰是由于没有照着毛主席的思想去做"。"当时和事后都证明，毛泽东思想总是正确的。可是我们有些同志，不能够很好体会毛主席的思想，把问题总是向'左'边拉，向'右'边偏。""我们的工作搞得好一些的时候，是毛主席的思想能够顺利贯彻的时候，毛主席的思想不受干扰的时候。如果毛主席的意见受不到尊重，或者受到很大干扰的时候，事情就要出毛病。"

在当时的条件下，"七千人大会"取得了巨大的成功，全党各级干部统一思想，同心协力，带领群众，艰苦奋斗，终于克服重重困难，用不到三年的时间，提前完成调整任务，使全国形势全面好转。

邓小平与《国营工业企业工作条例（草案）》的制定

> 毛泽东同志历来主张要有章程。有章程才能体现党的方针、政策。过去的工业七十条，基本上是好的，是修改的问题，不是要废除。
>
> ——邓小平

1961 年 9 月 16 日，党中央颁发了我国第一个《国营工业企业工作条例（草案）》（即"工业七十条"），这是当时整顿工业企业，改进和加强企业管理的一个重要文件，也是我国第一部关于企业管理方面的章程。它是在邓小平的亲自主持下，由李富春、薄一波具体组织，在深入调查研究、吸取工业企业各类人员意见的基础上制订的。

"只有结合调查研究，条例才能搞得出来"

1961 年 1 月，党的八届九中全会批准了对国民经济实行"调整、巩固、充实、提高"的方针。为了切实执行这个方针，系统地解决工业发展中存在的严重问题，邓小平领导和组织中央书记处、国家计委、国家经委派出 11 个工作组，分别到北京、上海、天津、太原、吉林等地的工矿企业进行调查，开始着手主持制订《国营工业企业工作条例（草案）》。

当时在中央书记处分管经济计划和工业交通工作的李富春，直接领导了由国家经委、一机部、中央高级党校、中国科学院经济研究所等单位和北京市委的同志组成的调查组，到北京第一机床厂，就工业方面的问题开始进行系统的调查研究。另外，李富春还组织和领导了对北京市9个工厂和单位的调查工作。按照李富春的布置，第一机床厂调查组用了五六个月的时间，对这个厂的建设规模，人员状况，管理机构，生产技术，财务计划，产品的品种和质量，工具的制造和管理，物资的供应和销售，财务和成本，工资和奖励，企业管理体制，党委领导下的厂长负责制和职工代表大会制，技术政策，职工生活，思想政治工作等等，都进行了比较深入的了解和研究，为草拟工业条例准备了丰富的第一手材料。与此同时，邓小平还亲自到东北辽宁等地听取了汇报，作了调查。5月3日至6日，国家经委邀集各中央局经委主任和北京、天津、辽宁、黑龙江、江苏等11个省市主管工业的党委书记，由薄一波主持，在北京举行座谈会。一些中央局也召开了摸清工业情况的座谈会。5月底6月初，上述调查材料和座谈会材料陆续反映到中央。这些材料表明，当时工业生产大幅度下降，基本建设工程大批被迫停工，设备损坏严重，事故很多，人心不定，企业管理混乱，生产指挥系统有不少处于瘫痪或半瘫痪状态。5月20日，中央书记处会议在听取薄一波汇报工业座谈会的情况之后，讨论到搞工业文件时，薄一波表示：现在光发个原则性的指示，一是难写，二是发了也不解决问题。邓小平当即表示："写各项政策，如责任制、技术政策、工资政策等"。但这次会议并没有形成一个结论性的意见。

6月12日，毛泽东在以修改"农村六十条"为主要议题的中央工作会议上提出："城市也要搞几十条"。这实际上就成为制定工业企业工作条例的缘起。紧接着，7月26日邓小平在中央书记处会议上汇报了东北工业情况，提出了调整工业、整顿企业的意见，并且具体部署由薄一波负责起草工业条例起草小组的工作，力求制定出一套适合我国工业发展情况的方针、政策和办法。

鉴于当时钢煤产量急剧下降，涉及整个工业发展的全局，李富春提出：要由负责同志分头调查，解决重点企业的问题。邓小平表示同意李富春的意见，他说：工业比农业复杂得多，究竟如何搞？现在心里没底。只有结合调查研究，条例才能搞得出来，可从各部抽人，必要时找少数大厂的人一块来参加；头十天左右，先把情况好好摸一下。他明确提出企业要整顿，并告诉参加条例起草工作的同志：下到工厂后，工厂整风不要停；条例搞出来以后，根据条例再整一次。这次书记处会议后，薄一波带领北京第一机床厂调查组和国家计委等单位的一些同志到沈阳，在中共中央东北局的协助下，写出了条例的草稿，随后又到哈尔滨、长春召开多次座谈会进行讨论，广泛吸收了工业领导机关和企业领导人员、技术人员、老工人的意见，反复修改后，题目定为《国营工业企业管理工作条例（草案）》，作为初稿提交中央书记处。

提出关于整顿工业企业，实行职工代表大会制等观点

"大跃进"开始后，邓小平对工业企业方面出现的问题，察觉得比较早，而且发表过切中时弊的见解。早在1959年1月26日，他在各省市自治区党委书记上的讲话中就提出："工矿企业，在生产方面，同样还要提出加强经营管理，经济核算，责任制。规章制度，只能废除那些必须废除的，有的废除之后要新建，不能统统否定规章制度。特别是大生产里边一系列的问题，就更要有充分的科学的根据，随便乱动不得。大生产应该着眼于搞技术革命，不是搞人海战术。"

实行职工代表大会制度，是建国初期企业民主改革中的一个创造。邓小平 1957 年 9 月 23 日在党的八届三中全会上所作的整风报告中指出："常委领导下的职工代表大会，是扩大企业民主、吸引职工群众参加企业管理、克服官僚主义的良好形式，是正确处理人民内部矛盾的有效方法之一。在这次整风中应该充分运用，并在总结试点经验之后，全面推广。"邓小平关于整顿工业企业和实行职工代表大会制度的思想，已作为他在开始全面社会主义建设时期的两项理论贡献，载入了我们党的十一届六中全会通过的《关于建国以来党的若干历史问题的决议》之中。就当时的情况来说，他的这些重要思想，成为起草工业条例的指导思想。

1961 年 8 月 11 日至 14 日，邓小平主持中央书记处会议，对工业条例草稿进行多次认真讨论，并且逐章、逐节作了修改，最后归纳为七十条。8 月 15 日，邓小平、彭真、李富春和薄一波联名给毛泽东和中央政治局常委写了一封信，信中说，条例针对当前企业管理工作中存在的问题，着重地对以下几个方面作了具体规定。一、确定国家对企业实行"五定"（即定产品方案和生产规模；定人员和机构；定主要的原料、材料、燃料、动力、工具的消耗定额和供应来源；定固定资产和流动资金；定协作关系），企业对国家负责实行"五保"（即保证产品的品种、质量、数量；保证不超过工资总额；保证完成成本计划，并且力求降低成本；保证完成上缴利润；保证主要设备的使用期限）。二、加强责任制度。三、端正对技术人员、老工人的政策。四、严格经济核算的纪律，企业由于经营管理很坏而发生财产丢失、亏本赔钱等情况，领导人员要受到纪律处分，严重的要受到刑事处分。五、工人工资形式采取计时制或者计件制，应视能否更多地提高劳动生产率而定，不强调以哪种形式为主。六、强调工会作用。七、企业的领导制度，贯彻执行党委领导下的厂长负责制。确定企业党委的首要职责是保证完成国家计划和上级行政主管机关布置的任务。八、调整和固定企业之间的协作关系，严格实行经济合同制。九、重要的工业企业由中央和省、直辖市、自治区两级管理。十、确定每个企业的生产行政工作只能由一个行政主管机关管理，不能多头领导。信中特别说明了条例草案稿还不成熟，待提到中央工作会议讨论后，再用草案形式发给重要企业，一面试行，一面讨论提意见，以便进一步修改。

8月23日，中央工作会议在庐山开幕。"工业七十条（草案）"提交会议讨论。9月5日，邓小平在大会讲话中强调：整顿企业要从"五定"入手，按照"工业七十条"，一个一个地抓，一个一个地整理好。并且明确指出，工业调整和整顿是为了前进，不能失去前进的方向和信心。要积极地干，要千方百计地干。我们的精神，我们的想法，主要放到这上面，不要失掉这个方向。他说，这个条例采用"农村六十条"的办法，先发下去试行，在试行中再修改。

最后，中央工作会议讨论通过了这个条例。9月17日，毛泽东批示："指示及总则已阅，很好"。值得一提的是，毛泽东和周恩来在审阅时，不约而同地在条例的题目上圈掉了"管理"二字，所以，这个条例最后就定名为《国营工业企业工作条例（草案）》。

毛泽东始终没有对"工业七十条"提出过批评

《国营工业企业工作条例（草案）》全面地、系统地总结了新中国成立以来，特别是1958年"大跃进"以来，我们党在领导工业企业方面的经验教训，并根据当时的实际情况提出了我国国营工业企业管理工作的一些指导原则。条例草案规定：

国营工业企业是社会主义的全民所有制的经济组织，又是独立的生产经营单位。它的根本任务，是全面完成和超额完成国家计划，增加社会产品，扩大社会主义积累。国家对企业实行"五定"，企业对国家实行"五保"。企业之间的协作关系，凡是需要和能够固定的，都必须固定下来。固定的协作任务要纳入计划。协作双方签订的经济合同，具有法律效力，必须严格执行，不准单方面废除。已经中断的协作关系，要尽可能迅速恢复，或另行安排。

企业的各个方面、各个环节都要实行严格的责任制度。企业实行党委领导下的厂长负责制，并建立以厂长为首的全厂统一的生产行政指挥系统，集中领导企业的生产经营活动，保证全厂生产有秩序地进行。

企业的技术工作，由总工程师负全部责任。企业必须加强设备管理，按计划进行检修，使设备、工具经常处在良好状态，禁止用超负荷运转等损坏设备的办法追求高产。新工人必须学习安全技术规程，考试合格后，才能进入操作岗位。企业要把保证和提高产品质量当成首要任务，质量不合格的产品有权拒收、退回或按质降价。要充分发挥全体工人、技术人员、职员的积极性，正确地进行技术革新，鼓励群众的发明创造。技术人员和职员是工人阶级的一部分，要鼓励他们向又红又专的目标努力。

每个企业都必须实行全面的经济核算，勤俭节约，讲究经济效果。

企业职工的劳动报酬，要贯彻按劳分配的原则，反对搞平均主义。劳动报酬的多少，应当按照每个人技术的熟练程度和劳动的数量质量来决定，不应当按照其他标准。

企业的职工代表大会制，是吸收广大职工群众参加企业管理和监督行政的重要制度。企业各级的职工代表大会和职工大会，要讨论和解决企业管理工作中的重要问题和职工群众最关心的问题，它有权对企业的任何领导人员提出批评，有权向上级建议处分、撤换某些严重失职、作风恶劣的领导人员。

每个企业在行政上只能由一个主管机关管理，不能多头领导。企业在保证完成国家总计划的前提下，只要当地能供应生产所需物资，可以承担地方分配的任务。

《国营工业企业工作条例（草案）》，是当时用于克乱求治、整顿工业企业的一个重要文件。它的颁发试行，对于贯彻执行调整、巩固、充实、提高的方针，恢复和建立必要的规章制度和正常的生产秩序，提高企业的经营管理水平、技术水平，生产水平，促进生产力的发展，起了重要的作用；对于企业管理的法制建设，也进行了有益的探索。

然而，这样一部有效的治乱文件，在"文化大革命"中被林彪、"四人帮"诬蔑为"瓦解社会主义、复辟资本主义的黑纲领"。指导这一条例起草工作的邓小平也受到许多无理的攻击。1967年6月5日，当时被张春桥、姚文元等控制的上海《解放日报》，发表了题为《发展社会主义，还是复辟资本主义？——评〈工业七十条〉》的长文。此后，该报又连续发表四篇批判文章，文章的观点归纳起来有以下五个方面：一是说"七十条"强调企业是社会主义经济组织，根本任务是生产，这是抹杀阶级斗争，强调生产第一、政治第二；二是说"七十条"强调厂长负责制，主张总工程师对企业的技术工作负全部责任，这是取消党的领导，推行"专家治厂"，实行资产阶级专政；三是说"七十条"强调实行按劳分配，反对平均主义，是鼓吹物质刺激，钞票挂帅；四是说"七十条"强调经济核算，增加企业赢利，是推行利润挂帅；五是说"七十条"要求建立严格的规章制度和学习国外的先进经验，是大搞资产阶级管、卡、压，提倡崇洋媚外，推行"爬行哲学"。这也从反面说明了"工业七十条"确实是一部有效的治乱文件。邓小平后来曾多次对负责条例起草工作的薄一波说：毛主席直到临终时，还把"工业七十条"的文件摆在枕边，始终没有提出过批评。林彪、"四人帮"对"工业七十条"的大肆攻击，显然是背着毛泽东干的。

1975年，邓小平临危受命，开始对几近瘫痪的国民经济进行全面的整顿，这年的 8 月 18 日，他在国务院讨论国家计委起草的《关于加快工业发展的若干问题》时的谈话中再一次肯定了"工业七十条"，他说："毛泽东同志历来主张要有章程。有章程才能体现党的方针、政策。过去的工业七十条，基本上是好的，是修改的问题，不是要废除。"

邓小平与中苏论战

从一九五七年第一次莫斯科会谈，到六十年代前半期，中苏两党展开了激烈的争论。我算是那场争论的当事人之一，扮演了不是无足轻重的角色。

——邓小平

毛泽东把邓小平介绍给赫鲁晓夫

1954 年 9 月 29 日，赫鲁晓夫率部长会议主席布尔加宁、副主席米高扬等乘专机抵达北京，对中国进行正式访问，并参加中国国庆庆典。9 月 30 日，毛泽东率刘少奇、朱德、周恩来、陈云、邓小平等主要领导人，会见了以赫鲁晓夫为首的苏联政府代表团成员。

当时邓小平并没有引起赫鲁晓夫的太多注意，在赫鲁晓夫的印象里，他只是很多副总理中的一位，中苏友协名誉理事之一。但没过几年，邓小平就给他留下了深刻的印象。

1957 年 11 月，是伟大的十月革命 40 周年，苏联方面邀请中国领导人前往参加庆典。毛泽东亲率宋庆龄、邓小平、彭德怀、郭沫若等人前往莫斯科。

在苏共中央举行的一次宴会上，毛泽东同赫鲁晓夫私下交谈说：

"我准备辞去国家主席的职务了。"赫鲁晓夫并不感到意外，因为半年前伏罗希洛夫已经带回了这个信息。他问道，"谁来接班呢？有这样的人吗？"

"有！我们党内有好几位同志完全可以，都不比我差，完全有条件。"说着，毛泽东就一个一个地点名，"第一个是刘少奇，这个人在北京和保定参加了五四运动，后来到你们这里学习，1921年加入共产党，无论能力、经验，还是声望，都完全具备条件了。他的长处是原则性很强，弱点是灵活性不够。""第二是邓小平"。

毛泽东扳了一下指头又继续说："这个人既有原则性，又有灵活性，是我们党内难得的一个领导人才。"

赫鲁晓夫似乎颇有同感，连连点头："这个人可厉害，我跟他打过交道，是1956年，你可别看他个子低一点，他的智慧、思想水平很高。"

1956年2月11日，邓小平、谭震林、王稼祥、刘晓到莫斯科，会同已在莫斯科的朱德一起准备出席苏共20大。此前朱德应苏方邀请，准备在《中苏友好同盟互助条约》6周年前夕的2月12日晚上作一次电视讲话，适值邓小平的到来，朱德将拟好的讲稿，请邓小平提提意见。邓小平看得很认真、仔细，他认为讲话稿是不错的，但提出了两点修改意见：一是不要光讲苏联对我们的支持和援助，支持和援助是相互的，要讲《中苏友好同盟互助条约》签订6年来两国的互相密切合作和支持；二是讲苏联对我们的援助时要注意分寸。他还删去了其中的个别词句。

2月14日，赫鲁晓夫在苏共20大的公开报告中提出了三个理论性的问题：即和平共处的对外政策问题，存在着避免新的世界战争的可能性问题和在若干资本主义国家存在着通过议会争取多数和平过渡到社会主义的可能性问题。中国代表团在讨论这几个问题时，邓小平对"和平过渡"的提法是不同意的。

2月24日晚间，赫鲁晓夫作了《关于个人崇拜及其后果》的秘密报告，全盘否定斯大林。邓小平看了赫鲁晓夫秘密报告速记稿后，坚定地说：斯大林是国际人物，这样对待他是胡来！不能这样对待革命领袖斯大林。

2月25日苏共二十大闭幕，朱德应邀出席当天下午一个工厂举行的庆祝二十大胜利闭幕的群众大会，并应邀讲话。邓小平在对拟好的讲稿提意见时说，讲话中不要对苏共二十大评价过高。

苏共二十大闭幕后，邓小平回国向毛泽东作了汇报。不久，《人民日报》发表了由中共中央政治局扩大会议讨论通过的《关于无产阶级专政的历史经验》一文。文章对斯大林作了客观而公正的评价，指出："我们应当用历史的观点看斯大林，对于他的正确的地方和错误的地方作出全面的和适当的分析，从而吸取有益的教训。"

这次毛泽东访苏还有一个任务，就是出席在莫斯科召开的12个社会主义国家共产党和工人党代表会议。会前重要的准备工作是起草宣言。《宣言》由中苏双方讨论起草。

中方首席代表是邓小平。

苏方首席代表是苏斯洛夫。

毛泽东在和赫鲁晓夫的交谈中谈到了中国党对和平过渡问题的看法。后毛泽东又写信给赫鲁晓夫说，关于和平过渡的问题，由邓小平同志和你们谈。

第二天，邓小平和苏斯洛夫会谈，他代表中国共产党正式严肃地批评了苏共的"和平过渡"的片面提法和错误的危害，随后还向苏共提交了关于和平过渡问题的书面提纲。

邓小平的原则性确实给赫鲁晓夫等人留下了深刻的印象。

后来赫鲁晓夫这样回忆道："唯一一个毛似乎赞许的同志是邓小

平，我还记得毛曾经指着邓对我说：'看见那边那个小个子吗？他非常聪明，有远大的前程。'我对这个邓小平一无所知。中国人民胜利以后，我曾几次听到有人提起他的名字，但在此以前则从未听说过他。"

邓小平前往莫斯科赫鲁晓夫不敢怠慢

赫鲁晓夫真正领教邓小平厉害是在 60 年代中苏论战期间。

1960 年布加勒斯特会议后，中共中央认真研究了国际政治形势的变化，并与苏共中央多次信件往来，在广泛听取了其他兄弟党的意见后，最后同意先由 26 国党起草委员会协商起草会议文件，而后在莫斯科召开世界共产党、工人党代表大会。

中国共产党决定派出以邓小平为团长的代表团，赴莫斯科参加 26 国党的起草委员会。

邓小平要面对的对手是赫鲁晓夫。

选择邓小平挂帅，毛泽东是经过深思熟虑的。

毛泽东预料到这是一次斗争，而且斗争会相当激烈。中共派人参加 26 国党的起草委员会，既要坚持原则、针锋相对，反对赫鲁晓夫将苏共一家的观点强加于人的错误做法，又要有理、有利，有节，从世界大局出发，维护国际共产主义运动的团结，无疑，非邓小平领头不可。

行前，邓小平曾对代表团的全体成员说："这次参加 26 国党的起草委员会，我们要从世界大局出发，要维护国际共运的团结，要维护中苏友谊。但原则问题不能让步，一定要把主要问题上的实质分歧阐明，表明我们的观点，要反对赫鲁晓夫将苏共一家的观点强加于人的错误做法。"

在得悉邓小平将作为中国代表团团长赴莫斯科参加起草委员会后，赫鲁晓夫亲自在克里姆林宫里主持了好几次会议，与苏联的最高领导研究同邓小平谈什么问题。

会上赫鲁晓夫不止一次地站起来说："我要与邓小平亲自谈，他是一个很厉害的人，不过我不会怕他的。他是总书记，我还是第一书记嘛。"

交锋，从欢迎的国宴上拉开了序幕。

邓小平一行抵达莫斯科。苏共中央在克里姆林宫叶卡捷琳娜大厅举行了高规格的欢迎宴会，在俄罗斯音乐旋律和热烈的掌声中，邓小平和代表团的同志走进大厅后，与等候在大厅前的赫鲁晓夫等苏共领导人一一握手，邓小平微笑的脸庞充满了自信。

赫鲁晓夫等苏共中央主席团全体成员都参加了。他们依次而立，神情各异。

接待是高规格的，赫鲁晓夫可能是没有忘记毛泽东 1957 年访苏时同他说过的一句话："希望你们把他（指邓小平）像我一样来对待。"

赫鲁晓夫摊牌发难，邓小平从容以对

赫鲁晓夫陪同邓小平来到主宾席前就座。记者纷纷围上前去。邓小平显得从容大度，而赫鲁晓夫却始终显露出有点捉摸不透的微笑。

宴会一开始，赫鲁晓夫就不忘挑战。一端起酒杯就开口指责："阿尔巴尼亚对不起苏联共产党"。实际上他是指桑骂槐，借以攻击中国共产党。

邓小平非常清楚赫鲁晓夫的真实意图，便直率而又诚恳地对赫鲁晓夫说："阿尔巴尼亚劳动党是小党，能够坚持独立自主，你应该更好地尊重人家，不应该施加压力。"

赫鲁晓夫多少有点激动，脸一下子涨红了。他大声道："这不仅仅是苏共和阿共之间的分歧问题。他们拿我们的金子和粮食，可是反过来又骂我们……"

听到这里,邓小平严肃地说:"援助是为了实行无产阶级国际主义义务,而不是为了控制和干涉。你援助了人家,人家也援助了你。"

这番话,绵里藏针,令赫鲁晓夫一时语塞。

这番话的个中内涵赫鲁晓夫心里是明明白白的。

两年前赫鲁晓夫第二次来华访问时曾向毛泽东提出要在中国建一个长波电台和与中国组建一个联合舰队,遭到了毛泽东的断然拒绝。赫鲁晓夫打的就是援助的名义,实际上是企图在军事上控制中国。而且赫鲁晓夫一再讲到苏联对中国是做出了许多援助的。毛泽东非常礼貌而又不失坚定地说:"那是另一个问题。"

1960年7月16日,苏联政府又撕毁了同中国政府签订的几百个合同,并通知中国政府,自1960年7月28日到9月1日撤走全部在华苏联专家,并终止派遣按照两国协议规定应该派遣的数百名专家。他还命令苏联专家撤走时,带走全部图纸、计划和资料,并停止供应中国建设急需的重要设备,大量减少成套设备和各种设备中的关键部件的供应,使中国250多个大中型企业和事业单位的建设处于停顿、半停顿状态。

今天赫鲁晓夫又重提旧题,总是把苏联对兄弟党的援助作为筹码,实在令邓小平反感。

赫鲁晓夫已经按捺不住了,他不再绕圈子,话题直接对着邓小平来了。

"邓小平同志,你们中国在斯大林问题上态度前后不一致。"

邓小平回答得很干脆:"我们的态度是一贯的。"

"你们开始拥护我们,后来又反对我们。""你们每逢'五一''十一'过节的时候,天安门总要摆斯大林的像,这就好像是一根刺,扎到我们的肉里面一样。"赫鲁晓夫接着说。

邓小平说:"你们为什么这样怕斯大林?是不是斯大林的魂把你们

迷住了"。"拥护什么？反对什么？这个问题要说清哟。反对个人迷信我们过去拥护，现在仍然坚持。在我们党的八大上，对这个问题已经明确表示了态度，少奇同志向尤金大使讲明了我们的态度。"说着，邓小平扭头看了一下坐在不远的米高扬，"你问问米高扬，他到北京来时我们对他讲没讲？"这位苏联领导人目光有些不自然的与赫鲁晓夫对视了一下，忙调开目光，端起杯子到别处敬酒去了。"我们赞成反对个人迷信，斯大林的功绩和错误不仅关系苏联国内，也关系到整个国际共运。错误当然要批，功绩也一定要肯定。我们反对的是全盘否定，尤其不能采取秘密报告的办法，恶毒攻击。这种做法所带来的后果，你一直认识不足。"

"因为我们比任何人对个人迷信的体会更深切，受害也最深。"赫鲁晓夫报怨道。

"要批判，但不能全盘否定，尤其不允许以反个人迷信来影射攻击其他兄弟党。"邓小平直言道。

这时，赫鲁晓夫突然冒出一句："高岗是我们的朋友，你们清除了高岗，就是对我们不友好，但他仍然是我们的朋友。"

"这可是你说的话啊。你这个讲法要记录在案的。"邓小平的语调既高又非常严厉。

赫鲁晓夫就是这样，说话常常是信口开河，不计后果，随后，他又轻率说道："你们不是喜欢莫洛托夫吗？你们把他拿去好了，把他给你们。但高岗是我们的朋友。"

"荒唐！简直是无稽之谈。"邓小平觉得又好气又好笑。他已经不屑与赫鲁晓夫多谈下去，说"高岗是我们党内事情，莫洛托夫是你们党的事情，你在这个场合把这些拿出来干什么？"

在场的苏共中央主席团的成员们都知道赫鲁晓夫又失控了，担心由于他的失控会给会谈带来极大的被动，纷纷打起圆场，互相敬酒，借此阻止赫鲁晓夫说话。

赫鲁晓夫也顺水推舟，借着碰杯，转移了话题。

赫鲁晓夫恼羞成怒，邓小平坦然自若

两天后，苏共中央再次举行欢迎宴会，这次是为迎接 26 国兄弟党的代表团来莫斯科开会。

宴会上，赫鲁晓夫还是忘不了对中共代表团的攻击。

"现在我们在关于国际共产主义运动的许多看法上，与中国同志有分歧。根据中国发表的《列宁主义万岁》这篇文章来看，我们说，中国有许多错误的观点。"赫鲁晓夫一边说着，一边用眼角瞟了一下邓小平。

听到这里，邓小平不紧不慢地端着杯子走过来说："赫鲁晓夫同志，关于对国际共产主义运动的看法，是当前各国兄弟党都面临的重要问题。各党都可以有自己的看法，不能以你划线"。

"这种观点我不能接受。"赫鲁晓夫显然又冲动起来了，"你们说社会主义阵营要以苏联为首，但我方提出的意见，你们并不接受。"

邓小平说："可我们也从没有强迫或要求你们接受我们的观点呀！"

"邓小平同志，苏美戴维营会谈你们就唱了反调。"赫鲁晓夫坚持说。

那是 1958 年 9 月，赫鲁晓夫在参加苏美戴维营会谈后访问中国。他在和毛泽东的交谈中，兴致很高地介绍了苏美戴维营会议的情况，他用肯定的口气说："现在资本主义国家的领导人已经表现出一些以现实主义态度来了解世界上的既成形势的倾向。我在和艾森豪威尔交谈的时候，我有了这样的印象：得到不少人支持的美国总统是明白的，必须缓和国际紧张局势。"

毛泽东听后明确地说，你们和美国人谈，我们不反对，问题是你们的一些观点，什么三无世界呀，戴维营精神，怎么可能呢？事实不是这样的么。

赫鲁晓夫对中国不赞成戴维营会谈中的一些观点早就心怀不满，今天终于发泄出来了。且越说越激动，连脖子都涨红了。"为首为首，我们为首不是只能出面召集一下会议，这样的为首我们不当了"。

邓小平说："为首也不是老子党，可以随便发号施令，任意规定别的党怎么做。"话语坚定，总是戳着赫鲁晓夫的痛处。

26国党的起草委员会经过激烈的争论，在最后达成的协议中，终于删去了中共代表团坚持要求删去的关于"派别活动"，"和平过渡"，"斯大林问题"等章节。

最后，邓小平在会议结束时再次对赫鲁晓夫说："对于文件中一些提法我们有保留意见，留待11月召开的世界共产党、工人党代表会议上再讨论解决吧，为了国际工运的团结，我们已做出了一些让步，这也表明中国共产党的诚意。"

此后，中苏分歧公开化、激烈化。

再次抵达莫斯科，论战交锋凯旋归

1963年7月5日上午10时30分，以邓小平为团长的中共代表团抵达莫斯科，参加中苏两党会谈。

苏共中央还是在克里姆林宫举行了欢迎宴会。

当然，和前几次一样，宴会上的气氛也是紧张的，据当时的翻译李越然后来回忆：

赫鲁晓夫祝酒时说："我们还是希望两党能够消除分歧。苏联共产党已经做出了自己的努力，我们对中国共产党是怀有友好的感情的。"

邓小平神情庄重地表示："我们也是带着团结的愿望、友好的愿望到这里来的。我们真诚希望消除分歧。"

赫鲁晓夫马上声明："苏共'二十大'、'二十一大'、'二十二大'的路线是正确的，我们将继续坚持。"

意思很明确：消除分歧，实现团结只能是你们接受我们的观点。

邓小平摇摇头说："即使分歧一时消除不了，也可以保留各自的观点，不要把意识形态的分歧继续扩大到两国关系上。"

赫鲁晓夫有些急切，话讲得很快："至少应该做到互相在报刊上停止攻击。"

邓小平明确指出："你们发表了告全体党员书，你们片面地攻击我们，讲够了。我们不攻击！不用攻击性语言。但我们还没有表示态度呢，我们要表明态度。在适当的时机表明态度。"他微微一笑，重复一遍："我们将表明自己的态度，叫两党全体党员了解双方观点。"

赫鲁晓夫将餐刀敲响菜盘："要团结就必须停止相互论战！"

邓小平接着说："停止论战是中国共产党早就提出的建议，你们一直没重视。不接受我们的正确意见，实际上一直在攻击我们，直到现在仍然没有停止这种攻击。我们该答复的总要做出答复。"

宴会上的交锋如此，正式会谈就更不用说了。

会谈的结果也是可想而知的——没有任何结果。下次再继续举行会谈，时间和地点由中苏两党另行商定。但是，留给赫鲁晓夫的仍然是："这个小个子厉害，不好打交道。"

1963 年 7 月 21 日下午，邓小平一行回到北京。

毛泽东、刘少奇、周恩来、朱德、董必武等党和国家领导人全部到机场迎接邓小平和代表团的全体同志。当邓小平走下飞机后，毛泽东上前与他亲切握手问候。

这是毛泽东去机场迎接出访归来的党和国家领导人仅有的几次之一。

邓小平与"文化大革命"

"文化大革命"同以前十七年的错误相比，是严重的、全局性的错误。它的后果极其严重，直到现在还在发生影响。说"文化大革命"耽误了一代人，其实还不止一代。

——邓小平

一生中最痛苦的时期

1966 年 5 月 16 日，以中共中央发出的《五一六通知》为标志，"文化大革命"开始了。不久，北京乱了，全国乱了，人心也乱了。

北京的不少大学相继出现了乱揪乱斗的现象。6 月初，在京主持党中央日常工作的刘少奇和邓小平根据以往的经验，决定向首都各大中学校派出工作组，力图把"文化大革命"纳入党的领导的轨道。

派进工作组的做法，对稳定政治局势起到了重要作用。刘少奇和邓小平的政治生涯却由此发生了逆转。在陈伯达、康生、江青等人的蛊惑下，毛泽东在党的八届十一中全会上严厉指责工作组是"镇压群众运动的错误路线"。接着，他又写了一张大字报，提出"炮打司令部"的号召。刘少奇和邓小平被迫检查，受到错误的批判和斗争。邓小平被扣上"中国第二号最大的走资派"的帽子，失去了一切领导职务。

邓小平的子女们都遭到株连，被赶出了中南海。正在北京大学读书的大儿子邓朴方被迫害致残。

1969年10月，林彪发布"第一个号令"后，邓小平被押送到了江西。

......

史无前例的"文化大革命"是毛泽东亲自领导和发动的。毛泽东始终认为"文化大革命"的理论和实践是马克思主义的，是为巩固无产阶级专政所必需的。正因为如此，坚持和维护"文化大革命"，就成为毛泽东首先考虑的问题。不过，毛泽东虽然在全局上肯定"文化大革命"，但也承认"文化大革命"犯有"打倒一切、全面内战"的错误。1974年底，毛泽东提出："文化大革命"已经八年，现在，以安定团结为好。"全党全军要团结。"在1975年1月党的八届二中全会期间，毛泽东再一次提出，还是安定团结为好，还说"要把国民经济搞上去"。

在这样一种心境下，毛泽东对邓小平重新表示了信任。1975年，在毛泽东和周恩来的支持下，邓小平迎来了他政治生涯的又一次辉煌——同时负责党政军日常工作。

邓小平主持中央工作以后，提出当时党的各项工作要按毛泽东讲的三句话办事。他在中央读书班的一次讲话中说，最近，毛泽东同志有三条重要指示：第一，要学习理论，反修防修；第二，要安定团结；第三，要把国民经济搞上去。这三条指示互相联系，是个整体，不能丢掉任何一条，这是我们这一时期工作的纲。

当时最迫切的任务是"把国民经济搞上去"。1974年，江青、王洪文等提出开展所谓"批林批孔"运动以后，工业、农业、交通运输、科学技术等各个方面的工作都受到冲击，陷入严重混乱状态。1975年3月，邓小平开始着手国民经济的整顿工作。经过短短几个月的整顿，全国工农业生产和交通运输的形势有了明显的好转。

对经济、科技各部门的整顿工作，不能不涉及"文化大革命"中所实行的许多错误政策，不能不逐渐发展成为对这些错误政策的比较系统的纠正。而1975年经济形势的好转，又有力地证明了所谓"批林批孔"运动的错误，也开始启发广大干部、群众认真考虑"文化大革命"的错误。这个变化是毛泽东所不能容忍的。

在11月2日的政治局会议上，毛泽东提出：对"文化大革命"总的看法，基本正确，有所不足。三七开，七分成绩，三分错误。"文化大革命"犯了两个错误，一是打倒一切，二是全面内战。毛泽东希望以他这个结论为基础，邓小平主持通过一个决议，以统一对"文化大革命"的认识。

邓小平拒绝了。他说，由我主持写这个决议不适宜，我是桃花源中人，不知有汉，无论魏晋。在原则问题上坚持了自己的立场。

邓小平的不妥协态度，使毛泽东确信，邓小平在如何认识"文化大革命"这个问题上同他不一致了。对于自己一生中所做的两件大事之一——"文化大革命"，毛泽东是容不得任何人否定的。于是，邓小平又一次被打倒了。

1984年，来访的日本首相中曾根康弘问邓小平：您一生中最痛苦的是什么？邓小平感慨地说："我一生中最痛苦的当然是'文化大革命'的时候。"

"文化大革命"是一场灾难

"文化大革命"后期，毛泽东提出了对"文化大革命"要"三七开"的看法。尽管他内心深处仍要从整体上维护"文化大革命"，不能容忍对"文化大革命"的系统纠正，但他毕竟已看到"文化大革命"

所造成的长期的不正常局面，承认运动本身存在一些错误，并对已经认识到的一些具体错误开始进行纠正。十一届三中全会召开以后，饱经十年动乱之苦的广大干部群众对"文化大革命"的认识同"文化大革命"中的认识，同两年徘徊时期的认识有了很大不同。但要从根本上正确认识这样一场影响广泛、深远的历史事件仍不能不有一个曲折的过程。当时有些人提出，根据对立统一的规律，"文化大革命"也应当是一分为二的。毛泽东对"文化大革命""三七开"的评价固然不尽合乎实际，但"文化大革命"本身是否还有值得肯定的地方？它作为一场广泛的群众性运动，对官僚主义等社会阴暗面的冲击是否有积极的一面？在两派群众中是否有一派比较正确？人民解放军的"支左"是否还应予以必要的肯定？

针对这种情况，邓小平多次明确指出，必须彻底的、根本的否定"文化大革命"。因为，其一，"文化大革命"是"左"的思想发展的结果。"从1957年开始我们的主要错误是'左'，'文化大革命'是极左。""搞了'文化大革命'，走到了'左'的极端，极左思潮泛滥。"

其二，"文化大革命"是一场"灾难""浩劫"。"'文化大革命'十年浩劫，中国吃了苦头。"从政治上看，"1966年开始搞'文化大革命'，搞了十年，这是一场大灾难。当时很多老干部受迫害，包括我在内。"这场"革命"的对象就是这些老干部，"党内的骨干差不多都被打倒了"。从经济上看，"搞'文化大革命'，这是一场灾难，经济方面完全乱了。"

其三，"文化大革命"是"严重的、全局性的错误"。邓小平说："'文化大革命'同以前十七年的错误相比，是严重的、全局性的错误。它的后果极其严重，直到现在还在发生影响。说'文化大革命'耽误了一代人，其实还不止一代。"

在邓小平的精心指导下，《历史决议》解决了如何评价"文化大革命"这样的疑难问题。明确提出，"文化大革命"不是也不可能是任何意义上的革命或社会进步，而是一场由领导者错误发动，被反革命集团利用，给党、国家和人民带来严重灾难的内乱。"文化大革命"并不是反官僚主义的运动，而是反所谓"走资派"和批判所谓"反动学术权威"的运动，是夺权运动。"文化大革命"中，无论是"造反派"，还是"保守派"，都是以所谓的"毛主席的革命路线"和"刘少奇的资产阶级反动路线"来划分的，都是在当时"无产阶级专政下继续革命"的错误理论指导下，采用"大民主"的方法，进行斗争的。人民解放军实行"三支两军"，在当时混乱的情况下是必要的，对稳定局势起了一定的作用。但由于"文化大革命"总的指导思想的错误，混淆了是非和敌我，"三支两军"工作作为在当时特定历史条件下采取的非常措施，在林彪、江青反革命集团的干扰破坏下，在总体上执行了一套"左"的东西，名为"支左"，实为"支派"。这就从根本上决定了它在工作中不可避免地产生了许多错误，带来了许多消极的后果，不仅破坏了军队和地方的关系，而且对军队自身建设也带来了很坏的影响。

科学地历史地看待"文化大革命"

邓小平指出，"关于'文化大革命'，也应该科学地，历史地看。""要对这样一个历史阶段做出科学的评价，需要做认真的研究工作，有些事要经过更长一点的时间才能充分理解和作出评价"。这也是起草《历史决议》的一个重要思想。本着实事求是的精神，邓小平对"文化大革命"做了如下分析：

首先，邓小平认为，"毛泽东同志发动这样一次大革命，主要是从反修防修的要求出发的。""就毛主席本身的愿望来说，是出于避免资本主义复辟的考虑"。邓小平的这个分析是符合历史实际的。不肯定这一点，就不可能对毛泽东作出实事求是的评价，也不可能科学地历史地看待"文化大革命"。

第二，强调对"文化大革命"的性质的判断要适度，不能极端化、简单化。1980年12月，他在中央工作会议上说：关于建国以来党的工作，一定要充分肯定成绩，缺点、错误要严肃批评，但决不能说得一团漆黑。"就是'文化大革命'这样严重的错误，它的确被反革命集团所利用，但也决不能简单地把这整个历史事件说成是'反革命'。必须毫不动摇地坚持这种实事求是的立场。"

第三，肯定"文化大革命"时期的抗争力量。在"文化大革命"十年中，虽然占主导地位的是错误的理论和路线，但另一方面也存在着各种形式、各种程度对"文化大革命"的抵制和抗争。比如所谓的"二月逆流"。正如邓小平所说的"这十年中间，也还有健康的方面。所谓'二月逆流'，不是逆流，是正流嘛，是同林彪、'四人帮'的反复斗争嘛。"

第四，充分肯定"文化大革命"时期外事工作取得的成绩。"文化大革命"的理论和路线是错误的，没有什么需要肯定。但是，这不等于说在"文化大革命"期间，没有做一件好事。就对外关系而言，美国总统尼克松访华，实现中美关系正常化；日本首相田中访华，恢复中日外交关系；恢复中华人民共和国在联合国的合法席位，我国政府代表团出席联大第六届特别会议都是影响巨大的事件。所以邓小平指出："'文化大革命'期间，外事工作取得很大成绩。尽管国内动乱，但是中国作为大国的地位，是受到国际上承认的。中国的国际地位有提高。"

第五，强调在"文化大革命"期间党还存在。怎样看待"文化大革命"中的党？这也是一个时期议论的热点。一种看法认为，那个时期党不存在了，并否认"文化大革命"期间召开的党的重要会议的合法性。邓小平明确指出，有些意见不能接受。比如，说八届十二中全会、九大是非法的，如果否定八届十二中全会、九大的合法性，那我们说国务院和人民解放军还能进行许多必要的工作，就站不住了。他还指出："有的同志说，'文化大革命'中党不存在了，不能这样说，党的组织生活停止过一段时间，但是实际上存在着。否则怎么能不费一枪一弹，不流一滴血，就粉碎了'四人帮'呢？'文化大革命'中间，我们还是有个党存在。如果现在否定了八届十二中全会和九大的合法性，就等于说我们有一段时间党都没有了。这不符合实际。"

根据邓小平的这些分析，《历史决议》指出，"文化大革命"整个过程的严峻考验证明，党的八届中央委员会和它所选出的政治局、政治局常委、书记处的成员，绝大多数都站在斗争的正确方面。我们党的干部，绝大多数是忠于党和人民的，对社会主义、共产主义事业的信念是坚定的。遭到折磨和打击的知识分子、劳动模范、爱国民主人士、爱国华侨以及各民族各阶层的干部群众，绝大多数都没有动摇过热爱祖国和拥护党、拥护社会主义的立场。正是由于全党和广大工人、农民、解放军指战员、知识分子和干部的共同斗争，使"文化大革命"的破坏受到了一定程度的限制。我国国民经济虽然遭到巨大损失，但仍然取得了进展。在国家动乱的情况下，人民解放军仍然英勇地保卫祖国的安全。十年中我国对外工作也打开了新的局面，外事工作取得了很大成绩。当然，这一切绝不是"文化大革命"的成果，如果没有"文化大革命"，我们的事业会取得大得多的成就。

邓小平登上联合国的讲台

一九七四年四月，我去出席联大第六届特别会议，代表我国政府发表讲话，受到热烈欢迎，讲完以后，许多国家的代表前来热情握手。

——邓小平

1974 年 4 月召开的联合国大会第六届特别会议，是一次重要的国际会议。这次会议是在 1973 年第四次中东战争时，石油输出国组织为支持阿拉伯国家而采取石油提价措施后召开的，它标志着第三世界国家以原料为武器，争取建立国际经济新秩序的斗争更加高涨，也是第三世界国家在完成政治独立后，争取经济发展的重要举措。邓小平率领中国政府代表团出席了这届联大，并在会上详尽阐述了毛泽东三个世界划分的理论，表明了中国反对霸权主义的坚定立场。这是新中国领导人第一次登上联合国的讲台。

毛泽东、周恩来点将

邓小平出席联合国大会第六届特别会议，是毛泽东、周恩来亲自点的将。

1974 年，美国纽约联合国总部决定于这年的 4 月召开联合国大会第六届特别会议。中国政府决定派代表团前往参加。这是中国在恢复联合国安理会常任理事国席位后首次派遣高级代表团出席这样一个重要的会议，必须派出在外交和国际经验上卓有声望的人来率团参加。由谁担任代表团团长，当时在中央政治局会议上还进行过一番激烈的争论。

　　当时，周恩来总理身染重病，不宜远行。刚刚恢复工作的邓小平，虽然担任国务院副总理职务，但他还不是中央政治局常委。"四人帮"正是抓住这一点，极力反对邓小平率团出席。1974 年 3 月，中共中央政治局就出席联合国大会第六届特别会议的人选进行讨论，在这次会议上根据外交部的建议（实为毛泽东、周恩来的意见），提出由邓小平率团出席联大特别会议，并代表中国政府作大会发言。江青公开表示反对，并以种种理由加以阻挠。由于江青的反对，政治局第一次讨论议而未决。第二天，周恩来不顾江青的阻挠，提笔在外交部报告上批示，同意外交部所提方案，并将该件送毛泽东及各政治局成员传阅。江青见到批件后勃然大怒，竟"勒令"外交部必须撤回其原报告。

　　在中央政治局第二次讨论出席联大会议人选时，由于周恩来事前努力，政治局成员中除江青外一致同意邓小平率团出席联大特别会议。为此，江青歇斯底里，大闹政治局。会后，毛泽东得知江青在会上的表现，大为不满。3 月 27 日，毛泽东致信江青："邓小平同志出国是我的意见，你不要反对为好。小心谨慎，不要反对我的意见。"毛泽东还通过王海容、唐闻生转告"四人帮"：到联合国开会还是小平去，我的意见就是这样，你们不同意就拉倒！毛泽东的决策，打破了"四人帮"企图阻挠邓小平出席联合国大会的图谋，迫使江青收敛了气焰。邓小平说：既然主席决定了，我还是去，聋子办外交嘛。3 月底，周恩来致信毛泽东：小平同志出国一事，已从各方面加强布置。4 月 6 日代表团离京时，准备举行盛大欢送仪式，以壮行色。

重要的是要有一篇好的发言稿

对于这届联大，中央非常重视。因为这是新中国成立以后中国领导人首次登上联合国的讲台，如何亮相，关系到新中国外交的形象。邓小平接到中央的任命后，立即全力投入了准备工作。

邓小平60年代曾率领中共代表团同苏共进行谈判，有着丰富的国际斗争经验。他对参加准备工作的同志明确指出：重要的是要有一篇好的发言稿。随后，他集中精力，亲自指导代表团成员准备这篇发言稿。代表团在讨论这个发言稿时，觉得这篇发言除支持第三世界关于建立国际经济新秩序的各项主张外，还应当向国际社会传达我们党对国际形势的新看法，即关于毛泽东同志关于三个世界划分的新提法。代表团把这个想法向邓小平请示后，他立即首肯。

毛泽东最早提出三个世界划分的理论是在1973年。这年的6月22日，他在会见马里国家元首特拉奥雷时说："我们都叫作第三世界，就是叫作发展中国家。"1974年2月22日，他在会见赞比亚总统卡翁达时，根据当时世界各国的发展变化，根据国际形势发展的主流和历史前进的方向，明确提出了划分三个世界的战略。毛泽东说：美国、苏联是第一世界；日本、欧洲、加拿大、澳大利亚是第二世界；亚洲除了日本，还有整个非洲、拉丁美洲都是第三世界。毛泽东还强调指出：中国属于第三世界。因为政治、经济各方面，中国不能跟富国、大国比，只能跟一些比较穷的国家在一起。

发言稿的初稿写成后，邓小平和大家一起，花了一整天时间，在人民大会堂，一段一段地讨论。当时，邓小平已是70岁的高龄，他还和大家一起讨论，一起加班加点，而且认真听取每个同志的发言，还不时地表示：你们提的这个意见很好。这种不是高高在上的指挥，而是和群众一道工作的精神，令参加起草工作的同志大为感动。

会议讨论到最后一段结束语时，邓小平说，应该讲这样几句话，就是："中国现在不是，将来也不做超级大国。如果中国有朝一日变了颜色，变成一个超级大国，也在世界上称王称霸，到处欺负人家，侵略人家，剥削人家，那么，世界人民就应当给中国戴上一顶社会帝国主义的帽子，就应当揭露它，反对它，并且同中国人民一道，打倒它。"当参加起草工作的凌青记下这几句话后，邓小平说："你就这样写，不必改。"这是我国国家领导人第一次在联合国讲坛上对国际社会表达中国永不称霸的决心，特别是最后一句"全世界人民同中国人民一道，打倒它"，是在其他场合都没有提到过的，更显示出中国人民同世界人民利益的一致性，划清了社会主义同社会帝国主义国家的界限。

邓小平预定在联合国第六届特别会议上的发言，经中共中央政治局讨论顺利通过。随后，报送毛泽东最后定夺。毛泽东审阅后于4月4日批示："好，赞同。"

登上联合国讲台

4月6日清晨，邓小平率领中国代表团赴纽约出席联合国大会第六届特别会议。周恩来破例亲自率领中央政治局委员和在京的党、政、军各部门负责人以及各界群众四千余人在首都机场组织了一个盛大的欢送仪式，为邓小平和全体团员送行。

与此同时，世界也都在关注着中国代表团的到来。4月10日下午，在一片关注的气氛中，中华人民共和国代表团团长、政府副总理邓小平健步走上联合国大会的讲台，从容老练地摊开讲稿，面对一百多个国家的代表团和众多的记者，开始了他明快的发言。

邓小平精辟地阐述了毛泽东主席提出的三个世界的理论，论述了中国的对外政策。

他说:"从国际关系的变化看,现在的世界实际上存在互相联系又互相矛盾着的三个方面、三个世界。美国、苏联是第一世界。亚非拉发展中国家和其他地区的发展中国家,是第三世界。处于这两者之间的发达国家是第二世界。"

邓小平庄严声明:中国是一个社会主义国家,也是一个发展中国家,中国属于第三世界。中国同大多数第三世界国家具有相似的苦难经历,面临共同的问题和任务。中国把坚决同第三世界其他国家一起为反对帝国主义、霸权主义、殖民主义而斗争,看作自己神圣的国际义务。中国坚决站在第三世界国家一边,中国永远不称霸。

邓小平代表中国政府向国际社会提出了建立国际经济新秩序的基本主张,他说:国家之间的政治和经济关系,都应该建立在和平共处五项原则的基础上;国际经济事务应该由世界各国共同来管,而不应该由少数国家来垄断。占世界人口绝大多数的发展中国家应该参与决定国际贸易、货币、航运等方面的大事;发展中国家对自己的自然资源应该享有和行使永久主权;对发展中国家的经济援助应该严格尊重受援国家的主权,不附带任何条件,不要求任何特权;对发展中国家提供的贷款应该是无息或低息,必要时可以延期偿付甚至减免;对发展中国家的技术援助应该实用、有效、廉价、方便。

邓小平强调:各国的事务应当由各国人民自己来管。发展中国家人民有权自行选择和决定他们自己的社会、经济制度。

邓小平长达数小时的发言震动了整个会场,赢得了广大发展中国家的称赞。发言结束后,许多国家的代表纷纷与邓小平握手致意。世界各大报刊和电台也纷纷报道邓小平的发言。毛泽东关于三个世界的理论经过邓小平的全面阐述在国际上产生了深刻而持久的影响,大大提高了中国在国际舞台上的地位和声望。中国政府的外交影响又一次震动了全世界。

邓小平与 1975 年全面整顿

> 说到改革，其实在 1974 年、1975 年我们已经试验过一段。……那时的改革，用的名称是整顿，强调把经济搞上去，首先是恢复生产秩序。
>
> ——邓小平

1975 年 1 月，周恩来总理在四届人大一次会议上重申了三届人大的宏伟目标："在本世纪内，全面实现农业、工业、国防和科学技术现代化，使我国国民经济走在世界的前列。"

目标是明确的，可是，作这个报告的人——8 亿人民的总管家周恩来，自己却因病魔的折磨，无法亲自领导向这个宏伟目标的进军之旅了。一方面，在"文化大革命"冲击下，中国的政治、经济、思想文化等领域几乎是瓦砾一片，百废待兴。另一方面江青、康生、张春桥等人正虎视眈眈，纠集力量准备反击，以维护他们的既得利益和所谓"文化大革命"的成果。

周恩来急需一位强有力的助手，把握国务院这块阵地，继续推动着全国形势的稳定发展，主持这项功在当代，利在千秋的伟业。这个人要有卓越的能力并熟悉各方面的情况；同时要有权威，能被各级干部，特别是高层领导干部所接受；另外还要有胆识，敢于和江青等人斗一斗，敢于顶住各方面的压力。

他选中了邓小平。

经周恩来提议，毛泽东批准，邓小平顶着江青等人的嫉视和"左"倾势力的压力，开始全面领导"文化大革命"后期的党、政、军的各项工作。可谓是临危受命。

还是安定团结好

说邓小平受命于危难之时，是恰如其分的。由于"四人帮"继续进行干扰和破坏，社会秩序混乱，生产下降。许多地区、部门和单位长期存在的派性，在"批林批孔"运动中重新泛滥。一些地区经常发生武斗，甚至发生抢夺枪支、组织民兵进行武斗的严重事件。"四人帮"及其党羽插手的地区，派性、武斗等问题更加严重。我国整个的政治、经济、文化局势依然是十分严峻的。所以，广大党员干部和群众都盼望保全党和国家的根本利益，尽快扭转严重的混乱局面。

1975 年 6 月 2 日中共中央批转的江苏省关于徐州地区问题的报告中反映的情况就很有代表性："许多领导干部陷进了资产阶级派性的泥坑。在相当多的单位中，不是用党性掌权，而是用'派性'掌权。这一派上了台整那一派；那一派掌了权又整这一派。几经反复，裂痕很深。""近几年来，那些用派性掌权的同志，又借各种运动之机整另一派的干部和群众。批林批孔运动一来，原来掩盖的矛盾爆发了"，"坏人就趁机兴风作浪，浑水摸鱼"，"打着'揭盖子'的旗号，欺骗、拉拢少数群众，向无产阶级专政进行疯狂进攻，妄图趁机推翻各级党的领导"。这个报告比较典型地反映了当时全国一些地区的状况。

为了发展国民经济，实现四化的宏伟目标，首先必须消除混乱，实现安定团结。很显然，要开始对各方面的工作进行整顿，与"左"倾错误和"四人帮"展开一场短兵相接的斗争是不可避免的。

要对"文化大革命"以来所形成的严重混乱局面加以整顿，可以说是千头万绪，情况极其复杂，任务异常艰巨。

在深入分析"文化大革命"危害的基础上，邓小平根据当时的形势，紧紧抓住了派性严重、社会动荡和工农业生产停滞、国民经济混乱、人民群众生活水平下降的这两个主要矛盾，提出要以实现安定团结和把国民经济搞上去作为整顿的目标。他认为实现安定团结的政治局面又是把国民经济搞上去的必要前提和重要的外部条件，因此，不整顿没有出路。邓小平明确提出整顿要从反对派性、增强党性入手，要坚决同派性做斗争。

派性是"文化大革命""左"倾错误的产物。在"文化大革命"中，派别组织遍布全国，派性活动渗透到社会的各个领域，有些地区甚至是派别专政。搞派性的人，用派别利益来取代党和国家的整体利益，制造事端，破坏团结，不顾大局，我行我素。而"四人帮"又正是利用一些人的派性，结党营私，以售其奸。派性活动频仍，成为社会动乱的主要表现之一，又是产生其他社会不安定因素的重要根源。闹派性成为全面整顿工作首先需要加以解决的问题。

对此，邓小平严正指出：现在闹派性已经严重地妨碍我们的大局。……这是大是大非问题。这个问题不解决，光解决具体问题不行。现在解决各地区、各部门的问题，都要从反对派性、增强党性入手。

邓小平对闹派性的人作了深入的分析：大概有这样两种情况：一种是被派性迷住心窍的人。几年派仗打昏了头，马克思主义不见了，毛泽东思想不见了，共产党也不见了。要对他们进行教育，教育过来，既往不咎，再不转变，严肃处理。另一种是少数坏人，各行各业、各个省市都有那么一些，他们利用派性浑水摸鱼，破坏社会主义秩序，破坏国家经济建设，在混乱中搞投机倒把，升官发财。对这种人要坚决处理，该调的调，该批的批，该斗的斗，不能慢吞吞的，总是等待。

邓小平认为：对派性这样一个大是大非问题，各级领导要有一个明确态度，就是坚决反对，还要发动群众起来共同反对，造成声势，把反对派性的斗争搞好。

邓小平强调反对派性，一个重要的方面就是要求广大党员、干部要增强党性，他明确提出要恢复党的优良传统和作风。

1975 年，在中央读书班第四期上，邓小平发表了重要讲话，提出要恢复党的一系列原则和作风。他说："毛泽东同志在七大的政治报告里，提出了理论联系实际、密切联系群众、自我批评三大作风。延安整风时，毛泽东同志作了《改造我们的学习》《整顿党的作风》等报告。那时是整顿三风：一是整顿学风，反对主观主义；二是整顿党风，反对宗派主义；三是整顿文风，反对党八股。这是毛泽东同志总结了党的历史经验提出来的。在这一系列党的原则中，反对宗派主义，也就是反对派性，增强党性，是很重要的一条。"

"'三要三不要'中讲团结，反对分裂，与延安整风时反对宗派主义是一个精神。党员要按照党的章程办事，遵守党的纪律，不能搞宗派主义，树山头、垒山头，或者站到这个山头、那个山头。如果这样，党就分裂了，就没有战斗力了。延安整风就是解决这些问题，在思想一致的基础上，把全党团结起来。没有那次整风，打败日本侵略者，打败蒋介石，是不可能的。"

"现在解决各地区、各部门的问题，都要从反对派性、增强党性入手。过去在革命战争年代，各方面的红军，各个革命根据地的干部，形成各个山头，那是自然形成的。如果说'文化大革命'初期的两派也是自然形成的话，那么，现在还搞两派，性质就不同了。毛泽东同志讲，要安定团结。让少数人继续在那里闹，能安定团结吗？"

他特别强调："反对派性，把毛泽东同志树立的优良作风发扬起来。这个问题，全党同志要注意，特别是中央委员、高级干部，更要注意。"

邓小平认为，必须认真落实党的政策，只有这样，才能根除派性，实现安定团结的局面。"文化大革命"以来，"左"倾错误路线的盛行，严重混淆了两类不同性质的矛盾，制造出许多冤假错案。而长期派性的存在，又使许多政策得不到落实，许多问题得不到解决。

为了维护公民权利，实现安定团结，邓小平反复强调必须认真落实党的政策。他以徐州地区抓"五一六"问题为例指出："落实政策是一个很重要的问题。清查'五一六'，徐州市搞了6000多人，这是一个很吓人的数字。搞了这么多人，不给他们落实政策，能把群众的积极性调动起来吗？"1975年中共中央作出落实干部政策的决定后，他不怕压力，不惧风险，积极推动贯彻执行。

为了把党的政策全面细致深入地落实好，邓小平多次指出：我们将落实政策，不仅要解决戴上帽子的那些人的问题，而且要解决他们周围受到牵连的人的问题。在落实政策时，对虽然没有戴帽子，但是批评和斗争过他们，伤了感情的人及老工人、技术骨干、老劳模，要加以特别注意，以便把各方面的人的积极性都充分调动起来。

邓小平认为，必要的规章制度和组织纪律是保证一个社会稳定的秩序的起码条件。因此，要彻底清除派性，实现安定团结的政治局面，还必须恢复和健全必要的规章制度，加强组织纪律性。所以，他反复强调，必要的规章制度一定要恢复和健全，组织纪律性一定要加强。

那么，如何恢复和健全规章制度呢？

邓小平指出：关键是建立责任制，现在许多地方都存在无人负责的现象，积重难返，非突出抓一下不可。同时，要做好思想政治工作，改革不合理的规章制度，使各项规章制度的执行成为广大群众的自觉行动。

邓小平深知当时真正恢复和健全各项规章制度，加强组织纪律性的任务是十分艰巨和复杂的，会有很多困难和阻力，因此特别强调要严格执行，要采取有力的措施。他多次指出："执行规章制度要严一点，要有一点精神，不要怕挨批评，不要怕犯错误。你不严，规章制度就恢复不起来。"

最后，也是最关键的，邓小平认为，要根除派性，实现安定团结的局面，是要整顿各级领导班子，加强领导班子的建设。"整顿的核心是党的整顿。只要抓整党这个中心环节，各个方面的整顿就不难。""整党主要放在整顿各级领导班子上，农村包括公社、大队一级，工厂包括车间一级，科研机构包括研究室一级。这样解决问题比较快。领导班子整顿好了。党员的问题就容易解决了。"

面对当时严峻的形势，在领导班子问题上，邓小平反复强调要通过整顿，建设一个敢字当头的领导班子。他说："一定要建立敢字当头的领导班子。……你要斗派性，没有敢字当头的领导班子就根本不可能；要建设必要的规章制度，要落实政策，没有这样的班子也搞不成"。

为了整顿和调整各级领导班子，邓小平提出："解决领导班子的问题，主要是配备好一、二把手，一、二把手敢字当头，就可以把队伍带起来。"为此，邓小平提出要选党性好、作风好，敢于负责，能解决问题，不怕被打倒，有实际工作经验的干部进入领导班子。

1975 年 5 月，邓小平在人民大会堂东大厅接见钢铁工业座谈会代表的讲话中着力强调，"要找一些不怕被打倒的人"，"要找那些敢于坚持原则，有不怕个人被打倒的精神，敢于负责，敢于斗争的人"进入领导班子。"中央支持他们，省委支持他们。"

邓小平紧紧抓住反对派性，实现安定团结局面这一主要矛盾，从上述几个方面，提出一系列具体措施和办法，意志坚定，旗帜鲜明，针对时弊，切中要害，反映了全党和全国人民消除动乱，实现安定团结的强烈愿望，为以经济建设为中心的整顿工作的全面开展奠定了坚实的基础。

以整顿铁路为突破口

在强调恢复安定团结的局面的同时，邓小平把主要精力放在抓国民经济建设上面，针对这一时期国民经济各部门、各领域的混乱、停滞局面，大刀阔斧地进行整顿。并以经济工作的整顿带动科技、文教事业整顿的展开，领导和推动着全国整顿的深入进行。

邓小平领导的全面整顿是从对当时严重混乱的工业交通的整顿开始的，而铁路运输的整顿正是整个工业交通整顿的突破口。

铁路运输，被人们喻为国民经济的大动脉。如果大动脉出了毛病，那么东西南北中各地，工农商学兵各行各业，都要受到严重影响。

在"文化大革命"中，铁路运输受到了严重冲击，问题严重的1974 年，"批林批孔"以后，许多铁路局已经处于半瘫痪状态，主要干线严重堵塞。全年运输减产 5.3%，货运量比上年下降 12%。铁路运输已经成为国民经济中的一个突出薄弱环节，这个问题不解决，国民经济各部门的整顿、发展就无望。邓小平选择整顿铁路作为突破口，无疑是极为正确的，同时也充满了风险。这步棋下好了，会带动全盘活起来；下不好，后果则难以预料。

担负"开路先锋"重任的铁道部长，是邓小平的老部下万里，他是在四届人大一次会议上被任命此职的。

1975 年 1 月 28 日，刚刚上任 10 天的万里，将自己对铁路的调查情况向邓小平作了汇报：

一是徐州、南京、南昌、太原等铁路局的运输堵塞，阻碍津浦、京广、陇海、浙赣四条大干线的畅通，严重地危及了整个工业生产和一些城市人民的生活。

二是运输生产下降，"文化大革命"以来，全路职工总数和机车、车辆、线路等装备都有所增加，可是运输生产不但没有随着增加，反而大幅度下降。1965年平均日装车5万辆左右，现在只有4万辆左右（有时只有3万多辆），减少了1万多辆，按实际能力，应达到6万辆左右。

三是事故惊人。1965年全年发生重大事故和大事故88起，1974年多达750多起。

四是机车车辆损坏严重，全路机车完好率只有60%，部分机车不能按期维修，不少机车是带病作业。

万里接着说：铁路问题复杂，不仅有体制问题，恐怕派性是个更重要的问题，解决铁路问题难度较大，要在进一步调查研究的基础上争取半年解决问题。

邓小平听完汇报后，明确表示，要用最快的速度，最坚决的措施，迅速扭转形势，改变面貌。他立即指示铁道部代中央起草一份关于解决铁路问题的方针，并要求文件中要写清楚有关方针政策。

根据邓小平的指示，万里立即会同国家计委副主任房维中组织人员，开始起草中共中央关于加强铁路工作的决定的文件。

邓小平对这个文件的起草十分重视，当文件初稿完成送他审阅时，他亲笔加上这样一段话："对于少数资产阶级派性严重、经过批评和教育仍不改正的领导干部和头头，应该及时调离，不宜拖延不决，妨碍大局。对严重违法乱纪的要给予处分"。这段话的要害是明确提出了反对"资产阶级派性"，并向它宣战。

很快，文件经中央政治局讨论通过，于1975年3月5日，下发到县、团级，这就是有名的中央九号文件——《中共中央关于加强铁路工作的决定》。

九号文件的特点是，解决铁路问题旗帜鲜明，态度坚定，措施具体有力。文件开宗明义指出：铁路运输当前仍是国民经济中的一个突出的薄弱环节，不能适应工农业生产发展的需要，不能适应加强战备的需要（文件下发后，人们把它概括为"一个突出，两个不适应"）。

　　为了迅速改变这种状况，文件作出了五条决定，主要是：

　　——全国所有的铁路单位，都必须坚决贯彻执行毛主席提出的"还是安定团结好"的方针，落实十届二中全会和四届人大提出的各项任务，掀起社会主义建设的新高潮。

　　——实行全国铁路以铁道部领导为主的管理体制，重申：全国铁路必须由铁道部统一管理，铁路运输必须由铁道部集中指挥，铁路职工必须由铁道部统一调配，铁路的政治工作和运输指挥工作必须统一起来。

　　——省、市、自治区党委要继续加强对铁路工作的指导。各铁路单位的政治运动和地区性的社会活动，仍由有关省、市、自治区统一部署。对于当前极少数问题较多，严重影响全国铁路运输的单位，有关的省、市、自治区党委必须采取有力措施，限期加以解决，不能再拖。铁路部门要更好地依靠地方党委，牢固树立与地方商量办事的作风，搞好同沿线群众的关系。

　　——建立健全必要的规章制度，加强组织纪律性，确保运输安全正点。要发动群众，首先把岗位责任制、技术操作规程、质量检验制度、设备管理和维修制度等建立健全起来。这些制度，是必须的，没有不行，有了不执行是不允许的。

　　——整顿铁路运输秩序，同各种破坏行为做斗争，加强无产阶级专政。铁路运输是否畅通，关系到发展国民经济和加强战备的全局。对于一切破坏活动，都要严惩。各地党委要认真掌握政策，严格区分和正确处理两类不同性质的矛盾。

　　在九号文件下发的当天，邓小平在中央召开的各省、市、自治区党委主管工业的书记会议上发表了重要讲话，他说：现在有一个大局，全党要多讲。这个大局就是四届人大提出的发展国民经济的两步设想，就是要把我国建设成为具有现代农业、现代工业、现代国防和现代科学技术的社会主义强国，全党全国都要为这个伟大目标而奋斗。

接着，他分析了全国工业的形势，尖锐地指出：当前工业生产的形势不好，值得引起注意。"现在有的同志只敢抓革命，不敢抓生产"，"这是大错特错的"。邓小平着重强调了要加强集中统一领导、建立健全必要的规章制度和增强组织纪律性、坚决反对派性这三条方针。他还明确指出："解决铁路问题的经验，对其他部门会有帮助。"

一个文件，一个讲话，全面整顿的第一战就这样打响了。

从3月5日开始，铁道部党的临时领导小组连续召开了三次会议，研究部署整顿铁路工作。

3月9日，全国工业书记会议一结束，万里带着中央九号文件和工业书记会议精神，会同江苏省委负责人亲赴徐州。

万里同江苏省委负责人赶到徐州，第一件事就是把中央的指示直接向群众宣传。

3月10日，召开了徐州铁路分局全体职工、家属参加的传达九号文件的万人动员大会；

3月11日，召开了徐州市、徐州地区党员动员大会；

3月13日，召开了分局机务段全体职工确保铁路畅通誓师大会。

在各种场合，万里反复宣讲中央九号文件和工业书记会议的精神，一再强调要以"三项指示"为纲，迅速改变局面，把铁路运输搞上去，并限期在3月底之前解决问题。

万里利用各种机会，旗帜鲜明地批判派性。他一针见血地指出，徐州的问题，主要是派性严重。对少数带头闹派性的头头，要"一批二撤三调离"，也就是说一要进行严厉批判，二是撤掉领导职务，三要调离原单位。对于不服从调动者，停发工资。对于顽固不化，继续闹派性，触犯刑律的要绳之以法。

很快，整个徐州分局出现一个学习、宣传中央九号文件的群众运动。

与此同时，万里重点抓了分局领导班子的整顿。他主持召开了分局党委常委会议，逐个地听取了常委的汇报和自我批评。

在常委发言时，万里不时地插话，给予实事求是的肯定或批评。会议结束时，他又作了重要发言，强调指出："中央九号文件给你们指明了方向，上级领导给你们承担了责任，现在要求你们挺起腰杆，批判派性，加强党性，带领各级干部和全体职工，在3月底以前扭转形势，改变面貌"。他希望徐州分局迅速变后进为先进，在全国铁路系统中带好头。

在全国形成围剿派性的气候下，煽动派性、搞打砸抢、威吓群众的造反派头头顾炳华被抓了起来。此举震动了徐州，大快人心。

乘着形势好转的时机，万里要求徐州分局党委抓紧时间落实政策，平反冤假错案，使一大批受冤的、批错的干部和群众得到了昭雪和改正。人们从心底里拥护中央九号文件，焕发出巨大的生产热情。

批判派性，抓坏头头，平反冤案，仅仅10天，昏天黑地的徐州初见晴日。阻塞严重的津浦、陇海两大干线在徐州枢纽实现了畅通，长期欠产的运输计划4月份提前3天完成。"畅通无阻，四通八达，安全正点，当好先行"不再仅仅是口号，更成为实践与行动。据万里后来说，徐州问题解决之快，是他始料不及的。

3月22日，万里回到北京。25日，国务院召开全体会议，由万里汇报传达贯彻中央九号文件，解决徐州问题的情况。

会议的最后，邓小平作了总结，他说：中央九号文件下发之后，铁路运输迅速好转，对各行各业都有很大影响和推动。他们的主要经验，就是只要放手发动群众，同派性进行坚决斗争，生产就能搞上去。铁道部门这方面做得很突出，徐州的经验比较典型。这些经验值得大家很好学习。铁路部门也要开个会，检查一下九号文件贯彻落实情况，总结一下经验。对那些闹派性的单位，不能再等待下去，要采取坚决果断措施，限期解决。

4 月份之后，万里把主要精力放在了郑州铁路局。在中央的支持下，他三下郑州，先撤掉了新乡分局造反派头头刑介江的一切职务，后又免去郑州铁路局党委书记、革委会主任的一切领导职务。力图从根本上解决郑州铁路局的问题。

在郑州铁路局的整顿艰难进行的同时，铁道部对几个问题严重的路局相继进行了整顿。他们在有关省、市委的配合下，在大力宣传和发动群众的基础上，通过调整班子，逮捕一小撮坏人，调离一批坏头头，平反冤案，恢复和健全规章制度，使全国铁路运输的形势迅速好转。全国铁路平均日装车数创造了历史最高水平，列车安全正点率也大大提高。

铁路的整顿立竿见影，对全国工交战线产生了重要影响。首战告捷。邓小平的整顿工作得到了全党和全国人民的拥护。

工交战线是整顿的重点

铁路运输连接东西，贯穿南北，铁路的整顿立即对全国产生了重要影响。"过去一谈问题，就是铁路运输影响，似乎一切问题都由于铁路运输造成的，一切罪过都是铁路的。"邓小平在 3 月下旬国务院的全体会议上对各部门的负责人说，"现在铁路上去了，你们怎么办？"

3 月下旬的国务院会议，是专门检查研究中央九号文件的贯彻情况。在听取了铁道部长万里的情况介绍后，会议明确指出：中央九号文件的精神，除体制问题外，也适用于一切工业部门。

这样，在铁路整顿的带动下，整顿工业迅速在整个工交战线开展起来。随着整顿的开展，全国工业生产开始打破停滞不前的局面，原油、原煤、化肥、水泥、发电量、内燃机、铁路货运量都呈迅速增长的趋势。1—4月份，全国工业总产值比1974年同期增长19.4%。

在交通、能源状况得到改善后，邓小平认为解决钢铁工业问题的条件已经成熟。5月8日，中央召开钢铁工业座谈会，实际上是总结推广铁路部门和徐州的经验，以"铁"促"钢"，对冶金部门进行全面整顿，特别是要着手大力解决严重欠产的钢铁工业问题。因为，1—4月，钢产量与计划要求相比，累计欠产195万吨，相比之下，钢铁工业问题越来越显突出。会上，鞍钢、武钢、包钢、太钢四家大型钢厂受到严厉批评。这四家钢厂由于领导班子不团结，少数人闹派性，严重挫伤了工人群众的积极性，四厂欠产约占全国欠产量的一半。

李先念在会上讲话时说："毛主席提出安定团结的指示快一年了，为什么你那里还有派性，政策不落实？到底问题在哪里？我看关键在领导，少数人在捣乱，工人在着急，但那里的领导却软弱无力，不敢碰。"

他语重心长地说："我看现在这样搞，现代化没有希望。希望这次会后能确实解决问题。钢铁工业再不赶上去不行了。钢铁上不去，什么都被拖住，农业机械化、国防建设、基本建设，统统都谈不上。"

5月21日，邓小平在国务院会议上就整顿钢铁工业发表了重要意见。5月29日，他又到钢铁工业座谈会上作了《当前钢铁工业必须解决的几个问题》讲话。在会议的讲话中，他首次提出了著名的"三项指示为纲"。他说：毛主席最近有三条重要指示，关于学习理论，反修防修的指示，关于安定团结的指示，还有把国民经济搞上去的指示，这就是我们今后一个时期的纲。这三条是互相联系的，不能分割的，一条都不能忘记。同时，他还初步总结了整顿工作的经验，明确提出了整顿钢铁工业的四条方针：

一、必须建立一个坚强的领导班子。

二、必须坚决同派性做斗争。

三、必须认真落实政策。

四、必须建立必要的规章制度。有力地推动钢铁工业的整顿工作。

在会议召开期间的 5 月 22 日，中共冶金工业部核心小组向中央提交了《关于迅速把钢铁工业搞上去的报告》，指出了钢铁工业上不去的现状，分析了钢铁工业上得慢的原因，提出了把钢铁工业迅速搞上去的六点意见：

一、认真学好毛主席关于理论问题的重要指示。

二、加强各级党委对钢铁工业的一元化领导。

三、坚决采取措施，整顿那些问题多的重点钢铁企业的领导班子，使领导权掌握在马克思主义者和广大工人手里。

四、放手发动群众，大搞群众运动。

五、落实生产建设中的具体措施。

六、加强企业管理，整顿企业秩序。

6 月 4 日，中共中央发出了《关于努力完成今年钢铁生产计划的批示》，批转了冶金部这一报告。针对当时钢铁生产计划完成情况欠佳的事实，指令各省、市、自治区党委必须加强对钢铁工业的领导。指出：只要领导认真抓了，欠产多的几个钢铁企业，也会迅速改变面貌。

这次会议以后，工交部门的整顿迅速向前深入发展，全面整顿的浪潮开始形成。6 月底，经过近一个月的整顿，钢铁生产的形势有了好转。全国钢的平均日产量超过了全年计划平均日产水平，开始补还欠账。7 月，中央转发国务院关于上半年工业生产情况的报告。报告指出："三月以来，工业生产和交通运输一月比一月好，原油、原煤、发电量、化肥、水泥、内燃机、纸及纸制品、铁路货运量等，五、六月份创造了历史上月产的最高水平,军工生产的情况也比较好。""全国工业总产值,上半年完成全年计划的47.4%。""上半年,全国财政收入完成全年计划的43%,收支平衡,略有节余。"

在此期间,伴随着全面整顿工作的初步开展,在政治局内围绕着所谓反经验主义的问题,邓小平与"四人帮"进行了一场新的政治较量。

1975年,根据毛泽东关于理论问题的指示,全国开始了所谓学习无产阶级专政理论的运动。姚文元、张春桥以学习理论为名相继发表了《论林彪反党集团的社会基础》和《论对资产阶级的全面专政》两篇文章,鼓吹资产阶级法权是产生新的资产阶级分子的经济基础和"全面专政"的谬论。并别有用心地提出"经验主义是当前主要危险"的口号,大肆进行宣传,再次把矛头指向周恩来、特别是邓小平。

对"四人帮"的挑衅和干扰,邓小平进行了坚决而又有策略的斗争。他就张春桥、江青提出"反经验主义为纲"的问题向毛主席请示,提出了自己的看法,引起了毛泽东的重视。毛泽东随后在新华社关于报道学习理论问题的请示报告上批示:"提法似应提反对修正主义,包括反对经验主义和教条主义,二者都是修正马列主义"。"我党真懂马列的不多,有些人自以为懂了,其实不大懂,自以为是,动不动就训人,这也是不懂马列的一种表现"。接着,毛泽东又召集在京的中央政治局委员谈话,对江青等人搞"四人帮"和搞"反经验主义"的活动提出了严厉批评,反复强调安定团结的方针和"三要三不要"的原则。

根据毛泽东的批示和指示,4月27日、5月27日、6月3日,中央政治局召开会议对江青等人进行了严肃的批评,邓小平主持了后两次会议。邓小平、叶剑英和李先念在发言中批评了"四人帮"自1973年底以来多次违背主席指示另搞一套;批评他们闹宗派、搞小圈子、突击发展党员;对江青等人所谓会议是对他们"突然袭击"和"围攻"的说法给予了有力的驳斥,明确指出:你们的问题40%也没有讲到,有没有 20%都难讲。当时其他一些政治局委员也发言对"四人帮"提出批评。像这样政治局连续开会，对江青一伙严肃批评，在"文化大革命"以来还是第一次。这对长期以来骄横跋扈的"四人帮"来说是个沉重的打击。此后，他们的活动不得不有所收敛。

邓小平等在政治局内与"四人帮"一伙进行的这场政治较量，挫败了"四人帮"借学习理论、煽动反经验主义的阴谋，保证了整顿工作的初步开展，"为全面整顿打开了通路。"

在此期间，邓小平还采取有力措施，在落实政策、解放干部方面采取了重大步骤。

根据毛泽东早些时候关于尽快结束审查把人放出来的意见，在周恩来的支持下，邓小平主持推动中共中央于 4 月底作出决定，除与林彪集团有关的审查对象和其他少数人外，对绝大多数关押受审者予以释放。其中属于敌我问题的，有劳动能力的分配工作或劳动，丧失劳动能力的养起来，有病的安排医院治疗。属于人民内部矛盾的，妥善安置，补发工资，分配适当工作，是党员的恢复组织生活，搞错了的进行平反，对于尚不能作结论的，问题先在内部挂起来，以后分别由中组部和总政会同有关部门再作结论。待释放、交接、作结论工作结束后，中央专案组即自行撤销。根据中央决定和毛泽东的指示，长期被关押的高级干部300 多人被释放出来，其中一些还陆续分配了工作。这是落实干部政策、解放干部的一次重大举动，是周恩来长期斗争和邓小平直接推动的结果，对于促进安定团结和使形势朝着较为有利的方向发展，起到了积极作用。

上半年工业生产情况的好转，说明邓小平主持工作以来，对工业战线实行的整顿方针是卓有成效，是完全正确的。对此甚感欣慰的邓小平，并不满足。他说：前一段解决铁路问题、钢铁问题，都是一个一个地解决，光这样不行，还要通盘地研究。经他提议，从 6 月 16 日起到 8

月 11 日，国务院召开了计划工作务虚会，研究今后经济工作的路线、方针、政策，为编制第五个五年计划和十年长远规划做准备。

在讨论了如何加快经济发展问题后，从 7 月 2 日起，会议转入第二阶段，分为理论、体制、钢铁、工业和企业管理、基本建设、机械工业规划、改进计划工作、轻工农林商业、文教、科技等十个小组，给整个工业战线的全面整顿提供一个基本指导思想，务虚会决定制定一个全面整顿工业的文件，这就是 7 月中旬国家计委开始起草的《关于加快工业发展的若干问题》（简称《工业二十条》）。

起草工作先由主管工业和计划的副总理余秋里，接下来又由常务副总理纪登奎抓。初稿于 8 月初写成，共 14 条。

8 月 10 日，国务院开会讨论工业条例。邓小平在会上发表了重要讲话。他首先肯定了 60 年代国民经济调整时制定的"工业七十条"。这个文件在"文化大革命"中受到批判。好多人不敢提它。邓小平认为，过去的"工业七十条"，基本上是好的，是修改的问题，不是要废除。他还提出了七条具体意见：

一、确立以农业为基础，为农业服务的思想。

二、要把引进新技术、新设备、扩大进出口作为一个大政策。

三、加强企业的科学研究工作。这是多快好省地发展工业的一条重要途径。

四、整顿企业管理秩序。

五、抓好新产品质量。

六、恢复和健全规章制度，关键是建立责任制。

七、坚持按劳分配原则。

邓小平明确指出，"不管贡献大小、技术高低、能力强弱、劳动轻重，工资都是四五十块钱"，"这怎么能调动人们的积极性？"

会后，这个文件的修改即在胡乔木的主持下进行，修改后的文件从原稿的 14 条增加到 18 条。修改稿完成后，9 月交给在北京召开的 20 个企业座谈会讨论，10 月又拿到出席农村工作座谈会的 12 个省、市书记中去征求意见，得到普遍赞同。认为这是一个十分适时的文件，符合实际情况。有了这样一个"意识"，进行整顿有所遵循，加快发展工业就有指望了。大家都希望尽快使它成为正式文件下发执行。

在听取意见的基础上，胡乔木等人对文件作了一次较大的调整和修改，于 10 月 25 日完成。全文共 20 条，简称《工业二十条》。

《工业二十条》对工作总纲、党的领导、依靠工人阶级、整顿企业管理、两个积极性、统一计划、以农业为基础、大打矿山之仗、挖潜革新改造、基本建设要打歼灭战、采用先进技术、增加工矿产品出口、各尽所能按劳分配、关心职工生活、又红又专、纪律、工作方法和工作作风、思想方法等 18 个问题作了规定。主要内容是：

学习理论必须促进安定团结，促进生产发展。不能把搞好生产当作"唯生产力论"和"业务挂帅"来批判。

整顿企业，首先要整顿党的领导，整顿企业的领导班子。要改变"懒、散、软"的领导班子，建立起一个精干的而不是臃肿的、坚强的有力的而不是松散软弱的、能打硬仗的而不是一拖就垮的领导班子。

要建立以岗位责任制为核心的企业生产管理制度。要加强组织纪律性，同一切违反政策、制度、统一计划和违反财经纪律的现象、行为做斗争。

要落实党的政策，工人、技术人员、干部，凡是被戴上"保守派""站错队"等帽子的，一律摘掉。

要坚决同派性做斗争，针锋相对，寸步不让。要划分"造反派""反潮流分子"和工人阶级先进分子的界限，对"造反""反潮流"更是要进行具体分析，正确的支持，错误的批评，反动的顶住。

要关心职工生活。"限制资产阶级法权，决不能脱离现阶段的物质条件和精神条件。"

实现社会主义现代化需要大批政治觉悟高而又精通技术、精通业务的人才，干部、工人、科技人员都要走又红又专的道路。

《工业二十条》可以说是在当时的历史条件下，对 1961 年邓小平主持制定的《工业七十条》的继承和发展。它集中体现了 1975 年邓小平主持中央工作以来一系列讲话的精神，概括了国务院务虚会讨论的成果和工业战线初步整顿的经验，批判了"四人帮"散布的一些谬论，提出整顿企业、加快工业发展的方针、政策和措施，是一个力图在经济战线上治理"文化大革命"之乱的纲领性文件。

本来，这个文件准备交给正在北京召开的全国计划会议讨论后下发，但这时风云突变，开始"批邓、反击右倾翻案风"了。这个文件也就压了下来，既未能交付全国计划会议讨论，也终于未能形成正式文件下发。但是，它的主要精神已经在整顿中得到一定程度的贯彻，对当时工业的整顿产生了直接的积极影响。而粉碎"四人帮"后中共中央为指导工交战线的拨乱反正，于 1978 年 4 月 20 日作出的《关于加快工业发展若干问题的决定（草案）》，即《工业三十条》，则是同 1975 年的这个条例一脉相承的。

军队要整顿

在以工业交通为中心的经济工作的整顿不断深入发展的同时，其他领域，其他方面的整顿也取得了进展。

1975 年 6 月 24 日至 7 月 15 日，中央军委召开扩大会议，着重讨论了酝酿已久的军队整顿问题。这是继解决铁路问题之后，邓小平等采取的又一步具有战略眼光的举措。

"文化大革命"以来，军队建设遭到很大破坏。"批林批孔"运动中江青一伙又妄图插手军队，他们一方面私自给许多单位写信、送材料，派人抓点；另一方面又煽动对军队"放火烧荒"，点名攻击军队领导机关，江青还曾以政治局名义强令《解放军报》变相停刊达6个月之久。争夺军队成为双方斗争的一个焦点。

　　为了消除林彪、"四人帮"对军队工作的恶劣影响，1975年1月，邓小平在总参机关团以上干部会上发出"军队要整顿"的号召。中央九号文件发出后，军工企业即按此文件精神开始整顿，国防工办也采取"调虎离山"的办法，把各主要企业的造反派头头送到北京开会，办学习班，使生产形势发生了很大的变化。

　　7月14日，邓小平在军委扩大会议上讲话，他尖锐地指出，军队建设要解决"肿""散""骄""奢""惰"五个字，军队领导班子要解决"懒""散""软"的问题。

　　邓小平指出，所谓"肿"，就是人数多，军费开支大多花在吃饭穿衣上面了；

　　所谓"散"，就是有派性和组织纪律性差，总有少数人喜欢垒点山头，喜欢搞那么一个小圈子，喜欢那些吹捧自己的人、听自己话的人，任人唯亲；

　　所谓"骄"，就是军队支左，权力大得很，大权在握，加上其他一些原因，在军队一部分人中，滋生了骄气。有的甚至不只是骄气，而是骄横，影响了军队内部、军政、军民的团结；

　　所谓"奢"，就是追求资产阶级生活方式，闹享受、闹待遇，有的甚至公私不分，违反政策；

　　所谓"惰"，就是有些高级干部革命意志衰退，追求个人利益，不注意保持革命晚节。有的小病大养，无病呻吟。有的人工作不努力，不深入基层，不亲自动手，靠秘书办事，官僚主义。还有的人怕字当头，不敢论理，不敢讲话，怕讲错了挨批。

邓小平指出，军队的整顿就是要重点解决这些方面的问题。为此必须实行精简整编；加强组织纪律性；加强军政、军民和军队本身的团结；恢复我党我军的优良传统；并且要首先自上而下地调整好领导班子。他特别提出：

一、整顿和准备打仗是军队工作的纲。

二、抓编制、抓装备、还要抓战略，要按次序来抓。在没有战争的条件下，要把训练放在战略问题的一个重要位置上。

三、需要开一个全军政治工作会议，加强军队党的工作和政治工作问题。

7月15日，叶剑英作了总结讲话，就军队整顿问题作了具体部署。

邓小平、叶剑英的讲话为军队整顿指明了方向。尤其重要的是，这次会议还向部分军队高级干部传达了毛泽东对"四人帮"的多次批评，严肃指出，决不允许野心家插手军队，搞阴谋活动。从而在根本上打击了"四人帮"争夺军队的种种图谋，为最终解决"四人帮"的篡权阴谋做了重要准备。后来，老将军杨成武在回忆这次会议时，就深有感触：

"会上，邓小平同志发表了《军队整顿的任务》的重要讲话，对'四人帮'作了坚决有力的回击。叶剑英同志针对'四人帮'煽动派性，把全国搞得乌烟瘴气的问题，作了重要讲话，叶帅尖锐地指出：'现在搞资产阶级派性，就是搞资本主义，搞修正主义。'又说：'军队要搞高度的集中统一，决不允许有资产阶级派性存在。要使广大干部战士认识资产阶级派性的反动性和危害性，警惕阶级敌人浑水摸鱼，乘机进行反革命破坏。'叶帅在发言中，还非常气愤地脱离讲稿，揭露了反革命分子江青插手军队，妄图把军队搞乱的阴谋诡计。他对大家说：你们要注意现在有人到处送书、送材料、写信，把部队思想搞乱了。你们要抵制。以后没有军委的同意，任何人不得这么做。会上，徐帅、聂帅也都做了重要讲话，一致赞同小平同志、剑英同志的意见。

接着，叶帅亲自给各大军区、军种的领导同志打招呼，他一个军区一个军区、一个军种一个军种地分别找司令员、政委谈话，传达毛泽东同志的指示。他跟同志们说：'毛主席说现在有个'上海帮'，你们要注意警惕，稳定部队，把部队掌握好。'

紧接着，叶剑英同志就全力贯彻军委扩大会议精神。头一项重要工作是根据毛泽东同志和军委的部署，调整配备全军各大部门的领导班子，这是为粉碎'四人帮'采取的强有力的组织措施。叶剑英同志亲自拟定了调整各大单位领导班子的'六人小组'人员，亲任组长。他还亲笔写了这个名单向毛主席报告。毛泽东同志批准后，叶帅就带领'六人小组'紧张地进行工作，很快地对各大单位的领导班子进行了调整。"

7月2日至8月4日，经中央批准，又召开了国防工业重点企业会议，讨论军工企业的整顿问题。8月3日，邓小平、叶剑英、李先念等到会讲话。

邓小平在讲话中再次重申："第一，一定要建立敢字当头的领导班子。……怕字当头，不干工作、小病大养，无病呻吟，这样的领导班子，索性请他好好休息，不然占着茅坑不拉屎怎么行？领导班子问题一定要抓紧解决，要找一些能够办事、敢于办事的同志来负责。

第二，一定要坚持质量第一。这个问题很重要，特别是军工产品。……质量问题与建立规章制度有关。没有必要的责任制度，质量难于保证，这方面要很好地整顿。同时，也要请国防工业的同志把科技工作抓紧，因为现在确实有好多军工产品，由于技术没有过关而不能正常生产。要发挥科技人员的积极性，要搞三结合，科技人员不能灰溜溜的。不是把科技人员叫'老九'吗？毛主席说，'老九不能走'。这就是说，科技人员应当受到重视。……这对于我们事业的发展将会是很有意义的。

第三，一定要关心群众生活。这个问题不是说一句话就可以解决的，要做许多踏踏实实的工作。……群众对生活方面的议论是相当多的，不要以为都是讲怪话。我们这个国家一定要关心群众生活，现在应该提出这个问题了。"

他具体提出调5亿斤粮食给一些城市，养500万头猪，甚至可以考虑办现代化的养鸡场。

叶剑英在讲话中指出：现在有大野心家、小野心家，他们争权夺利，搞得党不安宁。这个讲话事实上是不指名批判了江青一伙。

李先念在讲话中提出要建立和健全总工程师、总会计师的责任制，保证企业的正常生产秩序。

邓小平、叶剑英和李先念的讲话在全国引起了强烈的反响。军工企业自当年3月起在国防工办领导下进行整顿并取得初步成效，生产情况明显地全面好转。

科研工作要走在前面

在抓军队整顿的同时，邓小平开始了科技教育工作的整顿。

"文化大革命"以来，我国的科技事业受到严重摧残，"批林批孔"运动更加剧了这种状况。当时主要的科研机构如中国科学院、国防科委的一些单位处于瘫痪、半瘫痪状态，广大科技人员被视为"臭老九"，被大批下放，科研工作几乎无法进行。为了尽快改变这种状况，邓小平提出必须对科技工作进行整顿，尽快把科研搞上去，使科研工作走在前面。

早在5月下旬，邓小平在中央批准国防科委的战略导弹武器规划时，就批评了七机部的派性斗争，要他们限期整顿。邓小平指出，七机部现在这两派闹派性，不要说社会主义，连爱国主义也没有。对七机部的问题要限期解决，只等一个月。

按照军委的部署，正在外地治疗腿伤的国防科委主任张爱萍应召回京。叶剑英亲自找他谈话后，他抱病出征了。他拄着拐杖，上飞机，下基层，奔走在混乱不堪的国防科工战线，在七机部，他号召每一个共产党员挺身而出，把混乱局面扭转过来。他疾言厉色地说：在问题面前讲客气，就是对党犯罪。

6月30日，中央批发了国防科委关于解决七机部问题的报告。此后，张爱萍率工作组采取断然措施进行整顿，使这个当时有名的"老大难"单位出现了较为正常的科研、生产和工作秩序。

7月，中央批准了国务院关于中国科学院要整顿、要加强领导的报告，随后就派胡耀邦、李昌、王光伟到中国科学院主持工作，要求他们尽快提出整顿科学院的意见。

胡耀邦来到科学院，上任伊始就鲜明地提出："科研机关不搞科研怎么行？科学院就是科学院，不是生产院、教育院、白菜院、土豆院，科学院就是搞科学研究的，是搞自然科学的。""搞业务这个风要吹起来。""刮八级风不行，得刮十二级台风。""我们搞了54年。28年搞了一个事情，推翻三座大山。解放后26年打下了一个社会主义的基础，保证江山不改变颜色。现在搞第三个伟大目标，沿着社会主义方向，在本世纪末实现四个现代化。""四个现代化实现不了，我们的子孙会骂的……行政工作、政治思想工作，都要围绕这个转。""实现四个现代化是我们伟大的新长征。"

在对科学院进行调查研究的基础上，根据邓小平的多次指示，胡耀邦主持写出了《科学院工作汇报提纲》。汇报提纲共分六个部分：

（一）关于充分肯定科技战线上的成绩问题；

（二）关于科技工作的组织领导问题；

（三）关于力求弄通主席提出的科技战线的具体路线问题；

（四）关于科技战线知识分子政策问题；

（五）关于科技十年规划轮廓的初步设想问题；

（六）关于院部和直属单位的整顿问题。

这个《汇报提纲》力图系统地阐述毛泽东的正确科技思想，澄清党的科技政策和知识分子政策，提出了在科技界纠正"左"倾错误的许多重要意见。经过院内外广泛征求意见，修改了两遍后，将第三稿上报。

邓小平看后，于8月26日找胡乔木，专门商谈修改科学院汇报提纲的问题。

按照邓小平的指示，胡乔木着手主持修改《汇报提纲》，9月2日改好。这一稿是第四稿，把原来的六部分改为三部分。

9月3日，邓小平同政研室七位负责人一起读《毛泽东选集》的选篇时，胡乔木把修改后的这一稿面交邓小平。邓小平看后表示满意，并说：这文件很重要，不单管科学，而且可以适用于文化教育各部门。由此谈到教育工作，邓小平指出：教育方面存在不少问题，现在教师积极性不高，学生也不用心学，教学质量低，这样下去怎么能实现四个现代化。

这次会议后，即将《科学院工作汇报提纲》印发有关同志征求意见，准备讨论。

9月26日下午，邓小平主持国务院会议，听取胡耀邦等的汇报，讨论《科学院工作汇报提纲》。政研室负责人胡乔木等参加。

会上，邓小平讲了许多重要意见。他强调科研工作要走在国民经济的前面。他说："如果我们的科学研究工作不走在前面，就要拖整个国家的后腿。"他引用马克思关于科学技术是生产力的论点，说："科学技术是生产力，科技人员是劳动者！"

他指出："科研工作能不能搞起来，归根到底是领导班子问题"，"领导班子，特别要注意提拔有发展前途的人。"班子要有管党的、科研的、后勤的三部分人。"科研人员中有水平有知识的为什么不可以当所长？""要让党性好的组织能力强的人搞后勤工作。"他指出，"要给有培养前途的科技人员创造条件，关心他们，支持他们，包括一些有怪脾气的人。首先要解决这些人的房子问题，家庭有困难的也要帮助解决。"

邓小平还论述了教育整顿问题，强调"后继要有人，这是对教育部门提出的问题"。他还特别提到"要解决教师地位问题"。他还对办好科技大学，办好各种刊物等具体问题作了指示。邓小平要求对《汇报提纲》作一些修改，写清科技队伍的范围和人数，把国防工业包括进去；把哲学与自然科学的关系写清楚；具体问题增补一点。先送毛主席，印发政治局，批准后用这个文件充分发动群众。

按照邓小平的讲话和讨论时的意见，胡乔木等很快又修改了一遍。9 月 28 日，《科学院工作汇报提纲》修改完成后即送毛泽东审阅。

这时，毛远新刚在 9 月 27 日同毛泽东谈过对邓小平主持的整顿工作不满意的意见。对《汇报提纲》中引用的"科学技术是生产力"这句话，毛泽东在圈阅时表示不记得曾经说过。邓小平随即向胡乔木作了传达，经核查，毛泽东在 1963 年听取聂荣臻汇报十年规划谈话时曾说过"科学技术是生产力"。"科学技术这一仗一定要打，而且必须打好。不搞科学技术，生产力无法提高。"并引用马克思关于这一论点的论述作为"科学技术是生产力"这句话的注释。

等到毛泽东于 10 月下旬把《汇报提纲》退回，胡乔木再作修改，邓小平已经在政治局内受到错误的批判了。因而，《汇报提纲》最后一次修改稿（第六稿）就压在邓小平处，始终未能与全国人民见面。至于1976年8月"四人帮"拿出来大加挞伐的，不过是这个文件最初的一个讨论稿。

所幸，毛泽东虽然否认自己讲过科学技术是生产力的话，但并没有否认自己讲过"老九不能走"。这是他在5月3日的中央政治局会议上讲的，正是有这句话，教育工作的整顿就显得师出有名、理直气壮多了。

在四届人大期间，周恩来、邓小平等对"四人帮"提拔迟群作了否定，任命老干部周荣鑫为教育部长。随着整顿在各方面的开展，周荣鑫在教育部门根据中央进行整顿的精神做了许多工作。

他多次召开部内外干部、教师座谈会、汇报会，反复强调要全面研究马列和毛泽东的教育理论，重提两年前周恩来纠"左"时提出的许多重要意见，还对当时教育界存在的教师挨骂、学生不读书的现象提出了严肃的批评。

这些讲话一时广为流传，受到广大教师和学生家长的欢迎。

10月，教育部开始起草教育工作汇报提纲，准备经中央批准后对教育进行彻底整顿。后来由于周荣鑫受到迟群一伙的迫害，这个汇报提纲未能成稿。

《汇报提纲》虽然因邓小平主持的1975年整顿中断而没有批准下发。但这个文件所根据、所论述的邓小平关于整顿与发展科技事业的指导思想和方针政策，反而因为受到错误批判而格外显露出它的光芒。粉碎"四人帮"以后，邓小平刚开始恢复工作，就立即紧紧抓住科学和教育这两个环节，旗帜鲜明地继续1975年被中断的事业，使新时期科技与教育得到蓬勃发展，取得丰硕的成果。应该说，1978年全国科学大会制定的《1978年至1985年全国科学技术发展纲要（草案）》是《汇报提纲》在新的历史条件下的发展。而1975年整顿中的《汇报提纲》正是后来科技、文化、教育部门拨乱反正的一个先导。

各方面都要整顿

随着工交、军队、科技各方面的整顿的开展，邓小平决定把整顿推向国民经济的基础农业上来。

9月至10月国务院先在昔阳后在北京召开了农业学大寨会议，同时提出了农业整顿的任务。

邓小平在会议的讲话中首次明确提出了要进行全面整顿的任务。他说，"毛主席讲过，军队要整顿，地方要整顿。工业要整顿，农业要整顿，商业要整顿，我们文化教育也要整顿，科学技术队伍也要整顿。文艺，毛主席叫调整，实际上调整也是整顿。"

邓小平着重强调了搞好农业的重要性：实现四个现代化，关键是农业的现代化，更费劲的也是农业现代化，他提醒人们"必须认真注意这个问题"。"如果农业搞得不好，很可能农业拉我们国家建设的后腿。"此外，邓小平还在当时召开的农村工作座谈会上发表了许多重要意见，进一步阐述了全面整顿的问题，对农业整顿和其他各方面的整顿都起到了强有力的推动作用。

根据这次会议的精神，全国各地区很快抽调了上百万干部到农村帮助社队进行整顿，开始掀起了农业生产高潮。为了调整党在农村的经济政策，中央还强调不能把社员正当的家庭事业当作资本主义去批判。所有这些，调动了农民生产的积极性，对农业生产起到了促进作用。但应当指出的是，农业整顿当时强调的是学大寨，虽然就其重视农业，坚决要把农业搞上去这一面来讲，具有重要的意义，但这一主题是"左"的，再加上农业整顿起步不久即为"反击右倾翻案风"所打断，因而未能像工交、军队等方面的整顿那样取得比较明显的成效。

抓住毛泽东提出要调整文艺政策的契机，邓小平不失时机地开始对文艺工作进行整顿。首先他重提"百花齐放"的方针,强调"要搞百花齐放,不要一枝独放"。后又根据毛泽东批示,解放了被江青一伙禁演的《创业》和《海霞》《万水千山》、《长征组歌》等一些有影响的节目也陆续公演,使文艺领域开始出现了新气象。

为了打破"四人帮"在宣传领域的一统天下,邓小平采取了另起炉灶的办法,这就是根据他的建议,国务院于6月设立了政策研究室。其主要成员为胡乔木、吴冷西、胡绳、熊复、于光远、邓力群等著名的理论工作者。国务院政研室当时进行了许多调查研究,参加了编辑《毛泽东选集》的工作和许多重要文件的起草工作,包括《论总纲》《工业二十条》和《汇报提纲》,很快成为邓小平进行理论宣传斗争的得力助手。

政研室工作最重要的一个方面就是代管学部。6月29日,邓小平向胡乔木交代,政研室一定要把哲学社会部管起来,并立即要中组部提出学部领导机构人选,同时委托一位副总理召集国务院政工组、办公室和教育部等机关单位开会,把重新确定的对于学部的管理分工正式通知执行。

7月6日,中央组织部和国务院政工组发表学部领导机构名单,由郭沫若任主任,主持学部工作。7月下旬,工宣队、军宣队被送走,把下乡下厂的研究人员和工作人员全部撤了回来。学部各个研究所的业务工作逐步恢复起来。

按照安定团结、落实政策的方针,国务院政研室开列了科技教育界、文化艺术界、新闻出版界人士出席1975年国庆执行会的名单。学部有21人出席,包括专家学者18人,领导干部3人。此举引起了强烈反响,认为国庆招待会体现了安定团结的方针,体现了落实知识分子政策的精神。学部政工组将出席执行会的有关学者的反映整理成简报,胡乔木看后感到有代表性,即报邓小平并建议转呈毛泽东。毛泽东于10

月16日写下了批语："打破'金要足赤'、'人要完人'的形而上学错误思想。可惜未请周扬、梁漱溟。"这一批语，进一步促进了知识分子政策和干部政策的落实。

在这场争夺理论宣传阵地的斗争中，最有意义的是邓小平明确提出了要正确宣传毛泽东思想的问题。他在农村工作座谈会上说："我总觉得现在有一个很大的问题，就是怎样宣传毛泽东思想，林彪把毛泽东思想庸俗化的那套做法，是割裂毛泽东思想。""这个问题，现在实际上并没有解决。""恐怕在相当多的领域里，都存在怎样全面学习、宣传毛泽东思想的问题。毛泽东思想紧密联系着各个领域的实践，紧密联系着各个方面工作的方针、政策和方法，我们一定要全面地学习、宣传和实行，不能听到风就是雨"。这个问题的提出，一针见血地点到了多年来存在于我国政治生活中的症结，打中了"左"倾错误的要害，实际上已涉及了理论宣传和党的思想路线这个根本性的问题。

就这样，在邓小平直接领导下，以整顿经济工作为中心的全面整顿工作迅速开展起来，并逐渐发展到意识形态领域，形成了一个整体，取得了一系列明显的效果：

国民经济由停滞下降迅速转向回升，工农业总产值比上年增长了11.9%，达到4504亿元（按1970年不变价格计算），与1974年增长1.4%形成了鲜明对照。其中，农业增长4.2%，工业增长15.1%。粮食产量达到5690亿斤，比上年增加185亿斤，钢铁产量达到2390万吨，比上年增加了278万吨；铁路货物运输量达到86746万吨公里，比上年增加了9773万吨公里；全年财政收入达到815.6亿元，比上年增长4.1%。

科学、教育、文艺等领域开始打破严重沉寂混乱的局面，出现了新气象。

各级党的领导，尤其是党对军队的领导得到加强，各条战线的生产、工作秩序逐渐好转，许多地区的严重派性的武斗受到抑制，落实干部政策及其他方面政策的工作取得较大进展，全国的社会秩序逐渐趋向安定团结。

整顿带来的明显变化，充分证明了邓小平实行的整顿的方针政策是正确的，使长期遭受"文化大革命"苦难的广大干部群众看到了希望，看到了光明。

邓小平与天安门事件

毛主席一贯主张"有错必纠",天安门事件是个错案,当然必须纠正。

——邓小平

"与世隔绝"的邓小平被诬蔑为天安门事件的总后台

由于"批邓,反击右倾翻案风"运动违反事实,违背真理,因而很不得人心。尽管表面上沸沸扬扬,喧嚣一时,实际上却受到广大干部和群众各种不同形式的抵制。人们切身体验到邓小平主持工作期间各项建设事业所取得的成绩,也切身体验到"四人帮"的那套祸国殃民活动的危害性,开始重新思考和认识有关"文化大革命"的许多大是大非问题。郁积于心中的不满与愤怒,终于因周恩来的逝世,因为周恩来逝世的不准悼念,因为周恩来逝世后的最佳总理人选邓小平的再度落马而引发出了撼天摇地的吼声。

1976年1月8日,周恩来不幸逝世,全中国沉浸在极大悲哀之中。在为周恩来治丧期间,"四人帮"发出种种禁令,竭力阻挠群众性的悼念活动。

1月9日,姚文元对《人民日报》总编辑鲁瑛说,总理逝世"没有报道任务","不要提倡戴黑纱，送花圈","报上不要出现'敬爱的周总理'字样"。

11日，姚文元蛮横地改变了《人民日报》原来以整版篇幅发唁电的安排，硬压缩成半个版，另半个版用来刊登《文化大革命端正了北大科研方向》的报道。为此，姚文元打电话给鲁瑛，再次强调"不要突出总理"，"要登些抓革命方面的东西"。

14日，周恩来追悼会前一天，《人民日报》头版头条，用通栏标题发表了《大辩论带来大变化》一文。文章说："近来，全国人民都在关心着清华大学关于教育革命的大辩论……"而这一天，群众的悼念活动达到了高潮，上百万人去天安门广场献花圈、挂白花，寄托哀思。

从1月9日到15日追悼大会以前的6天当中，新华社总共只发表了党和国家领导人以及首都各界群众代表向周恩来遗体告别和举行吊唁的两条消息，而在报道人民向周恩来遗体告别消息时，姚文元把原报道中有关首都百万人民泪洒长安街为周恩来灵车送行的情景描写砍得干干净净。

2月13日，《光明日报》头版刊登了《孔丘之忧》一文，影射周恩来，并大批"忧"字，把悼念周恩来的人民诬蔑为"哭丧妇"。

3月25日，《文汇报》在第一版的新闻报道中说什么"党内那个走资派要把被打倒的至今不肯改悔的走资派扶上台"。

"四人帮"的倒行逆施，激起了人民的无比愤慨。从南京的雨花台，到首都北京的天安门广场，人潮如海，花圈如山。人民群众利用清明节祭祀祖先的传统习俗，悼念周恩来、抗议"四人帮"。

天安门事件期间，邓小平完全处在与外界隔绝的状态，与事件毫无关系。

"四人帮"和爪牙们捞不到材料，就想从邓小平的亲属身上打主意。姚文元派记者到邓小平女儿所在的科学院半导体研究所调查，要记者通过"内线"，搞所谓深层情况。竭力要说明，挽联都是邓小平煽动起来的，他就是天安门事件的后台。

4月4日，一位记者从天安门广场抄回一份传单，其中有这样几句话：在周总理患病期间，由邓小平同志重新主持中央工作，全国人民大快人心。鲁瑛感到这个材料非常重要，等不及编排印送，连忙打电话告知姚文元。姚文元在开会，听到有关邓小平的话，还没有听完便急不可待地说："下面的不要说了，手抄一份给我。会快完了，我要到会上去说。"

此时，中央政治局正在召开有关天安门广场群众活动的紧急会议。北京市负责人吴德在会上作了主要发言。他在介绍了天安门广场上送花圈和诗词的情况后说：看来这是一次有计划的活动。今年出现这件事是邓小平搞了很长时间的准备形成的。明显的是拿死人压活人，是党内走资派把矛头直接指向主席的。性质是清楚的，就是反革命性质的事件。"文化大革命"以来从来没有这次这样的逆流。过去都说相信毛主席，这次根本不提主席，敌人比过去更猖狂。那份及时送来的传单，更为"四人帮"一伙提供了充足的"证据"。政治局会议认为，天安门前聚集那么多人，公开发表"反革命"演说，这是新中国成立以来没有过的，是有计划、有组织的"反革命性质的反扑"，"是反革命煽动群众借此反对主席，反对中央，干扰、破坏斗争大方向。"江青等人还蛮横提出，清明已过，要连夜把花圈移走，要抓发表"反革命"演说的人。会议决定采取紧急措施，应付"更大事端"。

4月5日凌晨1至2时，天安门广场上的花圈惨遭洗劫。北京市卫戍区和市汽车运输公司奉命发动200辆大汽车将花圈运往八宝山销毁，小部分放在中山公园当作"罪证"。

4月5日清晨，当广大群众来到天安门广场，看到花圈、花篮被收走了，诗词被撕毁了，挽联条幅都不见了，看守花圈的战友人被抓了，人民英雄纪念碑周围是三道戒备森严的封锁线，恐怖气氛笼罩着天安门广场时，人民群众被激怒了。几十万名群众聚集在人民大会堂东门口，高呼"还我花圈，还我战友"。

中午，群众包围了联合指挥部的小灰楼，并派出四名代表向指挥部交涉，提出归还花圈、释放群众、保障群众有悼念总理的权利等三项要求，但没有结果。12时58分，愤怒的群众烧着了指挥部头头乘坐的轿车一辆。15时许，又烧了指挥部的面包车一辆、吉普车两辆。17点零4分，小灰楼被群众点燃起火。

4月5日18时25分，天安门广场所有的高音喇叭同时开放，反复广播北京市负责人吴德的讲话：

> 近几天来，正当我们学习伟大领袖毛主席的重要指示，反击右倾翻案风，抓革命、促生产之际，极少数别有用心的坏人利用清明节，蓄意制造政治事件，把矛头直接指向毛主席，指向党中央，妄图扭转批判不肯改悔的走资派邓小平的修正主义路线、反击右倾翻案风的大方向。我们要认清这一政治事件的反动性，戳穿他们的阴谋诡计，提高革命警惕，不要上当。

广播吴德的讲话后，天安门广场的群众逐渐减少。21时35分，广场的照明灯全部打开，整个广场灯火通明。在吴德的讲话和《三大纪律八项注意》的广播声中，隐蔽待命的1万名民兵、3000名警察和5个营的卫戍部队，手持木棍、皮带，一齐出动，迅速封锁天安门广场，对赤手空拳的群众进行殴打逮捕。这就是震惊中外的天安门事件。

4月6日凌晨，部分在京的政治局委员开会，集中听取北京市公安局、北京卫戍区关于天安门事件的汇报，认为事件是"反革命暴乱性质"。4月7日上午，毛泽东在听取毛远新汇报时，指示要公开发表《人民日报》记者现场报道和吴德的广播讲话，并据此解除邓小平的一切职务，保留党籍，以观后效。又说，中央政治局作决议，登报。这次，一、首都，二、天安门，三、烧、打，这三件好。性质变了。毛泽东还提议华国锋任总理，一起登报。7日下午，毛泽东补充说，华国锋任党的第一副主席，并写在决议上。当晚，中央政治局开会，宣读并通过了中共中央的两个决议。

第一个决议：根据伟大领袖毛主席提议，中共中央政治局一致通过，华国锋同志任中共中央第一副主席、国务院总理。

第二个决议：中共中央政治局讨论了发生在天安门广场的反革命事件和邓小平最近的表现，认为邓小平问题的性质已经变为对抗性的矛盾。根据伟大领袖毛主席提议，政治局一致通过，撤销邓小平党内外一切职务，保留党籍，以观后效。

中央政治局作出决议后一小时，中央人民广播电台立即向全国广播了这两个决议，同时广播了《天安门广场反革命政治事件》的报道。之后，全国各地进行政治表态，组织拥护中央两个决议和声讨邓小平的集会游行，并追查所谓"政治谣言"，搜捕天安门事件和类似事件的参加者和"幕后策划者"。

以天安门事件为中心的"四五"运动，实际是一次悼念周总理，声讨"四人帮"，拥护以邓小平为代表的正确领导的人民革命运动，鲜明地表明了人心的向背。这场运动虽然被镇压下去了，但它为后来粉碎"四人帮"、结束"文化大革命"奠定了伟大的群众基础，也为邓小平第三次复出和成为第二代领导集体的核心创造了历史的前提。

把天安门事件定为反革命事件，是一大冤案。

华国锋说，天安门事件要避开不说

粉碎"四人帮"后，从中国共产党和国家的工作需要出发，叶剑英、李先念等老一辈革命家多次向华国锋提出建议，让邓小平早日出来，参加领导工作。在一次政治局会议上，叶剑英说："我建议让邓小平出来工作，我们在座的同志总不会害怕他吧？他参加了政治局，恢复了工作，总不会给我们挑剔吧？"

然而，华国锋等人却坚持在揭批"四人帮"的同时，继续"批邓，反击右倾翻案风"。1976年10月26日，华国锋听了宣传部门负责人的汇报后提出：一、要集中批判"四人帮"，连带批邓；二、"四人帮"的路线是极右路线；三、凡是毛主席批准过的，讲过的，都不能批评；四、天安门事件要避开不说。

1977年1月8日前后，大小字报、诗词、标语再次出现在天安门广场。两个强烈的呼声跃然纸上：一是为天安门事件平反，二是要求邓小平出来工作。

这两个要求，有着深刻的含义：前者反映了要为数以百万计的冤假错案彻底平反昭雪的强烈愿望，后者代表着要求在"文化大革命"中被打倒的大批老干部重新出来工作的正义呼声。然而，正是在这两个颇具象征性的问题上，拨乱反正工作遇到了严重阻力。

这两个要求，都涉及了一个非常敏感的问题，如何看待"晚年毛泽东"。

1977年1月，中央宣传部门负责人之一的李鑫在传达华国锋的讲话时说：现在人们提出的问题，一是要邓小平复出，二是为天安门事件平反，这样搞矛头是对着谁呀？言下之意是指把矛头对着毛泽东。

对毛泽东亲自选定的接班人华国锋来说，这是一个非常严重的挑战。为了应付这一挑战，他抬出了毛主席，制造了"两个凡是"。——"凡是毛主席作出的决策，我们都坚决维护，凡是毛主席的指示，我们都始终不渝地遵循。"

在"两个凡是"方针指导下，中共中央于1977年3月10日至22日召开了工作会议。会前，华国锋亲自召集文件起草人，向他们系统地讲了这个报告的想法。对内容和结构作了部署,中心意思就是按"两个凡是"的原则来对待邓小平和天安门事件问题。叶剑英几次提出,要改变报告的提法和内容,要求对邓小平的提法写得好一点,以利于他快一点出来工作;天安门事件是个冤案,必须平反。但是华国锋拒绝接受这些意见。

华国锋在会上做了长篇讲话。他肯定,"天安门事件是反革命事件","有少数人贴大字报,发表演说,把群众的注意力引到天安门事件问题上来,甚至点名公开攻击中央负责同志,这种做法是完全错误的"。他要求人们"不要在天安门事件这样一些问题上再争论了"。并且说"批邓,反击右倾翻案风是伟大领袖毛主席定的,批是必要的。粉碎'四人帮'之后,中央决定继续提'批邓,反击右倾翻案风'的口号是经过反复考虑的。这样做,就从根本上打掉了'四人帮'及其余党利用这个问题进行反革命煽动的任何借口。"

为了论证批邓的"必要",他甚至还把邓小平的问题同"四人帮"余党的反革命翻案联系在一起。他说:现已查获,有那么一小撮反革命分子,他们的反革命策略是先打着邓小平出来工作的旗号,迫使中央表态,然后攻击我们违背毛主席的遗志,从而煽动推翻党中央,保王洪文上台,为"四人帮"翻案。所以,"如果我们急急忙忙让邓小平出来工作,就可能上阶级敌人的当,就可能把揭批'四人帮'的斗争大局搞乱,就可能把我们推向被动的地位"。

邓小平说,我出不出来没有关系,但天安门事件是革命行动

"两个凡是"的方针,受到了各种抵制和反对。

1977 年 3 月,中央工作会议刚刚开始时,华国锋向各小组召集人

打招呼，说有两个敏感问题，一个是天安门事件问题，一个是邓小平出来工作问题，希望大家发言不要触及。但是陈云、王震却与此唱反调。

陈云在事先准备好的书面讲话中说："我对天安门事件的看法：（一）当时绝大多数群众是为了悼念周总理。（二）尤其关心周总理逝世后党的接班人是谁。（三）至于混在群众中的坏人是极少数。（四）需要查一查'四人帮'是否插手，是否有诡计。""邓小平同志与天安门事件是无关的。为了中国革命和中国共产党的需要，听说中央有些同志提出让邓小平同志重新参加党中央的领导工作，是完全正确、完全必要的，我完全拥护。"

王震慷慨陈词："邓小平同志政治思想强，人才难得，这是毛主席讲的，周总理传达的。1975 年他主持中共中央和国务院工作，取得了巨大成绩，他是同'四人帮'作斗争的先锋。'四人帮'千方百计卑鄙地陷害他，天安门事件是反对'四人帮'的强大抗议运动，是我们民族的骄傲，谁不承认天安门事件的本质和主流，实际上就是替'四人帮'辩护。"

陈云和王震的发言虽然不让在简报上刊登，但是却得到了与会同志的赞同。

在形势的压力下，华国锋不得不做出一点让步。表示"要在适当的时机让邓小平出来工作"，"群众在清明节到天安门去表示自己对周总理的悼念之情是合乎情理的"。

但是他所谓的让邓小平出来工作是有条件的。华国锋让汪东兴、李鑫去看邓小平，要他在出来之前写个说明，承认天安门事件是反革命事件。邓小平拒绝了这一无理要求。他大义凛然地说："我出不出来没有关系，但天安门事件是革命行动。"

为了从理论上驳斥"两个凡是"，邓小平提出两个十分重要的观点：第一，要准确地、完整地理解毛泽东思想。第二，要坚持实事求是。

1977 年 4 月，邓小平在未恢复领导职务的情况下，率先从理论上反对"两个凡是"。他致信中共中央，提出"我们必须世世代代用准确的、完整的毛泽东思想来指导我们全党、全军和全国人民，把党和社会主义事业，把国际共产主义运动的事业，胜利地推向前进。"

5 月 24 日，邓小平同王震、邓力群谈话，直截了当地批评了"两个凡是"。他说："两个凡是"不行，按照"两个凡是"，就说不通为我平反的问题，也说不通 1976 年广大群众在天安门广场的活动"合乎情理"的问题。"毛泽东同志自己多次说过，他有些话讲错了。他说，一个人只要做工作，没有不犯错误的。又说，马恩列斯都犯过错误，如果不犯错误，为什么他们的手稿常常改了又改呢？"邓小平强调，我提出"我们必须世世代代用准确的完整的毛泽东思想来指导我们全党、全军和全国人民"，是经过反复考虑的。这是个是否坚持历史唯物主义的问题。

在党内公开讲毛泽东也犯过错误，提出准确的、完整的毛泽东思想体系这一科学概念，在当时，有如石破天惊。它把两种思想路线的争论和如何正确对待毛泽东思想的问题，鲜明地提到全国和全国人民面前，为人们批评"两个凡是"提供了有力的武器，指导了当时的拨乱反正工作。

经过 9 个月的拖延，邓小平的职务终于在 1977 年 7 月召开的中共十届三中全会上得到恢复。这件事本身就是对"两个凡是"的一个重大突破。但华国锋在会上仍然坚持"文化大革命"的错误理论，坚持"以阶级斗争为纲"和"无产阶级专政下继续革命"，坚持"两个凡是"。

三起三落的邓小平并未因此噤若寒蝉。他在会上说，作为一名老的共产党员，还能在不多的余年里为党为国家为人民做一点力所能及的事情，在我个人来说是高兴的。我出来工作，可以有两种态度，一个是做官，一个是做点工作。我想，谁叫你当共产党人呢，既然当了，就不能够做官，不能够有私心杂念，不能够有别的选择。

没有私心杂念的邓小平，针对华国锋的"两个凡是"，在全会闭幕时，再一次强调要完整地准确地理解毛泽东思想："我说要用准确的完整的毛泽东思想作为指导的意思是，要对毛泽东思想有一个完整的准确的认识，要善于学习、掌握和运用毛泽东思想的体系来指导我们各项工作。""我们不能够只从个别词句来理解毛泽东思想，而必须从毛泽东思想的整个体系去获得正确的理解。"邓小平以毛泽东对知识分子问题的一些讲话为例子，阐释了如何正确理解毛泽东思想：毛泽东曾经把知识分子看成资产阶级的一部分，但是他也历来重视发挥知识分子的作用。我们不能因为毛泽东曾经讲过知识分子是资产阶级的一部分，就像"四人帮"那样把知识分子诬蔑为"臭老九"。从整个革命和建设过程来看，毛泽东是重视知识分子作用的。因此，我们现在不能继续讲知识分子是资产阶级，而应当从爱护知识分子出发，更好地调动他们的积极性。这样才能正确理解毛泽东思想。

邓小平同时指出："毛泽东倡导的作风，群众路线和实事求是这两条是最根本的东西"，"对我们党的现状来说，我个人觉得，群众路线和实事求是特别重要"。

错案终于得到了纠正

1978 年 11 月中共中央召开工作会议期间，陈云在小组会上发言指出，关于天安门事件，现在北京市又有人提出来了，而且还出了话剧《于无声处》，广播电台也广播了天安门的革命诗词。这是北京几百万人悼念周总理，反对"四人帮"，不同意批邓小平同志的一次伟大的群众运动，而且在全国许多大城市也有同样的运动，中央应该肯定这次运动。

在与会代表们的强烈呼吁下，11 月 14 日，经中共中央政治局批准，15 日北京市委宣布：1976 年清明节，广大群众到天安门广场悼念我们敬爱的周总理，完全是出于对周总理的无限爱戴、无限怀念和深切哀悼的心情，完全是出于对"四人帮"祸国殃民滔天罪行的深切痛恨，它反映了全国人民的心愿，完全是革命行动。对于因此而受到迫害的同志一律平反，恢复名誉。当天，新华社向海内外发布了这条新闻：

中共北京市委宣布：天安门事件完全是革命行动。

北京市委的行动得到了邓小平的肯定。11 月 26 日，邓小平会见了来华访问的日本民主社会党委员长佐佐木良作，在回答有关天安门事件的问题时邓小平说，中共北京市委对天安门事件作出了决定，肯定了广大群众悼念周总理，反对"四人帮"的行动是革命的。这是经过党中央批准同意的。这就是党中央的决定。也可以说，这是全党全军全国人民的共同愿望，是共同一致作出的决定。

邓小平还对日本客人说，毛主席一贯主张"有错必纠"，天安门事件是个错案，当然必须纠正。不只是天安门事件，如果有些问题处理不正确，也必须实事求是地加以纠正。有错必纠，这是我们有信心的表现。这样全国人民才能心情舒畅，大家向前看，一心搞好四个现代化。

错案终于得到了纠正。从 1976 年 10 月到 1978 年这个目标的实现，是一个长达两年的过程。

邓小平与恢复高考

今年就要下决心恢复从高中毕业生中直接招考学生，不要再搞群众推荐。从高中直接招生，我看可能是早出人才、早出成果的一个好办法。

——邓小平

1952 年开始建立起来的新中国高考招生制度，被史无前例的"文化大革命"破坏殆尽。"文革"结束后复出的邓小平自告奋勇抓教育和科技战线的拨乱反正，亲自拍板定夺恢复高考招生制度，使受尽摧残的教育最早送走了寒冬，迎来了明媚的春天。

"文革"造成高考制度严重扭曲，高等教育的质量严重滑坡。

新中国成立后，我国于 1952 年第一次实行大学统一招生，一直到"文化大革命"前，高等学校招生一直沿用全国统一命题、一次考试、分批录取的办法。生源主要是应届高中毕业生，此外还包括其他具有高中毕业程度的人。这种办法基本上符合当时高等学校选拔新生的需要，所录取学生的政治、学业质量都是比较好的。

"文化大革命"这场历史性的灾难降临在中国大地的时候，各项事业都受到了巨大的冲击。教育战线也在劫难逃。1966 年 6 月 13 日，中央发出《关于改革高等学校招生考试办法的通知》，认为新中国成立以后 17 年来高等学校招生考试办法"基本上没有跳出资产阶级考试制度的框框"，"必须彻底改革"。7 月 24 日，又发出《关于改革高等学校招生工作的通知》，规定从该年起，高校招生下放到省、市、自治区办理，取消考试制度，采取推荐与选拔相结合的办法。

从 1966 年起，实施多年的高等学校全国统一招生制度停止下来。建国 17 年教育战线被诬蔑为推行的是"修正主义教育路线"。各级教育领导部门和学校陷入瘫痪状态。

1971 年 4 月 15 日至 7 月 31 日，全国教育工作会议召开期间，由张春桥、姚文元等人操纵和炮制的《全国教育工作会议纪要》认为，新中国成立后的 17 年教育工作基本上执行了一条修正主义教育路线，教育战线是"资产阶级专了无产阶级的政"，是"黑线专政"；教师队伍中的大多数和 17 年培养的学生的大多数"世界观基本上是资产阶级的"，是"资产阶级知识分子"。这即是臭名昭著的"两个估计"。

在"两个估计"的破坏下，教育战线推行了一套极左的政策，在大学招生制度的改变上尤为突出。

《全国教育工作会议纪要》规定大学招生的对象是"具有 2 至 3 年以上实践经验的优秀的工农兵。年龄在 20 岁左右，身体健康，一般是未婚的。一般应有相当于初中以上文化程度。有丰富实践经验的老工人、贫下中农和革命干部入学，可以根据情况放宽年龄和文化程度的限制。"对招生办法提出了"自愿报名，群众推荐，领导批准，学校复审"的 16 字方针。规定大学学制暂以 2 或 3 年试行，进修班为 1 年左右。

这种招生办法，一方面严重堵塞了一大批优秀青年的升学之路，另一方面为"走后门"上大学大开方便之门。学员的文化素质普遍偏低，严重影响了教学质量。1972年，北京市11所高等学校招收的工农兵学员，初中以上文化程度的占20%；初中程度占60%；相当于小学程度的占20%；学员毕业后，80%达不到过去中等专业学校学生的文化程度。

1972年，周恩来总理提出要恢复从应届高中毕业生中招考大学生。但是他的意见在当时不可能得到施行。大批学习优异的青年被拒之于大学校门之外，"白卷英雄"却显赫一时。

"八八讲话"一锤定音："今年就要下决心恢复从高中毕业生中直接招考学生"

粉碎"四人帮"以后，党和国家面临的首要任务是拨乱反正。邓小平对教育的状况十分焦虑。他痛心疾首地说："同发达国家相比，我们的科学技术和教育整整落后了20年。"1977年7月，邓小平一恢复工作就自告奋勇抓教育，直接领导教育战线的拨乱反正。

在教育战线的拨乱反正中，人们关注的一个热点问题就是大学招生制度问题。

1977年6月至7月间，教育部在太原召开全国招生会议。会上批判了"四人帮"对教育事业的破坏和摧残，批判了他们在招生工作中鼓吹"白卷英雄"等种种谬论，对招生工作提出了一些改进意见。会上确定的高校招生意见，主要有两点显著的改进：一个是强调要重视文化程度，对考生要进行文化考查。这本身就是对"群众推荐"的一种否定；另一个是提出要招收1%—5%的应届高中毕业生。但是在讨论到最主要的议题时却举步维艰。当时高等教育领域仍然笼罩在"两个凡是"的阴霾之中，所以招生办法依然沿用了"自愿报名，群众推荐，领导批准，学校复审"的方针。许多人对其中"群众推荐"的办法很不满意，强烈呼吁今年就应该改变招生制度。他们认为"群众推荐"的弊病很多，严重影响了教育质量，必须彻底改变。

8月，邓小平召集教育工作座谈会，邀请老中青科学工作者和教育工作者，以及教育部、科学院和国务院政治研究室的负责同志，共商大计。

会场排成环形。每天上午和下午都讨论。从8月4日到8日，邓小平自始至终参加了座谈会。他每天上午8点半准时到会，中午稍事休息，直到夜幕降临才离开。他认真倾听专家们谈论教育令人焦虑的现状，平等地和大家讨论，不时地插话。

8月4日，会议一开始，邓小平就会议的目的作了说明。他指出，实现四个现代化，要从抓科学和教育入手，并提出对教育的希望：能不能五年见初效，十年见中效，十五年二十年见大效？他鼓励大家畅所欲言。

在他的启发下，大家踊跃发言，争着要把心里话向他讲出来。

讨论会上，高校招生问题是大家讨论的一个热点问题。大家纷纷陈述现行招生办法的弊端，认为招生是保证大学质量的第一关。当前新生质量没有保证的主要原因是招生制度有问题。不是没有合格的人才可以招收，而是现行制度招不到合格的人才。为了早出人才，再也不能这样继续下去了，主张立即恢复高考。

在会上有人列举了现行招生制度的4个严重弊病：一、埋没了人才，大批热爱科学，有培养前途的青年选不上来，而某些不爱读书，文化程度又不高的人却占据了招生名额；二、卡了工农子弟上大学。一些人不是靠考分，而是靠"权"上大学；三、坏了社会风气。今年的招生还没开始，已经有人在请客、送礼、"走后门"了；四、严重影响了中小学生和教师的教与学的积极性。现在连小学生都知道，今后上大学不需要学文化，只要有个好爸爸。

发言的过程中，在座的科学家情绪热烈，一致建议国务院对现行招生制度进行改革。

8月8日，邓小平在座谈会最后一天发表了《关于科学和教育工作的几点意见》，即著名的"八八讲话"。在讲话中，邓小平对十七年教育战线的工作，对科学工作者、教育工作者给予了充分肯定。在谈到教育制度时，邓小平态度十分明确地说："今年就要下决心恢复从应届高中毕业生中直接招考学生，不要再搞群众推荐。从高中直接招生，我看可能是早出人才、早出成果的一个好办法。"

闻听此言，科学家、教育家们感慨万端，激动不已，大家重新看到了中国科学教育事业的希望。

在邓小平的推动下，《关于 1977 年高等学校招生工作的意见》及时出台

根据邓小平关于招生工作的一系列重要指示，在邓小平"八八讲话"后的第二天，即8月9日，教育部立即召开会议，专门讨论如何落实邓小平关于招生工作的谈话。

8月13日至9月25日，教育部在北京再次召开了第二届全国高等学校招生工作会议。一年之内开两次招生工作会，这是前所未有的。

会上大多数与会者拥护邓小平，然而也有人仍在犹豫、徘徊。他们的胆怯是有理由的：这何止是一个高校招生改革问题！这是要把过去的错误纠正过来，在政治上和思想上拨乱反正！

招生会议两度开，

众说纷纭难编排，

虽说东风强有力，

玉（育）门紧闭吹不开。

这首即兴之作，是当时人们内心担忧的真实写照。

会议期间，《人民日报》记者穆扬希望让邓小平尽快了解大多数与会者焦急的心情。9月3日，他邀请了6位曾经出席1971年全国教育工作会议的省部级科教负责人座谈，并连夜赶写内参稿。

这篇内参很快就得到了邓小平的肯定。9月19日，邓小平专门找来教育部负责人谈话。他说：最近《人民日报》记者找了6位参加过1971年全国教育工作会议的同志座谈，写了一份材料，讲了《全国教育工作会议纪要》产生的经过，很可以看看。《纪要》是姚文元修改、张春桥定稿的。当时，不少人对这个《纪要》有意见。《人民日报》记者写的这份材料说明了问题的真相。

邓小平尖锐地批评了教育部个别同志的裹足不前："你们的思想没有解放出来，你们管教育的不为广大知识分子说话，还背着'两个估计'的包袱，将来要摔筋斗的。现在教育工作者对你们教育部有议论，你们心中要有数。要敢于大胆讲话。""你们要放手去抓，大胆去抓，要独立思考，不要东看看，西看看。把问题弄清楚，该怎么办就怎么办。该自己解决的问题，自己解决；解决不了的，报告中央。教育方面的问题成堆，必须理出个头绪来。现在群众劲头起来了，教育部不要成为阻力。教育部首要的问题是要思想一致。赞成中央方针的，就干；不赞成的，就改行。"

邓小平这番措辞严厉的话语，使教育部门的负责同志的内心受到了极大的震撼。

他又专门谈到招生问题，他说："为什么要从应届高中毕业生中直接招收大学生？道理很简单，就是不能中断学习的连续性。18岁至20岁正是学习的最好时期。过去我和外宾也讲过，中学毕业后劳动两年如何如何好。实践证明，劳动两年以后，原来学的东西丢掉了一半，浪费了时间。"

他还说："毛泽东同志一贯强调要提高科学文化水平，从来没有讲过大学不要保证教育质量，不要提高科学文化水平，不要出人才。"

邓小平还对招生的条件提出了明确意见，他说："政审，主要看本人的政治表现。政治历史清楚，热爱社会主义，热爱劳动，遵守纪律，决心为革命学习，有这几条，就可以了。总之，招生要抓住两条：第一是本人表现好，第二条是择优录取。"

"九·一九"谈话掷地有声，一扫代表们心头的阴霾，大家像过节一样欣喜若狂，许多人连夜打电话或写信，把邓小平的讲话精神传回本地区、本部门。

接着，邓小平亲自修改审批了《关于1977年高等学校招生工作的意见》。10月3日他在教育部请示报告等文件上批示道："此事较急"，"建议近几日内开一次政治局会议，连同《红旗》杂志关于教育的评论员文章（前已送阅）一并讨论"。

10月5日，中央政治局讨论了招生工作的文件。邓小平同叶剑英等中央领导同志接见了出席招生会议的代表。

10月12日，国务院批转了教育部《关于1977年高等学校招生工作的意见》，规定，从1977年起，高等学校招生制度进行改革，恢复统一考试制度。新的招生制度规定，考生必须高中毕业或具有同等学力。凡是工人、农民、上山下乡和回乡知识青年、复员军人、干部和应届毕业生，符合条件的均可报考。从应届高中毕业生中招收的人数占招生总数的20%—30%。录取政审"主要看本人政治思想表现"。招生实行德、智、体全面衡量、择优录取的原则，采取自愿报考、统一考试、地方初选、学校录取，省、市、自治区批准的办法。这样就废除了"文化大革命"期间实行的"自愿报名，群众推荐，领导批准、学校复审"的招生办法。

10月21日，《人民日报》发表社论：《搞好大学招生是全国人民的希望》。社论指出：

"高等学校的招生工作，直接关系大学培养人才的质量，影响中小学教育，涉及各行各业和千家万户，是一件大事。各级党委必须重视招生工作，切实加强指导。我们要把这次招生的过程，变成动员广大知识青年和在校学生更积极、更自觉地为革命学文化，走又红又专道路的过程。"

新的招生办法的出台，使教育界的拨乱反正迈出了重要的一步。中断10年的高考制度恢复了，教育战线出现重大转折。

这一重要信息在神州大地激起的反响惊天动地，尤其对那些被"积压"和"挤压"了十几年，而今已届而立之年的"老三届"们来说，更如久旱遇甘霖。他们终于获得了一个最后的机会。这是他们做梦也不敢想的。

一封封信件像雪花般飘进教育部、各省市招生办。工作人员顾不上吃饭、休息，一边处理着成麻袋的信件，一边热情地接待着一批批来访者。

1977年冬季和1978年夏季报考大学的人数达到了空前的1160万！当时百废待兴、百业待举的中国，居然拿不出足够的纸张印考卷。一时间洛阳纸贵！为了解决77级的考卷，中共中央临时决定：动用印刷《毛泽东选集》的纸张。

从此现行的全国高校统一招生制度形成。

恢复高考极大地调动了几千万中学生和社会青年的学习积极性，"文革"造成的"读书无用论"从此被一扫而光。而它的影响和意义远远超过了高考本身。恢复高考不仅仅是恢复了一种考试制度，从更高的意义上来讲，它是对"文革"拨乱反正的一个开端，是中国走向改革开放的一个伟大起点。

邓小平与真理标准讨论

> 关于真理标准问题的争论，的确是个思想路线问题，是个
> 政治问题，是个关系到党和国家的前途和命运的问题。
>
> ——邓小平

真理标准问题的大讨论，是 1978 年在邓小平等人的领导和推动下进行的一场具有重大意义的马克思主义教育运动和思想解放运动。

率先冲破"禁区"

1976 年 10 月，粉碎"四人帮"以后，在百废待兴的历史条件下，我们党面临着带领广大干部和群众拨乱反正，尽快结束"文化大革命"的"左"倾错误的重要任务。随着对"四人帮"的揭发批判的日益深入，广大干部和群众越来越迫切地要求彻底查清和摧毁"四人帮"的反革命帮派体系，对包括天安门事件在内的一大批冤、假、错案进行平反，希望在全党、全国享有崇高威望的邓小平等同志尽快出来参加中央的领导工作。然而，当时华国锋却提出和推行"两个凡是"的方针，对于"四人帮"的流毒很广的反动文章和"文化大革命"的错误理论、口号，设下层层禁区不准批判，使揭批查运动难以深入开展，拨乱反正

工作难以顺利进行。

1976 年 10 月 26 日，华国锋在听了宣传口负责人汇报后提出：一、要集中批"四人帮"，连带批邓；二、"四人帮"的路线是极右的路线；三、凡是毛主席讲过的，点过头的，都不要批评；四、天安门事件要避开不谈。在这里，他提出了"两个凡是"的基本思想。

1977 年 2 月 7 日，《人民日报》、《红旗》杂志、《解放军报》发表了经华国锋等中央领导人批准的社论《学好文件抓住纲》。这篇社论公开提出了"两个凡是"的口号，即："凡是毛主席作出的决策，我们都坚决维护，凡是毛主席的指示，我们都始终不渝地遵循。"其意图和实质，就是打着维护毛泽东的威望、地位的旗号，坚持和延续"左"倾错误，禁锢人们的思想。华国锋迫于各方面的压力，不得不准备让邓小平重新回到中央领导岗位，但附加了一个十分苛刻的条件，就是让邓小平对"两个凡是"表态，对天安门事件表态。这年的 3 月，他派中央办公厅的两位负责人汪东兴、李鑫专程去看邓小平，要他写个文件承认"天安门事件是反革命事件"。邓小平断然拒绝了这一要求。他说："'两个凡是'不行。我出不出来没有关系，但天安门事件是革命行动。"他还说："按照'两个凡是'就说不通为我平反的问题，也说不通肯定 1976 年广大群众在天安门广场的活动'合乎情理'的问题。"

4 月 10 日，尚未复出工作的邓小平率先从理论上批评"两个凡是"。他在给党中央的信中指出："我们必须世世代代地用准确的完整的毛泽东思想来指导我们全党、全军和全国人民，把党和社会主义的事业，把国际共产主义运动的事业，胜利地推向前进。"5 月 3 日，中共中央转发了这封信，肯定了邓小平的意见。

5 月 24 日，邓小平在同王震、邓力群谈话时再次指出："两个凡是"不符合马克思主义。他说："把毛泽东同志在这个问题上讲的移到另外的问题上，在这个地点讲的移到另外的地点，在这个时间讲的移到另外的时间，在这个条件下讲的移到另外的条件下，这样做，不行嘛！毛泽东同志自己多次说过，他有些话讲错了。他说，一个人只要做工作，没有不犯错误的。又说，马恩列斯都犯过错误，如果不犯错误，为什么他们的手稿常常改了又改呢？改了又改就是因为原来有些观点不完全正确，不那么完备、准确嘛。毛泽东同志说，他自己也犯过错误。一个人讲的每句话都对，一个人绝对正确，没有这回事情。"他进而指出："马克思、恩格斯没有说过'凡是'，列宁、斯大林没有说过'凡是'，毛泽东同志自己也没有说过'凡是'。"邓小平强调，我提出准确的完整的毛泽东思想科学体系，不赞成"两个凡是"，是经过反复考虑的。这是能否坚持辩证唯物主义的重要的理论问题。

邓小平提出的关于准确的、完整的毛泽东思想体系的科学概念，把两种不同的思想路线的争论和如何正确地对待毛泽东思想的问题，鲜明地提到全党和全国人民面前，在党内外引起强烈的反响，思想理论界随之开始出现了一些突破"两个凡是"的文章。

面对越来越强烈的要求为天安门事件平反，要求邓小平出来工作的呼声，党中央终于作出了顺乎民心的决定。在1977年7月召开的中共十届三中全会上，恢复了邓小平中共中央委员、中共中央政治局委员、常委、中共中央副主席、中共中央军委副主席、国务院副总理、中国人民解放军总参谋长的职务。但华国锋在会上仍然坚持"文化大革命"的错误理论，坚持"以阶级斗争为纲"和"无产阶级专政下继续革命"，坚持"两个凡是"。对此，邓小平在闭幕会上再次强调："要对毛泽东思想有一个完整的准确的认识，要善于学习、掌握和运用毛泽东思想的体系来指导我们各项工作。只有这样，才不至于割裂、歪曲毛泽东思想，损害毛泽东思想。"他指出：毛泽东倡导的作风，群众路线和实事求是这两条是最根本的东西，特别重要。这是对"两个凡是"的重大突破。

1977 年 8 月，中国共产党第十一次全国代表大会召开。8 月 12 日，华国锋在代表中共中央在大会上所作的政治报告中仍然为"文化大革命"高唱赞歌，把毛泽东晚年"左"倾思想的核心即所谓"党的基本路线"和"无产阶级专政下继续革命"的理论，说成是"当代马克思主义最重要的成果"，强调以"阶级斗争为纲"，甚至宣布，"文化大革命"今后还要进行多次。邓小平针锋相对，他在 8 月 18 日作的大会闭幕词中强调：我们一定要恢复和发扬毛泽东为我们树立的实事求是、群众路线、批评和自我批评、谦虚谨慎、戒骄戒躁、艰苦奋斗的优良传统和作风，全心全意为中国人民和世界人民服务，恢复和发扬民主集中制的优良传统和作风，造成良好的政治局面。他号召全党、全军和全国各族人民高举和捍卫毛泽东思想伟大旗帜，为建设社会主义现代化强国而奋斗。

这次大会，"两个凡是"的错误思想虽然没有得到纠正，但是要求恢复实事求是的优良传统的呼声越来越高。这些呼声终于汇成了席卷全国的真理标准大讨论的浪潮。

"真理标准大讨论"明确而有力的支持者

1977 年底，中央党校根据胡耀邦的意见，明确规定研究党的历史要遵守两条原则，一条是完整地准确地理解毛泽东的有关指示，一条是以实践为检验路线是非的标准。形势的发展逐渐提出了判断路线是非、思想是非、理论是非的标准问题。

1978 年 4 月上旬，正在中共中央党校学习的《光明日报》新任总编辑杨西光建议南京大学哲学系讲师胡福明将他写的《实践是检验一切真理的标准》一文加以修改，加强现实针对性，并约请正在写同一主题文章的中共中央党校理论研究室的孙长江共同参加研讨修改，最后文章定名为《实践是检验真理的唯一标准》。这篇文章，经当时任中共中央党校常务副校长的胡耀邦审阅定稿后，于 5 月 10 日刊登在中共中央党校的内部刊物《理论动态》上。5 月 11 日又以特约评论员的名义在《光明日报》发表。当天，新华社转发了此文。5 月 12 日，《人民日报》和《解放军报》同时转载。

这篇文章阐明了检验真理的标准只能是社会实践，理论与实践的统一是马克思主义的一个最基本的原则，任何理论都要不断接受实践的检验等马克思主义的基本道理；并阐明了革命导师是坚持用实践检验真理的榜样。这是从根本上对"两个凡是"的否定。

这篇文章一经发表，立即在党内外引起了强烈的反响。有反对的，有支持的。然而，最先引来的却是责难。5 月 17 日，当时的一位中央负责人在一个小会上点名批评了这篇文章和 5 月 5 日《人民日报》发表的《贯彻执行按劳分配的社会主义原则》一文。他说：理论问题要慎重。特别是《实践是检验真理的唯一标准》和《贯彻执行按劳分配的社会主义原则》两篇文章，我们都没有看过。党内议论纷纷，实际上是把矛头指向主席思想。我们的党报不能这样干，这是哪个中央的意见？要坚持、捍卫毛泽东思想。要查一查，接受教训，统一认识，下不为例。当然，对于活跃思想有好处，但《人民日报》要有党性，中宣部要把好关。紧接着，中央主要负责人也指示要慎重处理，要求中央宣传部对这场讨论"不表态""不介入"。

在这场大讨论的关键时刻，邓小平最早站出来明确表示支持。5 月 30 日，他在同几位负责人谈话时说：只要你讲话和毛主席的不一样，和华国锋的不一样，就不行；这不是一种孤立的现象，这是当前一种思潮的反映。他说："毛泽东思想最根本的最重要的东西就是实事求是。现在发生了一个问题，连实践是检验真理的标准都成了问题，简直是莫名其妙！"

6月2日，邓小平在全军政治工作会议上发表讲话。他首先讲了实事求是，他说，实事求是就是一切从实际出发，就要理论与实际相结合。他在讲话中再次明确批驳了"两个凡是"的错误观点，他说："我们也有一些同志天天讲毛泽东思想，却往往忘记、抛弃甚至反对毛泽东同志的实事求是、一切从实际出发、理论与实践相结合的这样一个马克思主义的根本观点，根本方法。不但如此，有的人还认为谁要是坚持实事求是，从实际出发，理论和实践相结合，谁就是犯了弥天大罪。他们的观点，实质上是主张只要照抄马克思、列宁、毛泽东同志的原话，照抄照转照搬就行了。要不然，就说这是违反了马列主义、毛泽东思想，违反了中央精神。他们提出的这个问题不是小问题，而是涉及怎么看待马列主义、毛泽东思想的问题。"他强调："一定要肃清林彪、'四人帮'的流毒，拨乱反正，打破精神枷锁，使我们的思想来一个大解放，这确实是一个十分严重的任务。"邓小平的讲话，无疑对当时面临重重困难的真理标准的讨论是一个强有力的支持。

7月21日，邓小平同中宣部的一位负责人谈话，围绕真理标准问题的讨论，向他提出：不要再"下禁令""设禁区"了，不要再把刚刚开始的生动活泼的政治局面向后拉。这是邓小平支持真理标准问题讨论的又一个重要行动。

在同中宣部领导谈话的第二天，即7月22日，邓小平又同胡耀邦进行了一次重要谈话。他在谈话中说：你们理论动态，班子很不错啊！你们的一些同志很读了些书啊！是个好班子。他说，他原来没有注意这篇文章，后来听说有不同意见，就看了一下，这篇文章是马克思主义的。谈到争论不可避免，邓小平说，争得好，根源就是"两个凡是"。

8月19日，邓小平在接见文化部核心领导小组负责人时，谈到这个讲话时说：《光明日报》发了文章，当时没有注意，后来听说有人反对得厉害，才找来看了看。符合马列主义嘛，扳不倒嘛。我就在6月2

日的讲话里支持了一下。

邓小平在真理标准讨论遇到强大压力和重重阻挠的时候，旗帜鲜明地肯定和支持这个讨论，指出了实践标准与"两个凡是"对立的实质，提出了开展讨论的明确的要求，也为这个讨论的发展指明了方向。

随后，邓小平又在各种场合发表谈话，剖析"两个凡是"的错误，阐述真理标准问题讨论的重要意义，推动这个大讨论的展开。

这一年的9月，邓小平访问朝鲜归来，在东北视察工作期间，多次强调要高举毛泽东思想的旗帜，坚持实事求是的原则。9月16日，他在听取中共吉林省委常委汇报工作时，又一次批评"两个凡是"，支持实践是检验真理的标准的观点。他说："现在党内外、国内外很多人都赞成高举毛泽东思想旗帜。什么叫高举？怎么样高举？大家知道，有一种议论，叫作'两个凡是'，不是很出名吗？凡是毛泽东同志圈阅的文件都不能动，凡是毛泽东同志做过的、说过的都不能动。这是不是叫高举毛泽东思想的旗帜呢？不是！这样搞下去，要损害毛泽东思想。毛泽东思想的基本点就是实事求是，就是把马列主义的普遍原理同中国革命的具体实践相结合。毛泽东同志在延安为中央党校题了'实事求是'四个大字，毛泽东思想的精髓就是这四个字。""所谓理论要通过实践来检验，也是这样一个问题。现在对这样的问题还要争论，可见思想僵化。"

由于邓小平和许多老一辈革命家的支持，真理标准问题的讨论终于冲破了"两个凡是"的束缚，人们的思想在讨论中逐渐获得了解放，从而形成了自延安整风以来的又一次马克思主义的思想解放运动。

实践标准的胜利

真理标准问题的讨论，给"两个凡是"以极大的冲击，华国锋的立场也不得不有所松动。1978 年 11 月，陈云在中央工作会议期间再次提出为天安门事件平反等问题。中央接受了这个要求。14 日，经中共中央政治局批准，15 日由北京市委宣布：1976 年清明节，广大群众到天安门广场沉痛悼念敬爱的周总理、愤怒声讨"四人帮"，完全是革命行动。对于因悼念周总理、反对"四人帮"而受迫害的同志要一律平反，恢复名誉。至此，"两个凡是"显然已经站不住脚了。

12 月 13 日，华国锋在中共中央工作会议的闭幕会上的讲话中，对"两个凡是"的错误作了检讨。他说：去年 3 月中央工作会议关于"凡是毛主席作出的决策，都必须维护，凡是损害毛主席形象的言论，都必须制止"，这些话讲得绝对了。去年 2 月 7 日中央两报一刊《学好文件抓住纲》的社论中，也讲了"凡是毛主席的决策，我们都坚决维护，凡是毛主席的指示，我们都始终不渝地遵循"，这"两个凡是"的提法就更加绝对，更为不妥。它在不同程度上束缚了大家的思想，当时对这两句话考虑得不够周全，现在看来，不提"两个凡是"就好了，"责任应该主要由我承担"。汪东兴也为此作了检讨和说明。关于真理标准问题的讨论，华国锋在讲话中也作了说明。他说：对一些具体问题，要实事求是地、按照实践是检验真理的唯一标准这个原则去解决。现在报上讨论真理标准问题，讨论得很好，思想很活泼，不能说那些文章是对着毛主席的，那样人家就不好讲话了。

同一天，邓小平在《解放思想，实事求是，团结一致向前看》的著名讲话中指出："目前进行的关于实践是检验真理的唯一标准问题的讨论，实际上也是要不要解放思想的争论。大家认为进行这个争论很有必要，意义很大。从争论的情况来看，越看越重要。一个党，一个国家，一个民族，如果一切从本本出发，思想僵化，迷信盛行，那它就不能前进，它的生机就停止了，就要亡党亡国。这是毛泽东同志在整风运动中反复讲过的。只有解放思想，坚持实事求是，一切从实际出发，理论联系实际，我们的社会主义现代化建设才能顺利进行，我们党的马列主义、毛泽东思想的理论也才能顺利发展。从这个意义上说，关于真理标准问题的争论，的确是个思想路线问题，是个政治问题，是个关系到党和国家的前途和命运的问题。"这就为持续半年之久的真理标准大讨论作了总结。

关于真理标准问题的讨论，涉及的问题很多，但是最根本的分歧在于对马列主义、毛泽东思想究竟应该采取什么态度，怎样才算是坚持马列主义、毛泽东思想的问题。正如邓小平所说的，通过讨论，"比较明确地解决了我们的思想路线问题，重新恢复了发展了毛泽东同志倡导的实事求是、理论联系实际、一切从实际出发的思想路线，"对于党的指导思想和各条战线实际工作的拨乱反正，"对于我们后来在政治、经济、组织等各方面进行一系列改革，对于我们在各条战线上取得显著成绩，起了极大的推动作用。"

邓小平 1978 年东北谈话

我去了几个地方，一再讲就是要解放思想，开动机器，不要当懒汉，从实际出发。

——邓小平

1978 年中国社会的基本形态

1978 年 9 月，应朝鲜民主主义人民共和国主席金日成的邀请，中国领导人邓小平、彭冲率团出访，参加朝鲜建国 30 周年庆典。9 月 13 日，代表团离朝回国。

邓小平没有直接返京，而是在东北三省滞留了约一个星期。他先后视察了本溪、大庆、哈尔滨、长春、沈阳、鞍山，发表了五次重要谈话。这就是邓小平著名的东北谈话。其后他在唐山和天津时的讲话也体现了东北谈话的基本精神。

这些谈话的不寻常之处，在于邓小平以非凡的胆识和远见，阐述了当时中国社会生活中存在的重大问题和突出矛盾，特别是号召在各个领域冲破禁区，戒除僵化，解放思想，实事求是，由此解开了多年的思想死结，为中国的发展指明了方向。这个谈话，言者精辟挥洒，闻者如沐春风，它发生在十一届三中全会前夕，对 1978 年中国的政治生活形成了不可忽视的冲击，带来了新的时代气息。

1978年，在中国当代史上是个不平凡的年份。粉碎"四人帮"以后，在党中央的领导下，中国社会在徘徊中前进。虽然存在着"两个凡是"，但社会生活发生了很大变化，思想政治领域的许多清规戒律已被冲破。在这一年里，中国百姓显示了忍辱负重，积极进取的精神风貌。他们对中国四个现代化的光明未来深信不疑，忘我工作。他们以自己活生生的社会实践推动着生产的发展和社会的进步，推动着拨乱反正的深入，并提出新的历史课题。这也是1978年底历史大转折的社会基础。

另一个层面，一些思想敏锐的理论工作者，为了彻底挣脱"左"倾思想的羁绊，正本清源，发起了真理标准大讨论，力图把新中国成立以来尤其是"文革"期间我党所犯的错误作一个哲学上的澄清。这个事件很快超出了学术性，带有极强的政治性，形成了一次全民族的思想解放和思想启蒙，这是中国理论界对当代中国的进步作出的最杰出贡献。

再一个层面，以邓小平为代表的中共新一代政治家把握住了时代的脉搏，顺应了历史潮流，支持了真理标准大讨论，并以此为武器，向坚持保守思想的"凡是派"领导人发动了凌厉的攻势，最终把思想优势转化成了政治优势。

认清了这几个方面，有助于认清1978年中国社会的基本形态，认清从真理标准讨论到十一届三中全会期间中国政治斗争的特点，认清邓小平东北谈话的内涵和指向。这几个层面上的历史合力，使年底的中共中央工作会议和十一届三中全会具有其特殊意义，促成了中国历史的又一次翻新。

五次重要谈话的主要内容

从朝鲜回国后，邓小平即驱车北上。他走一路讲一路，用他自己的话说，是"沿途放火"。他考察了大庆、鞍钢两个企业，但更多的时间是他自己在谈，不知疲倦地谈，谈那些他思虑已久、如骨鲠在喉、不吐不快的话。他在哈尔滨、长春、沈阳、鞍山发表的五次重要谈话（包括在沈阳部队的讲话）约有十多万言，按内容分大致有以下几个方面。

（一）对一切从实际出发，实事求是问题的阐述

一切从实际出发，破除现代迷信，坚持以实事求是的精神开展各项工作，是邓小平东北谈话的核心。

9月16日，在听取吉林省委常委汇报工作时，邓小平说：现在摆在我们面前的问题，也是政治问题、思想问题，也是我们实现四个现代化的现实问题，关键恐怕还是实事求是，理论与实际相结合、一切从实际出发。一切从实际出发，我们的事业才有希望。

在当年6月召开的全军政治工作会议上，邓小平从哲学和历史的高度论述了实事求是的重要性。这次他又从各个方面，结合各类事例对实事求是原则作了详细的发挥。他说：不论搞农业、搞工业，搞科学研究，搞现代化，都要实事求是，老老实实；所有在一个县工作、在一个公社工作的同志，都要根据一个县、一个公社的条件，有的大队也要根据大队的条件搞好工作。这方面思想要解放。9月17日他在听取辽宁省委工作汇报时又指出：现在全党全国需要的是大家开动机器，开动脑筋，敢于面对现在的问题，现在的条件来考虑我们怎样加速四个现代化建设。每一个单位都有不同的问题，只凭上级批示或发了什么文件，能解决所有这些具体问题？

邓小平尖锐地批判了思想僵化：现在是人的思想僵化，什么东西都是上边说了就算数，华主席、哪个副主席说了就算数，自己不去思考，不去真正消化。思想僵化，就不可能实现四个现代化。

他大声疾呼要开动脑筋，认为，不开动脑筋，就没有实事求是，不开动脑筋，就不能分析自己的情况，就不能从实际出发提出问题、解决

问题。大大小小的干部都要开动机器，不要头脑僵化，不要当懒汉。他发出号召：实事求是，开动脑筋，要来一个革命。

实事求是是马克思主义的首要原则。一百多年来国际共产主义运动的实践证明了这一原则的真理性。它不能仅仅作为一条指导思想，更重要的是作为一种自觉意识，一种应溶入每一个共产党人血液中的潜在观念。执政已经29年后，邓小平还反复向党内高级干部重提和解释这一原则，可见坚持马列，不是一件容易的事，可见社会发展和人类进步的曲折和艰难。

（二）正确阐明什么是高举毛泽东思想旗帜

1978年入夏以后，围绕着对待毛泽东思想是"高举"还是"砍旗"的争论，中国理论界被搅得沸沸扬扬，政治领导层的思想交锋已经不可避免。在全军政治工作会议上，邓小平对实事求是问题的阐述实际上已经为这场斗争树起了一面思想旗帜。这次在东北，他就如何对待毛泽东的讲话、如何对待毛泽东思想等问题作了淋漓尽致的发挥。在同吉林省委常委的谈话中，邓小平说：怎么样高举毛泽东思想旗帜，是个大问题。现在党内外、国内外很多人都赞成高举毛泽东思想旗帜。什么叫高举？怎么样高举？大家知道，有一种议论，叫作"两个凡是"，不是很出名吗？凡是毛泽东同志圈阅的文件都不能动，凡是毛泽东同志做过的、说过的都不能动。这是不是叫高举毛泽东思想的旗帜呢？不是！这样搞下去，要损害毛泽东思想。

在谈到要完整准确地掌握和运用毛泽东思想时，邓小平说：不能孤立地摘引这一句那一句，这一句、那一句有些还是假的。有些是在什么条件、什么时间、什么地点讲的，随便用到别的地方是不对的。语录并不能反映毛泽东思想体系，支离破碎。

他又一次对"两个凡是"提出尖锐批评：两个"凡是"观点是不正确的。我跟写文章的同志也直接谈了，这不是毛泽东思想，毛主席在世也肯定不能同意。很简单,如果坚持两个"凡是",我就不能出来。我能出来,说明有的是可以改的。我提出完整地、准确地领会毛泽东思想体系,就是根据两个"凡是"来的。当时我还在医院,听说对两个"凡是"反映很大。两个"凡是"是损害毛泽东思想的。

针对"凡是派"在"高举"问题上的责难,邓小平说:什么叫高举?这是我们要回答的问题。现在中央提出的方针、政策是真正的高举。下这样大的决心,切实加速前进的步伐,是最好的高举。离开这些,是形式主义的高举,是假的高举。我们高举毛泽东思想的旗帜,就是要在每一时期,处理各种方针政策问题时,都坚持从实际出发。这样,邓小平用真高举和假高举的区别把旗帜夺了过来。

(三)关于大力发展社会生产力

发展生产力,提高人民的生活水平,是粉碎"四人帮"后党和政府面临的当务之急,在这个问题上,就如何对待毛泽东思想和实事求是原则形成尖锐对立的"凡是派"与"实践派"之间并没有根本分歧。但相比之下,邓小平思考的更深入一些。他许多次情绪激动地说出这样的话:"我们太穷了,太落后了,老实说对不起人民。我们的人民太好了。外国人议论,中国人究竟还能忍耐多久,很值得我们注意。我们现在必须发展生产力,改善人民生活条件。""中国人民确实好,房子少,几代人住在一个房子里,究竟能忍耐多久。我们要想一想,我们给人民究竟做了多少事情呢?"

邓小平是个轻易不在公开场合动感情的人,这样讲话,想来他必是充满了愧疚与自责。有了这种具体、厚重的感受,邓小平进而把它上升为对社会主义原则和共产党人使命的理性思考。他说道:我们是社会主义国家,社会主义制度优越性的根本表现,就是能够允许社会生产力以旧社会所没有的速度迅速发展,使人民不断增长的物质文化生活需要能够逐步得到满足。按照历史唯物主义的观点来讲,正确的政治领导的成果，归根结底要表现在社会生产力的发展上，人民物质文化生活的改善上。如果在一个很长的历史时期内，社会主义国家生产力发展的速度比资本主义国家慢，还谈什么优越性？我们要想一想，我们给人民究竟做了多少事情呢？我们一定要根据现在的有利条件加速发展生产力，使人民的物质生活好一些，使人民的文化生活、精神面貌好一些。

发展经济，改善人民的生活，以体现社会主义的优越性，这是邓小平思想体系中早在十一届三中全会前就被疏理得较清晰的内容，是邓小平理论中成熟较早的部分，也是最贴近人民，最容易为中国百姓所坚持、所掌握的部分。在以后的十几年里，邓小平的这个思想被概括成党的基本路线的中心内容。

（四）对旧的体制、机制提出深刻的批评

由于长期担任党和国家重要领导职务的缘故，多年来，邓小平对中国经济、政治体制的弊端有着很深的了解。但在 1978 年以前，由于客观条件的限制，邓小平还没有可能对这种弊端进行大胆、直露的批评。1978 年以后，由于形势的推动和他在中央的地位日趋重要，以前不能讲的话这次终于可以畅所欲言了。在东北，他大胆地指出：从总的状况来说，我们国家的体制，包括机构体制等，基本是从苏联来的，是一种落后的东西，人浮于事，机构重叠，官僚主义发展。"文化大革命"以前就这样。一件事人多了，转圈子。他举例说：大庆要进口一件什么设备，本来经过党委就可以解决，就是转圈子定不下来，拖了一年。有好多体制问题要重新考虑。

关于体制改革，他提出了初步的设想：要加大地方的权力，特别是企业的权力。企业要有主动权、机动权，如用人多少，要增加点什么，减少点什么，应该有权处理。以后既要考虑给企业的干部权力，也要对他们进行考核，要讲责任制，迫使大家想问题。现在我们的上层建筑非改不行。

在东北，邓小平关于要改变体制的想法，大多是针对企业中存在的具体问题，随感而发。现在看，只能说是初步的，基本属于简政放权的范畴。他的政治体制改革思想，到了1980年"八一八"讲话才得以充实、成熟和系统化。

（五）关于结束揭批查运动

针对全国性的揭批林彪、"四人帮"运动已经进行了近两年、取得了相当大成就的基本事实，在沈阳部队，邓小平指出：揭批查运动不能总这样搞下去；不能只搞运动，运动主要把班子搞好，作风搞好，如果搞得好，有半年就可以了。他非常实际、非常具体地说：运动搞得时间过长，就厌倦了，有的不痛不痒，没有个目的，搞成形式主义；有些单位搞得差不多了就可以结束，你可以抓训练，可以学习科学知识嘛。

在粉碎"四人帮"之后不久，陈云在同李先念的一次谈话中曾提到：要注意抓生产，经济工作不能放松。但提出适时结束揭批查运动，实现工作重心转移，最早最明确的还是邓小平。在这次东北谈话后不到一个月，邓小平在全国工会九大上致辞说：揭批"四人帮"的斗争，"在全国广大范围内已经取得决定性的胜利，我们已经能够在这一胜利的基础上开始新的战斗任务。"这表明，邓小平关于适时结束运动的思想在十一届三中全会前就已经得到了中央的认可。

邓小平在东北的这几次谈话，内容非常丰富，涵盖面非常之广，以上列举的，只是几个特别重要的方面。谈话还涉及了领导班子调整，转变作风，学习西方，提高劳动生产率，实行民主，权力下放，调动基层的积极性，改进企业管理，建立生产责任制，企业改造，调整产业结构，实行新的产业政策，重视农业生产，提高农业现代化程度，等等，涉及了社会生活和生产问题的方方面面，令与闻者强烈地感受到了这位74岁老人的广博和健谈。

东北谈话的特点

与以往历次谈话、指示、报告一样，邓小平的东北谈话体现了他鲜明的个人特点。

（一）深刻揭示社会矛盾，敢于大胆触及禁区，言人所不敢言。

到了 1978 年的 9 月，邓小平第三次复出已经一年有余，他那沧桑而神奇的经历和人生体验，以及多年来在军国大事上的正确主张，已经为越来越多的干部群众所了解，所钦佩，他的威望与日俱增。视察东北时，邓小平的讲话虽然还不能说是一言九鼎，但无疑具有极强的分量和影响力，这就形成了他在当时中国政治生活中的特殊地位。他可以放心大胆地触及别人不敢触及的问题。例如前面所提到的"上层建筑非改不行"之类的话。再如，在谈到大寨经验时他说：并不是大寨都是好的，什么东西都正确，有些也过分。大寨有些东西不能学，也不可能学。比如他评功记分，一年搞一次，全国其他人民公社、大队就不可能这样做。取消集体市场也不能学。自留地完全取消也不能学。小自由完全没有了，也不能学。在谈到促进生产的措施时，邓小平说，要讲物质刺激，实际上就是要刺激。资本主义靠刺激，工人不刺激调动不起来。他学都懒得学，还提高什么？他在讲话中充满了"敢"字当头的精神。他说，不合理的东西可以大胆改革；有些事情，过去不敢搞，现在可以搞，要"敢"字当头，敢于闯；对于落后的东西，要革命，不要改良，不要修修补补；要来一个革命，革命要有一批闯将。类似的语言还有多处。

应该说，对新中国成立以来在思想观念、政治体制、经济政策方面存在的错误的、落后的、阻碍生产发展和社会进步的东西，许多老革命家、广大干部和群众都有程度不同的感受，但是，在当时的中央领导层里，只有邓小平才能予以全方位的、尖锐、大胆的抨击。他的许多讲话一语惊天，使许多困扰人们已久的疑虑涣然冰释，人们的思想也随之进入了一个崭新境界。他所反思的，不仅是"文革"的错误、"两个凡是"的错误，而且是新中国成立以来我们在整体上的失误及其根源。他不想在旧框框里修修补补，也不想师先辈之成法。他所希望建立的，是比"十七年"更理想、更进步的社会。

（二）大力宣传西方优长之处，表达了学习新事物新经验的博大胸怀。

不少研究者认为，邓小平1978年10月以后的几次出访特别是对日本和美国的访问，是他打开眼界，下决心学习西方的重要转折点。实际上，从现有的材料来看，邓小平视察东北时，就发表了许多学习西方的重要观点。

邓小平认为，西方国家在科技教育、管理水平、劳动生产率等方面已把中国远远地甩在后面，中国若不面对现实，放下架子，虚心学习，四个现代化只能是一句空话。所以在东北，以及沿途在唐山和天津，他逢会必讲西方技术和管理方面的长处。他从欧洲矿业企业的人均劳动生产率讲到美国的科研机制，从法国的现代化养鸡场讲到南斯拉夫的农业联合体，从人的文化素质讲到企业管理中的安全与卫生。他甚至谈到了西方企业管理中的心理学。他说，资本主义讲心理学不是完全没有道理的，一个人能把自己管理的地方搞得干干净净，表明他非常负责。在沈阳，他参照美国的经验讲起了农业国家的发展道路。他说道：本世纪末，美国的社会构成，百分之二十五工人，百分之四农业人口，它还要保持现在这样多农产品，还要出口，百分之七十几的人都叫服务行业……给在座的省部级领导上了一课。

邓小平开阔的眼界与他热心学习、研究国外诸多门类的知识和情报有密切的联系。1978年5月，国务院副总理谷牧率领中国政府经济考察团访问欧洲五国，对其经济和社会发展状况作了全面、详尽的考察。回国后，代表团把考察所得向中央政治局作了整整一天的汇报。之后，邓小平又专门把谷牧找去，听取了更详细的汇报并提了许多问题。谷牧一行对发达国家的情况搜集极大地丰富了邓小平的见识，坚定了他对外开放的决心。他对美国情况的了解相信也是经过仔细研究得来的。

他山之石，可以攻玉。从那以后，一有机会，邓小平便大讲西方的先进和我们的差距。在朝鲜，他对金日成讲道，我们一定要以国际上先进的技术作为我们搞现代化的出发点。回到国内，他不遗余力地号召学习西方的先进技术经验，希望广大地方干部打破孤陋寡闻、闭目塞听的状态，树立起学习西方，赶超先进的自觉性。这种态度对后来二十年的对外开放有着决定性的影响。

（三）认识现状的深刻性和改变现状的急切性。

邓小平在东北谈话中，对当时中国的落后状态表现了深刻的洞察力。在本溪停留期间，他听取了市委书记罗定枫对本钢经验的介绍，然后说道："不要自满，现在要比国外水平。"辽宁省委第二书记任仲夷说："本溪搞得还是不错的。"邓小平答道："在国内你们不错，与国外发达国家比，你们还是落后的。我们应当去看看人家是怎样搞的。"

在长春也出现了类似的情况。吉林省委第一书记王恩茂汇报吉林财政收入时说情况不错。邓小平依然没有给予肯定和表扬："全国财政情况都不错，但这不能反映我们的本质，一不反映我们的技术水平提高多少，二不反映我们的管理水平提高多少。"

细读这两段讲话文字，我们可以深深地感觉出邓小平那毫不留情甚至冷冰冰的语气，在这种语气后面，是邓小平那急切、焦灼的心态。

对于中国社会经济发展中一些深层次的问题，邓小平有着异乎寻常的洞察。他不太相信那些表面的、虚夸出来的成绩，也并不掩饰对当时国内低下的经济技术水平的不满。他说：一个企业，一两年没有变化、亏损照样亏损。这种干部不能用；本来应该增产，你几年不增产，证明你不行嘛；为什么轻工业发展不上去，你的产品质量太差，你的产品质量为什么赶不上上海，为什么都要上海牙膏，你可以学嘛。他说：煤矿要考核，不合格的管理人员要刷下来，工人要考核，不合格的当预备工。……

毛泽东曾说，读邓小平的报告有一种吃冰糖葫芦的感觉。相信现在的读者也能从邓小平的谈话中找到这种感觉。在鞍山，邓小平直截了当地告诉鞍钢领导班子：你们这个地方两万多行政人员，怎么能用这么多？日本年产六百万吨钢的企业，行政人员只有六百人，鞍钢行政人员两万三千人，这肯定不合理。一定要破，要下这个决心。他还说：世界天天发生变化，新的事物不断出现，新的问题不断出现，我们关起门来不行，不动脑筋永远陷于落后不行。邓小平的讲话中，充满了一种激扬奋发、只争朝夕的精神。在东北的历次谈话中，邓小平谈问题多，谈成绩少，谈教训多，谈经验少。知不足而后勇，承认落后，才能赶超先进。74岁的老人，以超前的思想、犀利的锋芒、尖锐的措辞，激励地方干部振作精神，改进作风，提高工作水平。这确实构成了邓小平1978年东北之行的一道独特的风景。

东北谈话的重要意义

在1978年的中国，理论上的坚冰被思想先驱者们打破之后，邓小平承担起了为改革开放的到来作全面思想发动的任务。

（一）东北谈话推动了全国范围的思想解放，为十一届三中全会作了战前动员。

邓小平东北谈话之前，真理标准大讨论已经进行了三个多月，从理论工作者到各级党政负责人，谁也无法回避这一严肃的政治课题。北京城被搅动了。

但是在地方，在基层，在远离政治中心的广大干部和群众中，思想还是相对封闭的，眼界还是相对狭隘的，对即将到来的时代变迁还是不甚敏感的。有些干部"口欲言而嗫嚅"，还在观望风向。因此，如何把思想解放的精神宣传到基层，起到春风化雨的效果，这是一个重大的课题。这一环节是不可省略的。

邓小平到东北后，在政治局委员彭冲和沈阳部队司令员李德生的全程陪同下，在各省市的周密安排和热烈欢迎下，巡行数千里，发表了一系列重要讲话，"放火烧荒"，掀起了思想解放的浩大声势。在他亲自布置下，沈阳部队随即开展了真理标准讨论，中共辽宁省委也立即在各地市领导班子中掀起了解放思想、破除迷信的高潮。其他各省、区、市也闻风而动，纷纷投入到真理标准讨论的洪流中去。邓小平还在回京的路上，广东省就召开省委常委和省革委会副主任学习会，提出思想要解放、解放、再解放，加快前进步伐。邓小平到京的当天，即9月20日，人民日报转载了辽宁省委第二书记任仲夷的文章《理论上根本的拨乱反正》。之后，各省、自治区、直辖市的主要负责人纷纷加快速度表态，支持真理标准讨论，支持解放思想、实事求是的路线。到中央工作会议召开前夕，已有21个省级地区的主要领导人表明了立场。

由此可见，邓小平这次在东北所作的宣传鼓动，促进了全国范围的思想解放，为中央工作会议和十一届三中全会的胜利召开打下了很好的思想基础和政治基础。

邓小平东北讲话的内容和精神对中共中央工作会议和十一届三中全会主题和决议的形成有着决定性的影响，邓小平所提出的解放思想、打破僵化、研究新情况、解决新问题、改善领导、发扬民主、改进管理、实行责任制、调动基层和人民群众的积极性等思想都反映在《解放思想，实事求是，团结一致向前看》主题报告里面。

（二）东北谈话对邓小平改革开放思想的发展乃至邓小平理论的形成具有重大意义。

对邓小平的东北谈话和邓小平理论作一番历史考察，就不难发现：前者是后者的一个雏形，一个胚芽，后者是前者的生长和放大。在历史转折的前夜，邓小平以大无畏的精神提出了许多解决中国问题的新思路、新原则、新办法，唱出了时代的最强音。这种新思路、新原则、新办法，经过充实、发展和概括，构成了邓小平理论的主体。不能说东北谈话涉及了改革开放年代的所有问题，也不能说它已经构筑了一个成熟的思想体系，而是说东北谈话初步回答了中国改革开放中许多带有普遍性和长期性的问题。在东北谈话中，有很多方面是邓小平十几年来一直深入思考、不断重申的，如：解放思想，反对僵化，反对"左"的错误；贫穷不是社会主义；改革是一场革命，要革命不要改良，要敢闯、敢冒，不要怕犯错误；坚持改革，建立充满活力的经济体制；发扬民主，建立能促进经济发展的政治体制；坚持对外开放，学习西方资本主义的东西为社会主义服务；用先进的科学技术知识武装头脑，不能永远陷于落后；要实行责任制，调动基层和人民群众的积极性；建立一个坚持改革开放的好的领导班子，等等。

此外，东北谈话中那种思想的超前性，那种昂扬和奋发精神，那种对国家对民族前途的负责态度，一直体现在十几年间邓小平的重要谈话中。在 1992 年的南方谈话中，这个特点表现得淋漓尽致。

邓小平与平反冤假错案

我们的原则是"有错必纠"。凡是过去搞错了的东西，统统应该改正。

—— 邓小平

邓小平指示，平反冤假错案，要设法加快

"文化大革命"中，林彪、"四人帮"实行的无限上纲、残酷斗争，造成冤案遍于中华大地。在全国干部中，被立案审查的占干部总数的 17.5%，中共中央、国务院副部长以上、地方副省长以上的高级干部，被立案审查的占这一级干部总数的 7.5%。屈死枉死的普通老百姓更是不计其数。

粉碎"四人帮"之后，不仅受害者及其亲人盼望平反冤假错案，以期重见天日，广大干部群众也希望中央早日采取措施解决这些问题。不解决这一问题，中国共产党就不可能真正完成拨乱反正的历史任务，实现安定团结。

但是，当时的党和国家最高领导人华国锋对此却没有积极性。他心里考虑的是"巩固文化大革命的胜利成果"。如果邓小平出来工作，天安门事件、刘少奇、薄一波、陶铸……这些案子都翻过来，那"文化

大革命"还有什么成果呢？再说，这些案子都是毛泽东定的，平反这些案子，无异于否定毛泽东。

所以，当叶剑英、陈云提出要邓小平重新出来工作，为天安门事件平反时，华国锋却坚持在揭批"四人帮"的同时，继续"批邓、反击右倾翻案风"。

当邓小平把陶铸叛徒一案的材料交给华国锋时，华国锋认为，陶铸的案子是毛主席过问的，弄得不好会给毛主席丢脸。

当邓小平提出解决彭真冤案的时候，华国锋表示，不好推翻毛主席的决定呀！全党都知道毛主席就彭真的问题写过许多批示，如果给彭真彻底平反，那岂不是说毛主席都错了吗？

更为严重的是，华国锋不但阻碍平反冤假错案，还强行推行"两个凡是"。

1977年1月中旬，华国锋要求把"两个凡是"的思想写进为他准备的一个讲话提纲里。于是，1月21日，写作班子的提纲中出现了"凡是毛主席作出的决策，我们必须维护，不能违反；凡是损害毛主席的言行，都必须坚决制止，不能容忍"的字样。在华国锋的指示下，这段话进一步作了概括和文字修饰，变成了"两个凡是"——"凡是毛主席作出的决策，我们都坚决维护，凡是毛主席的指示，我们都始终不渝地遵循。"

在"两个凡是"的指导下，大量的冤假错案难以昭雪，大批的老干部无法出来工作，知识分子顶着"臭老九"的帽子抬不起头来。在"两个凡是"方针指导下，当时的中共中央组织部部长郭玉峰等人对平反冤假错案采取抵制的态度。他们对受迫害的老干部的急切呼吁置之不理，把来访者拒之门外。

1977年4月，尚未恢复领导职务的邓小平对前来看望他的中央负责人明确表示："两个凡是"不行！我出不出来没有关系，但天安门事件是革命行动。三天后，他又致信中共中央，提出"我们必须世世代代地用准确的完整的毛泽东思想来指导我们全党、全军和全国人民。"

三个月后，邓小平在中共十届三中全会的讲话中说明了什么是"准确的、完整的"。"我们不能够只从个别词句来理解毛泽东思想，而必须从毛泽东思想的整个体系去获得正确的理解。"

在那场席卷中华大地的真理标准的讨论处于十分困难的时刻，一生中三次受到不公正待遇，冤假错案的直接受害者邓小平顶着风险出来说话了。"现在党内外、国内外很多人都赞成高举毛泽东思想旗帜。什么叫高举？怎么样高举？大家知道，有一种议论，叫作'两个凡是'，不是很出名吗？凡是毛泽东同志圈阅的文件都不能动，凡是毛泽东同志做过的、说过的都不能动。这是不是叫高举毛泽东思想的旗帜呢？不是！这样搞下去，要损害毛泽东思想。""毛泽东思想最根本的、最重要的东西就是实事求是。现在，连实践是检验真理的标准都成了问题，简直莫名其妙。"这些论述，击中了"两个凡是"那些似是而非的依据，极大地支持了关于真理标准问题的讨论，为大规模平反冤假错案扫清了障碍。

实际上，早在1975年邓小平就开始了对历史冤案的清理工作。根据毛泽东尽快让老干部出来的指示，他协助周恩来解放了一大批老干部。1975年3月25日，他在听取徐州铁路局情况汇报时指示："平反工作要真正搞起来"。

5月29日，在钢铁工业座谈会上邓小平讲话指出："必须认真落实政策。不仅要解决戴上帽子的那些人的问题，而且要解决他们周围受到牵连的人的问题。要特别注意那些老工人、技术骨干、老劳模，要把这一部分人的积极性调动起来。"但是由于"四人帮"一伙的干扰，这项工作没能继续进行下去。

粉碎"四人帮"后，面对如山的积案，心中装着更大目标的邓小平的心情是十分焦急的。"冤案多得很,不弄清楚影响家属子女。"他指示,平反冤假错案,要设法加快。"有错必纠是毛主席历来提倡的。对天安门事件的处理不正确,当然应该纠正。如果还有别的事情过去处理不正确,也应该实事求是地加以纠正。勇于纠正错误,这是有信心的表现。这样全国人民才能心情舒畅,大家向前看,一心搞四化。"

1977年8月13日,邓小平对老舍问题作了如下批示:"对老舍这样有影响的人,应当珍视,由统战部或北京市委作出结论均可,不可拖延。"

这年12月,当原五机部副部长吴皓的妻子将申诉信送到他面前时,他又立即批示:"请中组部对这类事情要关心,实事求是地对每件事作出恰如其分的结论。这不只是对本人,对家属亲友是关系很大的。拖不是办法。"

对阻碍平反冤假错案的郭玉峰,邓小平认为错误是不小的,应尽早调离中组部。在他和叶剑英等人的建议下,郭玉峰被调离了中组部。

1978年12月25日,胡耀邦调任中央组织部部长。在邓小平等人的支持下,胡耀邦以非凡的胆略和勇气,组织和领导了平反冤假错案、落实干部政策的大量工作,使大批受到迫害的老干部重新走上领导岗位,使其他大批蒙受冤屈和迫害的干部、知识分子和人民群众得到平反昭雪、恢复名誉。

在1978年12月召开的中央工作会议上,邓小平再次强调了平反冤假错案的重要意义。纠正冤案、错案、假案"这是解放思想的需要,也是安定团结的需要。目的正是为了向前看,正是为了顺利实现全党工作重心的转变。"

推翻"两个估计",为广大知识分子平反

知识是人类智慧的明灯。任何谬误在知识之光的照耀下,将无可遁

形。所以开历史倒车的人，无不对知识恨之入骨，欲除之而后快，他们要把承载知识的书籍和知识分子统统打入黑暗的深渊。林彪、"四人帮"也不例外。

1971年8月13日，经毛泽东圈阅，中共中央44号文件批转了《全国教育工作会议纪要》。这个《纪要》是姚文元修改，张春桥定稿的。《纪要》提出了臭名昭著的"两个估计"，即"文化大革命"之前的17年，教育战线基本上是"资产阶级专了无产阶级的政"，是"黑线专政"；在教育战线工作的知识分子，大多数人的"世界观基本上是资产阶级的"，是"资产阶级知识分子"。

在那场史无前例的浩劫中，他们还对他们认为应该被打倒的人们排列了座次，知识分子被排在了第九位，"臭老九"成了他们的代名词。

"两个估计"使我国的科技人员、教师队伍受到严重摧残。据不完全统计，仅教育部所属单位和17个省市教育界受诬陷、迫害的干部、教师就有14.2万多人；全国高校1965年有教授、副教授7800人，"文化大革命"中，竟有2000名被迫害致死。著名教授熊庆来、吴晗、翦伯赞、何思敬、顾毓珍、李广田等人都是在那个年代被夺去生命的。

粉碎"四人帮"后，"两个估计"依然像两座大山一样压在广大知识分子的头上，压制着广大教职工和干部的积极性。因为"两个估计"造成的大量冤假错案难以平反，"臭老九""反动学术权威""走资派"的帽子依然不能摘去。

面对这一局面，邓小平十分焦急。他呼吁："一定要把这个称号去掉。一定要在党内造成一种空气，尊重知识，尊重人才。"1977年8月8日，再次复出还不到半个月的邓小平发表了著名的"八八讲话"：对全国教育战线十七年的工作怎样估计？我看，主导方面是红线。应当肯定，十七年中，绝大多数知识分子，不管是科学工作者还是教育工作者，在毛泽东思想的光辉照耀下，在党的正确领导下，辛勤劳动，努力工作，取得了很大成绩。

8月13日，教育部根据邓小平的指示，在北京饭店召开了第二次全国高等学校招生工作会议。会议历时44天，却没有取得任何进展，因为谁也不敢触动那个拦路虎——"两个估计"。

9月19日下午，邓小平专门召见了刘西尧等教育部主要负责同志。他严肃地说：你们的思想没有解放出来。你们管教育的不为广大知识分子说话，还背着"两个估计"的包袱，将来要摔跟头的。"建国后的十七年，各条战线都是以毛泽东同志为代表的路线占主导地位，唯独你们教育战线不是这样，能说得通吗？"

为了把知识分子从"臭老九"的深渊中解放出来，邓小平大刀阔斧的平反了历次运动中所造成的冤假错案。他亲自批示为清华大学党委副书记刘冰等人平反，为原北大校长马寅初平反并安排他为人大常委和北大名誉校长。

1978年6月23日，邓小平同教育部几位负责人谈到了梁思成的问题，他说：梁思成提倡的民族形式大屋顶，太费钱。但给梁思成扣"反动学术权威"的帽子是不对的。应改正过来。对人的评价，要说得恰当，实事求是，不要说过分了，言过其实。

据不完全统计，包括"马振扶公社中学事件""永乐中学事件""王亚卓事件"、中国科学院"两线一会"特务集团案的甄别，以及为数学家熊庆来、赵九章，作家老舍，历史学家翦伯赞、吴晗，化学家傅鹰，中国科协原副主席范长江，清华大学刘冰，著名"右派六教授"的平反等等，都是在邓小平直接批示或过问、圈阅下得到解决的。

邓小平为平反冤假错案做了大量的工作

从1977年到1981年，邓小平为平反冤假错案做了大量的工作。

1965 年，由江青、张春桥策划，姚文元署名的《评新编历史剧〈海瑞罢官〉》，无中生有地把明代海瑞不畏强暴、为民除霸、"平冤狱"、迫使乡官退田的剧情，与 1961 年所谓的"单干风""翻案风"联系起来，诬陷吴晗是"帝国主义和地富反坏右"的政治代理人，同无产阶级对抗。1966 年初，又对吴晗、邓拓、廖沫沙三人合写的《三家村札记》进行批判，胡说他们是"三家村反党集团"，攻击党的总路线、大跃进、人民公社，还硬把《海瑞罢官》与 1959 年 7 月中共庐山会议和彭德怀联系在一起。1968 年 3 月，公安部长谢富治以"叛徒"罪名，将吴晗逮捕、审查。在狱中，吴晗受到惨无人道的摧残，被迫害致死。吴晗的妻子、女儿也遭受株连，受尽折磨，饮恨而死。

粉碎"四人帮"后，许多老同志向中央写信，要求给吴晗尽快做出正确结论。但在"两个凡是"的错误指导思想下，专案组直到 1978 年 2 月才作出"吴晗反党反社会主义的问题性质严重"，"作人民内部问题处理"的所谓结论。吴晗的亲属拒绝这种"莫须有"的罪名，并立即上书党中央，要求重新审查。关键时刻，邓小平亲自批示：吴晗应该平反。这之后，中共北京市委全部推翻了原专案组关于吴晗的结论。吴晗遭受的覆盆之冤终于得到了平反昭雪。

赵大中，一位普通干部冤案也引起了邓小平的注意。

1976 年周恩来逝世后，赵大中所在的福建省三明市领导人却下令不准举行悼念活动。赵大中不满，于是就在三明市闹市区张贴周总理的遗像，以示悼念之情。但遗像很快被人撕了下来。面对这一情况，联想到全国各地的情况，赵大中将一张题为《批党内走资本主义道路当权派张春桥》的大字报贴到了大街上。当天夜晚，地区公安局撕毁了大字报，5 月 20 日，地区公安局和中级人民法院以"现行反革命罪"逮捕了赵大中。

粉碎"四人帮"后，原三明地委的一些领导人却拖延释放赵大中，不给他平反。1978 年 4 月 14 日，新华社一份刊物刊登了《福建省三明地区负责人阻挠为被"四人帮"迫害的赵大中彻底平反》一文。这一情况引起了邓小平的关注。4 月 15 日，邓小平作了批示：送福建省委参酌。如反映属实，地、市委有关人员是不干净的。为什么省委不抓住这样的典型事件，对地、市委加以清查和整顿呢！

根据邓小平批示的精神，福建省委立即派出调查组赴三明地区就此事作了进一步调查、证实。赵大中等人获得自由后，福建全省经过两年多时间的全面检查验收，共复查"文化大革命"案件 18 万多件，大量的冤假错案得到了平反纠正。

1977 年 8 月 10 日，邓小平在万毅要求恢复工作的申诉信上批示："既无政治历史问题，就应作出恰当安排，他过去有贡献。"

12 月 25 日，邓小平又在王其梅的妻子王先梅的申诉信上批示："请东兴同志批交组织部处理。王其梅从抗日战争起做了不少好事。他的历史问题不应影响其子女亲属。建议组织部拿这件事做个样子，体现毛主席多次指示过的党的政策。"

1980 年 5 月 17 日，邓小平出席了前国家主席刘少奇的追悼大会，并为刘少奇致悼词。那些年，邓小平先后参加了十几次这样迟到的追悼会，为几十位含冤去世的同志敬献了花圈。据不完全统计，包括"天安门事件""六十一人集团案""新内人党案""中宣部阎王殿事件"的甄别；以及刘少奇、彭德怀、张际春、王若飞、瞿秋白、李立三、戎子和等人的平反，都是在邓小平直接批示或过问、圈阅下得到解决的。在他的领导下，全国几百万干部的冤假错案得到了平反。

在邓小平的领导下，中国共产党和中国人民卸下了沉重的历史包袱，轻装迈向实现四个现代化的新征程。

邓小平与《中日和平友好条约》的签订

> 中日和平友好条约的签订，对中国，对日本，甚至对世界都是件大事。虽然有一部分人反对，但几乎全体中国人民、全体日本人民都欢迎这个条约，因为条约反映了他们的愿望。
>
> ——邓小平

1978年10月22日，中华人民共和国副总理邓小平作为第一位中国国家领导人到日本访问，并出席《中日和平友好条约》互换批准书仪式。

邓小平一行乘坐的三叉戟军用专机于22日下午4时20分降落在东京羽田机场。

日本外相园田直早已等候在机场。当邓小平的专机刚刚停稳后，园田直外相破例地急步奔入机舱迎候邓小平。

当邓小平和园田直外相走下飞机的舷梯时，机场鸣礼炮19响。邓小平同前来迎接的有关人员一一握手后，在园田外相的陪同下乘车前往下榻地——赤坂宾馆。

23日上午，日本首相福田赳夫在国宾馆举行盛大仪式，欢迎邓小平一行。

上午9点半左右，身着深灰色中山装的邓小平由福田陪同检阅了由

100 多名陆上自卫队士兵组成的日本仪仗队，乐队高奏两国国歌。

邓小平的步伐是那样的稳健有力，内心充满自信。10 时左右，邓小平在安倍官房长官的引导下，前往首相官邸，礼节性地拜会福田首相。

福田首相先在一楼的吸烟室接待了来访的邓小平副总理。

邓小平首先对日本政府的邀请表示感谢。他说："几年来一直希望有机会来东京访问，现在终于实现了。十分高兴和首相结识，这次是第一次见面，可是相知已久。有机会见面交换意见，是十分有益的。"

"近一个世纪日中关系的不正常状态终于宣告结束了。条约是为了建立日中两国的永久和平友好关系，这是邓小平副总理下决断的结果。"福田说。

接着，两人共同回顾了缔结《中日和平友好条约》的经历、波折和困难。

邓小平替周恩来会见竹入义胜

自 1972 年中日联合声明签订，恢复邦交正常化后，《中日和平友好条约》的签订就摆到了中日两国政府的面前。

1974 年 8 月 15 日上午 10 时，国务院副总理邓小平在人民大会堂新疆厅会见了以竹入义胜为团长的日本公明党第四次访华团。

这是邓小平同竹入义胜的第一次见面。

当时周恩来总理生病住院，医生不允许接待客人，所以委托邓小平负责接待竹入义胜。

竹入义胜说："虽然是初次见面，但我从各方面都听说过邓副总理的情况，同时在照片上也经常见到你。我们到北京以后，感到天气并不很热，很舒服。"

邓小平说："按过去的情况，现在应该是最热的时候，你们有福气，也给我们带来了福气。东京是不是比这里凉快一点？"

"那里凉快一些。"竹入说："如果北京到了三十七八度，那还是请你到东京去。"

"不要把太热的天气带到你们那里，使你们吃亏。"邓小平一句话引得全场哈哈大笑。

会见的气氛非常轻松。

正式会谈开始后，竹入说，日中复交快两周年了，如果可能的话，还是早一点开始两国之间和平友好条约的谈判。持这种意见的人，在日本不少。日中两国之间要建立一个长期的，50 年、100 年的友好关系应该怎么办？这是最重要的事情，我相信也是田中内阁的看法。

竹入提出，在签订和平友好条约的时候，希望以两国政府联合声明为基础，把重点放在加强今后的友好关系上。恐怕这也是田中首相的强烈愿望。

竹入还希望早日缔结和平友好条约和两个业务协定。

邓小平说，这次阁下带来了田中首相、大平藏相的话，我们注意到了，我们还要继续研究。我们理解田中首相、大平藏相面临的问题，凡能尽力的，我们愿意尽力。我们还注意到田中首相、大平藏相多次表达了要在联合声明基础上发展中日两国友好关系的愿望，就这方面来说，我们愿意同田中首相、大平藏相共同努力，实现这个目标。停了一会儿，邓小平继续说，我们希望两国的业务协定能比较早地签订。当然，在谈判中面临一些问题，我们希望双方努力，找出彼此都能接受的解决办法。恢复谈判后，希望双方都提出一些彼此比较容易接近的方案，不外乎是措辞和方式。我相信，经过双方的努力，是能够找到解决办法的。

关于和平友好条约问题，邓小平说，我们希望比较快地谈判。从原则上来说，我们认为可以主要体现中日两国友好的愿望。当然，也不可避免要体现两国联合声明签订以后两国关系的发展和形势的新变化。有些解决不了的问题、难于解决的问题，可以搁一搁，不妨碍签订这样一个条约。具体步骤，总是要通过预备性的会议，先接触，双方的想法可以先了解，问题在谈的过程中来解决。

邓小平请竹入把这三点内容转告田中首相，同时还请首相注意一下，内阁成员、政府主要官员不要有损害两国联合声明原则的行为。

邓小平所指的就是不久前日本个别政府官员公开参加台湾的活动一事。

邓小平说，中日两国之间的问题，焦点还在台湾问题上。就我们来说，这个问题不只涉及日本，也涉及国际关系中一个比较重要的问题，为什么同你们的声明里强调这个问题？为什么在中美上海公报里也强调这个问题？问题就在这里。

当然，我们也希望能同台湾用和平谈判的方式解决台湾的收回问题。如果不行呢，只能采取其他方式。有些日本人抱住台湾不放，你抱得住吗？对此，竹入义胜表示和邓小平看法一致。

会见结束后，邓小平设午宴招待竹入义胜一行，席间双方就中苏关系、日苏关系等问题交换了意见。

最后，竹入表示，公明党决心为加深两国之间的友好关系尽力，今后有机会盼望再到中国来访问。

邓小平说，周总理对你发出的邀请是长期有效的，我们总是欢迎你，互相交换意见。

1974 年 11 月中国外交部副部长韩念龙抵达日本，和东乡文彦外务次官开始举行《中日和平友好条约》的预备性会谈。但由于双方在反对霸权问题的条款上意见分歧，谈判进展缓慢，断断续续。1974 年 12月，田中内阁倒台后，由三木组成新的内阁。但谈判仍然停滞不前，后来，由于中国和日本两国政局的动荡，谈判终于搁浅。

邓小平说，缔结和平友好条约，一秒钟的工夫就可以解决

1976年12月，日本三木内阁在全国大选中遭到惨败，宣布辞职。福田当选为自民党总裁，并受命组成福田内阁，由大平正芳任党的干事长，园田直任官房长官。

福田组阁后，日本政界要求恢复日中条约的谈判的势头再次高涨。在这种形势下，公明党委员长竹入义胜决定再次访华。福田首相委托竹入给中国捎话，表示"要忠实履行日中联合声明。如果双方彼此理解对方的立场并取得一致意见，就尽早举行和平友好条约谈判。"

1977年7月，邓小平恢复工作后，于9月10日对浜野清吾率领的日中友好议员联盟访华团说："福田首相表示要缔结和平友好条约，我们对他寄予希望。虽然有各种各样的问题，但如果仅就缔结条约这个问题来说，一秒钟的工夫就可以解决。"邓小平的意思是要福田内阁早下决心。

1978年1月21日，福田在众参两院全体会议上发表演说中指出："谈判的时机正在逐渐成熟，因此决心做出更大的努力。"从3月开始，福田在自民党内从事统一认识的工作，主要是说服党内以滩尾弘吉为首的慎重派。5月，自民党内的慎重派大部分支持恢复日中条约谈判。7月21日，日中和平友好条约谈判在中国北京重新开始。8月8日，福田派园田直外相访华。经过会谈，双方就和平友好条约取得一致。8月12日下午7时许，在北京人民大会堂安徽厅举行《中日和平友好条约》签字仪式。

邓小平出席了这个签字仪式。

邓小平、福田在《中日和平友好条约》互换批准书仪式上拥抱

邓小平这次出访日本，高度评价了《中日和平友好条约》。

邓小平说，中日和平友好条约的签订，对中国，对日本，甚至对世界都是件大事。虽然有一部分人反对，但几乎全体中国人民、全体日本人民都欢迎这个条约，因为条约反映了他们的愿望。

福田说："在任何国家都一样，作决断时总是有人要反对的，这次的条约，在日本原来持慎重态度的人也都表示支持，除极少一部分人外，几乎所有的日本人都表示欢迎和赞成。我调查了一下世界舆论，世界各国除一少部分外，都赞成这个条约。"

"少数人反对总是有的。中国国内也有，一年半前还有'四人帮'嘛"。邓小平诙谐的话语，引得全场的人一片笑声。

福田说，我们虽说是第一次见面，可是好像很久前就见过似的。日本有句俗语叫"穿着浴衣进行会谈"，希望我们毫无拘束地随便交换意见。

10点半，在首相官邸的一楼大厅开始举行《中日和平友好条约》批准书换文仪式。

在乐队高奏的乐曲声中，福田、邓小平以及两国的外长脚踏红地毯进入了会场。会场中央摆放着由白色和黄色的菊花以及红色的石竹花装饰起来的太阳旗和五星红旗。

福田和园田直，邓小平和黄华并排坐于罩着绿色呢绒的桌前。仪式开始后，全体起立奏两国国歌。随后，园田直和黄华用毛笔先后在双方分别用日文和中文写成的批准书上交叉签字。此刻是10月23日上午10时38分。《中日和平友好条约》从此生效。

邓小平和福田相互举杯。随即，邓小平放下酒杯，再次走到福田跟前同他拥抱。福田对邓小平的这一举动大为吃惊，显然是缺乏思想准备，因此表现得有些慌乱，不知所措，姿势也显得僵硬。站在一旁同黄华握手的园田直看得有点愣神了，没料到邓小平随即走过来和他拥抱，结果由于一时还没有反应过来，显得十分狼狈和有几分滑稽。

23 日下午 2 时半至 5 时 25 分，福田与邓小平在首相官邸接待室举行第一次会谈。

福田首先代表日本政府和国民表明，日中两国要建立持久的名副其实的睦邻友好关系。

他还说，本世纪以来，连续发生不幸事情，我感到非常遗憾，并进行反省。今后不应再重演。战后日本已改变姿态，决心不再做军事国家。

福田谈到日本的"全方位和平外交"，是不敌视世界上任何国家，也就是要为同一切国家都友好而努力。但是，这并不意味着"全方位等距离外交"，他强调要坚持日美安全条约，并确信《中日和平友好条约》不仅能贡献于亚洲、太平洋地区的和平，而且能贡献于世界和平。

邓小平说，我们两国有两千多年友好交往的历史。在两国友好的长河中，不幸的历史只有几十年时间，这不过是很短的插曲。和平友好条约的签订，不仅在事实上，而且在法律上、政治上总结了我们过去的关系，更重要的是从政治上更进一步肯定了我们两国友好关系要取得不断的发展。中日要世世代代友好下去。

"坦率地说，在现在这个动荡的局势中，中国需要同日本友好，日本也需要同中国友好。尽管你们交的是个穷朋友，但是这个穷朋友还是有一点用处的。"邓小平继续说。

说到这里，福田连连表示"不是，不是"。

邓小平还对国际局势发表了自己的看法。

会谈结束后，福田向记者谈及对邓小平的印象："非常了不起。总之，非常了解世界形势，虽然同对方立场不同。"

当天晚上7时半，福田在首相官邸设宴欢迎邓小平一行。

福田和邓小平分别致了祝酒词。

福田首先回顾了日中两国具有两千年以上的友好交流的悠久历史，说："在漫长的历史中，我们两国关系的发展是无法分开的，到了本世纪，经历了不幸的苦难。"讲到这里他离开眼前的讲稿，突然冒出一句："这的确是遗憾的事情"。然后，又接上讲稿说："这种事情是绝不能让它重演的。这次的日中和平友好条约正是为了做到这一点而相互宣誓。"对于福田突然冒出的这句话，在场的日方译员没有翻译。不过，这话还是传到了邓小平的耳朵里，并在第二天的《人民日报》上登了出来。宴会结束后，有记者就此追问福田时，他避而不做正面回答，只是说："由于原稿字小，有三处不能读。"

邓小平在致辞中说道："中日两国尽管社会制度不同，但是两国应该而且完全可以和平友好相处。""中日和平友好条约明确地规定，中日两国不谋求霸权，同时反对任何其他国家或国家集团建立这种霸权的势力。这是国际条约中的一项创举。""条约的这项规定首先是中日两国自我约束，承担不谋求霸权的义务，同时也是对当前威胁国际和世界和平的主要根源霸权主义的沉重打击。"

25日上午10时，福田和邓小平第二次会谈在首相官邸接待室举行。

一见面，福田就对邓小平连日来表现出来的充沛精力表示赞叹："你真是一位超人，一点倦色都没有。"

邓小平笑着说："我多次说过，高兴时就不觉得疲倦。"

接下来，双方就朝鲜问题，台湾问题，中日关系问题交换了意见。

在谈到台湾问题时，邓小平这样说道：我们实现台湾归还祖国也要充分考虑到台湾的现实。日本方式也是尊重台湾现实的一种表现。美国总希望我们承担义务，不使用武力解放台湾。我们说，什么时间、用什么方式解决台湾问题，是中国的内政，美国无权干涉。实际上我们承担了不使用武力的义务，反而会成为和平统一台湾的障碍，使之成为不可能。那样，台湾当局就会有恃无恐，尾巴翘到一万公尺高。

在场的人听到这里，都为邓小平形象生动的语言而大笑。

邓小平还谈到，中日双方由于各自的环境不同，对一些问题有不同的看法是完全可以理解的。比如你们叫尖阁列岛，我们叫钓鱼岛的问题，就是有一些看法不同，可不在会谈中谈。我同园田外相讲过，我们这一代人不够聪明，找不到解决的合理的办法，我们下一代会比较聪明，大局为重。

但是这一敏感问题，在几个小时后举行的记者招待会上又被突然提了出来。

邓小平出席记者招待会，谈到钓鱼岛问题，语惊四座

25 日下午 4 点，邓小平出席在东京日比谷的日本记者俱乐部举行的记者招待会。

参加记者招待会的 400 多名记者分别来自时事社、共同社、路透社、合众国际社、美联社、法新社、德新社等著名通讯社。

这是中华人民共和国领导人在出访时第一次同意以"西欧方式"同记者见面。

邓小平从容、巧妙地回答了记者们提出的各色各样的问题，多少令那些企图从这位共产党领导人的即席回答中寻找破绽的西方记者"失望"了。

但是，一位日本记者提出了中日双方早先约定的这次中日双方都不

涉及的问题——"尖阁列岛"（中国称之为"钓鱼岛"）的归属问题。

钓鱼岛，日本称尖阁列岛，属中国领土。甲午战争后被割让给日本。1972 年 9 月田中访华时，曾要求周恩来明确该岛的归属权。当时，为了不让这个一时难于解决的问题成为中日邦交正常化的障碍，周恩来表示："现在还是不要讨论，地图上又没有标。"对此，日方也表示同意。1978 年 8 月，日本外相园田直在北京又同邓小平讨论了这个问题。邓小平提出，"一如既往，搁置它二十年、三十年嘛。"邓小平说得如此轻松，态度自若，使园田直大为赞叹。

此刻，当日本记者提出这一困难问题后，会场气氛陡然紧张起来，大家都屏住呼吸，看邓小平如何回答。

邓小平非常轻松地说："尖阁列岛"，我们叫钓鱼岛，这个名字我们叫法不同，双方有着不同的看法，实现中日邦交正常化时，我们双方约定不涉及这一问题。这次谈《中日和平友好条约》的时候，双方也约定不涉及这一问题。倒是有些人想在这个问题上挑一些刺，来阻碍中日关系的发展。我们认为两国政府把这个问题避开是比较明智的，这样的问题放一下不要紧，等十年也没有关系。我们这一代缺少智慧，谈这个问题达不成一致意见，下一代比我们聪明，一定会找到彼此都能接受的方法。

……

1979 年元月 1 日，邓小平在全国政协举行的座谈讨论《全国人民代表大会常务委员会告台湾同胞书》的会议上讲话时，回顾了前一年我国在外交上取得的成绩。他说："去年在国际事务中我们遵循的根本政策是毛主席和周总理生前制定的，但他们来不及实现就去世了。我们实现了他们遗愿的一部分。《中日和平友好条约》的签订和中美关系正常化，有利于世界的和平和稳定，有利于国际反霸事业的发展。"

邓小平与中美关系正常化

> 在这个问题上，我们历来阐明的就是三项条件，即：断交、撤军、废约，这三项条件都涉及台湾问题。我们不能有别的考虑，因为这涉及到一个主权问题。
>
> ——邓小平

基辛格说：说实话，我那时不知道他是谁……甚至不知道他是中国代表团的团长。但他处理事情的果断能力以及对事物的洞察力给我留下了深刻印象。

1974 年 4 月，阿尔及利亚革命委员会主席、第四届不结盟国家和政府首脑会议主席布迈丁提出召开联大特别会议，讨论原料和发展问题，得到了包括中国在内的 100 多个国家的赞成和支持。中国政府派出了以邓小平为团长的代表团出席大会。

这是中国恢复联合国安理会常任理事国席位后第一次派遣高级代表团出席这样一个重要的会议，因此，必须派出在外交和国际经验上卓有声望的人来率团参加。毛泽东点了邓小平的将。4 月 6 日，周恩来抱病率中央政治局委员和在京的党、政、军各部门负责人以及各界群众 4000 余人到机场为邓小平和全体团员送行。

4 月 10 日，邓小平在一片关注声中，走上联合国大会讲台，阐述了毛泽东提出的三个世界理论，赢得了广大的发展中国家的一致称赞。

4月14日，美国国务卿兼总统国家安全事务助理、美国代表团团长基辛格为中国代表团举行宴会。

邓小平、乔冠华、黄华、章含之等出席。

美国方面出席的有：基辛格、斯考克罗夫特、洛德等。

基辛格安排这次宴会，除一般礼仪外，主要是与中国方面谈两国关系正常化问题。

稍事寒暄，宾主开始切入正题。

"我们美国政府正致力于两国关系正常化的努力，研究如何实现一个中国的设想，但一时想不出办法来。"基辛格推托说。

其实，尼克松总统早在1973年11月派基辛格第六次访华时，已为实现一个中国的设想想出了办法，并对中国作出了承诺："总统表示，在任期头两年，解决好与台湾的问题，削弱驻台美军力量，美中互设联络处。在后两年走类似日本的方式，实现中美关系正常化，同中国建交，与台湾保持某些民间往来。"

邓小平非常清楚，美国政府并非"一时想不出办法来"，而是尼克松总统被"水门丑闻"搞得焦头烂额，一时抽不出时间来。

"博士，中国政府希望这个问题能较快地解决，但也不着急，我们能够体谅美国政府的困难。"邓小平笑了笑，很有分寸地说。

许多年后，基辛格在回忆这段经历时说：说实话，我那时不知道他是谁，因为他在中国的"文化大革命"中受到迫害。所以我们那时认为他是中国代表团的一名顾问，甚至不知道他是中国代表团的团长。但他处理事情的果断能力以及对事物的洞察力给我留下了深刻印象。

邓小平说，关于台湾问题和中美关系正常化，我们有三个原则，不能有别的考虑

1974 年 8 月，尼克松总统因"水门事件"被迫辞职，副总统福特继任总统。同年 11 月，邓小平接替生病住院的周恩来总理，开始主持中美关系正常化问题的会谈。

福特继任后表示，美国对华政策不变，将在自己的任期内同中国实现正常化。但是福特总统在上任后的一段时间内，把注意力集中于美苏"缓和"，加之受到美国国内反华势力的压力，因而对实现中美关系正常化并不积极，而是采取拖的方针。在台湾问题上、在两国关系的发展中制造了一些麻烦，采取了一些有违上海公报精神的行动。

1974 年 11 月，美国国务卿基辛格访华。邓小平先后同基辛格进行了五次限制性的会谈。基辛格在会谈时提出，美国在台湾问题上的处境与其他国家不同：一是美国同台湾订有《共同防御条约》，二是美国国内存在着一股亲台势力。因此，一、美国愿意按"日本方式"解决中美关系正常化问题，但要在台湾设"联络处"。二、美国将在 1977 年撤完驻台全部美军，但还没有找到妥善解决美台《共同防御条约》问题的方案，希望中国声明和平解放台湾，以便美国考虑放弃美台"防御关系"。很显然，基辛格提出的方案表明了美国在台湾问题上的态度有所后退。邓小平当即指出：从本质上讲，美方这些方案不是"日本方式"，实际上还是"一中一台"的方式，无非是一个倒联络处的方案。这个方案，我们难以接受；至于美国同台湾的防御条约问题，如果中美关系正常化，按照上海公报的原则，一定要保证废除这个条约。按照你们的方案不可能解决正常化的问题。邓小平明确表示：关于台湾问题和中美关系正常化，我们有三个原则，不能有别的考虑：一、坚持上

海公报的原则，不能考虑"两个中国"或"一中一台"，或变相的"一中一台"，如我们所理解的倒联络处，实际上也是"一中一台"，中方不能考虑。二、台湾问题只能在中国人之间作为内政自己来解决。至于用什么方式，和平的，还是非和平的，如何解决，那是中国人自己的事，是中国的内政问题。三、作为一个原则问题，我们不能承认在解决这个问题的过程中，其他国家参与什么保证，包括美国的保证。看来在这些问题上，双方有相当大的距离。看来你们还需要台湾，既然你们还需要台湾，我们可以等待，等到你们考虑清楚了，干干脆脆，一下子解决。我们可以等几年，甚至还可以不催你们。但如果要解决，必须符合这三条原则。

1975年3月，正当中国艺术代表团积极准备出访美国时，发生了一件令人意想不到的事情。美国国务院要求中国方面取消中国艺术团预备曲目中的一首歌——《台湾同胞——我的骨肉兄弟》，声称美方不能同意将提及解放台湾的歌曲列入节目中，并限期中方给予答复，否则就通知美中关系全国委员会无限期推迟中国艺术团的访美。对于美方这种有违上海公报精神的做法，邓小平明确表明了我们的立场，他说：我们的愿望就是，中美双方沿着上海公报的原则精神坚持走下去，双方都不要后退。当然，也要意识到曲折总会有的，任何事物的发展都是有曲折的。最近发生的事情（指美方无理推迟我艺术团访美事），我看不可避免。这是一个原则问题，不去算了。

由于当时美国共和党政府下不了决心接受中国提出的建交三原则，并承认中华人民共和国政府是中国的唯一合法政府，中美关系正常化并没有像美方所曾表示的那样，在尼克松总统的第二个任期内或福特总统的任期内得到实现。中美建交被拖延下来。

作为中美建交谈判中的关键人物，邓小平在1976年春也从中国政坛上消失了。

邓小平说，只要卡特总统下决心，我看问题是好解决的

1977 年 7 月，中国共产党十届三中全会恢复了邓小平党政军的一切职务，给停滞中的中美关系谈判带来了新的生机。

1977 年初，卡特政府上台。卡特执政初期，并没有把中美关系摆到重要的地位。因为他当时正关注着美苏第二阶段限制战略武器谈判、中东问题和巴拿马运河条约问题，而这些问题能否得到国会与公众的支持，卡特并没有把握。因此，他不想为美中关系正常化在国内引起大的争议。与此同时，台湾当局也对卡特政府在改善中美关系、台湾问题上施加影响。这些因素都使得卡特政府初期没能下决心把中美关系正常化作为一个迫切的问题提上日程，而是"把中美关系摆在很次要的地位"。1977 年 8 月，万斯国务卿访华，带来了一个比基辛格、福特时代还后退的方案。

8 月 24 日，邓小平在会见万斯时一针见血地指出：我看了你们这个方案，你在方案中首先讲到，你们这个方案可以作为中美两国建交的起点。据我看，你这个话讲得恐怕不那么正确。起点是上海公报。我认为，你们这个方案比过去的探讨不是前进了，而是后退了。按照上海公报的原则，解决中美两国关系的决心应该由美国下，而不是中国下。我们多次说过，要实现中美关系正常化，在台湾问题上有三个条件，即废约、撤军、断交，按日本方式。老实说，按日本方式本身就是一个让步。至于台湾统一的方式，还是让我们中国人自己来解决。中国人是有能力来解决这个问题的，奉劝美国朋友不必为此替我们担忧。而从全球战略来说，你们下决心解决了台湾问题，你们的战略态势只会更好，对付北极熊更有利。你们这个方案，集中起来是两个问题。第一，你们实际上要我们承担不用武力解放台湾的义务。这实际上还是干涉中国的内

政。第二，你们提出不挂牌子的大使馆，不管叫什么名称，不挂旗，归根到底我看实际上是倒联络处的翻版。你们政府还要仔细考虑。要从战略，从全局，从政治角度，好好考虑一下这个问题。我们多次声明，我们对这个问题是有耐心的。我们讲这个话是为了改善我们两国关系时处理问题更从容、更恰当一些，有利于我们在全球战略方面取得更多的共同点。

万斯访华虽然没有就中美关系正常化达成协议，但有助于卡特政府更好地理解中国对这一问题的坚定立场。

9月6日，邓小平在会见美联社董事会代表团时说：万斯访华有一个成果，就是万斯来了，是你们美国现政府第一次派高级官员来中国。至于其他方面，你们的报道不确实，他没有带来什么东西，也没有取得什么新的成果。中美关系正常化不仅没有前进，万斯带来的方案比福特、基辛格时代还后退。万斯带来的方案，是后退的方案，不是前进的方案。就是倒联络处的方案，就是说，不能出卖、丢掉"老朋友"。万斯先生回国后，通过舆论界放出空气说，中国人对解决台湾问题的方式采取某种灵活性，没有那么回事。我们重申，台湾问题是中国的内政，什么方式、什么时间解决台湾问题，那是中国的内政，外国人无权干涉。

9月27日，邓小平在会见前美驻华联络处主任乔治·布什时再次强调：中美关系正常化，这个步伐可以快一点，正常化慢总要受限制。所以我们总是说，美国政府、国会和政治家要从长远角度、政治观点来看中美关系，不要搞外交手法。这不是外交问题，是政治问题。中美关系正常化，如从长远观点、从政治角度、战略角度看问题就容易下决心。

军人说话就是痛快

1978年4月，出于对国际形势的判断和中国国内形势的发展，卡特政府公开宣布：美国承认一个中国的概念，同中国建立正式的外交关系符合美国的最大利益。万斯国务卿也表示，希望能在卡特总统第一届任期结束前，实现中美关系正常化这个目标。在这段时期，邓小平也多次会见美国客人，他几乎在每次谈话中都谈到：希望美国政府、美国总统对中美关系正常化采取比过去更积极的态度，步伐走得快一些。

1978 年 5 月，布热津斯基到达北京。他对中国领导人说："卡特总统认为，中国在维持世界均势中发挥中心作用，一个强大的、独立的中国，同邻国和平相处的中国，在一个多元化的世界中，将是和平的力量，将对解决世界的问题起建设性的作用。"他还强调：美国政府认为中美两国之间的关系在美国全球政策中具有中心的重要性，卡特总统下决心要同中国实现关系正常化。他表示，美国愿意接受中国提出的建交三原则，但"希望（而非作为条件）在美方作出期待纯属中国内政的台湾问题得到和平解决的表示时，不会明显地遭到中国的反驳。这样美国国内的困难将更容易解决。"他宣布美国已授权其驻华联络处主任伍德科克同中方就实现两国关系正常化问题进行具体谈判。

邓小平在 5 月 21 日会见了布热津斯基。一见面，邓小平就问道："一定很累了吧？"布热津斯基说："我的劲头大着呢。来中国之前，我阅读了你同美国主要政治家和参议员的谈话记录。"

邓小平说，美国朋友我见得不少，中国问题不难了解。你从过去的谈话记录中可以了解我们的看法、观点、主张，直截了当。毛主席是军人，周总理是军人，我自己也是军人。

布热津斯基回答说，军人说话就是痛快，我们美国人也是以说话痛快出名的。我希望你们不会觉得美国人不容易理解。

话题转到关系正常化方面，布热津斯基说，总统要我带话给你，美国已经下了决心，我们不仅准备同你们讨论国际形势以及同你们采取并行不悖的行动，以促进达到同一目标，消除同一危险；同时也准备同你们积极讨论美中双方的关系问题。

邓小平说：很高兴听到卡特总统已经下了决心这个口信。在这个问题上，双方的观点都是明确的，问题就是下决心。如果卡特总统是下了这个决心事情就好办。在这个问题上，我们历来阐明的就是三项条件，即：废约、撤军、断交，这三项条件都涉及台湾问题。我们不能有别的考虑，因为这涉及一个主权问题。如果美国政府认为是时机了，下了这个决心，那么，我们双方随时可以签订正常化的文件。正常化问题对两国来说，是一个带根本性的问题。

这次会见，邓小平给布热津斯基留下了很深的印象。布热津斯基在他的回忆录里写道："别看邓小平身材矮小，胆识可大呢，他一下子就把我吸引住了。他生气勃勃，机智老练，思想敏捷，谈笑风生，气派很大，开门见山。一席话使我懂得了他在政治生涯中屡经浮沉而不倒的原因。更重要的是，他的胸怀和魄力给我留下了深刻的印象。他真正够得上是一位老谋深算、可以放心与之打交道的政治家。"

布热津斯基的北京之行，打开了中美建交谈判的大门。

经过近半年的谈判，中美双方终于达成下述协议：一、美国承认中国关于只有一个中国、台湾是中国的一部分的立场，承认中华人民共和国政府是中国的唯一合法政府，在此范围内，美国人民将同台湾人民保持文化、商务和其他非官方关系；二、在中美关系正常化之际，美国政府宣布立即断绝同台湾的"外交关系"，在 1979 年 4 月 1 日以前从台湾和台湾海峡撤出美国军事力量和军事设施，并通知台湾当局终止《共同防御条约》；三、从 1979 年 1 月 1 日起，中美双方互相承认并建立外交关系，3 月 1 日互派大使、建立大使馆。在这些协议的基础上，双方于 1978 年 12 月 16 日晚发表了《中华人民共和国和美利坚合众国关于建立外交关系的联合公报》，实现了中美关系正常化。

邓小平在十一届三中全会前后

> 我们真正的转折点是 1978 年底召开的十一届三中全会。三中全会制定了新的纲领、方针和政策，制定了新的思想路线、政治路线和组织路线。
>
> ——邓小平

1978 年 12 月 18 日。一次改变中国命运的会议在北京京西宾馆隆重举行。它就是中国共产党第十一届三中全会。

全会虽然开了仅仅 5 天，但其意义在三年后通过的《关于建国以来党的若干历史问题的决议》中作了明确的阐述："全会结束了一九七六年十月以来党的工作在徘徊中前进的局面，开始全面地认真地纠正'文化大革命'中及其以前的'左'倾错误。这次全会坚决批判了'两个凡是'的错误方针，充分肯定了必须完整地、准确地掌握毛泽东思想的科学体系；高度评价了关于真理标准问题的讨论，确定了解放思想、开动脑筋、实事求是、团结一致向前看的指导方针；果断地停止使用'以阶级斗争为纲'这个不适用于社会主义社会的口号，作出了把工作重点转移到社会主义现代化建设上来的战略决策。"

全会增选了中央领导机构的成员，实际上开始形成了以邓小平为核心的第二代中央领导集体。从此，中国进入了社会主义现代化建设和改革开放的新时期。

江泽民同志在纪念党的十一届三中全会召开二十周年大会上的讲话中说："十一届三中全会，是建国以来我党历史上具有深远意义的伟大转折。党在思想、政治、组织等领域的全面拨乱反正，是从这次全会开始的。伟大的社会主义改革开放，是由这次全会揭开序幕的。建设有中国特色社会主义的新道路，是以这次全会为起点开辟的。当代中国的马克思主义——邓小平理论，是在这次全会前后开始逐步形成和发展起来的。十一届三中全会是一个光辉的标志，它表明中国从此进入了社会主义事业发展的新时期。"

临时改变主题的一次重要会议

说到三中全会的重要，不能不说到在全会前于 11 月 10 日召开的中央工作会议。这次中央工作会议原本的议题：一是讨论农业问题。二是商定 1979 年和 1980 年的国民经济计划安排。三是讨论李先念在国务院务虚会的讲话。在进入正式议题前，用两三天时间先讨论由中央政治局常委提出的从 1979 年起全党工作着重点转移到现代化建设上来的问题。这是邓小平在中央工作会议开幕之前在中央政治局常委会议上提出的建议。实施战略转移的议题一经提出，立即引起了与会代表的极大兴趣和广泛讨论。陈云在小组会上率先提出六个问题，向"文化大革命"及其以前的"左"的错误发动攻击，引起了与会代表的强烈反响和共鸣。会议很快脱离了事先设置的轨道，形成了全面纠正"左"的错误的历史潮流。原定 20 天的会议不得不几度延长，最后开了整整 36 天才闭幕。这就使得彻底摒弃"以阶级斗争为纲"，实现党的工作重心的战略转移，确立以经济建设为中心上升为三中全会最重要的主题。在中央工作会议闭幕会上，邓小平作了《解放思想，实事求是，团结一致向前看》的讲话。这个讲话实际上成为三中全会的主题报告，是在"文化大革命"结束以后，中国面临向何处去的重大历史关头，冲破"两个凡是"的禁锢，开辟新时期新道路、开创建设有中国特色社会主义新理论的宣言书。

邓小平在讲话中，首先强调要解放思想，认为在我们的干部，特别是领导干部中间，解放思想这个问题没有完全解决。不少同志的思想还很不解放，脑筋还没有开动起来，处在僵化半僵化的状态。只有思想解放了，才能正确地改革同生产力迅速发展不相适应的生产关系和上层建筑，根据我国的实际情况，确定实现四个现代化的具体道路、方针、方法和措施。解放思想确实是当时摆在全党面前的一个重大问题。"文化大革命"以来，林彪、"四人帮"大搞禁区、禁令，制造种种迷信，把人们的思想封闭在他们假马克思主义的禁锢圈内，不准越雷池一步。邓小平说："一个党，一个国家，一个民族，如果一切从本本出发，思想僵化，迷信盛行，那它就不能前进，它的生机就停止了，就要亡党亡国。"

中央工作会议为党的十一届三中全会打下了坚实的基础。三中全会进行得非常顺利。根据邓小平关于解放思想，实事求是，团结一致向前看的精神，全会严肃批评了"两个凡是"的观点，重新恢复和确立解放思想、实事求是的思想路线，明确指出，必须进一步继承和发扬毛泽东同志倡导的马克思主义学风，坚持唯物主义的思想路线。只有解放思想，努力研究新事物、新问题，坚持实事求是、一切从实际出发、理论联系实际的原则，我们党才能顺利地实现工作重点的转移，才能正确解决实现四个现代化的具体道路、方针、方法和措施，改革同生产力迅速发展不相适应的生产关系和上层建筑。全会还指出，必须完整地准确地掌握毛泽东思想的科学体系，对"文化大革命"的错误要在适当的时候作为经验教训加以总结。

邓小平说，我是到处点火

1978 年 9 月，邓小平应朝鲜民主主义人民共和国主席金日成的邀请到朝鲜进行一次短暂的访问。访问归来，他并没有马上回京，而是到东北三省以及河北的唐山，天津等地视察，沿途同各地党政军负责同志谈话，中心内容之一也就是要解放思想，摆脱"两个凡是"的束缚，摆脱"以阶级斗争为纲"的束缚，把工作着重点转移到经济建设上来。

在沈阳听取辽宁省委的汇报时，邓小平说，应当在适当时候结束全国性的揭批"四人帮"的群众运动，把党和国家的工作着重点转移到四个现代化建设上来。他特别强调：我们要根据现在的国际国内条件敢于思考问题，提出问题，解决问题。

邓小平后来在谈到当时情况时曾这样说：我是到处点火，在东北点了一把火，在广州点了一把火，在成都也点了一把火。

这把火，就是解放思想的熊熊烈火。很快就燃遍了全国。

邓小平的东北之行，为三个月后召开的中央工作会议和三中全会做了许多的思想发动工作。他提出的一系列的重要思想观点，为开好中央工作会议和三中全会奠定了思想基础。

从转折意义上说，三中全会类似遵义会议

有人把这次全会与民主革命时期的遵义会议相比。党史学家、全国政协原副主席、原中央党史研究室主任胡绳这样说过：十一届三中全会在社会主义时期的地位，可以说，跟民主革命时期的遵义会议可以对比，可以相同。1935 年遵义会议，是在党的工作、军事工作、军队都处于非常困难的时期举行的。遵义会议只过了 14 年，中国革命就取得

了辉煌的彻底的胜利。在作为一个历史转折点这个意义上说，十一届三中全会有点类似于遵义会议。在社会主义的万里长征中间，我们经历了各种挫折、曲折，终于在十一届三中全会找到了一个转折点，这以后我们找到了符合中国实际的社会主义建设道路，就好像在遵义会议以后找到符合中国实际的民主革命道路一样。

这样对比，这种观点，恰如其分。社会主义现代化建设的实践已经充分证明。

十一届三中全会后，我们党在各条战线的实际工作中正本清源，有步骤地解决新中国成立以来的许多历史遗留问题，深入总结历史经验，科学地阐述许多从实践中提出的有关建设社会主义的理论和政策问题。开创了一个全新的社会主义现代化建设的新局面。十一届三中全会的伟大意义和深远影响，已经和正在随着实践的发展越来越充分地显示出来，并将贯穿于建设有中国特色社会主义事业的全过程。

邓小平与第二代中央领导集体的建立

> 党的十一届三中全会建立了一个新的领导集体，这就是第二代的领导集体。在这个集体中，实际上可以说我处在一个关键地位。
>
> ——邓小平

邓小平曾回忆说："党的十一届三中全会建立了一个新的领导集体，这就是第二代的领导集体。在这个集体中，实际上可以说我处在一个关键地位。""第二代实际上我是核心"。重要成员还有陈云、叶剑英、李先念等。"我们这个集体，人民基本上是满意的，主要是因为我们搞了改革开放，提出了四个现代化的路线，而且真正干出了实绩。"

邓小平对培养党的接班人这一重大战略问题的思考由来之久。比较多、比较集中的思考是在 1975 年至 1978 年。这四年多又大致分为三个阶段。

1. 1975 年 1 月至 1976 年 4 月。作为第二代中央领导集体核心，邓小平在这一时期担任党政军很重要领导职务，并先后主持国务院和党中央日常工作，领导各行各业进行全面整顿，直至后来被错误地撤销党内外一切领导职务。

1975 年 1 月，在毛泽东、周恩来坚决支持下，邓小平被先后任命为中央军委副主席兼解放军总参谋长；中共中央副主席、中央政治局常委；国务院第一副总理。国外很快就注意到中国政坛上的这种新变化，认为这是中国主要领导人新老交替的重要征兆。1975 年 6 月，一些来访的外宾在与邓小平会面时表示：邓小平先生负有重大责任了，我们对此表示衷心祝贺和敬意。当客人对邓小平"在无产阶级文化大革命期间"被"作为修正主义分子攻击过"，现在"又成了中国政府的第三号人物"大惑不解时，邓小平谦逊地讲：我也不是什么第三号人物。我是在毛主席、周总理的领导下做一部分具体工作的人。至于"文化大革命"中那些问题，是我们党内是非问题。当客人称赞他是一个坚强、正确地执行毛主席革命路线的人，中国有他"这样一个领袖也是中国的一个荣幸"时，邓小平仍旧谦逊地说：都是毛主席的观点，不过是由我讲出去。我是一个做具体工作的。外宾问：在毛主席或周总理健康情况都不太好的情况下，中国领导准备怎样解决领导的连续性问题呢？怎样在这一过渡时期中保持国家的稳定呢？邓小平一方面解释毛泽东、周恩来仍旧过问国内外一切重大问题，另一方面，他根据当时历史条件，坦率地告诉对方：我们党的领导经常关心这个问题，毛主席经常关心这个问题。他提出的解决办法就是从中央领导机构到地方各级领导班子，都实行老中青三结合原则。邓小平还举例说：党中央、国务院、人民代表大会的组成，就是不仅有老年的，中年的，也有青年的。邓小平还根据中美两国政治体制不同的实际情况，回答了客人提出的美国政治制度下总统离职副总统自动接班，中国怎样做的问题。他说：在我们国家，如果需要决定什么人居于什么职务时，我们中央委员会开个会就可以作出决定。我们党中央是领导一切的，党中央征求全国人民的意见，会作出正确的决定。他还认为，我们讲路线决定一切，但路线也要由人来执行，特别是领导核心。不加强就不能执行好的路线，就没有力量。所谓接班人，不是几个人的问题，接班人恐怕是成百万、成千万人的问题，这个问题各级都有。

邓小平上述几段谈话，集中反映了他在这一时期对我们党、我们国家、我们军队的领导人接班问题的思考。同时他还结合全面整顿工作，讲述了培养党政军接班人问题。例如，他指出："现在需要一些老同志出来工作，进行整顿，把风搞正，第二步是选一批四十岁左右的人接班。""要一步一步地发现品质好、党性好、正派的人，提拔干部要上台阶，快些可以。师以上干部，现在就要注意怎样选拔人"。这时，叶剑英也讲，老年人有一个任务，就是物色、培养接班人，把自己的经验传授给接班人。1975 年 9 月 7 日，周恩来生前最后一次接见外宾时，仍十分关注着接班人问题。他对客人郑重地说："经过半个多世纪毛泽东思想培育的中国共产党，是有许多有才干、有能力的领导人的，现在，第一副总理已经全面负起责任来了。"他还说：邓小平同志很有才能，你们完全可以相信，邓小平同志将会继续执行我党的内外方针。

此时，国内外都把注意力较多地集中到中共高层领导的人事变动上，集中到邓小平身上。邓小平卓有成效的全面整顿（实际上是对"文化大革命"错误的有力纠正和改革的开始），触怒了"四人帮"。"批邓、反击右倾翻案风"运动发起后，虽然邓小平又一次被打倒了，但是，以他为主要代表的党的正确领导，得到了党和国家广大干部、群众的拥护。从而为第二代中央领导集体的形成奠定了坚实的群众基础。

2. 1976 年 4 月至 1977 年 7 月。党中央政治局执行党和人民的意志，"从组织上打垮了'四人帮'反党集团"。在全党和全国人民的呼唤声中，邓小平恢复了党政军重要领导职务。

1976 年 4 月，全国范围内掀起了以天安门事件为代表的悼念周恩来，反对"四人帮"的强大抗议运动，实际上是拥护以邓小平为代表的正确领导，它为后来粉碎江青反革命集团奠定了伟大的群众基础。9月，毛泽东病逝。江青反革命集团加紧夺取党和国家最高领导权的阴谋活动。以江青为首的反革命集团，发迹于"文化大革命"初，在 1973 年 8 月召开的中共十大上，其一大批骨干进入党的中央委员会。王洪文、康生当选为中共中央副主席，张春桥当选为常委，江青、姚文元当选为政治局委员。随后，他们结成了帮派，在中央领导机构中更加强了自己的势力。他们的犯罪活动使国民经济和其他各项事业遭到极其严重的破坏，给各族人民带来极大的灾难。尽管他们在政治上受到毛泽东生前的严厉批评，组织上也被堵住了爬上党和国家最高领导地位的道路，但并不甘心于失败，企图举行武装暴乱夺取最高权力。如果他们阴谋得逞，就会亡党亡国。以毛泽东为核心的第一代中央领导集体领导开辟的我国社会主义建设事业就会前功尽弃。

值此党和国家生死存亡的危急时刻，叶剑英同李先念等老一辈无产阶级革命家接触交谈商量对策。同年 10 月上旬，中央政治局执行党和人民的意志，毅然粉碎江青反革命集团，结束了"文化大革命"这场灾难。不过，"这个胜利是初战的胜利……至于从思想上肃清'四人帮'的余毒，还要长时间的努力。"

随着揭发批判江青反革命集团罪行的不断深入，党内外同志越来越强烈地要求全面纠正"文化大革命"的错误，但却遭到了严重阻碍。这固然是由于十年"文革"造成的混乱短时期内不易消除，同时也由于当时的党中央主席在指导思想上继续犯"左"的错误，例如推行和迟迟不改正"两个凡是"错误方针，拖延和阻挠恢复，特别是延迟邓小平出来工作等等。所有这些，在后来的拨乱反正中，理所当然地受到了反对。当然，粉碎江青反革命集团，为第二代中央领导集体的形成清除了基本障碍。

3. 1977 年 7 月至 1978 年 12 月。邓小平一出来工作，立即表现出他作为战略家的远见卓识。他和叶剑英、陈云、李先念等一起，在千头万绪中抓住具有决定意义的环节，首先推动思想路线的拨乱反正，领导和支持开展真理标准问题的讨论，冲破了禁锢人们思想的僵化局面。他参与主持召开的中共十一届三中全会，在思想、政治、组织上全面地恢复和确定了马克思主义的正确路线。从而结束了两年来党的工作在徘徊中前进的局面。经过这次全会，形成了以邓小平为核心的中共第二代中央领导集体。

由于邓小平在长期革命斗争中建立的历史功勋，在对"四人帮"的坚决斗争和在全面内乱中主持全面整顿取得的显著成效，他在党和人民中享有很高的威望。因此，叶剑英、陈云、李先念极力主张："为了中国革命和中国共产党的需要，……让邓小平同志重新参加党中央的领导工作，是完全正确、完全必要的"。在他们的积极推动下，1977 年 7 月召开的中共十届三中全会，决定恢复邓小平的中共中央委员、中央政治局委员、政治局常委、中共中央副主席、国务院副总理、中央军委副主席、中国人民解放军总参谋长的职务。就是在这次会议上，邓小平回忆道："文革"中我就想到，我们这样的年龄，总要见马克思，即使不犯错误，做事也是有限的。实在有一种忧虑啊！当时，我和李先念、叶剑英，还有周恩来总理交换过意见，共同的观点是怎样从我们中央的领导同志里选择比较年轻的人，大家来帮助接班。他认为："郑重选择党的各级领导班子，是党的事业、我国社会主义事业能否搞好的关键性问题。老同志责任重大，最大的责任是从比较年轻的同志中，通过热情帮助，选择一批马克思主义接班人十分重要。"总之，不能让"四人帮"控制党、国家、军队的最高领导权。

和其他老一辈无产阶级革命家一样，在粉碎"四人帮"之初那种历史条件下，邓小平也是拥护毛泽东生前指定的接班人的。他说，当时的主要领导同志坚决处理了"四人帮"，又年纪轻，可以干到本世纪末。但是，这位领导同志是坚持"两个凡是"，坚持以阶级斗争为纲，又提出了抓纲治国。很明显，由当时他来领导纠正党内的"左"倾错误特别是恢复党的优良传统是不可能的。这时，邓小平勇敢地站出来。他在《"两个凡是"不符合马克思主义》《完整地准确地理解毛泽东思想》《在全军政治工作会议上的讲话》《高举毛泽东思想旗帜，坚持实事求是的原则》等讲话和谈话中，批判了"两个凡是"的错误方针，支持开展真理标准问题的讨论，提出必须完整地准确地理解毛泽东思想。1978 年 11 月召开的中央工作会议上，他作的《解放思想，实事求是，团结一致向前看》讲话，实际上成为随即召开的十一届三中全会主题报告。

两年后，叶剑英在中央政治局会议上指出："小平同志在历史上对党作出过杰出的贡献。粉碎'四人帮'以后，在每一个重要关头，他都敏锐、果敢地提出一些正确的政策和主张。在我看来，小平同志具有安邦治国的卓越才能，他当全党的'军师'和全军的统帅，是当之无愧。"不过，1978 年党的中央领导层中，对邓小平持反对态度的大有人在。有的负责人还在说要准备对付"党内死不改悔的走资派"，陈云在十一届三中全会前召开的中央工作会议上讲：现在党内议论纷纷，就怕政治局常委出问题。许多同志因叶帅老了，怕将来党内要出事，就怕邓小平同志再被打下去。许世友就对邓小平、李先念讲，你们七十多岁了，我为你们担心哪！言外之意，中央领导机构中还有不按马克思主义基本原则去办事的人。实践证明，邓小平重新参加中央的领导工作，为第二代中央领导集体中核心的确立提供了基本前提。

根据上述情况，党的十一届三中全会郑重指出："一九七五年，邓小平同志受毛泽东同志委托主持中央工作期间，各方面工作取得很大成绩，全党全军和全国人民是满意的。邓小平同志和中央其他领导同志一道，按照毛泽东同志的指示，对'四人帮'的干扰破坏进行了针锋相对的斗争。'四人帮'硬把一九七五年的政治路线和工作成就说成是所谓'右倾翻案风'，这个颠倒了的历史必须重新颠倒过来。"经过这次会议，邓小平虽然没有担任党政军最高领导职务，但他的正确思想和实践已被党内外广大干部、群众所认识、接受，使他成为中共第二代中央领导集体的核心。也是在这次会议上，陈云由中央委员被选为中央政治局委员、政治局常委、中央副主席、中纪委第一书记，成为第二代中央领导集体中的重要成员。连同中共中央副主席叶剑英、李先念等，实际上形成了第二代中央领导集体。

邓小平与台湾问题

　　凡是中华民族子孙，都希望中国能统一，分裂状况是违背民族意志的。我们采取"一国两制"的方式解决统一问题。大陆搞社会主义，台湾搞它的资本主义。

——邓小平

　　台湾自古以来就是中国的神圣领土，台湾人民与大陆人民有着悠久的共同的历史文化，有着不可分割的血肉联系，1949年蒋介石集团退守台湾，人为地造成了台湾与祖国大陆分离的局面。

　　当辽沈、淮海、平津三大战役的硝烟还未散尽之时，以毛泽东为代表的中国共产党人就提出了"中国人民一定要解放台湾"的口号。

　　1950年6月朝鲜战争爆发，美国第七舰队进入海峡，阻碍了中国人民解放军渡海作战解放台湾的计划。一道海峡成为隔绝两岸人民的鸿沟。

　　为了结束人为造成的海峡两岸分裂状况的不幸局面，中国共产党人一直在积极探寻实现台湾回归祖国的途径和办法。

　　50年代中期以前，"武力解放台湾"一直是中国共产党人的主导方针。

　　1955年5月，周恩来在全国人大常委会第15次会议上宣布："中国人民解放台湾有两种可能的方式，即战争的方式和和平的方式。中国人民愿意在可能的条件下，争取用和平的方式解放台湾。"这是中国共产党人第一次公开提出和平解放台湾的主张。

此后，随着社会主义建设的全面展开，中国共产党进一步确定了争取用和平方式解放台湾的思想。毛泽东、周恩来多次在不同场合进一步阐明和平解放台湾的具体方针政策。

但是，由于美国的阻挠和国民党当局的错误政策，和平统一的进程受到严重阻碍。海峡两岸还一度造成严重对峙的形势。

历史进入 70 年代，美国总统尼克松 1972 年 2 月访问北京，周恩来和尼克松签订了中美上海联合公报，使得美国敌视中华人民共和国 20 多年后终于承认台湾是中国的一部分。

解决台湾问题开始出现了转机。

邓小平关注台湾问题，指导关于台湾问题的谈判

1973 年 3 月，中共中央决定恢复邓小平党的组织生活和国务院副总理职务。复出的邓小平非常关注台湾问题。从 1974 年 11 月起，他接替生病住院的周恩来总理主持关于中美关系正常化的谈判，反复考虑如何解决台湾问题。他提出，关于台湾问题和中美关系正常化，我们有三个原则，不能有别的考虑：一、坚持上海公报的原则，不能考虑"两个中国"或"一中一台"，或变相的"一中一台"，如我们所理解的倒联络处，实际上也是"一中一台"，中方不能考虑；二、台湾问题只能在中国人之间作为内政自己来解决。至于用什么方式，和平的，还是非和平的，如何解决，那是中国人自己的事，是中国的内政问题；三、作为一个原则问题，我们不能承认在解决这个问题过程中，其次国家参与什么保证，包括美国的保证。我们不能在这个内政问题上，在时间和方式上，承担什么义务或许诺。他还提出，解放台湾的方式，我们希望通

过和平谈判来解决。和平方式不可能也要考虑到非和平方式，两种方式都应该考虑进去。首先我们做工作，希望一个阶段内能够用和平方式。希望通过一段比较长时间的工作，使台湾人民了解我们祖国的面貌，了解我们祖国的情况，了解我们的政策。关于解放台湾以后的政策，我们还要考虑，特别是要同台湾人民商量，不过可以说，解放台湾以后，不可能把大陆上的一套马上搬过去。

1975 年邓小平主持党和政府的日常工作后，强调全党讲大局，把国民经济搞上去。这个大局具体是：第一步到 1980 年建成一个独立的比较完整的工业体系和国民经济体系；第二步是到二十世纪末把我国建设成为具有现代农业、现代工业、现代国防和现代科学技术的社会主义强国。一切工作都必须服从这个大局。邓小平说，我们现在需要一个和平的国际环境来建设我们国家。在中美就关系正常化的接触中，中国政府坚持台湾问题是中国的内政，解决台湾问题美国必须按照日本方式，即废约、撤军、断交，不能有别的方式。但是，由于当时国内外条件尚不成熟，特别是由于后来国内"左"倾错误逐渐发展严重，邓小平第三次被打倒，中美关系正常化进程陷于停顿。解决台湾问题也就没有提到具体日程。

粉碎"四人帮"以后，邓小平 1977 年 7 月重新出来工作，党的十届三中全会恢复了他原来担任的党政军领导职务。从这个时候开始，如何把我们国家建设好，怎样尽快结束民族分裂状态，实现祖国统一，成为他反复思考的一个中心问题。

这时的国际形势也发生了一些变化。

70 年代中后期，随着美苏两国各自长期积累的国内政治经济和社会问题日益突出，东西方联盟内部关系逐步出现了一些新的重大变化，二战后两个超级大国全球对抗、东西方"冷战"进入了"历史末期"阶段。过去一段时间内，中国曾注重强调战争的危险性，这时邓小平冷静观察和客观分析国际形势，改变了战争不可避免的估计，认为世界和平因素的增长超过战争因素的增长，世界大战是可以避免的，争取较长时期的和平是可能的。应当争取和充分利用较长的和平时期，一心一意集中精力从事社会主义现代化建设。因此，确立用和平方式统一祖国是以邓小平为核心的中国共产党人的主导思想。

中美两国从各自的战略利益出发都有意恢复中美关系正常化的谈判，为和平解决台湾问题创造了条件。1977年美国卡特政府上台后，认为美国要对抗苏联的挑战，美中关系正常化是符合美国战略利益的。因此，在邓小平第三次复出后不到一个月，卡特就主动派国务卿万斯来北京，探讨中美关系正常化问题。自然，台湾问题仍是中美关系中最主要的障碍。万斯提出中美关系正常化后须保证美国同台湾的贸易、投资、旅游、科学交流以及其他私人联系不受影响，他还表示：美国政府将在适当时候发表声明，重申美国关心并有兴趣使中国人自己和平解决台湾问题，希望中国政府不发表反对美国政府声明的声明，不要强调武力解决问题。如果中国接受这些条件，美国将承认中华人民共和国政府是中国唯一合法政府，美台"外交关系"和《共同防御条约》均将消失，美国将从台湾撤出全部军事人员和军事设施。邓小平在会见万斯时说，这个关于中美关系正常化的方案比上海公报后的探讨不是前进了，而是后退了。我们多次说过，要实现中美关系正常化，在台湾问题上有三个条件，即废约、撤军、断交，按日本方式本身就是一个让步，现在是要美国下决心。至于台湾同中国统一的问题，还是让中国人自己来解决，我们中国人是有能力解决这个问题的，奉劝美国朋友不必为此替我们担忧。台湾问题是中国的内政，别人不能干涉。我们准备在按三个条件实现中美建交以后，在没有美国参与的条件下，力求通过和平方式解决台湾问题，但不排除通过武力解决。中国人民、中国政府当然会考虑台湾的实际情况，采取恰当的政策来解决台湾问题实现国家统一。1978

年 1 月，他又对来访的美国客人说，世界上有些人总觉得中国人似乎不那么喜欢和平。在某种意义上说，中国人也不怕战争。但就我们国家现在的状况来说，确实我们比世界上任何人更希望有一个和平的环境好好建设一下我们的国家。所以，我们要力争用和平方式解决祖国的统一问题。

中美两国的建交谈判是从 1978 年 7 月开始的。在谈判中，用什么方式解决台湾问题，中美双方各执己见，未取得一致。美国希望中国只用和平方式解决台湾问题。中国则强调解决台湾问题的方式是中国的内政，不容他人干涉。最后是双方就此各自发表一个声明。美国的声明中表示它期待台湾人民将有和平的未来，关心由中国人自己和平解决台湾问题。中国则在声明中指出：解决台湾回归祖国、完成国家统一的方式完全是中国的内政。就在双方争执的过程中，邓小平于 10 月出访日本，出席《中日和平友好条约》的签字仪式。行前，他对日本著名文艺评论家江藤淳说，我们的国内政策在台湾将根据台湾的现实来处理。比如说，美国在台湾有大量的投资，日本在那里也有大量的投资，这就是现实。我们正视这个现实。《中日和平友好条约》的签订，对中美关系的正常化起到了重要的推动作用。11 月 4 日，邓小平又对缅甸总统吴奈温说，在解决台湾问题时，我们会尊重台湾的现实。比如，台湾的某些制度不动，美日在台湾的投资可以不动。但是要统一。后来，他对美国客人说得更加明了：台湾归还中国实现祖国统一，在这个前提下，我们将尊重台湾的现实来解决台湾问题。台湾的社会制度同我们现在的社会制度当然不同，在解决台湾问题时，会照顾这个特殊问题。我们是社会主义国家，台湾可以存在不同的社会制度，还可以保留原来的社会制度、经济制度。这是在国家统一的情况下允许保留的。中美建交谈判历时近半年，终于达成协议，于 1978 年 12 月 16 日发表《中华人民共和国和美利坚合众国关于建立外交关系的联合公报》。宣布从 1979 年 1 月 1 日起，中美双方互相承认，并建立外交关系。中美建交，美国与台湾废除《美台共同防御条约》，撤离在台的军事人员，与台湾断交，使得台湾问题的和平解决成为可能。

和平解决台湾问题，也是从中国国内的现实出发的。

1978 年 12 月，中国共产党召开了十一届三中全会，这是党的历史上的重要转折。中国共产党重新确立了实事求是的思想路线，作出了全党工作重心转移到经济建设上来的战略决策。为了实现这一转变，我们的内政外交方针需作一系列相应的调整。以经济建设为中心，一切工作都服从并服务于这个中心。作为中国统一中最重要的台湾问题，用和平方式还是用非和平方式解决，就显得尤其重要。显然，实行和平统一对社会主义现代化建设更为有利。邓小平这样说过，我们采取和平统一祖国的政策，道理很简单，有利于中国自己的社会主义建设，有利于实现四个现代化。有人说中国好战，其实中国最希望和平。中国希望至少二十年不打仗。我们面临发展和摆脱落后的任务。我们希望有一个和平的国际环境，一打仗，这个计划就吹了，只好拖延。从现在到本世纪末是一个阶段，再加三十至五十年，就是说我们希望至少有五十年至七十年的和平时间。我们提出维护世界和平不是在讲空话，是基于我们自己的需要。利用和平方式实现祖国的统一，有利于实现国内外的和平与稳定，可以避免因为战争或动乱而影响现代化建设。如台湾问题始终是中美关系中存在的主要障碍问题，也是一个热点和爆发点，解决不好，可能成为一个爆发性的问题，从而影响到整个世界的和平与稳定。基于这种认识，党中央进一步考虑，如果台湾保留其资本主义制度，使两种不同的社会制度在一个国家内和平共处并长期共存，不仅有利于保持台湾的稳定与发展，而且也有利于祖国大陆的对外开放，有利于加速大陆的现代化进程。保持台湾的资本主义制度长期不变，资本主义经济依然存在，两种经济之间，开展和平竞赛，有利于双方通过多种形式开展经济合作，取长补短，有利于更快地实现中华民族的繁荣昌盛，使中国更快地进入世界强国之林。

1979 年的元旦是一个不平常的日子。台湾归回祖国提上议事日程

1979 年 1 月 1 日，中华人民共和国全国人民代表大会常务委员会发表了《告台湾同胞书》，郑重地宣布了中国共产党和中国政府关于台湾回归祖国、实现国家统一的大政方针，引起了海内外的强烈反响。《告台湾同胞书》指出："统一祖国这样一个关系全民族前途的重大任务，现在摆在我们大家的面前"，"早日实现祖国统一，不仅是全中国人民包括台湾同胞的共同心愿，也是全世界一切爱好和平的人民和国家的共同希望。""在大陆上的各族人民，正在为实现四个现代化的伟大目标而同心勠力。我们殷切期望台湾早日归回祖国，共同发展建国大业。我们的国家领导人已经表示决心，一定要考虑现实情况，完成祖国统一的大业，在解决统一问题时尊重台湾现状和台湾各界人士的意见，采取合情合理的政策和办法，不使台湾人民蒙受损失。"通过商谈，结束军事对峙状态，"双方尽快实现通航通邮"，"发展贸易，互通有无，进行经济交流"。

同一天，政协全国委员会在人民大会堂举行茶话会，座谈讨论《告台湾同胞书》。政协主席邓小平在会上说，今天是个不平凡的日子，有三个特点：全国工作着重点的转移；中美关系实现了正常化；台湾归回祖国、完成祖国统一的大业提到具体日程。

尤为引起世界瞩目的是，就在这一天，国防部长徐向前发表声明，停止炮击大、小金门等国民党军据守的岛屿，福建前线轰鸣了几十年的炮声从此再也听不到了。

这是新时期中国共产党对台政策的重大转变。

1979 年 1 月，邓小平应邀访美。行前他多次会见美国客人，阐述了中国政府关于解决台湾问题的原则立场。1 月 2 日，他在会见美国众议院银行、财政和城市事务委员会访华团时说，解决台湾回归祖国，完成国家统一的问题，是中国的内政。我们对台湾问题的解决是采取现实态度的。他提到了 1 月 1 日发表的《中华人民共和国全国人民代表大会常务委员会告台湾同胞书》，说：我们的态度是真诚的，合情合理的。他还表示，我们允许包括美国、日本在内的各国同台湾继续保持民间的贸易、商务、投资等等关系。1 月 8 日，他又对来访的美国客人解释我们的现实态度，这就是台湾同美国保持民间贸易，社会制度不变，生活方式不变，人民生活条件不仅不会降低，而且可以提高。随后不久，他又进一步指出，台湾作为一个地方政府当局拥有自己的权力，但必须是在一个中国的条件下。它可以有自己一定的军队，同外国的贸易、商业关系可以继续，民间交往可以继续，现在的政策，现行的生活方式可以不变，资本主义经济可以不变。要求就是一条，一个中国，不是两个中国，爱国一家。

带着这一创见性的新构想，邓小平，作为中华人民共和国的副总理，作为新中国成立以来踏上美利坚合众国国土的中国最高级领导人，受到了美国政府的隆重接待。邓小平访美震动了世界。1 月 30 日，邓小平在美国参众两院发表的演说中指出，我们不再用"解放台湾"这个提法了。只要台湾回归祖国，我们将尊重那里的现实和现行制度。我们一方面尊重台湾的现实，另一方面一定要使台湾回到祖国的怀抱。在尊重台湾现实的情况下，我们要加快台湾回归祖国的速度。

从"叶九条"到"邓六条"到"江八点"

1981 年 9 月 30 日，全国人大常委会委员长叶剑英向新华社记者发表谈话，阐述关于台湾回归祖国实现和平统一的九条方针：建议举行中国共产党和中国国民党两党对等谈判，实行第三次合作，共同完成祖国统一大业。双方可先派人接触，充分交换意见。建议双方为共同通邮、通商、通航、探亲、旅游以及开展学术、文化、体育交流提供方便，以达成有关协议。提出：国家实现统一后，台湾可作为特别行政区享有高度的自治权，并可以保留军队，中央政府不干预台湾地方事务。台湾现行社会、经济制度不变、生活方式不变，同外国的经济、文化关系不变。私人财产、房屋、土地、企业所有权、合法继承权和外国投资不受侵犯。台湾当局和各界代表人士，可以担任全国性政治机构的领导职务，参与国家管理。台湾地方财政遇有困难时，可由中央政府酌情补助。台湾各族人民、各界人士愿回祖国大陆定居者，保证妥善安排，不受歧视，来去自由。欢迎台湾工商界人士回祖国大陆投资，兴办各种经济事业，保证其合法权益和利润。热诚欢迎台湾各族人民、各界人士、民众团体通过各种渠道，采取各种方式提供建议，共商国是。这就是海外广为称颂的"叶九条"，也是新时期中国共产党对台方针政策的进一步深化和发展。1982 年 1 月 11 日，邓小平在会见一位海外朋友时说，九条方针是以叶剑英委员长的名义提出来的，实际上是一个国家两种制度。同年 10 月，他又说，我们不用我们的制度和思想统一台湾，台湾也不可拿它的制度和思想来统一大陆，只有在这样的基础上才可以谈得上合作，相互容纳，台湾保持台湾的制度，大陆保持大陆的制度，这样就不发生你吃我、我吃你的问题。如果我们要用我们的制度和思想统一台湾不现实，不可能，那就只有用武力，我们现在不采取这个方法，目的是让我们民族统一起来，着眼于民族利益。

1983 年 3 月，一些海外学者在美国旧金山举办了"中国统一之展望"的讨论会，此举受到了中国政府的关注和欢迎。三个月后，参加人之一，美国新泽西州西东大学教授杨力宇来到北京。6 月 26 日，邓小平会见他时说，和平统一已成为国共两党的共同语言。我们不赞成台湾"完全自治"的提法。"完全自治"就是"两个中国"，而不是一个中国。制度可以不同，但在国际上代表中国的，只能是中华人民共和国。我们承认台湾地方政府在对内政策上可以搞自己的一套。台湾作为特别行政区，虽是地方政府，但同其他省、市以至自治区的地方政府不同，可以有其他省、市、自治区所没有而为自己所独有的某些权力，条件是不能损害统一的国家的利益。他还指出，祖国统一后，台湾特别行政区可以有自己的独立性，可以实行同大陆不同的制度。"司法独立，终审权不须到北京。台湾还可以有自己的军队，只是不能构成对大陆的威胁。大陆不派人驻台，不仅军队不去，行政人员也不去。台湾的党、政、军等系统，都由台湾自己来管。中央政府还要给台湾留出名额。"这就是著名的"邓六条"。讲话发表后，港、澳、台地区反映强烈。一切爱国的人们都为中共实现统一祖国的博大胸怀和实事求是的精神所感动，没有任何理由怀疑中共的诚意了。

"邓六条"的发表，使"一国两制"构想更加完备、充实，更加具体化、系统化。由此，祖国的统一事业进入了一个新阶段。

1989 年 5 月 16 日，邓小平在会见苏联最高苏维埃主席团主席、苏共中央总书记戈尔巴乔夫时说："我这一生只剩下一件事，就是台湾问题，恐怕看不到解决的时候了。"他把这一未竟的事业交给了江泽民。同年 6 月，中国共产党十三届四中全会产生了以江泽民为核心的新的中央领导集体。这个领导集体把党的十一届三中全会以后提出的和平统一祖国的方针和一国两制的构想，继续作为党和国家的基本政策。1995 年 1 月 30 日，江泽民发表了题为《为促进祖国统一大业的完成而继续奋斗》的重要讲话。讲话精辟地阐述了邓小平"和平统一、一国两制"思想的深刻内涵，提出了现阶段发展两岸关系、推进祖国和平统一进程的八点看法和主张。内容包括：坚持一个中国的原则，是实现和平统一的基础和前提；对于台湾同外国发展民间性经济文化关系，我们不持异议；进行海峡两岸和平统一谈判，是我们的一贯主张；努力实现和平统一，中国人不打中国人；大力发展两岸经济文化交流与合作；两岸同胞要共同继承和发扬中华文化的优秀传统；充分尊重台湾同胞的生活方式和当家作主的愿望，保护台湾同胞的一切正当权益；欢迎台湾当局的领导人以适当身份前来访问，我们也愿意接受台湾方面的邀请，前往台湾。这就是继"叶九条""邓六条"之后又闻名于海内外的"江八点"。这些主张和建议，为打破现阶段两岸政治僵局，早日结束两岸的敌对状态，推动和平统一的进程，开辟了新的前景。

江泽民的讲话充分体现了中国共产党和中国政府解决台湾问题的方针政策的一贯性、连续性和在新形势下的重大发展，是解决台湾问题的纲领性文件。1997 年 9 月，中国共产党第十五次全国代表大会再一次重申了解决台湾问题的立场、方针和原则。

"一国两制"的科学构想是中共三代领导者对解决台湾问题不断探索的结晶。这一方针的提出，对于打破两岸的历史隔绝，促进两岸的交流，起到了重大的作用。尽管迄今为止台湾当局对实行这个构想总是制造一些障碍，特别是李登辉公然散布"两国论"，彻底暴露了企图分裂祖国的丑恶面目。但是，这不过是螳臂当车，祖国统一、两岸交流已经成为滚滚大潮，不可阻挡。

从 1979 年 1 月《告台湾同胞书》的发表至今，中国共产党第二代、第三代领导人，为实现台湾回归祖国，完成统一大业，整整奋斗了 20 个春秋。这当中，运用"和平统一，一国两制"的方针，顺利地实现了香港的回归，澳门的回归也指日可待。相信台湾问题的解决，完成祖国统一的那一天也一定会到来。

邓小平坚持四项基本原则的提出与
党的理论工作务虚会

为了实现四个现代化，我们必须坚持社会主义道路，坚持无产阶级专政，坚持共产党的领导，坚持马列主义、毛泽东思想。

——邓小平

邓小平 1979 年在党的理论工作务虚会上作的题为《坚持四项基本原则》的讲话，和此前他在十一届三中全会上作的《解放思想，实事求是，团结一致向前看》的讲话，是不可分割的一个思想整体，两篇讲话为我们开创一个社会主义改革开放的新时代，奠定了坚定的思想基础。

邓小平为什么在理论工作务虚会上提出四个坚持的观点

四项基本原则，即坚持社会主义道路、坚持无产阶级专政、坚持共产党的领导、坚持马列主义毛泽东思想，正如邓小平所说的，并不是什么新东西，是我们党长期以来所一贯坚持的。为什么邓小平在 1979 年

3月又讲这个道理呢？显然这是与当时有一股怀疑和反对四个坚持的思潮有直接的关系。

粉碎"四人帮"后，人们反映最强烈的是要为1976年4月发生的天安门事件平反和要求邓小平出来工作，要求为在"文化大革命"造成的各种冤、假、错案平反，而要解决这些问题，只揭批林彪、"四人帮"还不行，必须推倒两个"凡是"的指导思想，正确总结"文化大革命"，正确评价和对待毛泽东晚年的错误，完整准确地理解毛泽东思想。经过实践是检验真理的唯一标准的大讨论，终于在1978年底召开的中央工作会议和十一届三中全会上，统一了全党的思想，重新确立了解放思想，实事求是的思想路线。在这两个重要的会议上，与会的同志一致赞同中央根据邓小平的提议，从1979年起全党的工作重点转移到社会主义现代化建设上来，党的指导思想实现根本转折。广大干部和群众从过去盛行的个人崇拜和教条主义的精神枷锁中解脱出来，党内党外思想活跃，出现了努力研究新情况解决新问题的新气象。这是党的理论工作务虚会召开前国内政治形势的主要方面。另一方面，在拨乱反正、解放思想的过程中，特别是在十一届三中全会前后，各种舆论对"文化大革命"和毛泽东、毛泽东思想的议论也出现了值得注意和警觉的两个问题，一是一些同志受"左"的思想束缚，对三中全会路线表示怀疑，有抵触情绪，有极少数人甚至散布流言蜚语，攻击三中全会路线；二是极少数人利用党进行拨乱反正的时机，曲解"解放思想"的口号，极端夸大党的错误，否定党的领导，否定社会主义制度、否定毛泽东和毛泽东思想。这股思潮混杂在群众要求平反冤、假、错案的呼声中，随着上访的人流和街头大字报弥漫着。从1978年10月左右起，全国出现了一些非法组织，他们中的一些人耸人听闻地提出什么"反饥饿""反迫害""要人权""要民主"等口号，煽动冲击党政机关，出版地下刊物，在全国各地串联，还同境外敌对势力相勾结。非法组织

"中国人权小组"贴出大字报要求美国总统"关怀中国的人权";"解冻社"在宣言中公然提出"废弃毛泽东思想""取消阶级斗争、暴力革命和一切形式的专政""建立以孙文学说为核心的新国家";上海的"民主讨论会"中的某些人诽谤毛泽东同志,打出大幅标语,鼓吹"万恶之源是无产阶级专政",还有人公开讲演:"中国应该实行资本主义";上海的"民主促进会"竟在光天化日之下张贴攻击矛头直指毛泽东同志的标语。这股势力挑拨群众和党的关系,聚众闹事、阻碍交通,已经严重地破坏了正常的工作秩序、社会秩序,并引起国内外广泛关注。然而,对这股思潮这股政治势力的严重性质,无论是党内高层干部还是普通群众大都没有认识到。尽管在刚刚结束的中央工作会议和三中全会上,一些同志怀着对毛泽东的深厚感情,对街头大字报公开批评、指责毛泽东,感到不合适,建议中央应当对"文化大革命"和毛泽东同志尽快作出全面正确地评价,维护安定团结的局面。但是,怎样评价,从什么角度出发,应当掌握什么原则,还没有作出更深入的讨论,特别是在十一届三中全会之后,可以说全党上下沉浸在思想获得大解放的喜悦之中,对思想解放的真正含义,还没有完全正确理解,或者说,在刚刚打破长期束缚人们思想的"左"的禁锢后,人们更多的是关心得来不易的民主空气。一些人认为,对于在思想解放过程中出现的错误思潮,不值得大惊小怪。更有甚者,党内极少数人在揭露和纠正自己所犯错误的时候,思想发生动摇,不承认这股否定党的领导,否定社会主义思潮的危险性,反而直接或间接地加以某种程度的支持。这些问题在理论工作务虚会上也比较充分地暴露出来。

理论工作务虚会是十一届三中全会后中央紧接着在 1979 年 1 月 18 日召开的一次非常重要的会议。会议分两个阶段进行,一直持续到 4 月 3 日才结束。会议坚持了刚刚结束的三中全会恢复的民主风气,对"两个凡是"的错误指导思想进行了尖锐的批评,对许多重大的理论问题,如关于社会主义时期阶级斗争的一些提法、关于无产阶级专政下继续革命的口号、关于党内斗争是否都是社会阶级斗争的反映、关于我国社会主义处在什么阶段上、关于反对个人迷信等，都进行了深入的讨论，要求按马克思主义观点予以纠正。对党在八大以后出现的一些重大失误特别是"文化大革命"的错误，也议论较多。"大家敞开思想，各抒己见，总的说来，会议开得是有成绩的。"在会上形成的许多观点，直到现在也仍然具有重要的历史价值。但在这个会议上，对三中全会后的形势缺少全面的分析。尤其一些同志的发言有明显错误的倾向和糊涂认识。会上，有人说："西单民主墙的出现是好事，应当说是社会主义民主的里程碑。""中央对民主墙应当表态支持。"有人说："即使在社会主义条件下，民主也是靠人民自己起来争取的，是要靠打破官僚主义者和机会主义者的反抗，打破权力过分集中的官僚主义的压制才能实现的。民主绝不能依赖什么人的恩赐。""现在的主要问题，是民主还发扬得很不够，而不是太多，不是应当来纠偏。"还有人说："现在警惕的不是什么解放思想过头、民主过头的倾向，更不要来一次新的反右"，"'左'的东西还批得不够，如果提出反右，就会妨碍批'左'，影响思想解放，甚至可能走回头路。所谓'右'现在万万不能当做一种了不得的倾向来反的，至于个别出格的事例，靠实际工作引导就是了。对这类问题，思想上要保持清醒，但在理论宣传上，没有必要作为一种倾向公开提出来加以反对。"个别人提出，建议在报上辟一栏《民主墙》，选登大字报。还有人讲：到底什么叫社会主义现代化，什么叫资本主义现代化，谁能说得清楚，为什么要给现代化贴上什么"阶级"什么"主义"的标签呢？甚至还有人讲：对毛泽东思想也要一分为二，要从毛泽东思想也包含某些错误这个意义上来理解；还有人认为，"没有毛主席就没有新中国""毛主席的功绩怎么评价也不过分"，这两句话过头了。会上，许多同志都谈到，群众要求民主的呼声和行动中，出现的一些过分言论和不正确的行动，是难免的，多数还是教育引导问题。近一时期发生的无政府主义和极端民主化倾向甚至发生冲击党政机关等错误行为主要是林彪、"四人帮"破坏留下的后遗症还没有能够加以妥善解决造成的。但是，这些议论都没有谈到对极少数人煽动的这股思潮和错误行为如果不坚决制止，任其发展，势必动摇社会主义民主和人民民主专政的基础，破坏安定团结，使党的工作重点无法顺利地转移到社会主义现代化建设上来。可以说，会议的注意力主要还是集中在批判"左"的错误指导思想和理论方面，对来自右的干扰和破坏，处于麻痹状态，把反"左"反右对立起来了，特别是个别人不讲民主的阶级性，掩盖了这股思潮的严重危害性；对一些重大的理论问题的议论也缺少科学的分析。这反映出在如何对待右的倾向问题和一些重大原则问题上，思想理论战线上的认识存在较大的分歧。显然，这些思想认识和理论问题不解决，不可能排除错误倾向的干扰，顺利实现党中央刚刚确定的全党工作重点转移。

邓小平旗帜鲜明的回答

正是面对国内党内出现的这样一些新情况，特别是理论工作务虚会上的议论，引起了邓小平的高度警惕。他敏锐地察觉到问题的严重性，在1979年3月多次发表讲话、谈话，旗帜鲜明地提出了坚持四项基本原则的必要性。

他首先是在1979年3月16日党中央召开的高级干部的大会上，非常明确地指出必须维护毛主席这面伟大旗帜。他说，否定毛主席就是否定中华人民共和国，否定党的整个历史。没有毛主席，就没有新中国。这是历史。意思就是没有毛泽东思想来引导我们取得革命胜利，可能现在我们还在黑暗中苦斗。我们写文章，一定要注意维护毛主席这面伟大旗帜，绝不能用这样方式、那样方式伤害这面旗帜。国内外阶级敌人希望我们在这样的重大问题上陷入混乱。我们要告诉共产党员和人民，不要上当。现在的关键是安定团结。处理遗留的问题，为的是集中力量向前看。他针对一些知识青年要求安置而采取的过激行为，严肃指出，要告诉知识青年，这么闹，冲机关，结果会怎么样？过去的教训还不够吗？冲垮了，实现四个现代化还有什么希望？还有什么安定团结？所有领导机关都把精力用来对付这些事情，没有精力搞四个现代化了，人民生活的提高、国家经济的发展，还有什么希望？要讲局部与整体、眼前与长远的问题。这些问题要对全国人民进行教育。他说，现在有人对外国的什么人权运动那么羡慕，为什么不组织反驳？"民主墙"有人给卡特写信，拥护他的人权，帝国主义有什么人权！帝国主义杀了多少人，帝国主义在中国帮助蒋介石杀了多少人？帝国主义讲人权没有资格。为什么不拿这些活生生的事实来教育人民？他严肃指出，对煽动闹事的坏人，依法逮捕完全正确。邓小平的这个讲话首先向党的高级干部敲起了警钟，接着传达到党内县、团级干部，表明了中央的态度。

3月27日，他同胡耀邦、胡乔木等谈了他准备在理论工作务虚会上要着重阐述的一些主要观点和想法。他说，四个坚持现在该讲了。"到底社会主义公有制好，还是资本主义私有制好？只要我们的工作搞得好，按经济规律搞建设，肯定社会主义公有制比资本主义私有制好，社会主义比资本主义好。"讲党的领导，应该讲讲历史。没有共产党就没有新中国，没有共产党，就没有社会主义。我们碰到的哪一个难关不是在党的领导下克服的。对毛主席的评价必须讲。现在讲稿讲得不突出，分量不够。有了十月革命，接受了马克思列宁主义，才有了中国共产党，有了新中国。这些都同毛主席分不开。毛主席提出三个世界划分的理论，才使我们摆脱了国际孤立状态。没有无产阶级专政不行。要讲国际国内的现实条件，我们还要防止资本主义复辟。他说："民主法制问题，要展开讲。要结合分析几个非法组织的活动来讲，讲清楚什么是社会主义民主。结论是，不搞'四个坚持'行吗？"民主是高度集中指导下的民主，集中是高度民主基础上的集中。"要发扬民主，充分发挥人民的智慧，调动人民的积极性。只有在民主的基础上，才能解决官僚主义、长官意志。但是，没有民主基础上的高度集中，就不能做到这些。讲党的领导，强调要有统一领导，要有统一权威。没有党的统一领导，就没有效率。有了党的统一领导，只要这种领导是正确的，我们的调整会快，建设速度会快。不统一，一事无成。列宁非常强调集中统一，强调纪律。我们的革命战争也是在高度集中、高度纪律下打胜的。"

邓小平严厉指出，对非法组织要画像。民主墙实际上也是有纲领的。对利用发扬民主，利用民主墙搞坏事，卖情报，告洋状的人要取缔。要把少数坏人和群众分开。要动员群众同这些坏人做斗争。不制止闹事，不反对这些坏人，四个现代化没有希望。上海、北京一些非法组织的破坏活动、奇谈怪论，大多数人是反对的。上海那些带头闹事的人公开说，王洪文卧轨多少时间，解决了问题，我们卧轨的时间比王洪文还长，一定能解决问题。他们搞得就是林彪、"四人帮"那一套。这些人唯恐天下不乱。要告诉人们，特别是要告诉青年人不要受他们的蒙蔽。他们的本质、思想体系、组织目的，是针对社会主义，针对无产阶级专政，针对共产党，针对马列主义毛泽东思想的。

在这次谈话中，邓小平还对理论界存在的问题提出了批评。他说，思想理论战线不能说现在已真正实行了工作重点的转移，"有那么一种倾向，就是迷恋于算旧账。对三中全会的精神宣传得少，还出现了一些似是而非的提法，甚至是偏激的提法。这样不好，不利于团结一致向前看，不利于调动人民的积极性，不利于一心一意奔向四个现代化。为什么不多宣传党的好传统？……传统教育包括守纪律、勤劳、顾大局的教育。理论要为政治服务。国内现在最大的政治是团结一致向前看，一心一意奔向四个现代化。搞四个现代化，我们会遇到许多困难，要使群众做好准备。许多新的问题，需要理论界去研究，去回答，现在缺少这样的理论家。"

3月30日，邓小平受中央委托在理论工作务虚会上作了题为《坚持四项基本原则》的长篇讲话。他在批评怀疑三中全会路线的"左"的倾向的同时，着重揭露和批判了某些人以"社会改革"的名义鼓吹资本主义的实质，系统地阐述了实现四个现代化必须坚持四项基本原则的道理。鲜明地提出坚持四项基本原则，是实现社会主义四个现代化的基本前提，如果动摇了这四项基本原则中的任何一项，那就动摇了社会主义事业，整个现代化建设事业。

关于坚持社会主义道路。他讲了三点，一是"只有社会主义才能救中国"，是中国革命历史发展的必然结论。二是中国的经济、文化等目前比较落后，从根本上说，是帝国主义和封建主义造成的。社会主义革命已经使我国大大缩短了同发达资本主义国家在经济发展方面的差距。在三十年间我们取得了旧中国几百年、几千年所没有取得过的进步。现在我们总结了经验，纠正了错误，毫无疑问将会比任何资本主义国家发展得都快，并且比较稳定而持久。三是社会主义生产的目的是为了最大限度地满足人民的物质、文化需要，由于社会主义的这些特点，我国人民有共同的政治经济社会理想和道德标准。这些是资本主义国家所不可能有的。

关于坚持无产阶级专政。他说，无产阶级专政对于人民来说就是共同享受的社会主义民主。没有民主，就没有社会主义，就没有社会主义现代化。社会主义愈发展，民主也愈发展，这是确定无疑的。但是，对一切反社会主义的分子仍然必须实行专政。没有无产阶级专政，就不可能保卫从而也不可能建设社会主义。

关于坚持共产党领导。他说，没有中国共产党，就没有社会主义新中国。离开中国共产党的领导，谁来组织社会主义的经济、政治、军事和文化？谁来组织中国的四个现代化？取消党的领导，只能导致无政府主义，导致社会主义事业的瓦解和覆灭。

关于坚持马列主义、毛泽东思想。他说，我们坚持马列主义、毛泽东思想的基本原理和这些基本原理构成的科学体系。毛泽东思想过去是中国革命的旗帜，今后永远是中国社会主义事业和反霸权主义事业的旗帜。

在阐述四项基本原则的同时，他强调，绝不能容忍少数人把我们在建设社会主义的过程中出现过失误作为攻击和动摇四项基本原则的借口。

他特别提出一定要向人民和青年讲清楚民主问题。因为四项基本原则都同民主问题有关。宣传民主的时候，一定要把民主和集中、民主和法制、民主和纪律、民主和党的领导结合起来。如果离开四项基本原则，抽象地空谈民主，那就必然会造成极端民主化和无政府主义的严重泛滥，造成安定团结政治局面的彻底破坏，造成四个现代化的彻底失败。

他尖锐指出：把坚持四项基本原则同三中全会解放思想，发扬民主的方针对立起来，是完全错误的。"只有坚持我们党历来坚持的四项基本原则，坚决克服妨碍实现三中全会方针政策的不良倾向，我们才能坚定地向着我们的宏伟目标胜利前进。"

他强调，解放思想，就是要运用马列主义毛泽东思想的基本原理，研究新情况，解决新问题。就是四项基本原则在新的形势下也有新的意义，需要根据新的丰富的事实作出新的有说服力的论证。

邓小平这几次讲话、谈话，尖锐地揭示了在解放思想、发扬民主的幌子下出现的右的思潮，是对党的三中全会路线的严重干扰，是要彻底否定我们党一贯坚持的根本原则、根本立场；挑明了对这股思潮的揭露和抵制，是我们党在政治思想理论战线上面临的一场新的重大斗争。

从邓小平这几次的讲话、谈话中可以看出，四项基本原则虽然是我们党所一贯坚持的，但对这些原则作出这样的归纳和集中阐述，并把它概括为我们党在社会主义时期所坚持的基本原则，是前所未有的。这是邓小平从现实政治的实际出发，在回顾和总结历史经验的基础上，作出的科学论断。在全党工作重点刚刚转移到现代化建设上来的时候，邓小平对破坏安定团结的右的思潮的性质、危害的揭露，对坚持四项基本原则意义的阐述，是非常及时的；是对正确理解和贯彻三中全会解放思想，发扬民主方针的重要补充。虽然当时还没有明确把坚持四项基本原则表述为是三中全会路线的一个基本点，但实际上是把它摆到这个位置上来了，使三中全会路线形成了基本的轮廓。

邓小平与十一届五中全会

> 这次全会，真正做到了大家畅所欲言，真正体现了中央委员会的集体智慧和集体领导，在党的生活中树立了很好的风气。应该在全党各级领导机构中把这种风气推广下去。
>
> ——邓小平

邓小平说，思想路线政治路线的实现要靠组织路线来保证

十一届三中全会后，中国共产党顺应历史的飞速发展，层层推进了加强党的建设的进程。

十一届三中全会主要解决了政治路线和思想路线问题，同时，也开始着手解决组织路线问题，例如，让一批老同志出来工作，大规模地平反冤假错案，解决历史上遗留的问题等。十一届四中全会对中国共产党30年的历史作出了总的评价，并指出了进一步贯彻执行三中全会制定的路线、方针的政策的努力方向。与此同时，邓小平同志和中共中央也清醒地看到，党的组织状况与贯彻三中全会路线之间还存在着严重矛盾，"思想路线政治路线的实现要靠组织路线来保证"，"不进一步解决党的组织路线问题，政治路线、思想路线就得不到可靠的保证"。因

此，邓小平提出了进一步解决党的组织路线的战略任务。

1980年2月23日至29日，中国共产党十一届五中全会在北京召开。到会的中央委员118人，另有37人列席了会议。全会的议程共七项：

1. 讨论和通过关于提前召开十二大的决议；
2. 增选中共中央政治局常委，选举产生中央书记处；
3. 讨论《中国共产党章程（修改草案)》；
4. 讨论和通过《关于党内政治生活的若干准则》；
5. 讨论和通过《关于为刘少奇平反的决议》；
6. 讨论和通过汪东兴、纪登奎、吴德、陈锡联辞职的请求；
7. 通过取消"四大"（即大鸣、大放、大字报、大辩论）的建议。

重设书记处

坚持党的领导，就必须改善党的领导。也只有改善党的领导，才能有效地坚持和加强党的领导。从全党来说，首要的是要把党的中央和各级领导班子建设好。在五中全会上，中国共产党对改革自身的领导体制采取了进一步的措施。重设书记处就是其中重要的一项。

在中国共产党第八次全国代表大会上，曾经成立了以邓小平为总书记的书记处。在那些年的工作中，书记处发挥了很好的作用。但是，"文化大革命"中，成立了"中央文革小组"，冲掉了中央书记处。五中全会通过决议，决定重新设立书记处，从组织上拨乱反正，恢复中国共产党的优良传统。

设立书记处是基于两方面的考虑。一是为了改变权力过分集中于少数人甚至个人的状况。书记处是中央政治局和它的常务委员会领导下的经常工作机构。书记处的设立，使中共中央形成了中央书记处、中央政治局和中央政治局常委 3 个层次的领导体制，起到了分权、制约的作用，正像叶剑英、邓小平、陈云等在会上所说：中央书记处处于第一线，中央政治局和政治局常委处于第二线，这样做好处很多，除了有利于解决接班人问题之外，从战略上考虑，如果哪一个环节上出了问题，不会影响一群，比较能够经得起风险。

二是为了解决党的最高领导机关的交接班问题。在中国共产党的历史上，在国际共产主义运动史，始终没有解决好这个关系到党和国家命运的大问题。中国共产党虽然在理论上提出了接班人问题，但在实践中并没有解决好。九大把林彪当作接班人写进党章，林彪摔死了，又提出王洪文当接班人。实践证明，这种做法是失败的。五中全会吸取了历史的经验教训，重新成立中央书记处，准备集体接班，这样，就不致因个人出问题而影响全局，党和国家的命运就避免了由纯粹偶然因素而可能造成的大颠簸。因此，五中全会解决了一个人接班还是集体接班的问题。

在这次会上，邓小平还对书记处提出了进一步的要求，即建立分工负责制，提高工作效率。他说，我们强调集体领导，这次讲接班也是集体接班，这很好，很重要。但是，同时必须把分工负责制建立起来。集体领导解决重大问题；某一件事、某一方面的事归谁负责，必须由他承担责任，责任要专。应该说，过去我们的书记处工作效率不算低，原因之一就是做出决定交给专人负责，他确实有很大权力，可以独立处理问题。现在反正是画圈，事情无人负责，很容易解决的问题，一拖就是半年、一年，有的干脆拖得无影无踪了。办事效率太低，人民很不满意。邓小平提出，从重新建立书记处开始，中央和国务院要带头搞集体办公制度，不要再光画圈圈了。书记处和国务院的某些工作，不一定全体成员都参与，有几个人一议，就定了。上下都要讲究效率。

为刘少奇平反

有的人说："打倒刘少奇，是中国共产党历史上的最大冤案，最大的是非颠倒"。刘少奇被残酷迫害致死，因刘少奇问题受株连而被判刑的就有 2.8 万人。被批斗、关押的更是难以计数。"刘、邓资产阶级反动路线"，"刘、邓的孝子贤孙"等等五花八门的罪名，使占全国人口九分之一的人受到牵连、迫害。为刘少奇平反，关系到对十年"文化大革命"的历史评价，关系到前国家元首的荣辱是非，也关系到拨乱反正的根本大局。正如小平同志所说的"刘少奇同志的平反是一件很大的事。我们解决得很好。这件事可不可以早一点办呢？恐怕不行。但是现在再不解决，就可能犯错误。"

在为刘少奇平反过程中，坚持了对他的实事求是的评价，既为他彻底平反，不留尾巴，恢复他作为马克思主义者和无产阶级革命家、党和国家的主要领导人之一的名誉，同时又实事求是地承认刘少奇和其他同志一样，也有过错误并改正了。邓小平在全会上对此意味深长地说："我看这样好，符合实际。不要造成一个印象，好像别人都完全正确，唯独一个人不正确。这个话我有资格讲。因为我就犯过错误。一九五七年反右派，我们是积极分子，反右派扩大化我就有责任，我是总书记呀。一九五八年大跃进，我们头脑也热，在座的老同志恐怕头脑热的也不少。这些问题不是一个人的问题。我们应该承认，不犯错误的人是没有的。……只是错误有大小轻重的区别。"邓小平的这段话，提出了实事求是地评价历史人物功过的原则，既不夸大，也不缩小，既不溢美，也不掩过，恰如其分。这样就避免了肯定一切或否定一切的片面性。

取消"四大"

在实现四个现代化的伟大进程中，邓小平非常重视安定团结的问题。他说，没有一个安定团结的政治局面，就不能安下心来搞建设。而"四大"，即大鸣、大放、大字报、大辩论，从历史经验看，从来没有产生过积极的作用，是非常不利于安定团结的。所以邓小平非常赞成取消"四大"。1980年1月，他在中共中央召集的干部会议上指出，"四大"的做法，作为一个整体来看，从来没有产生积极的作用。应该让群众有充分的权利和机会，表达他们对领导的负责的批评和积极的建议，但是"大鸣大放"这些做法显然不适宜达到这个目的。

在五中全会上，邓小平进一步指出，取消"四大"，这在保障国家政治生活的安定方面，是一个很重要的问题。他说，一心一意搞四个现代化建设，必须一心一意地维护和发展安定团结、生动活泼的政治局面。这始终是摆在我们面前的一个十分重要的问题。我们建议取消宪法中关于"四大"的规定，就是为了这一点。取消宪法中关于"四大"的规定，并不是说不要发扬社会主义民主，而是由于多年的实践证明，"四大"不是一种好办法，它既不利于安定，也不利于民主。发扬社会主义民主，健全社会主义法制，两方面是统一的。发扬民主可以经过很多渠道来实现。但"四大"就决不能做到这一点。

五中全会只开了七天，但却完成了七项议程，效率是相当高的。正如邓小平所说的那样："这次会议的效率不算低，几天解决了这么多的问题，而且解决得比较好。中央全会带了个好头，我看我们的事业大有希望。"对整个会议，邓小平也给予了很高的评价。他说："这次会议解决的加强党的领导、改善党的领导的问题，包括加强中央常委的问题，建立中央书记处的问题，提出党章修改草案和制定党内政治生活的若干准则的问题等，是十分重要的。我们党是执政党。应该说，党的领导在相当一个时期受了损害。恢复我们党在全国各族人民中、在国际上的地位和作用，是摆在我们面前需要解决的非常重要的问题。我认为，这次全会为解决这个问题所通过的几个决定和文件，都是正确的。会议真正体现了我们党的实事求是的作风。

邓小平与《关于建国以来党的若干历史问题的决议》

> 我们原来设想，这个决议要高举毛泽东思想的伟大旗帜，实事求是地、恰如其分地评价"文化大革命"，评价毛泽东同志的是非功过，使这个决议起到像 1945 年那次历史决议所起的作用，就是总结经验，统一思想，团结一致向前看。我想，现在这个稿子能够实现这样的要求。
>
> ——邓小平

十一届三中全会以后，随着拨乱反正的全面展开，平反冤假错案工作的大规模进行和历史遗留问题的逐步解决，对新中国成立以后的历史经验进行认真全面地总结的时机逐渐成熟。另外，在纠正"左"的错误、拨乱反正的过程中，个人迷信的禁锢逐渐被打破，对毛泽东的功过是非与历史评价问题在一部分人中产生了思想混乱。有人出于对"左"倾错误危害的痛恨，把一切错误归罪于毛泽东本人，甚至简单地归罪于毛泽东的个人品质。这种错误看法，又被极少数反对"四项基本原则"的人所利用，进而否定党的领导和 30 年来的社会主义制度，造成了人们思想的混乱。因此，正确评价毛泽东的是非功过，科学阐明毛泽东思想，全面科学总结新中国成立以来历史经验具有紧迫的现实意义，同时也是彻底纠正整个"左"的错误，成功完成拨乱反正任务的关键。

起草《关于建国以来党的若干历史问题的决议》的工作是在邓小平亲自领导下进行的。从1979年11月组建起草小组到1981年6月十一届六中全会通过文件，前后用了近两年的时间。邓小平对决议起草工作非常重视，先后十多次召集历史决议起草组开会，对决议的起草和修改发表了许多重要指示，对决议的形成，起了决定性的指导作用。

1980年初，由胡乔木负责的起草小组请了各个方面的人士进行座谈，听取对起草决议工作的意见、建议，以及他们对一些重大问题的看法。经过反复讨论、酝酿后，起草了决议写作提纲，送给邓小平看。邓小平看后，觉得提纲铺得太宽，认为这个决议要避免叙述性的写法，要写得集中一些。对重要问题要加以论述，论断性的语言要多一些，当然要准确。

3月19日，他找来胡耀邦、胡乔木、邓力群，提出了自己的看法。

他说：中心的意思应该是三条。

第一，确立毛泽东同志的历史地位，坚持和发展毛泽东思想。这是最核心的一条。不仅今天，而且今后，我们都要高举毛泽东思想的旗帜。

第二，对建国三十年来历史上的大事，哪些是正确的，哪些是错误的，要进行实事求是的分析，包括一些负责同志的功过是非，要做出公正的评价。

第三，通过这个决议对过去的事情做个基本的总结。……这个总结宜粗不宜细。总结过去是为了引导大家团结一致向前看。

邓小平还对决议写作方法，甚至于写几部分都作了具体的要求。

根据邓小平谈话精神，起草组的同志对提纲进行了修改之后，又拿给邓小平看。4月1日上午，邓小平又把胡耀邦等人召来，谈自己对修改后的历史决议提纲的看法。

他首先分析总结了1957年到1966年十年中，我们党和国家发生的重要事件，从正反两个方面进行认真总结。他说：讲错误，不应该只讲毛泽东同志，中央许多同志都有错误。"大跃进"，毛泽东同志头脑发热，我们不发热？在这些问题上要公正，不要造成一种印象，别的人都正确，只有一个人犯错误。这不符合事实。中央犯错误，不是一个人负责，是集体负责。在这方面，要运用马列主义结合我们的实际进行分析，有所贡献，有所发展。

他接着说：提纲中的几条经验，意思都很好，看放在什么地方讲。整个设计，可不可以考虑，先有个前言，回顾一下建国以前新民主主义革命这一段，话不要太多。然后，建国以来十七年一段，"文化大革命"一段，毛泽东思想一段，最后有个结束语。结束语讲我们党还是伟大的，勇于面对自己的错误，勇于纠正自己的错误。

最后他强调：决议中最核心、最根本的问题，还是坚持和发展毛泽东思想。党内党外、国内国外都需要我们对这一问题加以论证，加以阐述，加以概括。

根据邓小平"尽快搞出个稿子来"的指示，决议起草小组夜以继日，终于赶出决议的初稿。

这个初稿拿给邓小平看后，小平并不满意，认为不行，要重新来。因为，这篇草稿没有完全体现出原来的设想——确立毛泽东同志的历史地位，坚持和发展毛泽东思想。虽然1957年以前的几部分，事实差不多，但是叙述的方法、次序，特别是语调，要重新斟酌。总之，邓小平感觉整个稿子太沉闷，不像个决议。所以要进行修改，"工程比较大"。

6月27日，邓小平又同胡耀邦、胡乔木、姚依林、邓力群等人谈话，他说：要说清楚关于社会主义革命及建设，毛泽东同志有哪些贡献。他的思想还在发展中。我们要恢复毛泽东思想，坚持毛泽东思想，以致还要发展毛泽东思想，……要把这些思想充分地表达出来。

邓小平随即列举了毛泽东的一些重要文章，如《论十大关系》《关于正确处理人民内部矛盾的问题》《一九五七年夏季的形势》等，告诉起草小组负责人，这些重要文章都要写到。因为这些都是我们今天要继续坚持和发展的。从而给人们"一个很清楚的印象，究竟我们高举毛泽东思想旗帜、坚持毛泽东思想，指的是些什么内容。"

他还说：重点放在毛泽东思想是什么、毛泽东同志正确的东西是什么这方面。错误的东西要批评，但是要很恰当。单单讲毛泽东同志本人的错误不能解决问题，最重要的是一个制度问题。毛泽东同志说了许多好话，但因为过去一些制度不好，把他推向了反面。毛泽东同志晚年在理论和实践上的错误，要讲，但是要概括一点，要恰当。主要的内容，还是集中讲正确的东西。因为这符合历史。

他以商量的口气提出：是不是结语写一段我们还要继续发展毛泽东思想。比如毛泽东同志多次不赞成歌功颂德。"我们现在的中央所坚持的这一套，就是毛泽东思想，当然我们也有具体化的内容。"

在这次谈话中，邓小平还提到对"两个凡是"要进行批评的问题。

这次谈话以后，决议起草小组按照邓小平的意见对初稿作了较大的修改，形成了一个草稿。在经过反复讨论修改，并在小范围内征求意见后。10月初，中共中央又组织了4000名高级干部对草稿进行讨论，征求进一步修改意见。讨论中，大多数同志对这次草稿中历史地科学地评价毛泽东与"文化大革命"，对于肯定毛泽东思想，表示了赞同的意见。

也有些同志提出了不大正确的意见，有的甚至相当极端。

邓小平看了有关情况的简报，首先肯定大家"畅所欲言，众说纷纭，有些意见很好"。

针对讨论中出现的极端意见，邓小平觉得必须予以澄清。

10月25日，他召集胡耀邦以及负责起草的胡乔木、邓力群等人谈话，明确阐明了自己对那些极端意见的看法。他对几位同志说：关于毛泽东同志功过的评价和毛泽东思想，写不写、怎么写，的确是个非常重要的问题。不提毛泽东思想，对毛泽东同志的功过评价不恰当，老工人通不过，土改时候的贫下中农通不过，同他们相联系的一大批干部也通不过。毛泽东思想这个旗帜丢不得。

他说：对毛泽东同志的评价，对毛泽东思想的阐述，不是仅仅涉及毛泽东同志个人问题，这同我们党、我们国家的整个历史是分不开的。要看到这个全局。这是我们从决议起草工作开始的时候就反复强调的。决议稿中阐述毛泽东思想的这一部分不能不要。这不只是个理论问题，尤其是个政治问题，是国际国内的很大的政治问题。如果不写或写不好这个部分，整个决议都不如不做。

他缓和了一下语气，说：当然，究竟怎么个写法好，还要认真研究大家的意见。但是，不管怎么写，还是要把毛泽东同志的功过，把毛泽东思想的内容，把毛泽东思想对我们当前及今后工作的指导作用写清楚。对于错误，包括毛泽东同志的错误，一定要毫不含糊地进行批评，但是一定要实事求是，分析各种不同情况，不能把所有的问题都归结到个人品质上。对于毛泽东同志的错误，不能写过头。写过头，给毛泽东同志抹黑，也就是给我们党、我们国家抹黑。这是违背历史事实的。

1981年3月，邓小平在看完决议的修改稿后，认为，决议稿的轮廓可以定下来了。18日，他又一次召集起草小组负责同志，对他们说：建国头七年的成绩是大家一致公认的。我们的社会主义改造是搞得成功的，很了不起。"文化大革命"前的十年，应当肯定，总的是好的。这中间有过曲折，犯过错误，但成绩是主要的。

3月24日，邓小平到中南海陈云住处，看望陈云。陈云对修改决议稿提出了两条意见。一是专门加一篇话，讲讲解放前党的历史，写全党的60年。这样，毛泽东同志的功绩、贡献就会概括得更全面，确立毛泽东同志的地位，坚持和发展毛泽东思想，也就有了全面的根据。二是建议中央提倡学习，主要是学习马克思主义哲学，重点是学习毛泽东同志的哲学著作。

邓小平对此意见很重视，3月26日，立即又召集起草小组负责人谈话，把陈云的意见转告了起草小组。他说：陈云同志说，他学习毛泽东同志的哲学著作，受益很大。毛泽东同志亲自给他讲过三次要学哲学。现在我们的干部中很多人不懂得哲学，很需要从思想方法、工作方法上提高一步。也要学点历史。特别是中国革命、中国共产党的历史。邓小平叮嘱说，历史决议中关于毛泽东同志对马克思主义哲学的贡献，要写得更丰富，更充分。

1981年4月7日，邓小平再一次找起草小组负责人邓力群谈话，谈了他对"文化大革命"中一些问题的意见。他说：决议稿已经经过几轮的讨论。讨论中间有许多好意见，要接受。要承认八届十二中全会、"九大"的合法性。不然就等于说这一段时间党都没了。这不符合实际。

为了进一步修改好决议稿，5月，中共中央政治局又邀请了40多位同志对决议稿进行讨论。在讨论的基础上，起草小组的20多位同志又进行了反复修改，终于拿出了一个比较成熟的稿子。

1981年5月19日，邓小平在中共中央政治局扩大会议上要求，要把决议稿尽快拿出来，不能再晚了，晚了不利。他认为，这个稿子是根据一开始就提出的三项基本要求写的。现在的稿子，是合乎三项基本要求的。缺点就是长了一点，压缩点篇幅，就更好了。他提议，再开一次政治局扩大会议，七十几个人，花点时间，花点精力，把稿子推敲得更细致些，改得更好一些，把它定下来；定了以后，提到六中全会。设想就在纪念建党60周年时发表。

他说：总之，中心是两个问题，一个是毛泽东同志功绩是第一位，还是错误是第一位？第二，我们三十二年，特别是"文化大革命"前十年，成绩是主要的，还是错误是主要的？还有第三个问题，就是这些错误是毛泽东同志一个人的，还是别人也有点份？这个决议稿中多处提到我们党中央要承担责任，别的同志要承担点责任，恐怕这比较合乎实际。第四，毛泽东同志犯了错误，这是一个伟大的革命家犯错误，是一个伟大的马克思主义者犯错误。

1981 年 6 月，中共中央六中全会预备会议又对决议稿进行了认真、细致地讨论。22 日，邓小平在会上再次谈了他对稿子的看法。他说：总的来说，这个决议是个好决议，现在这个稿子是个好稿子。我们原来设想，这个决议要高举毛泽东思想的伟大旗帜，实事求是地、恰如其分地评价"文化大革命"，评价毛泽东同志的功过是非，使这个决议起到像 1945 年那次历史决议所起的作用，就是总结经验，统一思想，团结一致向前看。我想，现在这个稿子能够实现这样的要求。

讲话中他仍然强调如何正确地评价毛泽东这个核心问题，告诉大家说，在前一阶段时间里，对毛泽东同志有些问题的议论讲得太重了，应该改过来。这样比较合乎实际，对我们整个国家、整个党的形象也比较有利。对毛泽东同志的评价，原来讲要实事求是，以后加一个要恰如其分。

1981 年 6 月 29 日，中共中央十一届六中全会对决议进行了审议，经过充分地讨论，全会一致通过了这个决议。全会认为：决议实事求是地评价了毛泽东同志在中国革命中的历史地位，充分论述了毛泽东思想作为我党的指导思想的伟大意义。

邓小平亲自主持起草的这个重要的历史决议，科学地评价了毛泽东和毛泽东思想，对统一全党的思想，动员全国人民团结一致，振兴中华，起到了不可估量的重要作用。

江泽民在党的十四大上，对这个决议作了高度评价，他说："十一届六中全会专门作出关于建国以来党的若干历史问题的决议，根本否定了'文化大革命'和'无产阶级专政下继续革命'的理论，同时坚决顶住否定毛泽东同志和毛泽东思想的错误思想，维护了毛泽东同志的历史地位，肯定了毛泽东思想的指导作用。随着国内局势的发展和国际局势的变化，越来越显示出党作出这个重大决策的勇气和远见。"

邓小平与农村改革

> 当前最迫切的是扩大厂矿企业和生产队的自主权，使每一个工厂和生产队能够千方百计地发挥主动创造精神。
>
> ——邓小平

邓小平说，中国的改革是从农村开始的，这个发明权是农民的。

农民们却这样认为，没有邓小平，改革是搞不起来的，即使搞起来了也会夭折。一位在农村工作了几十年的县委书记曾这样说道："改革农村生产经营方式，农民们追求了几十年，光是生产队的评工记分方法，就先后变换过四百多种，但在人民公社的体制下，怎么变都不能从根本上解决问题。60 年代初期，农民们就想搞包产到户，搞责任田，搞了三次，三次都被当作资本主义批判下去了，许多干部为此受到无情打击。1978 年这一次又搞了，而且搞成功了。这是为什么？就是因为有了思想解放运动，有了实践是检验真理唯一标准的大讨论。归根到底，靠的是邓小平的启发和支持。"

党的十一届三中全会吹响了农村改革的号角。

农业问题是中央工作会议和三中全会讨论的一个重要问题。会议主要讨论中共中央《关于加快农业发展若干问题的决定（草案）》和《农村人民公社工作条例（试行草案）》两个文件。随着会议对"两个凡是"禁区的突破，人们的思想也越来越解放。与会代表对我国农业的现状进行了深刻的反省，很多人在会上对这两个农业文件表示不满。认为文件既没有实事求是总结新中国成立以来农业战线的经验教训，又没有实事求是地指出当前的问题。在与会代表们的强烈要求下，会议对这两个文件作了较大的修改。特别是对《关于加快农业发展若干问题的决定（草案）》进行了改写。最后提出了发展农村生产力的 25 条措施。虽然在会议原则通过的文件中也还沿用了一些"左"的传统提法，作了一些不合时宜的规定，如禁止分田单干，不许包产到户等等。但由于整个会议的主题是解放思想，实事求是。参加会议的各地负责同志对今后回去应该怎么做心里也有底，他们会从当地的实际出发，采取能够解决问题的办法，去发展农村生产力，也就不在乎文件中怎么说。何况文件还规定了"可以在生产队统一核算和分配的前提下，包工到作业组，联系产量计算劳动报酬，实行超产奖励"。邓小平在中央工作会议闭幕会上的讲话中讲道："当前最迫切的是扩大厂矿企业和生产队的自主权，使每一个工厂和生产队能够千方百计地发挥主动创造精神。一个生产队有了经营自主权，一小块地没有种上的东西，一小片水面没有利用起来搞养殖业，社员和干部就睡不着觉，就要开动脑筋想办法，全国几十万个企业，几百万个生产队都开动脑筋，能够增加多少财富啊"。讲话为正在起步发展中的农村改革注入了强大的推动力。

养五只鸭子就是资本主义，怪得很

确实是这样。1977 年 7 月邓小平第三次复出后，针对我国农业发展状况，对农村的体制问题进行了深入的思考。他说，1958 年 "大跃进" 一哄而起搞人民公社化，片面强调 "一大二公"，吃大锅饭，带来大灾难。"文化大革命"就更不用说了。粉碎"四人帮"后，还徘徊了两年，基本上因循"左"的错误，一直延续到 1978 年。从 1958 年到 1978 年整整 20 年里，农民和工人的收入增加很少，生活水平很低，生产力没有多大发展。中国的农业问题太严重了。特别是中国农民的贫穷生活给这位 70 多岁的老人很深的感触。他这样动情地说过，我们太穷了，太落后了。外国人议论，中国人究竟还能忍耐多久，很值得我们注意。我们的人民是好人民，忍耐性已经够了。我们现在必须发展生产力，改善人民的生活条件。

四川是邓小平的家乡，也是中国农村进行改革较早的省份之一。这个素有"天府之国"美称的农业大省，在"左"倾思潮的影响下，农民的生活也很穷困。粉碎"四人帮"后，省委结合本省的实际，采取了一些措施，使农业生产在一定程度上得到恢复。他们采取的一些措施当时也遭到了来自上面的一些非议。1978 年 1 月底 2 月初，邓小平出访尼泊尔，途经成都时作了短暂停留，在听取中共四川省委汇报工作时说：农村和城市都有个政策问题。我在广东听说，有些地方养三只鸭子就是社会主义，养五只鸭子就是资本主义，怪得很！农民一点回旋余地没有，怎么能行？农村政策、城市政策，中央要清理，各地也要清理一下，自己范围内能解决的，先解决一些。总要给地方一些机动。这番话对当时深感有思想压力的省委领导来说如释重负。同年 8 月，他又一次谈到四川农村的情况，他肯定四川农业的发展是政策对头。所谓政策，还是老政策，无非是按劳分配，这是最根本的，不吃大锅饭，按劳分配，再加上点小自由，如养鸡，给少量的自留地，一年就搞起来了，两年就翻身了。

1978 年 9 月邓小平的东北之行，多次谈到农村问题。他说，一个公社有自己的条件，有自己的情况，一个大队有自己的条件，有自己的情况，有一般，也有特殊，大量的是特殊，更重要的是要根据自己的特殊情况考虑问题。邓小平对当时全国农业学大寨、普及大寨县的提法表示了不同看法：不论搞农业、搞工业、搞现代化，都要实事求是，老老实实。学大庆、学大寨要实事求是。大寨有些东西不能学，也不可能学。比如他评工记分，一年搞一次，全国其他人民公社、大队就不可能这样做，取消集贸市场也不能学，自留地完全取消也不能学。小自由完全没有了，也不能学。所有在一个县、在一个公社工作的同志，都要根据一个县、一个公社的条件，大队也要根据大队条件搞好工作。要鼓励哪怕一个生产大队、一个生产队很好地思考，根据自己的条件，怎样提高单位面积产量，提高总产量，还有技术方面、多种经营方面，那些该搞的还没有搞，怎么搞，这样发展就快了。大寨是毛泽东在农业战线树立起来的一面红旗，是全国农村人民公社学习的榜样。大寨的那些做法在当时被宣传为最具社会主义特征的，在那个年代，人们心有余悸，尽管对大寨的做法不赞成，但有话也不肯说，不敢说，不直说，甚至继续说一些言不由衷的假话，谁要说不学大寨，弄不好就会被扣上走资本主义道路的帽子。邓小平的这个讲话，如一石激起千层浪，解放了人们的思想。细心的人也不难看出，后来在三中全会通过的两个农业文件中，已经不再提"农业学大寨"的口号了。

要不拘形式，千方百计地使农民富起来

三中全会对于中国改革只是开了个头，接踵而至的还有许多困难，率先开始的农村改革就不是一帆风顺的。

三中全会后，全国各地落实全会的精神和有关农业的两个文件，积极试行各种形式的责任制。

四川、云南搞了包产到组；

广东农民实行了"五定奖"；

特别是安徽，迈出的步子比一般省份要大。

1979年1月《人民日报》陆续报道了这四个省实行生产责任制的情况，随之而来也引发了一场激烈的争论。3月15日，《人民日报》在头版头条位置刊登了署名"张浩"的《"三级所有，队为基础"应当稳定》的来信和"编者按"。来信认为"三级所有，队为基础"符合当前农村的实际，应当稳定，不能随便变更。轻易地从"队为基础"退回去，搞分田到组，是脱离群众、不得人心的，也会给生产造成危害。《人民日报》的编者按指出："已经出现分田到组、包产到组的地方，应当正确贯彻执行党的政策，坚决纠正错误做法。"中央人民广播电台也向全国播发了这一消息。

消息一经传出，引起的震动很大，有的人认为，这是中央的新精神，还有人认为"三中全会的精神偏了，该纠正了"。在干部群众中产生了思想混乱，一些地方立即停止了"包工到组、包产到组"的推行。有些地方由于拿不定主张，由此影响了春耕。

3月30日，《人民日报》同样在头版位置刊登了安徽省农委的来信。这封信是中共安徽省委书记万里指示省农委写的，来信指出，应当正确看待联产责任制，强调定产或包产到组都是符合中央两个农业文件的精神。《人民日报》同样加了"编者按"，承认3月15日的来信和"编者按"中有些提法不够准确，今后应当注意改正。同时提出，各地情况不同，怎样搞好责任制应当和当地干部群众商量，切不可搞"一刀切"，更不能搞某一种形式，否定或禁止另一种形式。

争论从报纸上延续到1979年4月中央工作会议的会场上。明确表态支持实行"包工到组、包产到组"的省委书记在会上仍是少数派。安徽省委书记万里在会上说：你们走你们的阳关道，我走我的独木桥。两个月后五届人大二次会议期间，万里找到了陈云，陈云对安徽的做法表示举双手赞成。这年的7月，邓小平去了安徽，登上了黄山。他听完了万里的汇报后说：你就这么干下去，实事求是地干下去，要不拘形式，千方百计使农民富起来。

万里心里有了底。而且年初凤阳县小岗村 18 户农民偷偷地搞起的"包产到户"，年底有了硕果，远村近邻纷纷仿效，到 1980 年，凤阳、肥西几乎全县，以及邻近的不少县，都实行了包产到户，全国不少省也开始实行包产到户的这种责任制形式。

随着包产到户从暗处走到明处，从个别省份走到全国许多省，由此引起的责难也纷至沓来。关键时刻，邓小平说话了：农村政策放宽以后，一些适宜搞包产到户的地方，搞了包产到户，效果很好。情况变化很快。安徽肥西绝大部分搞包产到户，增产幅度很大。针对当时党内外一些同志的担心，邓小平说，我们总的方向，还是发展集体经济。"大跃进"时，高级社还不巩固，又普遍搞人民公社，60 年代初不得不退回去，退到以生产队为基本核算单位。他认为，总的说来，农业上主要还是思想解放不够。除集体化这个问题外，还有因地制宜。所谓因地制宜，就是说那里适宜发展什么就发展什么，不适宜发展什么就不要去硬搞。还是老框框，思想不解放。

邓小平的这个讲话，彻底拨开了阻碍农村改革的重重迷雾。根据这个精神，9 月，中央召开了各省、市、自治区第一书记座谈会，讨论关于进一步加强和完善农业生产责任制的几个问题。会议分析了农业集体化过程中的一些曲折和失误，认为，由于集体化运动中的缺陷，由于有极左路线的干扰，由于很长时期党的工作重点没有转移到经济建设上来，目前集体经济的物质技术基础还是比较薄弱的，人民公社的体制、结构方面也存在需要改革和完善的问题。经营管理工作更是一个突出的薄弱环节。对于包产到户应当区别不同地区、不同社队采取不同的方针。群众对集体丧失信心、因而要求包产到户的，应当支持群众的要求，可以包产到户，也可以包干到户，并在一个较长时间内保持稳定。

会后中央发出通知，第一次郑重地肯定了大包干和包产到户的改革行动。认为它不会脱离社会主义轨道，没有什么复辟资本主义的危险。这样以包产到户，家庭联产承包责任制为特征的农村改革在全国全面铺开。

邓小平与金融改革

金融改革的步子要迈大一些。要把银行真正办成银行。我
们过去的银行是货币发行公司，是金库，不是真正的银行。

——邓小平

必须把银行办成真正的银行

改革高度集中的计划经济体制，使经济运行走向市场化，这是中国
经济改革的基本思路。适应市场化改革的需要，传统的金融体制必须进
行改革。对此，在经济改革的初期，实行扩大企业自主权后，为解决资
金使用效率、合理有效地使用资金问题，邓小平就提出金融改革问题。
1978 年 8 月 9 日，邓小平视察天津。当市委汇报到资金不足时，他指
出：国家分配资金不是好办法。今后可以搞银行贷款的办法，不搞国家
投资。搞国家投资那是懒办法。贷款，要拿利息，他就精打细算了。邓
小平在此明确提出了在资金使用上要变财政无偿拨款为银行贷款，从而
改变企业资金来源的供应方式。这种变化必然强化金融在国民经济中的
作用，进而带来银行制度的改革。1979 年 10 月 4 日，在中共省、市、
自治区委员会第一书记座谈会上，邓小平明确提出"必须把银行真正
办成银行"。他指出："必须把银行真正办成银行。现在每个省市都积

压了许多不对路的产品，为什么？一个原因就是过去我们的制度是采取拨款的形式，而不是银行贷款的形式。这个制度必须改革。任何单位要取得物资，要从银行贷款，都要付利息。"邓小平在这里所说的"必须把银行真正办成银行"，其含义就是银行要成为一个经营货币的企业，它向企业提供的资金是有偿的，到期后要连本带利收回。10月8日，也是在中共省、市、自治区委员会第一书记座谈会上，邓小平再次指出：是否设想这么一个问题，把财政制度改为银行制度，把银行作为发展经济、更新技术的杠杆。银行本来就是要生利的，可是我们现在的银行只是算账，当会计，并没有真正起银行的作用。比如，一个企业，应该向银行借支，银行收利息。从法律上讲，你不偿付，要赔款的。要有经济法律。银行本身就是讲利钱，要不然那个银行办什么？邓小平在此明确指出了银行是一个盈利性的企业。企业同银行的关系是一种企业间的商品交换关系。企业以一定的利息为价格买入一定时期内的资金使用权，到期后再将资金及所付的价格还给银行。

以银行贷款的方式向企业提供资金，不仅可以通过资金的有偿使用促使企业提高运用资金的效率，而且也有利于企业较为及时地取得生产经营活动中所需的资金。1979年10月8日，在中共省、市、自治区委员会第一书记座谈会上，邓小平指出：一个县或一个队里的小工厂，改造一下，当地银行解决一千元、两千元就顶事，很快能上去。银行很好解决贷款，又能得利息。如果我们搞得很活，我们的银行要扩大。建设银行一定要搞起来。银行要直接开辟门路，直接去办。不要只坐在那里收发、算账，要做生意。搞建设银行，给企业自主权有一个活动余地。短期贷款，小项目的贷款，技术革新贷款，一下子解决了。邓小平的这段话是针对传统体制下资金由国家统一计划分配的管理方式而言的。这里重点强调了银行在调节社会资金流向，合理分配和使用资金方面的重要作用。因为，在传统的计划体制下，企业所需资金不仅由财政无偿拨付，而且还要列入国家计划，通过层层申报和层层审批后才能取得生产经营活动中所需资金，这里要经过一个较长的时期。但如果企业所用资金由银行贷款解决，就可以免去部分繁杂的申请和审批手续，使企业较快地得到生产经营活动中所需的资金。因为当企业需要资金时，企业可以向银行提出申请，银行审核后，就可以视企业生产经营的状况及对资金的需要情况，及时向企业提供贷款，保证企业在生产经营活动中对资金的需要。1980年，国家决定改革基本建设投资管理办法，由原来的财政无偿拨款改为银行贷款，即"拨改贷"，实行国家投资资金的有偿使用，并批准成立中国人民建设银行，专门管理国家基本建设投资贷款。这是我国金融体制的一项重要改革。1986年12月19日，邓小平听取几位中央负责同志汇报当前经济情况和明年改革设想时重申："金融改革的步子要迈大一些。要把银行真正办成银行。我们过去的银行是货币发行公司，是金库，不是真正的银行。"

证券、股市……要坚决地试

金融改革不仅是银行制度本身的改革，而且还包括证券市场的发育及完善。1986年11月14日，邓小平会见前来参加中美金融研讨会的纽约证券交易所董事长范尔霖一行。邓小平向客人介绍了中国的发展目标和对外开放政策，并强调指出：我相信通过中美两方面的共同讨论对金融市场的发展会有益处的。邓小平在此明确指出了中国要发展金融市场。证券市场作为金融市场的重要组成部分，在发展金融市场的同时，必然要发展证券市场。但对于发展证券市场，有相当一部分人持有异议，认为这是资本主义的东西，是少数拥有雄厚资本实力的投机家侵吞他人财富的场所。由于这种观念上的认识，必然影响到证券市场的发展。对此，邓小平在南方谈话中明确指出："证券、股市，这些东西究竟好不好，有没有危险，是不是资本主义独有的东西，社会主义能不能用？允许看，但要坚决地试。看对了，搞一两年对了，放开；错了，纠正，关了就是了。关，也可以快关，也可慢关，也可以留一点尾巴。怕什么，坚持这种态度就不要紧，就不会犯大错误。总之，社会主义要赢得与资本主义相比较的优势，就必须大胆吸收和借鉴人类社会创造的一切文明成果，吸收和借鉴当今世界各国包括资本主义发达国家的一切反映现代社会化生产规律的先进经营方法、管理方法。"邓小平的这段论述肯定了中国要发展证券市场，并强调指出社会主义必须大胆吸收和借鉴人类社会创造的一切文明成果。邓小平的这段论述是非常正确的。实际上，证券市场并不是资本主义的东西，它是现代市场经济中不可缺少的重要组成部分，是资源进行市场化配置的必然结果。当然，中国的证券市场究竟是个什么样子，这需要人们在实践中进行探索。需要我们大胆地试，大胆地闯。在探索的过程中，必然要出现各种各样的问题，但这绝不能成为否定证券市场发展的依据。

金融很重要

随着中国经济改革的深化，邓小平进一步认识到金融在现代经济中的作用。1991 年 1 月 28 日至 2 月 28 日，邓小平视察上海。在同上海市负责同志谈话中，他强调指出："金融很重要，是现代经济的核心。金融搞好了，一着棋活，全盘皆活。上海过去是金融中心，是货币自由兑换的地方，今后也要这样搞。"邓小平的这段论述是对金融在现代经济生活中的作用的评价和定位。亚洲的金融危机验证了邓小平的这一论断。1997 年，亚洲一些国家爆发了金融危机。金融危机给这些国家的经济造成严重影响，导致其经济全面衰退，甚至出现经济负增长。金融危机的结果使人们进一步认识到金融在一国经济中所起的重要作用。

"金融搞好了，一着棋活，全盘皆活。"相反，若金融危机，则是经济的全面危机。因此，避免金融危机，化解金融风险，已成为政府宏观调控的重要目标。

综观邓小平关于金融改革问题的论述及中国金融改革的实践，我们可以看出，邓小平关于金融改革问题的论述指明了中国金融改革的方向。关于银行改革，按照"要把银行真正办成银行"的改革思路，原来的中国人民银行被分为中国人民银行和四大专业银行。前者作为专门管理金融机构的行政机关；后者则为经办具体业务的专业银行。专业银行实行企业化管理，后来又发展成为国有商业银行和各种政策性银行。国有商业银行正逐步成为真正经营货币的企业。各种政策性银行以执行国家宏观经济政策为目标来开展自己的经营活动。同时，国家还批准成立了一些地方性银行、股份制银行、外资银行以及各种非银行的金融机构。资本市场主要是同业拆借和证券市场。它们均得到了较快的发展，并且日趋完善。通过这些金融改革，中国已建立起适应整个经济体制改革要求的比较完备的金融体系。

邓小平与中国现代化发展战略

> 我们要实现的四个现代化,是中国式的四个现代化。我们
> 的四个现代化的概念,不是像你们那样的现代化的概念,而是
> "小康之家"。
>
> ——邓小平

"小康" 目标的提出

1979 年 12 月 6 日,邓小平在人民大会堂接见了来华访问的日本首
相大平正芳。这次不寻常的会谈,对中国的经济发展战略产生了极其深
远的影响。

会谈中,大平正芳问道:中国的现代化规划确实是十分宏伟动人
的。但是我想知道你们的现代化的蓝图是如何构思的? 中国将来会是什
么样的情况。

大平正芳是一位成熟老练的政治家。60 年代,他在日本池田内阁
担任内阁官房长官。在日本经济增长速度的问题上,制定出国民经济倍
增计划,这个计划在 70 年代得以实现,使得日本国民生产总值的增长
速度超过了所有的西方国家。

今天他提出这样的问题绝非一般。

邓小平吸着烟，陷入了沉思。

思考了片刻，他缓缓地回答道：我们要实现的四个现代化，是中国式的四个现代化。我们的四个现代化的概念，不是像你们那样的现代化的概念，而是"小康之家"。到本世纪末，中国的四个现代化即使达到了某种目标，我们的国民生产总值人均水平也还是很低的。要达到第三世界中比较富裕一点的国家的水平，比如国民生产总值人均 1000 美元，也还得付出很大的努力。就算达到那样的水平，同西方来比，也还是落后的。所以，我只能说，中国到那时也还是一个小康的状态。当然，比现在毕竟要好多了。到了那时候，我们有可能对第三世界的贫困国家提供更多一点的帮助。那个时候，中国国内市场比较大了，相应的，与国外的经济交往，包括发展贸易，前景就更加宽广了。有人担心，如果中国那时候稍微富一点了，会不会在国际的竞争中起很大的作用？既然中国只是个小康的国家，就不会发生这样的问题。我们发展到台湾现在的国民生产总值人均水平，也不会对国际市场产生什么威胁，因为自己的需要多了。

这虽然只是邓小平经过了短暂的思考后而作出的回答，但他的"小康"思想的提出，绝非偶然，是经过深思熟虑的。这一思想反映了全党全国人民几十年来建设社会主义的实践和探索，凝聚了全党的思考。邓小平是在这个基础上作了高度的概括。

新中国成立以来，为使我国能够成为一个现代化强国，我们党一直在不断地对我国现代化发展目标蓝图进行规划和设计。1954 年，在第一届全国人大会上，毛泽东就号召全党和全国人民，要准备在几个五年计划之内，将我们现在这样一个经济上、文化上落后的国家，建设成为一个工业化的具有高度现代文明程度的伟大国家。1964 年 12 月，根据毛泽东的建议，国务院总理周恩来在三届全国人大一次会议的政府工作报告中，第一次完整地提出了四个现代化的目标，即在不太长的历史时期内，把我国建设成为具有现代农业、现代工业、现代国防和现代科学技术的社会主义强国。1975年在第四届全国人大一次会议上，周恩来重申了这一目标，并提出了发展我国国民经济的两步走的设想：第一步，在1980年以前，建成一个独立的比较完整的工业体系和国民经济体系；第二步，在本世纪内实现农业、工业、国防和科学技术现代化，使我国国民经济走在世界前列。但是，由于长期以来，我们党在指导思想上存在着"左"的错误认识，忽略发展生产力，提出了一些过高的、不切实际的目标和口号，影响了现代化建设的发展。

1978年，邓小平访问了日本、朝鲜、泰国、马来西亚、新加坡等国家，1979年初又访问了美国，这些外事活动使他清楚地看到了中国与世界的距离。1978年10月24日，在参观了日本日产汽车公司后，他说：我懂得什么是现代化了。

1979年3月30日，邓小平在党的理论工作务虚会上提出了一个非常重要的论断："中国式的现代化，必须从中国的特点出发"。他在分析中国的国情时说：第一，中国底子薄基础差，科学技术力量不足，经济上属于很贫穷的国家之一；第二，中国人口多，耕地少，人口压力大，资源短缺，这就成为中国现代化建设必须考虑的特点。

同年10月，邓小平在省市自治区党委第一书记座谈会上，又对实现"中国式的现代化"作了进一步解释。他说：我们开了大口，本世纪末实现四个现代化。后来改了口，叫中国式的现代化，就是把标准放低一点。我们到本世纪末国民生产总值能不能达到人均上千美元？现在我们的国民生产总值人均大概不到300美元，要提高两三倍不容易。我们还要艰苦奋斗。

由此看来，邓小平在会见大平正芳时所提出的小康问题，不是偶然的、随意的，而是经过了长期的考虑和酝酿的。

关于小康思想，邓小平后来多次进行了阐述。他说，小康水平就是

"不穷不富，日子比较好过"。"我们提出四个现代化的最低目标，是到本世纪末达到小康水平。所谓小康，从国民生产总值来说，就是年人均达到800美元。这同西方发达国家相比还是低水平的，但对我们来说是雄心壮志。中国现在有10亿人口，到那时候12亿人口，国民生产总值可以达到1万亿美元。如果按资本主义的分配方法，绝大多数人还摆脱不了贫困落后状态，按社会主义的分配原则，就可以使全国人民普遍过上了小康生活。"

"中国式的现代化""小康社会"概念的提出，对中国经济发展产生了重大影响。1981年党的十一届六中全会正式提出，从我们国情出发，量力而行，有步骤、分阶段地实现现代化。1982年党的"十二大"，把小康目标进一步确定为全党全国人民到本世纪末的奋斗目标。总之，邓小平提出的小康目标，是依据我国的国情，为中国现代化进程制定的一个阶段、一个最低目标。这个目标更加实际，更加符合中国的国情，有力地调动了全国人民积极投身到现代化建设的伟大事业中，成为鼓舞人民的巨大精神力量。

小康目标的落实

小康目标提出以后，这个目标能不能落实，能不能实现，邓小平心里放不下。1980年的盛夏，他亲自来到四川、湖北、湖南、河南等地进行视察，进一步了解中国经济的发展现状，督促小康战略的落实。他对专程从河南赶来迎接他的段君毅、胡立教说，这次出来到几个省看看，最感兴趣的是两个问题，一个是如何实现农村奔小康，达到人均1000美元，一个是选拔青年干部。

7月22日，视察了湖北以后，邓小平乘坐开往郑州的专列前往河南视察，在列车上，段君毅、胡立教向他汇报了十一届三中全会以来河南农村的发展变化和各项主要经济指标。

邓小平问道："你们的账是怎么算出来的?"

段君毅、胡立教回答："我们在火车上算了一笔账,河南农业按照每年增长8%递增,就可以提前两年达到人均1000美元。"

接着,他们又以河南新乡县七里营乡的刘庄村为例,就农村经济发展中农业、乡镇企业、副业在农业总产值中所占的比重和具体数字,向邓小平算了河南农村何时达到小康水平这本"账"。

邓小平听完后,提了一些问题,又让他们反复核算一下,再三要求一定要实事求是、要算准确。他说:如何实现农村奔小康,我作了一些调查,让江苏、广东、山东、湖北、东北三省等省份,一个省一个省"算账"。我对这件事最感兴趣,8亿人口能够达到小康水平,这就是一件了不起的事情。你们河南地处中原,你们"算账"的数字是"中原标准",有一定的代表性。

一路上,邓小平最为关心的话题是如何使中国农村尽快发展起来,如何使中国农民尽快实现人均1000美元,达到小康水平,每当谈到一个具体问题时,他总是饶有兴致地掰着手指头,从现实数字到发展远景,一项一项地算账。

经过对河南等几个省的情况的了解以及他们发展远景的调查,邓小平对在广大农村能否实现小康目标,心中更加有底了。

1982年9月,党的十二大召开。十二大明确提出了到2000年,实现全国工农业总产值在1980年的基础上翻两番,使我国人民的物质文化生活达到小康水平。这有如春风化雨,滋润着人们的心田,如何翻两番?如何奔小康?成了全党和全国人民的热点话题。党内党外群情高涨,举国上下热情高涨。在十二大选举产生的中央顾问委员会第一次全体会议上,邓小平号召大家要联系实际,认真调查研究,深入地了解情况,学习下面的实际经验。1982年10月,他对国家计委负责同志谈道：本世纪末翻两番的目标，靠不靠得住？党的十二大说靠得住，我也相信靠得住，但究竟靠不靠得住，还要看今后的工作。为了准确的了解下面的情况，邓小平又于 1983 年初到江苏、浙江、上海等地考察工作。

2 月 7 日，邓小平首先来到江苏的苏州考察。他一到那里就马上把有关负责的同志请来，询问问题，听取汇报，了解情况。

就全国来说，到本世纪末实现翻两番，是完全可能的。但在经济比较发达的地区，这个目标能否实现呢？因为一般来说，基数越高翻番越难。江苏是全国经济比较发达的省份，苏州又是江苏经济最为发达的地区之一。这里的干部群众对十二大提出的翻两番有什么想法，经济发达的地区究竟有没有可能在本世纪末实现翻两番，这是邓小平最为关心的问题。

谈话一开始，邓小平就直奔主题地问道："到 2000 年，江苏能不能实现翻两番？"

"从江苏经济发展的历史看，自 1976 年到 1982 年，6 年时间，全省工农业总产值就翻了一番。照这样的增长速度，就全省而言，用不了 20 年时间，就有把握实现翻两番。"江苏的负责同志回答说。

"苏州有没有信心，有没有可能？"邓小平问。

江苏的负责人回答说，"像苏州这样的地方，我们准备提前 5 年实现党中央提出的奋斗目标。"苏州自 1979 年起已连续 4 年工农业总产值和国民生产总值增长率平均为 12.65% 和 10.49%，到 1982 年底，工农业总产值人均 1300 多元人民币，按当时的比价已超过 800 美元。

邓小平听了十分高兴，频频点头，表示赞许。

他又换了个话题问道，"人均 800 美元，达到这样的水平，社会上是一个什么面貌？发展前景是什么样子？"

江苏的同志答道：根据苏州的实践来看：一、人民的吃穿用问题可以解决了，物质生活在一个较高的水平上有了保障；二、住房问题解决了，人均居住面积达到 20 平方米左右；三、就业问题解决了，农副工三业协调发展，人员得到妥善安排，本地劳动力不外流，相反开始吸收外地劳力，做工务农；四、教育、文化经费有了保障，中小学教育得到普及，各种文体设施及其他社会福利事业普遍建立起来；五、人们的精神面貌显著转变，观念更新，旧俗收敛，新风光大，犯罪活动减少，社会治安明显好转。

听了这一件件、一桩桩令人激动的事实，邓小平十分高兴，他从苏州农村的发展看到了中国广大农村的未来和希望。

2 月 9 日，邓小平结束在江苏的考察，一路风尘，前往浙江等地继续考察。

在浙江见到浙江省的负责同志后，他又一次向他们问起了在江苏提出的同样问题：到了 800 美元，社会是个什么面貌呢？发展前景是什么样子呢？

吃、穿没问题，用也基本上没问题，文化有了很大发展，教师的待遇也不低。邓小平自问自答地说。

他又问道："你们浙江的经济情况怎么样？收入在全国第几位？"

浙江省省长李丰平回答说：这两年浙江的发展势头很好，全省工农业总产值人均达到 500 美元，名列全国第七位。

邓小平反驳说："北京、上海、天津三个城市除外，你们是第四位嘛！辽宁、黑龙江的重工业产值高，人民生活水平不如浙江。"

他接着说："江苏从 1977 年到 1982 年的六年时间里，工农业总产值翻了一番。照此下去，到 1988 年前后可以达到翻两番的目标。"

"你们呢？你们能不能实现这个目标呢？"邓小平问。

浙江省委书记铁英十分有把握地说："如果顺利的话，翻两番不成问题。"

邓小平笑着说，"你们浙江能否多翻一点呢，像宁夏、甘肃那里翻两番就难了。"

李丰平回答说："1980 年浙江人均 330 美元，预计 1990 年可以达到人均 660 美元，到 2000 年达到 1300 美元，通过努力，争取翻三番。"

邓小平脸上露出了满意的微笑。

他亲切地说："你们是沿海发展比较快的一个省，你们的工作不错，我很高兴！""到本世纪末实现翻两番，中央要有全盘规划，各省要有自己的规划，做到心中有数。看来四个现代化希望很大啊！"

这一年春节，邓小平在杭州过得很愉快。在返京的列车上，当有人问他此次南行的感想时，他感慨地说："到处喜气洋洋"。

回到北京后，3 月 2 日，邓小平在同几位中央负责同志谈话时说："这次，我经江苏到浙江，再到上海，一路上看到情况很好，人们喜气洋洋，新房子盖得很多，市场物资丰富，干部信心很足。看来，四个现代化希望很大。到本世纪末实现翻两番，要有全盘的更具体的规划，各个省、自治区、直辖市也都要有自己的具体规划，做到心中有数。落后的地区，如宁夏、青海、甘肃如何搞，也要做到心中有数。我们要帮助各省、自治区、直辖市解决各自的突出问题，帮他们创造条件，使他们的具体规划能够落实到实处。"

邓小平深入实际调查研究，实事求是地了解情况，对经济工作进行检查和督促，对小康战略目标的实现提供了重要的保障和巨大的激励作用，也为他全面、长远地设计我国未来发展战略与步骤提供了重要的依据。

"三步走" 发展战略的形成

制定出本世纪末实现"小康"目标之后，邓小平并没有停止对中国更长远发展方向的设计，他进一步构思了中国 21 世纪的发展战略。

1980 年 12 月邓小平在一次中央召开的关于经济调整的会议上指出，在本世纪末中国的现代化建设达到小康水平以后，要继续前进，逐步达到更高程度的现代化。他不止一次地说过，即使实现了小康目标，我国的经济水平与西方发达国家还有很大差距，小康目标只是中国现代化的最低目标，真正达到基本实现现代化，还需要更长时间的努力和奋斗。

1984 年 4 月 18 日，邓小平在会见英国前外交大臣杰弗里·豪时提出：同我们的大目标相比，这几年的发展仅仅是开始。达到小康水平以后，我们还要在下世纪 30 年到 50 年内，接近发达国家水平。在后来的多次谈话中，他都反复提到这个设想。同年 5 月在会见巴西总统菲格雷多时，10 月 6 日会见参加中外经济合作问题讨论会全体代表时，在 10 月 22 日的中顾委第三次全体会议上等很多重要场合他都讲过。这时邓小平已经把我国经济发展规划的时间从本世纪末延伸到下世纪中叶，并把目标定在接近发达国家的水平上。

1987 年邓小平对下世纪中叶的发展目标作了非常重要的调整。这年 3 月 8 日，他在会见坦桑尼亚总统姆维尼时谈道：在本世纪末有了总产值 1 万亿美元这个基础，争取达到中等发达国家的水平是有希望的。4 月 16 日，他在会见香港基本法起草委员会委员时指出，达到人均1000 美元的小康水平以后，再过 50 年，翻两番，达到人均 4000 美元的水平，在世界上虽然还是在几十名以下，但是中国是个中等发达的国家了。那时，15 亿人口，国民生产总值就是 6 万亿美元。在这里邓小平把"接近发达国家的水平"改为"达到中等发达水平"或"成为中等发达国家"。并把实现"人均 4000 美元"和"国民生产总值 6 万亿美元"的目标，在时间上和程度上确定为"50 年"和"中等发达"国家，已经把 21 世纪的中国战略目标表述的十分具体和明确。

就在这次谈话不久的 4 月 30 日，邓小平在会见西班牙副首相格拉时，第一次提出了三步发展战略目标的设想，他说：从 1978 年底十一届三中全会到现在将近 9 年时间，算是第一步。第一步原定的目标，是在八十年代翻一番，以 1980 年为基数，当时国民生产总值人均只有 250 美元，翻一番，达到 500 美元。第二步是到本世纪末，再翻一番，人均达到 1000 美元。实现这个目标意味着我们进入小康社会，把贫困的中国变成小康的中国。那时国民生产总值超过 1 万亿美元，虽然人均数还很低，但是国家的力量有很大增加。我们制定的目标更重要的还是第三步。第三步是在下世纪用三十到五十年再翻两番，目标大体上是人均达到 4000 美元。

这段话完整地表达了从 20 世纪 80 年代到 21 世纪中叶 70 年时间里我国现代化三步发展战略的设想，标志着邓小平关于我国现代化建设战略思想的成熟。

1987 年党的十三大以政治报告的形式，把从建国起用大约 100 年时间，分三步实现现代化这样一个发展目标和步骤明确规定下来。江泽民同志在评价这个发展战略时说，这个战略目标，既不是急于求成，也不是无所作为，而是符合我国实际，经过努力可以实现的。

三步发展战略目标的确定，解决了我国现代化建设的一个关键问题，是邓小平对我国现代化建设作出的重大贡献。

先富带动后富　共同富裕

让一部分地区一部分人先富起来，带动其他人、其他地区，逐步走向共同富裕，这是邓小平为当代中国摆脱贫困所设计一个战略步骤。1992 年春在南方视察时，他再次强调了这个政策的重要性："共同富裕的构想是这样提出来的：一部分地区有条件先发展起来，一部分地区发展慢点，先发展起来的地区带动后发展的地区，最终达到共同富裕。"

邓小平"部分先富"的政策，在新时期调动了人民劳动生产积极性，是从物质生活极端贫穷走向富裕的新起点。早在 70 年代末期，邓小平就针对扼杀人们劳动积极性、导致贫困的平均主义"大锅饭"的体制提出过严厉的批评。1978 年 12 月，他在《解放思想，实事求是，团结一致向前看》的报告中提出了一个极富远见的思想：允许一部分地区，一部分人先富起来。他说：在经济政策上，我认为要允许一部分地区、一部分企业、一部分工人农民，由于辛勤努力成绩大而收入先多一些，生活先好起来。一部分人生活先好起来，就必然产生极大的示范力量，影响左邻右舍，带动其他地区、其他单位的人们向他们学习。这样，就会使整个国民经济不断地波浪式地向前发展，使全国人民都能比较快地富裕起来。他强调，"这是一个大政策，一个能够影响和带动整个国民经济的政策"。

邓小平"让一部分人先富起来"的思想，打破了"大锅饭"平均主义的体制，是鼓励人们勤劳致富的一条捷径。1984 年 2 月，邓小平在同几位中央负责同志谈话时说，要让一部分地方先富裕起来，搞平均主义不行。这是个大政策，大家要考虑。1986 年 3 月，他在会见新西兰总理朗伊时又重申了这个思想，他说，我们的政策是让一部分人、一部分地区先富起来，以带动和帮助落后的地区。平均发展是不可能的，过去搞平均主义，吃"大锅饭"，实际上是共同落后，共同贫穷，我们就是吃的这个亏。正是在邓小平关于打破平均主义，提倡勤劳先富思想的指导和扶持下，以包产到户为基本形式的农村改革取得了巨大的成功，城市经济改革经过试点并全面铺开以后，创造了承包制、租赁制等新的有利于生产力发展的形式，出现了一批勤劳致富的带头人，凡是贯彻这个"大政策"比较好的地区，经济水平都有了较大幅度的提高。事实证明，"部分先富"这个大政策是完全正确的。

邓小平的"部分先富"的政策，是依据中国的实际情况而提出来的，它符合我国的国情。实现共同富裕是社会主义的根本原则，但是共同富裕是随着生产力的发展、社会的财富不断增加而逐步实现的。我国地广人多，底子薄，经济发展极不平衡，沿江沿海地区基础好，技术力量雄厚，人的素质高，工商业较发达，脱贫致富，几年时间就可以实现。而广大的内陆尤其是西北地区，由于各种条件所限，要使经济很快提高，人民生活有较大发展，还要有一个长期的发展过程。所以，地区之间要缩小差别，实现共同富裕，还要有一个有先有后、有快有慢的长期过程。另一方面，致富的主体——人的差异，也决定了社会成员在收入上的差异。允许和支持一部分人先富，能够充分调动人们创造财富，致富的积极性。同时一部分人和地区的先富也能对大部分人和地区起到表率和激励的作用。

当然，在提倡和鼓励一部分人、一部分地区先富起来的同时，必须注意引导劳动者勤劳致富、合法经营。如果违反国家的法律，搞歪门邪道，为了自己先富而不择手段，损害国家、集体和他人的利益，都是政策不允许的。

邓小平提出的"部分先富"政策，突破了旧体制的束缚，解放和发展社会生产力，激发了企业和劳动者的积极性，有力地推动了国民经济的发展。也为我们在下个世纪中叶完成"三步走"的发展目标，提供了有力的保证。

邓小平与住房制度改革

关于住宅问题，要考虑城市建设住宅、分配房屋的一系列政策。城镇居民个人可以购买房屋，也可以自己盖。不但新房子可以出售，老房子也可以出售。可以一次付款，也可以分期付款，10 年、15 年付清。

——邓小平

建住宅楼要考虑住户的方便

住宅，是人类生活的基本要素之一，是人类繁衍生息的基本需求，是关系到经济发展和人民生活安定的一件大事。千百年来，历尽沧桑的中国百姓，一直把"耕者有其田，居者有其屋"作为理想社会的基本标志，把"安居乐业"作为毕生的向往和追求。

邓小平生前一直非常关心住宅建设问题，他深知百姓安居才能乐业的道理。1978 年 9 月，邓小平率党政代表团从朝鲜访问归来，在短短一个多月的时间里，就先后视察了东北三省、唐山和天津两市，视察了那里的居民住宅楼。在住宅建筑上，如何增加抗震系数，如何加快建设，一直是邓小平久挂心头的大事。9 月 19 日，他在唐山专程看了新市区的住宅楼。到天津后，当他听说天津市正在召开基本建设工作会议时，顾不上旅途疲劳，当晚就接见了基建工作会议的代表，使天津市基建战线的广大职工受到极大鼓舞。第二天下午，邓小平又视察了天津市黄纬路正在建设中的胜天里住宅小区，看了大板结构的多层住宅楼和建材局的新型建材样品。

1978年秋，在贯通北京城东西的前三门大街上，沿街30多幢正在紧张装修的高层住宅楼显得格外挺拔。10月20日上午大约10点，由人民大会堂方向驶来两辆红旗轿车，停在宣武门东大街16号塔楼前。已经74岁高龄的邓小平亲自来到了前三门大街住宅楼建设工地。他先看了一个两居室，又看了一个三居室单元房。他环顾四白落地的一间居室，问随行的市建委主任赵鹏飞："房间有多大？"赵回答说："两居室的大间是14平方米，小间9平方米；三居室的大间是14平方米，中间12平方米，小间9平方米。"邓小平说："小了点儿。"他指了指天花板问"房间有多高？"赵答道："层高2.9米，净高2.7米。"邓小平又问："前三门大街都是几层楼？"赵回答说："塔楼高12层，板楼高8至9层。"接着，邓小平又特意询问了楼房的抗震系数。赵鹏飞和宋汝棻两位市建委领导介绍说，前三门大街的住宅楼动工时赶上了唐山地震，在后来的设计上考虑到按地震烈度8度设防。邓小平听了满意地点了点头。

视察完宣武门大街16号楼，邓小平又乘车来到宣武门西大街新华社对面的4号板楼。他登上中单元二层，仔细观看了住房。从房间里出来后，他用商量的口气提出："层高能不能降一些，把面积搞得大一些？"邓小平第三次复出后不久，就视察了京、津、唐三市不同类型的住宅楼。经过仔细观察和慎重考虑，他向建筑专家们提出了这一建议，希望在不增加投资的情况下，尽量扩大住房面积。

根据邓小平的思路，北京市建筑设计院的设计师们设计了一套新的住宅标准图，室内高度为2.53米。但在其他方面同传统标准的住宅设计相比，每户增加了 1.5 平方米；卫生间面积也有所增加，里面除了恭桶外，又增加了洗手盆和小澡盆；厨房内又配备了一个碗柜和一个吊橱；而每户的预算总造价反而便宜了 77 元。

邓小平还提出，今后建住宅楼时，设计要力求布局合理，增加使用面积，更多地考虑住户的方便；当人们提出"洗澡难"时，他提出，在尽可能安装一些沐浴设施，让居民能在家里洗上热水澡。当人们为摆脱"一间屋子半间炕""老少三代同一室"的窘境，而对乔迁新居有点饥不择食时，他提出，在可能的条件下注意室内外装修的美观；当人们对唐山大地震的悲剧仍心有余悸时，他又提出，要多采用轻质建筑材料，冲破我国"秦砖汉瓦""肥梁胖柱"式的传统建材格局；他还多次提出，要降低房屋造价，为今后住宅商品化打通道路，使中国人民真正实现"居者有其屋"。

国家投资多了，百姓住房反而少了

新中国成立后，国家在进行大规模经济建设的同时，投入了大量资金建设住宅。从 1950 年至 1978 年 29 年间，国家投资共 374 亿元，新建城市住房 5.3 亿平方米，年均建设住房 1800 万平方米。但是，随着国民经济的恢复和发展，城市人口大量增加，1978 年，我国城镇人均居住面积只有 3.6 平方米，反而比建国初期的 4.5 平方米下降了 0.9 平方米。而同期西方国家人均居住面积大都达到了 13 至 25 平方米；东欧国家也达到了 9 至 23 平方米。甚至连战后的朝鲜人民平均居住面积也达到了 12 平方米。住房建设跟不上城市人口快速增长的需求，缺房户、无房户多达 869 万户，占城市总户数的 47.5%。城市住房供需矛盾越来越突出。

造成城市住房难的原因，除了我国经济落后，人口过快增长以外，长期以来形成的计划经济的住房建设投资体制与住房分配体制是最主要的原因。改革开放前，我国城镇住宅建设投资基本上来自政府拨款；而国家财力又不能满足住房建设的需要，因此，严重制约着城镇住房建设的发展和居民住房需求的满足。在分配体制上，城镇住房在国家或企事业单位建造后，低租金分配给职工居住，一方面给国家和企业造成了沉重负担；另一方面造成严重分配不公，由此带来住房分配占有的不合理、不公平，刺激了住房需求的盲目膨胀，助长了一些人多占房、占好房的不正之风。解决城镇居民的住房难问题，根本在经济发展，关键在住房制度改革。

买房、卖房、提高房租要综合考虑

中国有 12 亿人口，每年净增 1400 万人。巨大的人口规模和增长数量，形成了巨大的住房需求，城镇住房短缺已经成为严重的社会问题之一。改革开放以来，邓小平一直非常关注城镇住房制度的改革和住宅建设的发展，作出了一系列重要指示，对推进我国城镇住房制度改革和加快住房建设发挥了巨大作用。

1980 年 4 月，针对计划经济体制下住房分配体制和建设体制的弊端，邓小平指出，关于住宅问题，要考虑城市建设住宅、分配房屋的一系列政策。城镇居民个人可以购买房屋，也可以自己盖。不但新房子可以出售，老房子也可以出售。可以一次付款，也可以分期付款，10 年、15 年付清。住宅出售后，房租恐怕要调整。要联系房价调整房租，使人们考虑到买房合算。因此要研究逐步提高房租。房租太低，人们就不买房子了。繁华的市区和郊区的房子，交通方便地区和不方便地区的房子，城区和郊区的房子租金应该有所不同。将来房租提高了，对低工资的职工要给予补贴。这些政策要联系起来考虑。建房还可以鼓励公私合营或民建公助，也可以私人自己想办法。农村盖房子要有新设计，不要老是小四合院。平房改楼房，能节约耕地。盖什么样的楼房，要适合不同地区、不同居民的需要。这些指示，说明了住宅建设的重要性，表明了邓小平对人民群众住房的重视，提出了住房分配制度改革和实行住房商品化的思路。可以说，我们今天在住宅建设、住房制度改革和住房商品化等方面所取得的成绩，都是在小平同志的思想指引下取得的。

同年6月，根据小平同志的指示，国务院批准公布了关于住房商品化的政策。随之，一些城市开展了出售住房和公用住房补贴出售的试点工作。1986年，国务院确定烟台、蚌埠、唐山等市为住房制度改革综合配套试点城市。1987年国务院又批准了烟台市"提租发券、空转起步"的方案；批准蚌埠市、唐山市房改方案出台实施。1988年，国务院召开了全国住房制度改革工作会议，会后印发了《关于全国城镇分批分期推行住房制度改革实施方案》，确定了我国住房制度改革的整体方案，住房制度改革进入扩大试点阶段。

邓小平与三峡建设

修建三峡工程，航运上问题不大，生态变化问题也不大，而防洪作用大，发电效益很大。轻易否定三峡工程不好。

——邓小平

了解掌握第一手情况

长江三峡工程是当今世界最大的水利枢纽工程。经过长达40年的论证，和近两年的施工准备，三峡工程终于在1994年12月14日正式开工。

三峡工程是一项具有防洪、发电、航运等巨大综合效益的工程。长江洪水一直是中华民族的心腹之患。长江中下游是我国重要的经济发达地区，历史上曾多次发生过严重洪水灾害，给江汉平原、洞庭湖地区广大人民群众的生命财产和沿江重要城市、工矿企业、交通干线带来极大的损失。三峡工程是解决长江中下游洪水威胁的关键工程，不仅可以防止荆江两岸发生毁灭性灾害，还将提高长江中下游的防洪标准，意义十分重大而深远。三峡水利枢纽是全国乃至世界规模最大的水电站。它将为华中、华东、四川等地区提供大量的电力，并促进全国电网的形成，对长江沿岸的经济繁荣产生巨大的推动作用。

开发三峡，治理长江是千百年来中国人民的意愿，也凝聚了孙中山、毛泽东、周恩来、邓小平等几代伟人的心血。在本世初孙中山先生就提出"自宜昌而上……当以水闸堰其水，使舟得沂流以行，而又可资其水力。"新中国成立后，毛泽东以他的博大的胸襟勾勒出三峡工程的宏伟蓝图："更立西江石壁，截断巫山云雨，高峡出平湖。"

1980年7月，邓小平在湖北省委第一书记陈丕显、四川省省长鲁大东、长江流域规划办公室副主任魏廷铮等同志的陪同下，来到长江三峡实地考察，为三峡工程建设史写下了重要的一页。

7月10日，邓小平在四川省委负责同志的陪同下，视察了成都市金牛区簸桥公社沼气建设情况后，11日，乘东方红32号轮从重庆出发，顺江而下。

长江三峡两岸风光俊秀，山高岭峻，江水湍急，有许多的名胜古迹、历史传说。邓小平站在甲板上，望着那滔滔的江水，听着那翻滚的浪花声，陷入了沉思之中。

新中国成立后，曾有过修建三峡的动议，毛主席、周恩来都对此事给予关注和重视。但由于各种原因，此事被搁置下来。十一届三中全会以后，随着改革开放的深入，经济的发展，兴建三峡工程一事又提上了议事日程。兴建这样一项举世瞩目的水利枢纽工程，不仅要考虑到国家的经济承受能力，还要考虑到整个长江流域的航运、环境、生态、地质以及未来战争的破坏等诸方面的复杂因素。因而，围绕三峡工程是否能上马，国内、国际的有关专家学者纷纷发表意见，陈述利弊，争论不休。作为现代化建设的总设计师，邓小平多次听取了各方面专家和有关负责人对三峡工程的论证和意见，他明确表示：事关重大，作出决策要审慎，利弊得失要权衡，要对中华民族子孙后代负责。因此，这次他要亲自来三峡走一走，看一看，实地考察，了解掌握第一手情况。

回到船舱，陪同邓小平的四川省、湖北省负责同志和长江流域水利方面的领导各抒己见，发表对长江三峡工程的意见。邓小平点燃一支烟，静静地坐着，认真地听着大家的陈述。

稍许，邓小平说，"反对三峡大坝的人有条很重要的理由，说是建了大坝以后水就变冷了，下游地区水稻和棉花都不长了，鱼也少了。有这回事儿？"陪同的同志答到："不会有这样的影响。第一，三峡水库按200米正常蓄水位，比原来河道面积只增加一千多平方公里，对气候影响不大，不会有明显改变。第二，水库水温呈垂直分布，长江流量大，可以调节。从已建成的丹江口水库的经验来看，丹江口水库修起来以后，汉江中下游解除了水患，粮食、棉花连年丰收，汉江的鱼产量也并没有减少。如果说影响，就是水库蓄水之后，上游冲下来的饵料相对减少了一点。"

"噢，是这么回事啊！"小平点点头。

最后，大家希望邓小平能讲几句，表个态，但他摆摆手笑着说，"你们意见我都听明白了。"

船过夔门，邓小平来到船尾看瞿塘峡进口。

邓小平问："在这里选过坝址没有？"

魏廷琤回答说："这里在三峡上口，水深流急，地质条件不好，而且整个三峡河段是水能比较集中的，如不加以利用，只在上口建坝，要得到同等防洪发电效果，则对四川会造成更大的淹没损失。"

魏廷琤又介绍了现在坝址的地质情况。

邓小平问："你们不是有两个比较坝址吗？"

魏廷琤说："两个坝址都是好坝址，各有优缺点，太平溪坝址在上游，河谷相对较窄，土石方开挖较多，混凝土工程量较少；三斗坪坝址混凝土工程量较大，但在施工导流方面简便一些。"

邓小平又详细地询问了投资、工期、发电、航运等问题。

邓小平问："一百万千瓦的机组，国内能不能制造？"

"美国爱利斯·查谟公司董事长给您的信转给了我们。他们表示愿意承制三峡一百万千瓦的机组。一机部沈鸿副部长表示，一百万机组可以制造，也可以和美国人合作，共同设计，在我们工厂造。"魏廷琤回答说。

邓小平点点头说："这是个好办法，这个办法可行。"

邓小平又问："围堰发电6年半开始受益，是否1981年开工，1987年即可以发电？"

"是这样的。全部建成16年，就是到了1996年，年发电量1100亿度，接近今年上半年全国发电总量。以每度六分计算，可以收入66亿元，这是一笔很大的数字。"

邓小平说："利益很大，要进一步好好讨论。"

船行驶到了西陵峡三斗坝附近，邓小平要求减慢速度，他要仔细看看拟议中的三峡大坝坝址——中堡岛。他走到船舷边，举起望远镜，久久凝望着这座船形的小岛。

邓小平又将望远镜转向南岸的三斗坪和距中堡岛仅千米远的乐天溪，他一边仔细地观看，一边向身边的陪同人员询问有关的情况。

亲临葛洲坝

12日下午，客轮行驶到了葛洲坝。这时葛洲坝工程正在紧张地施工中。邓小平走下船来同等候在那里的葛洲坝工程局及宜昌地市的领导亲切握手，并在他们的陪同下兴致勃勃来到建设工地，一路上不断地向正在施工的工人和技术人员招手致意，此时的工地上人们的欢笑声和机器的轰鸣声连成了一片。

邓小平首先来到了葛洲坝工程电动模型室，听取了关于工程进度和水利枢纽布置情况的汇报。他凝视着工程电动模型，全神贯注地听着讲解员的介绍，不断地点头微笑。最后与大家合影留念。

之后，邓小平不顾旅途的疲劳和天气的炎热，又来到了施工的现场进行实地考察。他视察了葛洲坝一期工程的二号船闸、二江电站厂房安装现场、三江防淤堤等建设工地。

在二号船闸下游闸首，邓小平问："是今年年底截流吧？"

葛洲坝工程局局长廉荣禄回答说："这是我们的心愿！"

邓小平笑着说："好啊！"

看到这如此庞大的船闸，邓小平感慨地说："这船闸大啊！1920年，我在法国时人家也修了船闸，那时巴黎的地下铁路也修了。"

在二江电厂，邓小平详细询问了电厂的耗煤情况，他问："发这么多的电，要多少煤？"

"折合700万吨标准煤。"魏廷玲回答说。

邓小平走到了上游围堰防淤堤。他问："葛洲坝施工场地这样宽敞，上游大坝坝址附近窄得多，能不能布置得开呢？"

魏廷玲答："两个坝址的下游都有河滩可以利用，并且可以利用葛洲坝作为后方基地。"

邓小平说："葛洲坝施工的这些设备，凡是能用的，都可以用到三峡工程上，可以省很多钱。"

随着阵阵机器的轰鸣声，邓小平来到了大江截流基地，望着那堆积如山的石块和混凝土，邓小平问："截流用什么方法？"

廉荣禄回答说："从两岸同时向江中抛投石块、石渣填筑料，最后关键时刻运用'重型武器'——截流四面体。"

"这么大的江，要把它截住可不容易呀！"邓小平关切地说。

廉荣禄说："我们全局上下，万众一条心，精心准备，精心组织，只许成功，不许失败。"

邓小平点点头，露出满意的微笑。

视察结束了。临行前，邓小平同廉荣禄握手告别时又叮嘱他说：
"你这里是今年年底截流，明年'七一'发电啊！"

廉荣禄说："请首长放心，我们决不辜负首长的关心和期望，一定
要用横锁长江的捷报向党中央、国务院报喜。"

傍晚时分，邓小平结束了对葛洲坝建设工地的视察，登上了东方红
32 号轮，继续顺长江东下，驶向武汉。

邓小平说，三峡工程不要再犹豫了

邓小平到达武汉后，国务院及有关部门的负责同志已从北京专程来
到武汉，他们是根据邓小平的指示来专门商讨研究三峡工程问题的。

会上邓小平再一次听取了各方面的情况介绍和意见，并结合这次实
际考察，作出了慎重地分析判断。

他说："我建议由国务院召开一次三峡专业会议。我听了汇报有些
看法。三峡问题要考虑。"

接着他归纳了几个主要问题：

"担心一个航运问题，现在解运的东西不多，船闸有 5000 万吨通过
能力，顾虑不大。"

"另一个生态变化问题，听来问题也不大。"

"三峡搞起来以后，对防洪作用很大。真的洪水来了，很多地方要
倒大霉。"

"整个工程投资 95 亿元，移民费 40 亿元。"

"六年半可以发电。装机容量 2000 多万千瓦，效益很大。"

他最后的结论是："轻易否定三峡工程不好。"

邓小平这次亲自对长江三峡的考察，加速推动了三峡工程论证的
速度。

8月，国务院召开了常务会议研究三峡问题，决定由国家科委、国家建委组织水利、电利等部门的专家对三峡建设进行论证。

1981年底，长江水流域规划办公室编制上报了《三峡水利枢纽论证报告》。

1983年3月，长江流域规划办公室编制完成了《三峡水利枢纽可行性研究报告》。

邓小平一直希望三峡工程能早日上马。1983年6月，中共中央召开工作会议，专门讨论集中财力物力保证重点建设问题。邓小平在会上再次谈到了三峡工程。他说，不搞重点建设没有希望。能源、交通等重点项目，都是十年八年才见效的。比如三峡工程、长江上游的二滩工程，应该搞哪个，不要再犹豫了，犹豫一年就多耽误一年。

同年12月，他在听取有关方面负责人汇报经济情况时指出，三峡工程怎么样？能不能上？投资安排不可能那么准确，要安排得十分科学不可能，重要的是要争取时间，要把争取时间放在首位。这方面要勇敢点，太稳了不行。

在邓小平的督促下，1986年4月，国务院主要负责人带队对长江三峡库区进行了实地考察。1992年4月3日，第七届全国人民代表大会第五次会议终于通过了《关于兴建长江三峡工程决议》。

邓小平与政治体制改革

> 改革，应该包括政治体制改革。而且应该把它作为改革向前推进的一个标志。
>
> ——邓小平

在中国掀起的改革浪潮中，政治体制改革被认为是难度最大的。邓小平知难而进，为推动政治体制改革起了重要作用。

十一届三中全会前后，邓小平即已开始考虑和提出政治体制改革的问题

我国的政治体制是从革命战争年代演变而来的，主要是照搬苏联的模式。1956 年我国进入全面进行社会主义建设时期后，这种高度集权的政治体制与经济、政治、文化等多方面的现代化建设不相适应的弊端，开始显现出来，其恶性发展的结果便是"文化大革命"那样一场十年动乱的大悲剧。

十一届三中全会前夕，在我们党酝酿和提出把全党工作重点转移到经济建设上来的时候，邓小平即已开始考虑和提出政治体制改革的问题。1978 年 10 月 11 日，他在中国工会第九次全国代表大会的致词中提

出，实现四个现代化这场革命，"必然要多方面地改变生产关系，改变上层建筑，改变工农业企业的管理方式和国家对工农业企业的管理方式，使之适应于现代化大经济的需要。"并且指出："各个经济战线不仅需要进行技术上的重大改革，而且需要进行制度上、组织上的重大改革。"在这里明确提出了要改变生产关系、上层建筑和管理方式的问题，并强调要进行制度上的改革。

同年12月13日，邓小平在中央工作会议闭幕会上作《解放思想，实事求是，团结一致向前看》的讲话。在这篇实际为三中全会主题报告的讲话中，他更加明确和具体地提出了政治体制改革方面的问题。可见邓小平当时对政治体制改革问题已有了高度的重视。他提出："政治的空谈往往淹没一切。这并不是哪一些同志的责任，责任在于我们过去没有及时提出改革。但是如果现在再不实行改革，我们的现代化事业和社会主义事业就会被葬送。"对此，后来他解释说："我们提出改革时，就包括政治体制改革。"在讲话中，他还对涉及政治体制改革的许多问题作了阐述，如关于下放经济管理权限、加强责任制、保障人民民主、加强法制建设、克服官僚主义，等等。这些重要思想在随后召开的党的十一届三中全会上得到了确认。

三中全会郑重提出了政治体制改革的任务，并作出了一系列决定，主要有：实行党中央和各级党委的集体领导，少宣传个人；充分地保障党员在党内对上级领导直至中央常委提出批评性意见的权利；把立法工作提到全国人民代表大会及其常委会的重要议程上来；检察机关和司法机关要保持应有的独立性；要保证人民在自己的法律面前人人平等，不允许任何人有超越于法律之上的特权；提出使民主制度化、法律化，使这种制度和法律具有稳定性、连续性和极大的权威。从而拉开了政治体制改革的序幕。

《党和国家领导制度的改革》确定了我国政治体制改革的指导思想和基本思路

三中全会开过之后到 1980 年 8 月近两年的时间里，我国的政治体制改革开始启动，初步纠正了"文化大革命"时期的畸形政治体制，但还没有触及根本问题。随着拨乱反正的深入开展和工作重点向经济建设的转移以及经济体制改革的逐步推进，人们对政治体制存在的弊病有了越来越痛切的感受，表示出强烈不满。

对于政治体制方面暴露出的与现代化建设的需要极不相适应的问题，在当时揭批林彪、"四人帮"，总结"文化大革命"教训的大背景下，邓小平没有简单化地将其归咎于林彪、"四人帮"的干扰破坏，而是从更深的层面上，即从体制和制度上寻找根源，着手解决问题。

经过近两年的酝酿和探索，1980 年 8 月，中共中央政治局召开扩大会议，专门讨论政治体制改革问题。18 日，邓小平在会上作了题为《党和国家领导制度的改革》的重要讲话。当时讲的党和国家领导制度的改革，实际上就是政治体制改革。这是我们党关于政治体制改革问题的第一个专门报告。

邓小平在讲话中一针见血地揭露了我国现行政治体制中存在的弊端，指出："从党和国家的领导制度、干部制度方面来说，主要的弊端就是官僚主义现象，权力过分集中的现象，家长制现象，干部领导职务终身制现象和形形色色的特权现象。"讲话对产生这些弊端的根源作了鞭辟入里的分析，进而对政治体制改革的必要性和重要性进行了系统而精辟的阐述。如，他指出："我们过去发生的各种错误，固然与某些领导人的思想、作风有关，但是组织制度、工作制度方面的问题更重要。这些方面的制度好可以使坏人无法任意横行，制度不好可以使好人无法充分做好事，甚至走向反面。"他强调："为了适应社会主义现代化建设的需要，为了适应党和国家政治生活民主化的需要，为了兴利除弊，党和国家领导制度以及其他制度，需要改革的很多。我们要不断地总结历史经验，深入调查研究，集中正确意见，从中央到地方，积极地有步骤地继续进行改革。"邓小平在这篇讲话中还明确提出了政治体制改革的主要内容。

《党和国家领导制度的改革》这篇讲话，确定了我国政治体制改革的指导思想和基本思路，成为中国政治体制改革的纲领性文件。

80 年代中期邓小平把政治体制改革重新推上重要议事日程

在这篇讲话发表之后的几年里，政治体制改革并没有很快全面铺开。正如邓小平后来所说的那样："一九八〇年就提出政治体制改革，但没有具体化"。其中的原因很多，主要就是因为政治体制改革与经济体制改革相比较而言，经济体制改革的任务更为紧迫，改革首先从经济体制发轫。同时也由于政治体制改革比经济体制改革更为复杂和敏感，在一些具体问题上，党内存在不同意见，要取得一致需要一定的时日。

先行的经济体制改革沿着从农村到城市的轨迹迅速推进，仅仅经过了几年的时间就促进了生产力的发展，引起了经济生活、社会生活、工作方式和精神状态的一系列深刻变化。另一方面，在经济体制改革加快步伐，不断深化的过程中已开始遇到新的问题和矛盾，包括与旧的政治体制的碰撞。由于我国过去经济体制同政治体制是紧紧捆在一起的，80年代中期，当经济体制改革转为以城市改革为重点以后，政治体制相对滞后的矛盾就自然地日渐暴露并突出起来。

经济体制改革中所遇到的问题使邓小平敏锐地认识到，经济体制改革的深入，对政治体制改革提出了紧迫要求，必须适时地进行政治体制改革。

从 1986 年起，到召开党的十三大，政治体制改革问题重新成为邓小平思考和谈论的中心问题之一。

1986 年 5 月 20 日，邓小平会见澳大利亚总理霍克。他在向客人介绍中国改革的现状和设想时说：城市改革是全面改革，不仅涉及经济领域，也涉及文化、科技、教育领域，更重要的是还涉及政治体制改革。政治体制改革就要消除机构臃肿、人浮于事、官僚主义。还包括改革人事制度。这是他继 1980 年之后再次提出政治体制改革问题的开始。在这次谈话中他提出"更重要的是还涉及政治体制改革"，强调的程度比以往明显加强。

自此开始，政治体制改革问题成为他 1986 年谈话的焦点。这一年中有近 20 次谈话谈到政治体制改革问题，其中有 9 次是作为主要谈话内容。

6 月 10 日，邓小平在听取中央负责同志汇报经济情况时说："现在看，不搞政治体制改革不能适应形势。改革，应该包括政治体制改革"。并且明确提出应该把政治体制改革"作为改革向前推进的一个标志。"

6 月 28 日，在中央政治局常委会上，乔石汇报党风工作情况后，邓小平从党和政府的关系问题再次谈到政治体制改革。他提出："政治体制改革同经济体制改革应该相互依赖，相互配合。"他甚至由权力下放问题，把政治体制改革提到了关系整个改革成败的高度，他说："只搞经济体制改革，不搞政治体制改革，经济体制改革也搞不通，因为首先遇到人的障碍。事情要人来做，你提倡放权，他那里收权，你有什么办法？从这个角度讲，我们所有的改革最终能不能成功，还是决定于政治体制改革。"

9月3日，他对日本公明党委员长竹入义胜说："对于改革，在党内、国家内有一部分人反对，但是真正反对的并不多。重要的是政治体制改革不适应经济体制改革的要求。""现在经济体制改革每前进一步，都深深感到政治体制改革的必要性。不改革政治体制，就不能保障经济体制改革的成果，不能使经济体制改革继续前进，就会阻碍生产力的发展，阻碍四个现代化的实现。"

11月7日，他对意大利总理克拉克西说：从改革过程中，提出一个新的问题，经济改革到一定时候要提出政治改革。

毫无疑问，邓小平在80年代中期重新提出政治体制改革是改革实践发展的客观要求使然。这充分体现了邓小平敏锐的洞察力和对改革实践的准确把握。

邓小平对政治体制改革进行了总体设计

按照经济体制改革的客观要求，邓小平重新提出了政治体制改革，但他没有把目光局限于围绕经济体制改革的一些实际问题来谈论政治体制改革，而是高瞻远瞩，从社会主义制度的完善和发展，从建设有中国特色社会主义的总要求和实现现代化伟大目标的战略高度，放眼政治体制改革的总体设计。对于经济体制改革，邓小平曾说过，在经济问题上他是个外行，讲了一些话都是从政治角度讲的。而在政治体制改革方面情况就不同了，前英国驻华大使伊文思的评论不无道理："政治改革则不同，对此，邓小平可不是外行。"

1986年距离党的十三大只有一年的时间，邓小平希望在这段时间里通过充分讨论、酝酿，理出头绪，以便能在十三大上形成一个实施政治体制改革的蓝图。所以他不仅强调政治体制改革的重要性和迫切性，而且将其目标和内容也都明确提了出来。

关于政治体制改革的总目标，邓小平说得非常清楚。1986 年 9 月 3 日，他会见竹入义胜，在回答客人的提问时说："进行政治体制改革的目的，总的来讲是要消除官僚主义，发展社会主义民主，调动人民和基层单位的积极性。"

9 月 29 日在会见波兰统一工人党中央第一书记、国务委员会主席雅鲁泽尔斯基时，邓小平更加明确、完整地概括出总目标为三条："第一，巩固社会主义制度；第二，发展社会主义社会的生产力；第三，发扬社会主义民主，调动广大人民的积极性。"

更富有新意的是关于近期目标或者叫具体目标，这是邓小平在谈话中多次谈到的，以 11 月 9 日对日本首相中曾根康弘的谈话表述最为完整，他提出："第一个目标是始终保持党和国家的活力。"主要是实现领导层干部队伍年轻化；"第二个目标是克服官僚主义，提高工作效率。"邓小平认为效率不高主要涉及党政不分；"第三个目标是调动基层和工人、农民、知识分子的积极性。"

与长远目标相比，近期目标需要抓住当前政治体制改革中的主要矛盾和关键环节，邓小平所提出的目标体现了这一点。

第一个目标尤为关键，它是提高效率和调动积极性的基础和保证。

增强领导层的活力，实现干部队伍年轻化，邓小平很早就意识到这是关系国家长治久安的大问题。1980 年他在《党和国家领导制度的改革》中着重讲过这个问题，而且身体力行，为领导层年轻化作出了表率。但他认为，七年多的时间，我们走了几步，但还不理想，现在基本上还是老年化或者叫年龄偏大。因此，到了 1986 年他不但更加重视这一问题，再三呼吁，并且从自身做起，恳切地表达自己退休的愿望，带头实践党和国家干部制度的改革。

1986 年 9 月 2 日，他在接受美国记者华莱士采访时说：就我个人来说，我是希望早退休。我正在说服人们，我明年在党的十三大时就退下来。11月1日，他又对意大利总理克拉克西说：拿我来说，非改革不行，已八十二岁，还能干吗！该让路了。与我同龄的人有一批，我们在酝酿让位的问题，这一步非走不行。

在坚决主张包括自己在内的老同志退休，废除领导干部职务终身制的同时，邓小平毫不迟疑地力主领导层要年轻化，并表现出了很大的决心。10月24日，他在会见日中友协代表团的谈话中，当日本朋友谈起老一代和年轻一代领导人年龄上、对问题看法上的差别时，邓小平干脆地说：年轻人思想开放，最支持改革。第二条，年轻人精力充沛，工作效率高。总之，要年轻化，否则没有出路。11月3日，他同美籍华人陈省身谈起这个问题并提出了实现年轻化的期限，他说："中国目前人才往往从五六十岁的人中挑选，这样就不能体现活力。中国只有出现三四十岁的政治家、科学家、经济管理家和企业家，并由这批人担负重任，国家才有活力，政策才能保持长久。"他明确提出要花十五年左右的时间逐步解决干部年轻化的问题。几天后，即11月9日同中曾根的谈话中，他进一步作了具体设想："明年党的十三大要前进一步，但还不能完成，设想十四大再前进一步，十五大完成这个任务。"今天回过头来看，我们党和国家领导层的年轻化正是按照这样的时间表推进的。

萦绕在邓小平脑海里的另一个问题是政治体制改革应该从何着手。9月13日邓小平在听取中央财经领导小组汇报时提出："改革的内容，首先是党政要分开，解决党如何善于领导的问题。这是关键，要放在第一位。第二个内容是权力要下放，解决中央和地方的关系，同时地方各级也都有一个权力下放问题。第三个内容是精简机构，这和权力下放有关。"

同时，邓小平还特别地提出了改革应遵循的原则和方法。如，改革既要坚决，又要谨慎；不能照搬西方模式，要根据我国的实际情况，在共产党的领导下，有秩序地进行，等等。这对于政治体制改革顺利健康地进行是非常必要和及时的。

从长远目标到近期目标，从具体内容到原则方法，既着眼于社会主义的长久发展又充分考虑当前的客观实际，显示出邓小平对政治体制改革问题的深思熟虑。把这个时期他的阐述与他 1986 年前后的有关阐述作个比较的话，完全算得上是完整、准确了。这意味着邓小平政治体制改革思想这时已基本形成了一个比较完整的体系，从而使我们党不仅开始重新重视政治体制改革问题，真正将其摆上议事日程，而且拥有了一定的思想理论基础，明确了方向。

1986 年 9 月，党的十二届六中全会把坚定不移地进行政治体制改革确定为我国社会主义现代化建设的总体布局的重要内容之一。

同时，根据邓小平的建议和关于目标、内容的设想，党中央成立了中央政治体制改革研讨小组，组织有关方面的理论工作者和实践工作者进行专题研讨和论证工作。邓小平关于政治体制改革的一系列论述，还在全国理论界引起了一场规模空前的大讨论，讨论中所提出的许多观点和建议对政治体制改革方案的设计产生了积极的作用。研讨小组在吸收各方意见的基础上，经过反复论证，一年后形成了《政治体制改革总体设想》的初步方案，其主要内容写入了十三大报告。

1987 年 10 月召开的十三大将政治体制改革列入议程，提出了政治体制改革的蓝图。十三大报告指出："进行政治体制改革，就是要兴利除弊，建设有中国特色的社会主义民主政治。改革的长远目标，是建立高度民主、法制完备、富有效率、充满活力的社会主义政治体制。""改革的近期目标，是建立有利于提高效率、增强活力和调动各方面积极性的领导体制。"报告提出了七个方面的改革措施：第一，实行党政分开。第二，进一步下放权力。第三，改革政府工作机构。第四，改革干部人事制度。第五，建立社会协商对话制度。第六，完善社会主义民主政治的若干制度。第七，加强社会主义法制建设。很显然，十三大所提出的政治体制的总体设计方案，完全体现了邓小平关于政治体制改革的设想。

二十年来，根据邓小平提出的政治体制改革的思想，党中央积极稳妥地逐步推动政治体制改革，在加强和改善党的领导、巩固和完善人民代表大会制度与共产党领导的多党合作和政治协商制度、加强民主法制建设、改革行政管理体制和机构，转变政府职能，提高效率等方面都取得了很大成效和进展。党的十五大又明确提出了我们党面向 21 世纪，进一步推进政治体制改革的总要求。指出："我国经济体制改革的深入和社会主义现代化建设跨世纪的发展，要求我们在坚持四项基本原则的前提下，继续推进政治体制改革，进一步扩大社会主义民主，健全社会主义法制，依法治国，建设社会主义法治国家。"为我国政治体制改革的深入指明了方向。相信在党的十五大精神指引下，政治体制改革将继续步步深化。跨入 21 世纪的中国一定会将繁荣、富强、民主、法制的现代化新姿态展现于世界。

邓小平与经济特区

> 还是叫特区好，陕甘宁开始就叫特区嘛！中央没有钱，可以给些政策，你们自己去搞，杀出一条血路来。
>
> ——邓小平

早在1975年，邓小平主持中央工作期间，为了加速我国工业技术改造，提高劳动生产率，在毛泽东、周恩来的支持下，就主张与西方国家签订长期合同，进口工厂成套设备来发展石油和采煤工业，然后用这些设备生产的产品补偿外债。他认为这样做一可增加出口，二可带动煤炭、石油工业的技术改造；三可容纳劳动力。但这些却遭到"四人帮"的群起攻击。他们攻击进口成套设备、出口原油、煤炭、棉布是"买办资产阶级"，"对内搞修正主义，对外搞投降主义"，是"汉奸行为"，是转嫁资本主义石油危机，是投降帝国主义，把中国变成殖民地的政策，完全是卖国主义。由于"四人帮"的阻挠破坏，邓小平的主张未能实现，使我国利用外资失去了一次可能更早的机会。

出访归来谋良策

1978年，邓小平频繁出访了缅甸、尼泊尔、朝鲜、泰国、马来西亚、新加坡等国家。特别是对新加坡的访问，给了他很大的启示。

新加坡位于马六甲海峡出入口，是东南亚地区的一颗明珠。这个面积只有587平方公里，人口只有230万，规模仅相当于上海十分之一的国家，每年能吸引来200多万外国游客，一年仅旅游收入就高达9.9亿美元。新加坡从60年代起十分注重加强对外经济联系，积极参与国际市场，利用发达国家传统工业转移到海外的机会，不断从国外引进资金和先进技术，使经济迅速腾飞起来，成为亚太地区经济发达的"四小龙"之一。新加坡引进外资的经验是很成功的，邓小平十分赞赏这一点。他观察到外商在新加坡投资设厂使新加坡得到三大好处：一是外资企业利润的百分之三十五要用来交税，这一部分国家得了；二是劳务收入，工人得了；三是带动了相关的服务行业，这是一笔可观的收入。新加坡建设国家的经验引起邓小平的浓厚兴趣，他决心要把这个"经"取走。

然而，当时要把这条经验拿到中国来可并不是一件轻而易举的事情。在过去的几十年中，中国是在几乎与世界隔绝的状态下搞建设的。1972年我国政府曾明确表示中华人民共和国不允许外国人在中国投资，中国也不向外国输出资本。1974年外贸部的一篇文章明确表示："社会主义国家根本不会引进外国资本或同外国共同开发本国或其他国家的资源；根本不会同外国搞联合经营，根本不会低三下四地乞求外国的贷款。"中国的大门深重地关闭着。

从新加坡回到北京，邓小平产生了前所未有的紧迫感，一个60年代与中国大陆经济状况不相上下的国家，如今却把中国远远地甩在后面。中国真的再也耽误不起了。他主张把利用外资作为一项大政策来抓。1978年12月，在党的十一届三中全会上，这项政策得到确立。"努力采用世界先进技术和先进设备"被正式写进了会议公报。

"杀出一条血路"

1978 年 5 月初，国务院副总理谷牧率领中国政府经济考察团，出访西欧五国。代表团的成员中除国家部委有关人员外，不少是沿海一些省市的负责人。临出发前，邓小平找谷牧谈话，叮嘱他这次出去要学习人家的先进经验，特别是好的管理方法。访问回来，又用了大半个月的时间，代表团在北京集体总结，然后向中央政治局全体委员整整汇报了一天。

这次汇报后，邓小平对谷牧讲了一番话，中心意思是：一、引进这件事要做；二、下决心向国外借点钱搞建设；三、要尽快争取时间。

1979 年 1 月，一份关于香港厂商要求回广州开设工厂的来信引起了邓小平的高度重视，他敏锐地意识到，这是一个千载难逢的契机……

不久，中共广东省委接到邓小平在那份来信摘报上的批示："这件事，我看广东可以放手干。"

曾任中共广东省委副书记的一位同志回忆当时的情形，说："经过十一届三中全会，我们感到不改革开放不行了。邓小平的这个批示，对我们是很大的启示和鼓舞。我们就从广东的实际出发，分析广东的特点，提出来广东的改革开放应该先走一步。"

4 月，在中央工作会议上，中共广东省委的同志发言，明确提出了广东的设想和要求：要利用毗邻港澳的有利条件，实行特殊政策和灵活措施，加快对外开放和经济发展。在向中央政治局常委汇报后，时任中共广东省委书记的习仲勋又带着这个意见向邓小平作了汇报，并提出：希望中央下放若干权力，让广东在对外经济活动中有较多的自主权和机动余地，允许在毗邻港澳的深圳和珠海以及属于重要侨乡的汕头举办出口加工区。邓小平十分赞同这一设想。他说：还是叫特区好，陕甘宁开始就叫特区嘛！中央没有钱，可以给些政策，你们自己去搞，杀出一条血路来。

邓小平关于兴办特区的倡议，犹如一块巨石击入碧波，迅即引起积极而强烈的反响。

1980 年 8 月 21 日，第五届全国人大常委会第十五次会议在北京召开。会议决定：批准国务院提出的在广东省的深圳、珠海、汕头和福建省的厦门设置经济特区。会议批准了《中华人民共和国广东省经济特区条例》，完成了设置特区的立法程序。条例宣布：为发展对外经济合作和在广东省深圳、珠海、汕头三市分别划出 327.5 平方公里、6.7 平方公里、1.67 平方公里区域，设置经济特区。

12 月 10 日，国务院又正式批准成立厦门经济特区，面积为 2.5 平方公里。

"不是收，而是放"

1984 年 1 月 24 日，邓小平在王震、杨尚昆等陪同下，首次踏上了经济特区这片热土。

邓小平说："经济特区是我的提议，中央的决定。五年了，到底怎么样，我要来看看。"

当天下午，邓小平在迎宾馆听取了中共深圳市委负责人的工作汇报。

当听到几年来特区工农业产值、财政收入增长很快，1982 年工业产值为 3.6 亿元，1983 年达到 7.2 亿元时，邓小平问道：

"那就是一年翻了一番喽?"

"是翻了一番。比办特区前的 1978 年增长了 10 倍多。财政收入也比四年前增长了 10 倍。去年达 3 亿多。"

长达一个多小时的汇报会，邓小平始终平静而认真地倾听着，没有表态。

26 日，邓小平驱车前往濒临深圳湾的蛇口工业区。

一进入蛇口工业区地界，路口的标语牌上赫然写着两行红色大字："时间就是金钱，效率就是生命！"内地来的人第一次看到这个标语，似乎觉得来到了一个新的世界，接触到了一种新的观念。

蛇口工业区负责人袁庚向邓小平作了汇报。

办特区以前，蛇口是人口外逃的口子。办了特区以后，不但人员不外流了，相反，现在是人才回流、资金回流。几年来，由外商独资或合资兴办了 47 家企业，其中 30 家已投产，10 家开始盈利，已拥有 5000 多名职工。企业职工工资水平已超过澳门。

听罢，邓小平微微颔首。

26 日，邓小平结束对深圳特区的视察，登上海军炮艇，前往珠海特区。

29 日，邓小平欣然提笔，为珠海特区题词："珠海经济特区好！"

邓小平为珠海特区题词的消息很快传到深圳，深圳人感到了从未有过的失落，深圳领导人心理上有着沉重的压力：深圳是中国第一批经济特区中的头号特区，特区的许多大胆措施是由深圳开始的。当时，社会及国际舆论对特区的评价尚未形成共识，是是非非，众说纷纭，而争论的焦点多集中于深圳。

深圳人多么希望总设计师能对 5 年来的特区建设予以公正的评判啊！

据多年后一份公开的材料说，深圳派接待处处长张荣抵广州。大年三十，张荣见到邓小平的女儿。邓小平的女儿感到很奇怪："大年三十，你怎么不回去过春节？"张荣道出了缘由，说，"完不成任务，我回不去呀。"趁邓小平的片刻空暇，女儿向父亲说了这件事，邓小平笑了，略一深思，拿起了笔……

他的题词是："深圳的发展和经验证明，我们建立经济特区的政策是正确的。"

1984年2月7日，邓小平乘坐的专列缓缓地停在厦门车站，厦门经济特区——这是他此次视察特区的最后一站。

在厦门，邓小平行色匆匆，连续视察了已建成投产的东渡港5万吨位码头、集装箱码头、渔业码头和已开始启用的厦门国际机场和湖里工业区，并听取当时的厦门市市长邹尔均关于湖里工业区建设情况的汇报。

邹尔均回忆说：小平同志1984年来的时候，我向他汇报，我们比较慢，我们现在才抓这些事情，"当时最苦恼的就是两个问题，一个是特区太小，只有2.5平方公里，一眼就望穿了，要求扩大到全岛；二是在经济特区方面，赋予自由港政策。当时我向他汇报时，小平同志点头微笑不答复。后来，他告诉我一句话就是，你的要求，我转告第一线的领导同志，让他们去作决定。"

当邹尔均拿出事先准备好的纸张笔墨请小平同志题词时，小平同志拿起笔来，稍作思考写下了"把经济特区办得更快些、更好些。"

回到北京后，2月24日，邓小平同几位中央负责同志谈话说："最近我专门到广东、福建跑了三个经济特区，有了点感性认识。我们建立经济特区，实行开放政策，有个指导思想要明确，就是不是收，而是放。从特区可以引进技术，获得知识，学到管理。厦门特区划得太小，要把整个厦门岛搞成特区。这样就能吸收大批华侨资金、港台资金，许多外国人也会来投资，而且还可以把周围地区带动起来，使整个福建省的经济活跃起来，厦门特区不叫自由港，但可以自由出入，外商就会来投资。我看不会失败，肯定益处很大。"

邓小平还说："除现在的特区之外，可以考虑再开放几个港口城市，如大连、青岛。这些地方不叫特区，但可以实行特区的某些政策"。

党中央、国务院按照小平同志的意见，于3月下旬召开了沿海部分城市座谈会，正式批准了厦门特区制定的扩大特区的实施方案。决定开放上海、天津、大连、秦皇岛、青岛、烟台、连云港、南通、宁波、温州、福州、广州、湛江、北海这14个沿海港口工业城市。5月4日，中央、国务院以中发〔1984〕13号文件批发了这次座谈会的《纪要》。

14个沿海城市的开放，加强了改革经济体制，调整产业结构，推动科技进步以振兴经济的力度。这是我国开放迈出的空前的一大步，对于广泛深入地推动城市经济改革也起了重要作用。当年10月，邓小平在一个党内高级干部会议上曾风趣地说，他1984年办了两桩大事，一桩是用"一国两制"的办法解决香港问题，另一桩就是开放14个沿海城市。

"我们还要开放海南岛"

1984年邓小平特区之行，给海南的开放带来了希望。

当总设计师登上厦门鼓浪屿，眺望一水之隔的台湾岛时，他的思绪飞出了很远很远。

作为我国的第一大岛，台湾在60年代以来的经济高速增长是有目共睹的，被誉为亚洲"四小龙"之一。

作为我国的第二大岛，海南与台湾在地理条件、自然资源方面有着相似之处，但其经济发展相去甚远。

追根溯源，关键是采用怎样的经济体制、经济政策。特区的变化就证明了这一点。

如果对海南岛实行经济特区的特殊政策，甚至比特区还"特"，50年、100年之后，那将会产生怎样变化？

邓小平对此充满信心。

回京后，他明确提出：开发海南岛。他说："如果能把海南岛的经济发展起来，那就是很大的胜利。"

1985年4月，英国首相希思访华时提出准备去海南岛参观。这是希思上次访华时邓小平提出的建议。邓小平对希思说："海南岛是个宝岛，现在还未开发，请你先去看看。"

在建立了4个经济特区、开放了14个沿海港口城市后，邓小平把开放的焦点对准了海南岛。开发海南岛，建立海南经济特区成为他反复考虑的一个中心问题，这是扩大对外开放的一个重要步骤。

1987年6月12日，邓小平在会见南斯拉夫客人时，向国际社会发出了一个新鲜的信号："我们正在搞一个更大的特区，就是海南岛经济特区。"

他进而说："海南岛和台湾的面积差不多，那里有许多资源，有富铁矿，有石油天然气，还有橡胶和热带亚热带作物。海南岛好好发展起来，是很了不起的。"

1988年3月8日、9日，六届全国人大常委会第二十五次会议审议了国务院关于建立海南经济特区的议案。

3月25日，国务院总理李鹏在七届全国人大一次会议上所作的《政府工作报告》中宣布："根据海南岛独特的历史、地理和资源条件，国务院建议设立海南省，把海南办成全国最大的经济特区，实行比现在经济特区更加优惠的政策。"

4月13日，七届全国人大一次会议通过了关于设立海南省的决定和关于建立海南经济特区的决议。

我国迄今最大的经济特区诞生了！

中共中央总书记、国家主席江泽民同志说："创办经济特区，是邓小平亲自倡导、设计并始终关注和支持的一项崭新事业，是我们党和国家的一个重大决策。"经济特区建设所取得的成就，充分证明，创办经济特区的实践是成功的，实行改革开放的总方针，是完全正确的。它从理论与实践的结合上，丰富了我们对建设有中国特色社会主义的认识。

邓小平与设立中央顾问委员会

> 我们需要有一个顾问委员会来过渡。顾问委员会，应该说
> 是我们干部领导职务从终身制走向退休制的一种过渡。
>
> ——邓小平

中央顾问委员会，我们干部领导职务从终身制走向退休制的一种过渡组织形式，存在的时间虽然短暂，但对推进我国政治体制改革、实现新老干部交替和建立离退休制度起到了极其重要的作用。

长期以来，我们党和国家在干部人事制度上存在的主要问题之一，就是实际上存在着的领导干部职务的终身制。粉碎"四人帮"以后，曾经遭受迫害的老干部纷纷重新走上领导岗位。这在当时是非常必要的，但随之而来也带来了干部年龄结构老化的新问题。这些老干部是党和国家的宝贵财富，有着丰富的斗争经验，在长期的革命和建设中，为党和人民作出了很大的贡献。"文化大革命"结束以后，大批老干部为拨乱反正立下了很大的功劳。然而，在社会主义建设的新的形势下、在日益繁重、复杂的工作中，他们当中有许多人由于年老体弱或者缺少现代化科学文化知识，而感到吃力，难以适应工作。于是，让他们从工作岗位、特别是领导岗位上退下来，实现干部队伍的新老交替，就成为社会主义事业的客观要求。然而要让这些深受"四人帮"迫害，靠边站

了多年，如今刚刚出来工作的老干部退下来，有些人的思想还难以接受。

另外，由于多年来我们党没有注意提拔中青年干部，造成了干部队伍青黄不接的问题。如果老干部一下子全退下来，新干部未必能稳住阵脚。特别是年轻的干部在一段时间里，还离不开经验丰富的老干部的传帮带。在这种特殊的历史现状下，要在短时间内，彻底废止领导职务实际存在的终身制，全面实行领导干部的退休制度，还难以达到，因此，需要有一个过渡的办法，来解决这日益尖锐的新老交替的矛盾。

1980年8月18日，邓小平在中央政治局扩大会议上第一次提出：中央"正在考虑再设一个顾问委员会（名称还可以再考虑），连同中央委员会，都由党的全国代表大会选举产生，并明确规定各自的任务和权限。这样，就可以让大批原来在中央和国务院工作的老同志，充分利用他们的经验，发挥他们的指导、监督和顾问的作用。同时，也便于使中央和国务院的日常工作班子更加精干，逐步实现年轻化。"

在邓小平的倡导和关心下，顾问委员会的设立工作开始提到党中央的议事日程。

1981年7月2日，十一届六中全会刚结束不久，邓小平在省、市、自治区党委书记座谈会上又提到设立顾问委员会以容纳一些老同志的设想。并说这是为后事着想。

1982年7月30日，中共中央召开政治局扩大会议，讨论即将向十二大提交的《中国共产党章程（修改草案）》，邓小平在会上对设立中顾委的问题发表了讲话，他指出：这次的党章有些问题没有完全解决，比如领导职务终身制的问题，已经接触到了，但没有完全解决，退休制度的问题也没有完全解决，设顾问委员，是一种过渡性质的。他分析说：鉴于我们党的状况，我们干部老化，但老同志是骨干，处理不能太急，太急了也行不通。还有，我们多年来对中青年干部的提拔就是少，就是没注意这方面的工作嘛。而且还得承认，确实是障碍重重，这个障碍有些是有意识的，有些是无意识的，两种情况都有。所以，我们需要有一个顾问委员会来过渡。顾问委员会，应该说是我们干部领导职务从终身制走向退休制的一种过渡。他还说，也许经过三届代表大会以后，顾问委员会就可以取消了。如果两届能够实现，就要十年。所以，顾问委员会是个过渡，这个过渡是必要的，我们选择了史无前例的这种形式，切合我们党的实际。

1982年9月1日至11日，党的十二大举行，会议审议和通过了《中国共产党章程（修改草案）》，正式宣布在中央和省级设立顾问委员会。大会根据新党章的规定，选举出中央顾问委员会委员172人。

十二大闭幕后，中央顾问委员会于9月13日召开了第一次全体会议，会议选举邓小平为中顾委主任，薄一波、许世友、谭震林、李维汉为副主任。选举出24名常务委员。邓小平在大会上作了重要的讲话。讲话对顾问委员会作了全面的阐述。他说：中央顾问委员会是个新东西，是根据中国共产党的实际情况建立的，是解决党的中央领导机构新老交替的一种组织形式。目的是使中央委员会年轻化，同时让一些老同志在退出第一线之后继续发挥一定的作用。我们的干部老化的情况不说十分严重，至少有九分半严重。这个问题不解决，我们的国家、我们的党就缺乏活力。现在着手来解决，采取顾问委员会的这种过渡的形式，比较合乎我们的实际情况，比较稳妥，比较顺当。应当说，这一次在解决新老交替问题上迈出了相当大的一步。如果花两个五年的时间，通过这种过渡形式，稳妥地顺当地解决好这个问题，把退休制度逐步建立起来，那就是很大的胜利。

对于顾问委员怎样工作，邓小平说：总的说就是要按照新的党章办事。中央顾问委员会是中央委员会的政治上的助手和参谋。中顾委委员可以列席中央全会，顾委副主任可以列席政治局会议，必要时顾委常委也可以列席政治会议。中顾委在中央委员会领导下工作，任务有四条：一是对党的方针政策的规定和执行提出建议，接受咨询，二是协助中央委员会调查处理某些重要问题，三是在党内外宣传党的重大方针政策，四是承担中央委员会委托的其他任务。

顾问委员会怎样正确地发挥作用，邓小平提出了三个方面的要求：第一，顾问委员会不要妨碍中央委员会的工作。他说，我们老同志要自觉，我们都是老上级、老领导，比中央委员会的成员牌子硬。以后中央委员会的成员越来越年轻，越来越是我们的后辈，我们的态度正确，对推动和帮助他们的工作，很有好处。如果搞得不适当，也会带来不好的影响。不仅不要妨碍中央委员会的工作，也不要妨碍下面各级的工作。比如我们的同志到哪个省里去了解情况，我看不要随便发表意见，首先要认真调查研究，学习下面的实际经验。要注意起传帮带的作用，而不是去发号施令。第二，顾问委员会的成员要联系群众。可以联系一个基层单位，深入地了解情况，这样就可以对党中央更好地起到参谋和助手的作用。第三，在保持党的优良作风方面以身作则。搞精神文明建设，关键是以身作则。我们这些老同志下去，人家是非常尊重的，生活上是会照顾的，我们自己注意不要过分麻烦人家。

最后，邓小平说：总之，中央顾问委员会怎样做工作，怎样起作用，是个新问题。相信我们这些老同志会处理得很好。

顾问委员会建立以后，协助党中央为维护党的团结和社会稳定，推进改革开放和现代化建设，做了大量的卓有成效的工作。老同志以身作则，严格要求，为废除实际存在的领导职务终身制，实现新老干部交替合作，为保证党的事业继往开来，后继有人作出重要的贡献。

1985年9月，党的全国代表会议以后，加快了中央领导班子年轻化的进程，中央先后有141位老同志退出了政治局、中央委员会、顾问委员会，在全国范围内先后有180多万老干部从领导岗位上退了下来，有330万年轻干部被选拔到各级领导岗位。以邓小平为首的中央顾问委员会，顺利解决了领导职务终身制的问题，平稳地实现新老干部交接，推动了政治体制的全面改革。

作为党的第二代领导集体的核心邓小平，从党和国家的前途着想，多次表达了退休的愿望，他身体力行、率先垂范，推动了干部队伍的年轻化和废除领导干部职务终身制的实行。他在党的十三大上，辞去了中央政治局委员和常委、中央委员及中央顾问委员会主任的职务，1989年又辞去了军委主席的职务，完全从党、国家和军队的领导岗位上退了下来，为废除领导干部职务终身制起了良好的带头作用，使干部离退休制度在我国基本确立。并在他的主持下，建立了以江泽民为核心的党的第三代领导集体，实现了党的中央领导层的顺利交接。

1992年党的十四大召开前，我们党的各级领导班子经过调整和充实，党政领导机构有了明显增加，党的离休、退休制度已全面建立，新老干部的合作与交替已取得预期的进展，为了让年轻的领导班子放开手脚，担负起建设社会主义的历史重任，根据中央顾问委员会提议，党的十四大决定：十四大后不再设立顾问委员会。经历了整十年的时间，顾问委员会圆满地完成了其历史使命。

邓小平与十二大

> 这次代表大会将是党的第七次全国代表大会以来的一次最重要的会议。

——邓小平

党的十一届三中全会以后，经过近 4 年的全面拨乱反正和局部改革，促进了我国由"文化大革命"的严重挫折到全面开创社会主义现代化建设的重大转变。各项事业、各条战线出现了一系列新的变化。主要表现在：在思想上，重新确立了马克思列宁主义的实事求是的思想路线，逐步纠正了指导思想上和实际工作中的"左"倾错误，在新的历史条件下坚持和发展了毛泽东思想，思想解放，使各条战线焕发出生气勃勃的创造力。在经济上，党把工作重点转移到社会主义现代化建设上来，调整了国民经济，改革开放起步，农村经济体制改革初见成效，经济逐步走上稳步发展的健康轨道。在政治上，揭批"四人帮"，消除其帮派势力和思想残余，平反冤假错案，落实各项政策，实现了安定团结、生动活泼的政治局面。在组织上，逐步调整、整顿和加强了各级领导班子，把一批优秀人才提拔到各级领导岗位。党的组织逐步健全，党的威信不断提高。

这一切表明，十一届三中全会以来，党中央所制定和执行的路线、方针、政策是正确的，我们国家已经基本消除了"文化大革命"所造成的严重后果，并为全面开创社会主义现代化建设和改革开放的新局面创造了条件。同时也要看到，随着国内外形势的转变，现代化建设的伟大实践向我们党提出了一系列需要不失时机地加以解决的重大课题。确定继续前进的战略目标、战略步骤、战略重点和与此相适应的具体方针政策，全面开创社会主义现代化新局面等问题，迫切地提到了中国共产党的议事日程上来。

1982年9月1日至11日，中国共产党第十二次全国代表大会在北京隆重开幕。出席大会的正式代表1545名，候补代表145名，代表着3900多万名党员。大会的主要议程有三项：1. 审议通过中央委员会的报告，确定全面开创社会主义现代化建设新局面的纲领；2. 审议通过新的中国共产党章程；3. 按照新党章规定，选举新的中央委员会、中央顾问委员会和中央纪律检查委员会。

会议由大会主席团和主席团常务委员会主持。

邓小平在会上致开幕词。

邓小平在开幕词中回顾了党的七大以来的历史，阐明了十二大的历史地位，指出这次代表大会将是党的第七次全国代表大会以来的一次最重要的会议。

他说，党的七大是建党以后民主革命时期我们党最重要的一次代表大会。它总结了我国民主革命二十多年曲折发展的历史经验，制定了正确的纲领和策略，克服了党内的错误思想，使全党的认识在马克思列宁主义、毛泽东思想的基础上统一起来，达到了全党的空前团结，为新民主主义革命在全国的胜利奠定了基础。党的八大的路线是正确的，但由于当时党对于全面建设社会主义的思想准备不足，八大提出的路线和许多正确意见没有能够在实践中坚持下去。八大以后，我们取得了社会主义建设的许多成就，同时也遭到了严重挫折。

对于十二大，邓小平满怀信心地说："现在这次代表大会和八大时的情况有了很大的不同。正如七大以前，民主革命二十多年的曲折发展，教育全党掌握了我国民主革命的规律一样，八大以后社会主义革命和建设二十多年的曲折发展也深刻教育了全党。从十一届三中全会以来，我们党在经济、政治、文化等各方面的工作中恢复了正确的政策。和八大的时候比较，现在我们党对我国社会主义建设规律的认识深刻得多了，经验丰富得多了，贯彻执行我们的正确方针的自觉性和坚定性大大加强了。我们有充分的根据相信，这次代表大会制定的正确的纲领，一定能够全面开创社会主义现代化建设的新局面，使我们党兴旺发达，使我们的社会主义事业兴旺发达，使我们的国家和各民族兴旺发达。"

开幕词中，邓小平总结了党的历史经验，首次提出了走有中国特色的社会主义道路的指导思想，明确提出了"建设有中国特色的社会主义"这一科学命题，这是对十一届三中全会以来社会主义现代化建设指导思想的新的理论概括。

邓小平提出："我们的现代化建设，必须从中国的实际出发。无论是革命还是建设，都要注意学习和借鉴外国经验。但是，照抄照搬别国经验、别国模式，从来不能得到成功。这方面我们有过不少教训。把马克思主义的普遍真理同我国的具体实际结合起来，走自己的道路，建设有中国特色的社会主义，这就是我们总结长期历史经验得出的基本结论。""中国的事情要按照中国的情况来办，要依靠中国人自己的力量来办。独立自主，自力更生，无论过去、现在和将来，都是我们的立足点。中国人民珍惜同其他国家和人民的友谊和合作，更加珍惜自己经过长期奋斗而得来的独立自主权利。任何外国不要指望中国做他们的附庸，不要指望中国会吞下损害我国利益的苦果。我们坚定不移地实行对外开放政策，在平等互利的基础上积极扩大对外交流。同时，我们保持清醒的头脑，坚决抵制外来腐朽思想的侵蚀，决不允许资产阶级生活方式在我国泛滥。中国人民有自己的民族自尊心和自豪感，以热爱祖国、贡献全部力量建设社会主义祖国为最大光荣，以损害社会主义祖国利益、尊严和荣誉为最大耻辱。"

在开幕词中，邓小平还审时度势，站在时代的潮头指出：八十年代是我们党和国家历史发展上的重要年代。加紧社会主义现代化建设，争取实现包括台湾在内的祖国统一，反对霸权主义、维护世界和平，是我国人民在八十年代的三大任务。这三大任务中，核心是经济建设，它是解决国际国内问题的基础。今后一个长时期，至少是到本世纪末的近二十年内，我们要抓紧四件工作：进行机构改革和经济体制改革，实现干部队伍的革命化、年轻化、知识化、专业化；建设社会主义精神文明；打击经济领域和其他领域内破坏社会主义的犯罪活动；在认真学习新党章的基础上，整顿党的作风和组织。这是我们坚持社会主义道路，集中力量进行现代化建设的最重要的保证。

邓小平的开幕词言简意赅，高屋建瓴，是起草十二大文件、作出各种重要决策的基本依据。它充分显示了邓小平的伟人魅力，听后给人以力量，使人振奋。特别是"建设有中国特色的社会主义"的提出，解决了我们党在几十年的艰苦探索中一直没有解决的问题，即现代化建设走什么道路的问题。这个问题实际上是邓小平在新时期全部理论思考的主题，是邓小平理论的精髓。

邓小平致开幕词后，紧接着，胡耀邦代表十一届中央委员会向大会作了题为《全面开创社会主义现代化建设的新局面》的政治报告。

报告分六个部分：一、历史性的转变和新的伟大任务；二、促进社会主义经济的全面高潮；三、努力建设高度的社会主义精神文明；四、努力建设高度的社会主义民主；五、坚持独立自主的对外政策；六、把党建设成为领导社会主义现代化事业的坚强核心。

报告在回顾了十一届三中全会以来的战斗历程和各条战线所取得的

巨大成就之后，提出了党在新的历史时期的总任务是：团结全国各族人民，自力更生，艰苦奋斗，逐步实现工业、农业、国防和科学技术现代化，把我国建设成为高度文明，高度民主的社会主义国家。

报告把社会主义现代化经济建设作为在全面开创新局面的各项任务中的首要任务，从我国的实际出发，确立了我国经济建设的战略目标、战略重点、战略步骤和一系列方针政策。根据邓小平的设想，报告确定：从 1981 年到本世纪末的二十年，我国经济建设总的奋斗目标是，在不断提高经济效益的前提下，力争使全国工农业的年总产值翻两番，使人民的物质文化生活达到小康水平。在战略部署上分两步走：前十年主要是打好基础，积蓄力量，创造条件，后十年要进入一个新的经济振兴时期。

报告在提出促进社会主义经济全面高涨的同时，提出要努力建设高度的社会主义精神文明和高度的社会主义民主。报告指出，社会主义精神文明是社会主义的重要特征，是社会主义制度优越性的重要表现。而社会主义的物质文明和精神文明建设，都要靠继续发展社会主义民主来保证和支持。建设高度的社会主义，是我们的根本目标和根本任务之一。社会主义民主的建设必须同社会主义法制的建设紧密地结合起来，使社会主义民主制度化、法律化。

解决好干部队伍的新老交替，尽快实现干部队伍的革命化、年轻化、知识化、专业化，是十二大的主要议题之一。

9 月 10 日和 11 日上午，大会举行全体会议，选举产生了新的中央委员会委员、中央纪律检查委员会委员。中央委员会保留了邓小平等 6 位德高望重的老一辈革命家。同时新成立了党史上没有过的中央顾问委员会。

这三个委员会的产生，尤其是顾问委员会的成立，体现了邓小平在《党和国家领导制度改革》中关于设立三个委员会、进一步建立分权制衡机制的要求，顺利实现了党的领导班子的新老干部交替。表现了邓小平等老一辈革命家高度的政治责任感和革命胸怀，体现了全党的共同意志。这在国际共产主义运动史上也是一个创举。这是十二大的一个重要功绩。从而为加强和改善党的领导，为党和国家的长治久安，为实现全面开创社会主义建设的新局面，提供了可靠的组织保证。

党的十二大反映了到 1982 年以邓小平为代表的中国共产党对在中国建设社会主义的规律性所达到的认识水平，并根据这一认识水平，规划了社会主义建设的蓝图，提出了实现这一蓝图所必须执行的大政方针。"建设有中国特色的社会主义"这一科学概念的提出，标志着我们党真正找到了一条建设社会主义的正确道路。正如邓小平所说："从十一届三中全会到十二大，我们打开了一条一心一意搞建设的新路。"从此，中国的社会主义现代化建设进入了一个新的全面开创的阶段。

邓小平与 1983 年整党

> 一定要下决心，用坚决、严肃、认真的态度来进行这次整党。整党绝不能走过场。
>
> ——邓小平

从 1975 年到 1983 年，邓小平多次提出要整党

在全面推进社会主义现代化建设的伟大实践中，提高中国共产党自身的领导水平和战斗力，是获得成功的关键一环。中共第十二次全国代表大会，根据党的现状，提出了有计划有步骤地进行整党，使党风根本好转的要求。

其实，早在 1975 年主持中央和国务院工作时，邓小平就提出要整顿党的作风。他说"当前，各方面都存在一个整顿的问题。农业要整顿，工业要整顿，文艺政策要调整，调整其实也是整顿。""整顿的核心是党的整顿，只要抓住整党这个中心环节，各个方面的整顿就不难。"旨在通过整顿，系统地纠正"文化大革命""左"的错误，恢复和增强党组织的战斗力，促进国民经济的全面发展。但是，在"文化大革命"尚未结束的情况下，这个计划是不可能顺利实施的。

粉碎"四人帮"后，许多人深深地怀念起中国共产党人在长期的

革命斗争中，在毛泽东、周恩来等领导人率先示范下所形成的一整套好传统、好作风，诸如实事求是，理论联系实际；群众路线；批评与自我批评；谦虚谨慎，艰苦奋斗；民主集中制等。在十一届三中全会上，许多人在会议发言中大声疾呼，整顿党风，严肃党纪，关系到党和国家的命运，关系到四个现代化的成败，切不可等闲视之。拨乱反正，就是要抓党风。根据大家的意见，三中全会讨论了一系列加强党的建设的措施，诸如健全党规党法，恢复被取消多年的纪律检查机构，重新成立中共中央纪律检查委员会等等。

三中全会以后，为了制止部分高级干部生活特殊化的现象，恢复党的艰苦奋斗、联系群众的传统作风，1979 年 11 月，中共中央纪律检查委员会，会同有关方面共同起草了《关于高级干部生活待遇的若干规定》，重申了"文革"前一些行之有效的章程。11 月 2 日，邓小平在中央党、政、军机关副部长以上干部会议上，作了《高级干部要带头发扬党的优良传统》的报告，他说："为了整顿党风，搞好民风，先要从我们高级干部整起。"因为"党是整个社会的表率，党的各级领导同志又是全党的表率"。

1980 年 2 月，在中国共产党十一届五中全会上，邓小平又一次提出了整党的问题。他说"我们党现在确实存在一个整顿的问题。三千八百万党员，相当一部分不合格。这次全会以后，需要结合讨论党章修改草案和贯彻执行党内生活准则，在全党进行一次教育。"由于当时中国共产党正在集中力量进行拨乱反正，总结新中国成立以来特别是"文化大革命"的经验教训，解决政治路线、思想路线和组织路线这些具有先决条件性的问题，因而还来不及进行全面整顿工作。

到了中共十二大，随着政治路线、思想路线和组织路线等重大问题的解决，中共中央已经有可能腾出精力来解决党内存在的问题。在这种情况下，十二大提出了全面整党的任务。1983 年 10 月，中共十二届二中全会就这一问题进行了讨论，作出了《中共中央关于整党的决定》。确定从 1983 年冬季开始，全面整党，用 3 年的时间对党的作风和组织进行一次全面整顿。

邓小平说，整党一定要严肃认真，绝不能走过场

《中共中央关于整党的决定》，分析了党的状况，一方面肯定了党的队伍的主流是纯洁的和具有强大战斗力的，另一方面指出了党内存在的阴暗面。这些阴暗面主要表现在：在理论上，有些党员对拨乱反正的伟大意义缺乏认识，还没有站到马克思主义路线的立场上来，有些党员对社会主义制度的基本原则和优越性、共产主义的光明前途认识模糊，思想混乱，有些党员对违背马克思主义和社会主义的思想熟视无睹，有的甚至公然传播这些思想。在作风上，有些党员和党员干部个人主义严重，甚至恶性膨胀，为谋求个人和小团体的利益，不惜采取各种手段损害国家和人民的利益，走上犯罪道路。在纪律观念上，有些党员和党员干部组织观念淡薄，纪律松弛，精神不振，无所作为，不起先锋模范作用。在组织上，有些党组织软弱涣散，甚至处于瘫痪状态，丧失了战斗堡垒作用。这种思想、作风、组织上的严重不纯，纪律松弛的状况，对党的危害极大。

《决定》明确提出了整党的基本方针、任务、政策和方法。这次整党的基本任务是：统一思想，整顿作风，加强纪律，纯洁组织。统一思想，就是进一步实现全党思想政治上的高度一致，纠正一切违反四项基本原则，违反中共十一届三中全会以来的路线的"左"的和右的错误倾向。整顿作风，就是发扬全心全意为人民服务的革命精神，纠正各种利用职权谋取私利的行为，反对对党对人民不负责任的官僚主义。加强纪律，就是坚持民主集中制的组织原则，反对无组织无纪律的家长制、

派性、无政府主义、自由主义，改变党组织的软弱涣散状况。纯洁组织，就是按照党章规定，把坚持反对党、危害党的分子清理出来，开除出党。其中清理"三种人"，是纯洁组织的关键问题。

对这次整党，邓小平非常重视。在十二届二中全会上，他就这一问题专门发表了讲话。首先，邓小平肯定了十一届三中全会以来中国共产党所取得的巨大成就。他说：我们党从十一届三中全会以来，重新确立了马克思主义的思想路线、政治路线和组织路线，制定了各方面的适合情况的正确政策，收到了显著的成效，各项工作的新局面正在逐步打开。广大群众拥护我们党的路线和领导。在实现伟大历史转变的过程中，经过多次重大斗争的考验，证明我们党的主流是好的，是有战斗力的，是有能力、有办法解决问题的。

他同时指出，党的状况还远不是都令人满意的。党内还存在着不少没有来得及清理和解决的严重问题。比如，"三种人"的问题，严重的经济犯罪和刑事犯罪等问题。有些党员以权谋私，严重损害了党和群众的关系。还有的人长期在政治上不同中央保持一致、或表面上保持一致实际上另搞一套。这些情况，引起了广大党员、干部和人民群众的担心和不满。十二大决定进行全面整党，全党上下、全国各族人民一致拥护，对整党寄予了极大的期望。为了切实解决这些严重的问题，不使全党同志和全国人民失望，邓小平提出，一定要下决心，用坚决、严肃、认真的态度来进行这次整党。整党绝不能走过场。要通过这次整党，把我们党建设成为有战斗力的马克思主义政党，成为领导全国人民进行社会主义物质文明和精神文明建设的坚强核心。

最危险的是"三种人"

邓小平认为，这次整党应当彻底清理"三种人"。所谓"三种人"

是指在"文化大革命"中追随林彪、江青反革命集团造反起家的人；帮派思想严重的人；打砸抢分子。早在1978年12月中央工作会议闭幕会上，邓小平就提出："今后选拔干部要严格。对于那些搞打砸抢的、帮派思想严重的、出卖灵魂陷害同志的、连党的最关紧要的利益都不顾的人，决不能重用"。

粉碎"四人帮"后，党中央已经陆续清查和处理了一批"三种人"，有些人在思想上和行动上已经有所改正。但是还有相当一批人的立场没有改变，并在党内隐藏了下来。正如1982年6月，聂荣臻在给邓小平、陈云等人的信中所指出的：粉碎"四人帮"以后，我们对帮派骨干、打砸抢分子并未彻底清理，应高度警惕他们的破坏。

1982年9月，陈云在党的十二大上也谈到了"三种人"的问题。他说，"三种人"一个也不能提拔，已经提拔的，必须坚决从领导班子中清除出去。否则，到了气候适宜的时候，他们就会跳出来兴风作浪。

邓小平在十二届二中全会的发言中进一步分析了"三种人"的危害。他说，说他们最危险，是因为：一、他们坚持原来的帮派思想，有一套煽惑性和颠覆性的政治主张；二、他们有狡猾的政治手腕，不利时会伪装自己，骗取信任，时机到来，又会煽风点火，制造新的动乱；三、他们转移、散布和隐蔽在全国许多地方，秘密的派性联系还没有完全消灭；四、他们比较年轻，也比较有文化。他们当中有些人早就扬言十年、二十年后见。邓小平提醒全党，这些人"是一股有野心的政治势力，不可小看，如果不在整党中解决，就会留下祸根，成为定时炸弹。"

因此，十二届二中全会作出的《关于整党的决定》提出，纯洁组织是这次整党的一个重要目的，清理"三种人"是纯洁组织的关键。1984年7月，中央又发出了《关于清理"三种人"若干问题的补充通知》，指出，清理"三种人"要抓重点，关键是防止"三种人"进入各级领导班子、要害部门和第三梯队，已进入的要坚决清除出去。

通过这次整党，全党在思想、作风、纪律、组织四个方面，都比整党以前有了进步，党内存在的三个严重不纯的状况有了改变。同时，积累了正确处理党内矛盾和问题的重要经验。这些都为新时期党的建设的加强和发展，奠定了一个比较良好的基础。但是，整党工作的发展是不平衡的。有一部分党组织，包括一些高、中级党政领导机关，没有全面完成整党的四项基本任务，有的甚至走了过场，以致损害了整党工作在群众中的声誉。即使是那些搞得比较好的单位，在党风和其他方面也还遗留了一些问题，需要在以后经常性的党的建设中继续加以解决。

邓小平与当代中国所有制和分配制度的改革

> 改革开放迈不开步子，不敢闯，说来说去就是怕资本主义的东西多，走了资本主义道路。要害是姓"资"还是姓"社"的问题。……改革开放胆子要大一些，敢于试验，不能像小脚女人一样。看准了的，就大胆地试，大胆地闯。
>
> ——邓小平

"实行多种经济形式和多种经营方式长期并存，是我党的一项战略决策"

新中国成立以后，经过对生产资料私有制的社会主义改造，我国建立了社会主义的基本制度。但是，由于"左"倾指导思想的影响，由此形成的过分单一的所有制结构严重阻滞了生产力的发展。

十一届三中全会以后，为了促进经济的发展，邓小平明确提出"要多方面地改变生产关系，改变上层建筑"，对旧的体制进行改革。从 1978 年起，党中央开始逐步调整原有的政策，把大批小商、小贩、小手工业者及其他劳动者从原工商业者中区别开来，恢复其劳动者身份。接着，又明确肯定原工商业者已经成为社会主义社会中的劳动者。1978 年 3 月，国务院正式批转了国家工商行政管理局关于全国工商局长会议的报告，这个报告明确指出，为了方便群众生活，为了解决部分人的就业问题，可以根据实际情况在城镇恢复和发展一部分个体经济。这样，在公有制占绝对统治地位的情况下，作为其他经济成分的个体经济得以逐步恢复和发展。

个体经济的恢复和大发展是与大批知识青年回城相联系的。在"文化大革命"中，全国数以千万计的城镇知识青年上山下乡。当时，这一方面是为了改变农村落后状况，另一方面也是为了减轻城市就业压力。

"四人帮"被粉碎后，大批知识青年回城，但是，城市不可能很快接纳这么多人。于是，矛盾出现了。与此同时，城市中新生长起来的大批劳动力，这时也面临着不能充分就业的问题。

就业，成为当时全社会极为关注的问题。

按过去的做法，就业，就是由政府的劳动部门分配工作。当时人们选择工作的标准第一是国营工厂，第二是国营商业，第三是集体工厂。但是，数以千万计青年一下子涌回城市，政府没有办法在国营和集体工商业中安置他们。于是，1980 年 8 月召开的全国劳动就业会议，提出了在国家计划指导下，实行劳动部门介绍就业、自愿组织起来就业和自谋职业相结合的方针。其中所谓"自谋职业"，就是让人们从事个体工商业。

为了进一步解决就业问题，1981 年 10 月 17 日，中共中央、国务院又做出《关于广开门路，搞活经济，解决城镇就业问题的若干决定》。《决定》正式提出，在公有制占优势的前提下，"实行多种经济形式和多种经营方式长期并存，是我党的一项战略决策，决不是一种权宜之计"，今后一定要"按照国民经济的需要适当发展城镇劳动者个体经济"。针对有关部门歧视、限制甚至打击个体经济的现象，《决定》明确指出，"要采取积极态度，坚决迅速地改变那些歧视、限制、打击、并吞集体经济和个体经济的政策措施，代之以引导、鼓励、促进、扶持的政策措施。要对过去的有关规定限期进行认真的清理，并提出改革的具体办法。"《决定》还要求全党政府各部门及群众团体，积极行动起来，为发展个体经济服务出力、献计献策。根据《决定》的精神，当时，工商管理部门大批发放个体营业证，各级政府还尽可能提供方便条件，报纸上也大力宣传个体户对社会的贡献。

经过各级政府的共同努力，到 1982 年，全国已安置两千多万人就业，在这个过程中，集体、合营、个体经济如雨后春笋般地发展，尤其是个体经济发展更为迅速，全国城镇个体经济达到 263.6 万户，从业人员为 398 万。

实践的发展，推动了理论的进步。1981 年 6 月，党的十一届六中全会召开，会议通过了《中共中央关于建国以来党的若干历史问题的决议》。《决议》概括了十一届三中全会以来党在所有制形式上的新认识，第一次提出了个体经济是公有制经济必要补充的论点，《决议》指出"社会主义生产关系变革和完善必须适应于生产力的状况，有利于生产的发展。……一定范围的劳动者个体经济是公有制经济的必要补充。必须实行适合于各种经济成分的具体管理制度和分配制度。"

1982 年，党的十二大召开，邓小平明确提出，要建设有中国特色的社会主义。十二大报告进一步提出"由于我国生产力发展水平总的说来还比较低，又很不平衡，在很长时期内需要多种经济形式的同时并存。""在农村和城市，都要鼓励劳动者个体经济在国家规定的范围内和工商行政管理下适当发展，作为公有制的必要的、有益的补充。"

这表明，我们党已经初步形成了以公有制为主体、多种所有制形式并存，以按劳分配为主体、多种分配形式并存的方针。

"我的意见是放两年再看"

短短的两三年内，个体经济蓬勃发展。在成千上万的个体户中，大多数人虽然只能有个温饱，但有不少人比国营企业职工的收入要丰厚得多。其中有为数不多的人在几年内富了起来。随着经营规模的扩大，人手越来越紧张。他们开始雇工，由个体户变成了私人企业主。

这种情况的出现首先给城市职工以很大的冲击。尽管邓小平在十一届三中全会上提出了允许和鼓励一部分人先富起来的"大政策"，有关部门、单位和企业坚持按劳分配原则，恢复和实行奖金等制度，一般职工的生活水平已有一定的提高，但相比较而言，这些搞个体经济的人，现在收入比他们要高得多。甚至一些过去被视为"不三不四"的人，现在耀武扬威起来了。他们心理上开始不平衡起来。

如果说普通职工只是心里不平衡的话，对党的领导干部来说，就面临着很多政策上的难题。主要的就是私营企业能不能雇工，能雇多少？最典型的例子就是"傻子瓜子"。

"傻子瓜子"的经营者叫年广久，安徽芜湖人。他很早就是个体商贩，开始贩卖水果，后改营炒货。他和两个儿子在家里炒制西瓜子，或提篮叫卖，或摆摊兜售。他悉心钻研瓜子的炒制技巧，创造出"傻子瓜子"这一名牌食品，加上他会经营，生意越做越大。瓜子的日产量由原来的几十斤增加到200多斤，月营业额达万元，在当时个体户中成为"冒尖户"。

随着自身的发展，年广久要继续扩大经营，这时摆在他面前有两条路可以选择：一是向个体经济联合体发展；一是雇工。年广久也曾想过走合作经济的道路，但处理各方面的经济利益关系比较复杂。走私营企业的道路相对简单一些。于是，他从1981年9月开始雇工，当时他只雇了4个帮手，主要劳动力还是他父子3人。这时人们心里还可以勉强接受。而且，对于少量雇工，这时政策上也是允许的。1981年国务院颁布《城镇非农村个体经济若干政策规定》及随后下发的有关文件，都规定个体工商业可以请一二个帮手，最多不超过四五个学徒，合在一起可以雇七个人。为什么可以雇七个人呢？说起来可笑，因为马克思的著作里有个界限，尽管这只是马克思举的一个例子而已。

后来年广久经营日趋扩大，共雇工 140 多人，日产瓜子 1 万多斤，月营业额达 60 多万元。从一家个体户发展到这样一个有相当规模的私营企业，只用了两年多时间！年广久发展这么快，固然与他选择的这个行业有关，瓜子不关系国计民生，是计划经济管不着的空间，也是公有经济的空隙，但更主要是在社会主义初级阶段，私营经济具有活力。然而，他的迅速发迹，却引起了各方面议论和指责，特别是他的雇工多，当时很多人看了不舒服，认为这是剥削，是搞资本主义，主张对他采取措施。

邓小平得知后，却明确表态说："我的意见是放两年再看。那个能影响我们的大局吗？如果你一动，群众就说政策变了，人心就不安了。你解决了一个'傻子瓜子'，会牵动人心不安，没有益处。让'傻子瓜子'经营一段，怕什么？伤害了社会主义吗？"

确实，年广久开办私营企业对社会主义不仅没有带来什么害处，还带来了很多好处。以 1982 年为例，这一年"傻子瓜子"所创造的收入中，他个人所得、雇工工资、上交国家税费分别为 44.6%、12.0% 和 43.33%。年广久并没有全部占有工人的剩余价值，相反，他雇佣的工人的收入比国营企业工人的收入要高得多。由于他的经济实力，打开了江、浙、沪的市场。在他的挑战和带动下，芜湖一下子涌现出近 60 家瓜子企业，瓜子销售量达 3000 万斤，被誉为"瓜子城"。全国各地也兴起了瓜子加工热，从南到北，涌现出"迎春瓜子""口不离""好吃来""阿凡提"等数不清的新品种，成为一个不小的产业。

一颗瓜子千斤重。邓小平对"傻子瓜子"的支持，使得私营企业蓬勃发展起来。

私营企业在形式上出现了多样化：既有由个人承包或租赁集体企业

而逐步演变成的私营企业，也有个人或家庭独资经营的企业，此外，还有合伙、集股经营的企业，靠技术成果起家的私营企业也开始出现。而且在范围上也逐渐扩大，私营企业出现的初期，大部分从事手工业、商业、饮食业、服务业。后来逐步发展到工业、交通运输、食品加工、高科技、金融、采矿、建筑材料等各行各业。

到1987年，我国的私营企业已有25万户，雇工约400万人。在登记注册的私营企业中，资本拥有10万元以上的占45%，几近半数。工业产值占全国工业总产值的1%以上。

"利用外资是一个很大的政策，我认为必须坚持"

在鼓励、支持私营企业发展的同时，邓小平还积极倡导利用外资，在我国境内兴办"三资"企业。

1979年，邓小平在不同场合曾多次谈及利用外资进行经济建设的问题。1月17日，在会见胡厥文、胡子昂、荣毅仁等工商界人士时，邓小平指出："现在搞建设，门路要多一点，可以利用外国的资金和技术，华侨、华裔也可以回来办工厂。吸收外资可以采取补偿贸易的方法，也可以搞合营，先选择资金周转快的行业做起。"

10月4日，在中央召开的省、市、自治区第一书记座谈会上，邓小平专门提出要充分研究怎样利用外资的问题，指出："第二次世界大战以后，一些破坏得很厉害的国家，包括欧洲、日本，都是采用贷款的方式搞起来的，不过它们主要是引进技术、专利。我们现在如果条件利用得好，外资数目可能更大一些。问题是怎样善于使用，怎样使每个项目都能够比较快地见效，包括解决好偿付能力问题。利用外资是一个很大的政策，我认为应该坚持。"在邓小平的积极倡导和指导下，利用外资进行经济建设逐渐成为全党和全国人民的共识，并付诸实践。

1979 年 7 月，五届全国人大二次会议通过并颁布了《中华人民共和国中外合资经营企业法》等法规，同时，负责管理利用外国投资的专门机构——国家外国投资管理委员会也正式成立。随着中央和国务院批准广东、福建两省在对外经济活动中实行特殊政策和灵活措施，利用外资工作全面展开。

1980 年，经国家外国投资管理委员会批准或授权有关省市批准而兴办的合资企业有 20 个，这是改革开放后在我国产生的最早一批"三资"企业，他们是：北京航空食品公司，中国迅达电梯公司，新疆天山毛纺织品公司、广州精料公司、广东光明华侨电子工业公司、广东光明养猪厂、中法合营天津王朝葡萄酿酒公司、北京建国饭店公司、中国计算机世界服务公司和福建日立电视机有限公司等。投资总额 2 亿多美元，其中外商投资额为 1.7 亿多美元。

在这 20 家中外合资经营企业中，投资当年就开始生产经营的企业有北京航空食品公司、中国迅达电梯公司、浙江西湖藤器公司、中法合营天津王朝葡萄酿酒公司等。这几家合资企业都是老厂吸收外资合营进行扩大生产经营的，经过几个月经营，在生产经营管理上都有了很大的可喜变化。例如北京航空食品公司 1980 年 5 月合资开业后，加强劳动组织整顿和工人培训，改进配餐的品种和花色，到 10 月份，每日供应中外班机的配餐份数由开业前的 600 多份增加到 1320 份，营业额从开业前的 22 万元左右，上升到 9 月份的 46 万元，盈利额从 5 月份的 1.7 万元增加到 8 月份的 5 万多元人民币。

从 1980 年 5 月 1 日第一家中外合资企业北京航空食品有限公司诞生到 1982 年底，国内累计建立的"三资"企业总数有 909 家，其中，中外合资经营企业有 83 家，外商投资为 1.41 亿美元，中外合作经营企业有 793 家，外商投资为 27 亿多美元，外商独资经营为 33 家，协议外资金额 3.67 亿美元，实际利用外资金额为 0.39 亿美元。

"三资"企业的蓬勃发展，得到了邓小平的充分肯定。1985年8月28日，邓小平会见津巴布韦政府总理穆加贝时，在总结新中国成立后我国革命和建设的经验教训的基础上，强调了在坚持公有制经济为主体的同时发展"三资"企业的必要性，他说："公有制包括全民所有制和集体所有制。现在占整个经济的90%以上。同时，发展一点个体经济，吸收外国的资金和技术，欢迎中外合资合作，甚至欢迎外国独资到中国办工厂，这些都是对社会主义经济的补充。"

　　针对这时出现的一些对利用外资工作的不适当指责，邓小平明确指出，"一个三资企业办起来，工人可以拿到工资，国家可以得到税收，合资合作的企业收入还有一部分归社会主义所有。更重要的是，从这些企业中，我们可以学到一些好的管理经验和先进的技术，用于发展社会主义经济。这样做不会也不可能破坏社会主义经济。我们倒是觉得现在外国投资太少，还不能满足我们的需要。"此后，他又多次指出，"在本世纪最后的十六年，无论怎样开放，公有制经济始终还是主体。同外国人合资经营，也有一半是社会主义的。合资经营的实际收益，大半是我们拿过来。不要怕，得益处的大头是国家，是人民，不会是资本主义。"

　　1984年，被邓小平誉为"新时期政治经济学"的《中共中央关于经济体制改革的决定》正式公布，《决定》的第八点明确提出，要"积极发展多种经济形式，进一步扩大对外的和国内的经济技术交流"，《决定》还进一步提出"利用外资、吸引外商来我国举办合资经营企业、合作经营企业和独资企业，也是对我国社会主义经济必要的有益的补充。"这进一步推动了"三资"企业的发展。1985年开始出现了外商直接投资的高潮，这一年新办的合资企业1412家，吸收外资0.30亿美元，比上年分别增长90.55%和90.31%，分别是前六年的1.5倍和1.4倍。到1987年底，已批准登记的"三资"企业有1万多家，吸收外资总额达到 335.25 亿美元。

随着城乡多种经济成分的逐步发展，我们党对公有制为主体、多种经济成分共同发展，以按劳分配为主体、多种分配方式并存的方针又有了进一步的发展。党的十三大报告认为，"在所有制和分配上，社会主义社会并不要求纯而又纯，绝对平均。在初级阶段，尤其要在以公有制为主体的前提下，发展多种经济成分，在以按劳分配为主体的前提下实行多种分配方式，在共同富裕的目标下鼓励一部分人通过诚实劳动和合法经营先富起来。"

十三大报告把在公有制为主体的前提下继续发展多种所有制经济和实行以按劳分配为主体的多种分配方式和正确的分配政策作为深化改革的任务之一，指出："社会主义初级阶段的所有制结构应以公有制为主体。目前全民所有制以外的其他经济成分，不是发展得太多了，而是还很不够。对于城乡合作经济、个体经济和私营经济，都要继续鼓励它们发展。公有制经济本身也有多种形式。除了全民所有制、集体所有制以外，还应发展全民所有制和集体所有制联合建立的公有制企业，各地区、部门、企业互相参股等形式的公有制。在不同的经济领域，不同的地区，各种所有制经济所占的比重应当允许有所不同。"

"社会主义初级阶段的分配方式不可能是单一的。我们必须坚持的原则是，以按劳分配为主体，其他分配方式为补充。除了按劳分配这种主要方式和全体劳动所得以外，企业发行债券筹集资金，就会出现凭债权取得利息；随着股份经济的产生，就会出现股份分红；企业者的收入中，包含部分风险补偿；私营企业雇佣一定数量劳动力，就应当允许。我们的分配政策，即要有利于善于经营的企业和诚实劳动的个人先富起来，合理拉开收入差距，又要防止贫富悬殊，坚持共同富裕的方向，在促进效率提高的前提下体现社会公平。"

理论的新突破

进入 1989 年，由于经济上的治理整顿，特别是 1989 年春夏之交政治风波的影响，我国私营经济和"三资"企业的发展出现了新的情况。1989 年上半年个体工商户约减少 218.4 万户，从业人员减少 361.6 万人，停业 8000 多家。个体私营经济出现了十年来第一次户数锐减的现象，与此同时，"三资"企业也停滞不前。

针对这种情况，1992 年年初，邓小平在著名的南方谈话中明确指出，这几年"改革开放迈不开步子，不敢闯，说来说去就是怕资本主义的东西多，走了资本主义道路。要害是姓'资'还是姓'社'的问题。""中国要警惕右，但主要是防止'左'。"今后"改革开放胆子要大一些，敢于试验，不能像小脚女人一样。看准了的，就大胆地试，大胆地闯。"

在邓小平南方谈话精神指导下，1992 年 10 月召开的党的十四大，明确指出发展个体私营经济，大胆吸收外国先进的经营方式和管理方法、引进外资，"不会损害社会主义，只会有利于社会主义的发展。"

十四大正式提出经济体制改革的目标是在坚持公有制和按劳分配为主体、其他经济成分和分配方式为补充的基础上，建立和完善社会主义市场经济体制。十四大报告对所有制和分配制度改革的方针又有了进一步的发展，报告指出，"社会主义市场经济体制是同社会主义基本制度结合在一起的，在所有制结构上，以公有制包括全民所有制和集体所有制经济为主体，个体经济、私营经济、外资经济为补充，多种成分长期共同发展，不同经济成分还可以实行多种形式的联合经营。国营企业、集体企业和其他企业都进入市场，通过平等竞争发挥国有企业的主要作用。""在分配制度上，以按劳分配为主体，其他分配方式为补充，兼顾效率与公平。运用包括市场在内的各种调节手段，既鼓励先进，促进效率，合理拉开收入差距，又防止两极分化，逐步实现共同富裕。"

十四大以后，党中央采取了一系列政策和措施，鼓励、扶持和促进个体私营经济、"三资"企业等多种经济形式的发展，鼓励以按劳分配为主体的多种分配形式的施行。

1993 年 1 月 6 日，国家工商行政管理局作出《关于促进个体私营经济发展的若干意见》，提出了我国政府促进个体私营经济健康发展的20 条政策，明确宣布，"除了关系国家安全和人民健康的行业外，原则上都允许个体、私营经济从事生产经营。"《意见》还强调要坚决保护个体私营经济的合法权益。外部环境的日益宽松，社会条件的逐步改善，促进了私营经济的迅猛发展。到 1996 年 6 月底，全国登记注册的个体工商户突破 2474 万户，从业人员 4544.2 万人，注册资金 886.7 亿元，总产值 1794.3 亿元，销售总额或营业收入 5763.3 亿元。全国私营企业达到 70.9 万家，从业人员 1014.2 万人，注册资金 3128.6 亿元，再创历史最好水平。

与此同时，"三资"企业也获得了很大发展。1995 年 6 月 20 日由国家计委、经贸委、对外贸易部联合颁布了《指导外商投资方向暂行规定》，同时还颁布了《外商投资产业指导目标》，这是我国首次公布鼓励、限制、禁止外商投资领域的政策性文件。《规定》在原有基础上显著扩大了鼓励外商投资的范围，拓宽了对外开放的领域，这是吸收外资工作的一项重大举措。截至 1997 年底，全国累计批准外商投资企业30.37 万家，协议利用外资金额 5193.8 亿美元，实际使用外资额 2205亿美元。从 1993 年开始我国连续 5 年是外商投资最多的发展中国家，在全球排名第二，仅次于美国。

实践的发展和理论的进步，酝酿着所有制和分配制度改革上的重大突破。1997 年 9 月 12 日，党的十五大在北京召开。大会高举邓小平理论的伟大旗帜，认真总结了十一届三中全会特别是十四大以来改革开放的经验，提出了系统科学论断。

江泽民在十五大报告中明确指出，"要坚持和完善社会主义公有制为主体、多种所有制经济共同发展的基本经济制度"，"坚持和完善按劳分配为主体的多种分配方式，允许一部分地区一部分人先富起来，带动和帮助后富，逐步走向共同富裕"。

报告提出"公有制为主体、多种所有制经济共同发展，是我国社会主义初级阶段的一项基本经济制度"，"非公有制经济是我国社会主义市场经济的重要组成部分。对个体、私营等非公有制要继续鼓励、引导，使之健康发展。"这一论断改变了原来非公有制经济"有益的、必要的补充"的地位，使其由原来的"基本经济制度"外，进入了社会主义初级阶段的"基本经济制度"内。报告还提出，"要全面认识公有制经济的含义"，"公有制实现形式可以而且应当多样化。一切反映社会化生产规律的经营方式和组织形式都可以大胆利用。要努力寻找能够极大促进生产力发展的公有制实现形式。"

为了贯彻按劳分配为主体、多种分配方式并存的原则，报告提出要"把按劳分配和按生产要素分配结合起来"，"允许和鼓励资本、技术等生产要素参与收益分配"。

上述方针和政策的提出，标志着我们党在所有制和分配制度的改革上取得了新的重大突破，这必将对改革开放和社会主义现代化建设事业产生积极的推动作用。

邓小平与香港问题

> 如果中华人民共和国成立四十八年后还不把香港收回，任何一个中国领导人和政府都不能向中国人民交代，甚至也不能向世界人民交代。如果不收回，就意味着中国政府是晚清政府，中国领导人是李鸿章。
>
> ——邓小平

香港问题是历史遗留问题。

香港，包括香港岛、九龙、新界三个部分。自古以来就是中国领土。1840 年英国发动鸦片战争，强迫清政府于 1842 年签订了丧权辱国的《南京条约》，永久割让香港岛。1856 年英法联军发动第二次鸦片战争，1860 年英国迫使清政府缔结《北京条约》，永久割让九龙半岛尖端。1898 年英国人乘列强在中国划分势力范围之机逼迫清政府签订《展拓香港界址专条》，强行租借九龙半岛大片土地以及附近 200 多个岛屿（后统称"新界"），租期 99 年，1997 年 6 月 30 日期满。

由于上述三个条约都是侵略战争的产物，因而在国际法上是无效的，所以中国人民从来都不承认这些不平等条约。辛亥革命后的历届中国政府也都没有承认过这些条约。抗日战争时期，国民党政府曾向英国提出收回香港的问题。1943 年，双方达成协议，在战胜日本后重新考虑新界的租借问题。但是抗战胜利后，国民党政府因忙于打内战，协议又被搁置。

中华人民共和国成立后，中国政府的一贯立场是：香港是中国的领土，中国不承认帝国主义强加的三个不平等条约，主张在适当时机通过谈判解决这一问题，未解决前暂时维持现状。

到了70年代末，随着"新界"租期届满日益临近，国际市场上投资者日益持观望态度。这种观望态度在地产业投资上最为突出，租借期日趋迫近，使投资者愈来愈裹足不前。这种情况不仅使港英政府的财政收入大为减少，而且对香港整个经济的发展产生了很大的消极影响。英国政府作出了这样的一种估计："若不设法采取步骤去减低1997年这个期限所带来的不明朗情况，在80年代初期至80年代中期，便会开始出现信心迅速崩溃的现象。"

随着1997年的日益临近，英国政府不断派其代表试探中国关于解决香港问题的立场和态度。

邓小平说，我们将把香港作为一个特殊地区来处理

1979年3月下旬，香港总督麦理浩访华，向中国政府提出1997年到期的批地契约问题。3月29日邓小平会见他时，谈到了中国政府对香港问题的立场和态度。他说，我们历来认为，香港的主权属于中华人民共和国，香港又有它的特殊地位，将来谈判解决香港问题时，前提是香港系中国的一部分。但我们将把香港作为一个特殊地区来处理，在相当长的时期限内，香港还可以搞资本主义，而我们搞我们的社会主义。请所有的外国投资者放心，怎么变都不会影响外国投资者的利益。

1981年4月，英国外交大臣卡林顿访华。邓小平再次说："在16年内或16年后，即使香港的地位有变化，投资者的利益也不会受到

损害。"

1982 年 4 月，英国前首相希思访问中国。希思回顾了 1974 年 5 月访问中国时毛泽东会见的情景，他对邓小平说，"那次你也在座，当时毛主席和周总理说，反正要到 1997 年，那还早，还是让年青人去管吧。现在离 1997 年只有 15 年的时间，你是如何考虑在这个期间处理这个问题。"邓小平说，香港的主权是中国的。还有新界，包括整个香港，过去是不平等条约，实际上是废除的问题。"我们是多年的老朋友了，如中国到时不把香港的主权收回来，我们这些人谁也交不了账。"至于说到投资问题，中国要维护香港作为自由港和国际金融中心的地位，也不影响外国人在那里投资，在这个前提下由香港人管理香港。邓小平还表示："如果可能，我们愿意同贵国政府正式接触，通过谈判来解决这一问题"。现在是"考虑解决香港问题的时候了"。

和"铁娘子"的较量。邓小平说，主权问题不容讨论

1982 年 9 月 22 日下午 1 点 20 分，一架英国皇家空军专机在北京首都机场徐徐降落。走下飞机的是有"铁娘子"之称的英国首相撒切尔夫人。

中国外交部副部长章文晋及其夫人、外交部西欧司司长王本祚，香港总督尤德爵士、香港巨富包玉刚等前往机场迎接。

几乎与此同时，位于北京西郊的军用机场也有一架专机降落，走下飞机的是邓小平。他是陪同朝鲜民主主义人民共和国主席金日成去四川访问后，匆匆赶回北京准备和撒切尔夫人会谈的。

撒切尔夫人此行访问中国，是为同中国方面会谈解决香港问题而来的。就在此前的几个月，英国和阿根廷因为历史遗留问题，爆发了马尔维纳斯群岛之战，凭借着船坚炮利，英国取得了胜利。

这次北京之行，撒切尔夫人意在挟马岛胜利的余威，与中国谈判香港问题，幻想可以继续保持英国侵占香港的三个不平等条约有效。

行前，她也曾声明"有关香港的三个条约有效"，意在国际上大造舆论，并借机试探中国的反应。

但是，中国不是阿根廷。香港也不是马尔维纳斯群岛。

24 日上午，邓小平在人民大会堂福建厅会见撒切尔夫人。

会谈正式开始，撒切尔夫人摆出一副先声夺人的架势，对邓小平说，必须遵守有关香港问题的三个条约。条约虽然写在纸上，但任何手段都不可能消除它存在的事实。

邓小平听到这句话，表情非常严肃地对撒切尔夫人说：主权问题不是一个可以讨论的问题。现在时机已经成熟，应该明确肯定：1997 年中国将收回香港。就是说，中国要收回的不仅是新界，而且包括香港、九龙。邓小平表示，中国在这个问题上没有回旋余地。中国和英国就是在这个前提下来进行谈判，商讨解决香港问题的方式和办法。

和全中国人民一样，邓小平对帝国主义强加给中国人民的不平等条约备感耻辱。他坚决地说，如果中华人民共和国成立四十八年后还不把香港收回，任何一个中国领导人和政府都不能向中国人民交代，甚至也不能向世界人民交代。如果不收回，就意味着中国政府是晚清政府，中国领导人是李鸿章。

邓小平表示，现在，当然不是今天，但也不迟于一二年的时间，中国就要正式宣布收回香港这个决策。我们可以再等一二年宣布，但肯定不能延长更长的时间了。邓小平说这番话，表达了中国领导人恢复行使对香港主权的强烈决心。

撒切尔夫人听后，无可奈何地摇了摇头。

接着，撒切尔夫人提出谈判的题目就是一个归属问题。

邓小平马上反驳道：是三个问题：第一个是主权问题，总要双方就香港归还中国达成协议；第二个是1997年我们恢复行使主权之后怎么样管理香港，也就是在香港实行什么样的制度的问题；第三个是十五年过渡期间的安排问题，也就是怎样为恢复行使主权创造条件。

原本打算用谈主权问题来迫使中国最终同意以主权换治权的撒切尔夫人，此时在邓小平面前不得不承认失败，表示同意邓小平提出的三个问题。

当然，撒切尔夫人是不会善罢甘休，要不然怎么会有"铁娘子"之称呢？

撒切尔夫人话锋又转到保持香港繁荣的问题上，认为，香港只有在英国的管辖下才能继续繁荣。说这话时，多少流露出盛气凌人的表情。

邓小平说，保持香港的繁荣，我们希望取得英国的合作，但这不是说，香港继续保持繁荣必须在英国的管辖之下才能实现。香港继续保持繁荣，根本上取决于中国收回香港后，在中国的管辖之下，实行适合于香港的政策。

说到这里，撒切尔夫人又用多少带有点要挟的口气说，如果香港不能继续保持繁荣，对中国的四个现代化建设将会带来很大的影响。

邓小平十分自信地表示，我认为，影响不能说没有，但说会在很大程度上影响中国的建设，这个估计不正确。如果中国把四化建设能否实现放在香港是否繁荣上，那么这个决策本身就是不正确的。

最后，撒切尔夫人拿出了她的杀手锏，用威胁的口吻说，"如果中国宣布收回香港，将会给香港带来灾难性的影响。"

邓小平坚定地说，我还要告诉夫人，中国政府在做出这个决策的时候，各种可能都估计到了。如果在十五年的过渡时期内香港发生严重的波动，那时，中国政府将被迫不得不对收回的时间和方式另作考虑。如果说宣布要收回香港就会像夫人说的"带来灾难性的影响"，那我们要勇敢地面对这个灾难，做出决策。

撒切尔夫人听后，无言以对。

最后，邓小平建议双方达成这样一个协议，即双方同意通过外交途径开始进行香港问题的磋商。

撒切尔夫人表示同意。

为国家和人民做了一件非常有意义的事情

这次会谈后，根据双方达成的协议，中英两国开始通过外交途径就解决香港问题进行商谈。但在前 4 轮的谈判中，由于英方仍然坚持1997 年英国继续管治香港的立场，致使会谈毫无进展。在前 4 轮谈判中，英方名义上同意交还主权，但却坚持治权不放。并通过宣传工具制造种种舆论，说什么香港的繁荣离不开英国的管理，主张"以主权换治权"。当时英方还打出三张"牌"：一是"信心牌"，说香港人对中国政府接管没有信心。第二是"民意牌"，说香港人不愿这么干。三是"经济牌"，即抽走资金等。1983 年 9 月英资财团首先在伦敦大量抛售港币，引起港币暴跌，造成了抢购、挤兑和撤资的风潮。

就在中英香港谈判出现紧张状态之际，希思再一次访问中国。邓小平请其转告撒切尔夫人：英国想用主权来换治权是行不通的，劝告英方改变态度，以免出现到 1984 年 9 月中国不得不单方面公布解决香港问题方针政策的局面。1997 年收回香港的政策不会受到任何干扰、有任何改变，否则我们就交不了账。

希思回国后向英国政府传递了邓小平的谈话内容。

10 月撒切尔夫人来信提出，双方可在中国建议的基础上探讨香港的持久性安排，这样会谈再次开始。从 1984 年 4 月第 12 轮会谈后，双方转入商谈过渡时期香港的安排和有关政权移交事项。中方提出了关于过渡时期的安排和有关政权交接的基础思想。建议在香港设立常设性中英联合小组，任务是协调中英协议的执行，商谈有关实现政权顺利移交的具体措施。对此英方坚持反对。

邓小平对来访的英国外交大臣说，在过渡时期有很多事情要做，没有一个机构怎么行？邓小平表示，可以考虑变个小组设在香港，而轮流在香港、北京、伦敦开会。1984年7月，邓小平再次会见来访的英国外交大臣，说，我们非常关注香港的过渡时期。"我们希望过渡时期不出现问题，但必须准备可能会出现一些不以我们的意志为转移的问题。"至1984年9月，双方经过前后22轮谈判，终于达成协议，中英双方同意用《联合声明》的形式，采用如下表达方式，即中国政府声明："中华人民共和国政府决定于1997年7月1日对香港恢复行使主权。"英国政府声明："联合王国政府于1997年7月1日将香港交还中华人民共和国。"9月26日草签了中英《联合声明》和三个附件，至此，为时两年的中英两国政府关于香港问题的谈判圆满结束。

1984年12月19日，中英两国政府首脑在北京正式签署关于香港问题的联合声明。

英国首相撒切尔夫人于12月18日在外交大臣杰弗里·豪的陪同下再度来到北京，对中国进行正式访问，并签署联合声明。

12月19日，邓小平再次会见撒切尔夫人。

此次的会见已不同于上次，气氛显得热烈友好。

邓小平在人民大会堂笑容满面地与撒切尔夫人握手。并高兴地说："我们两国领导人就香港问题达成协议，为各自的国家和人民做了一件非常有意义的事情。香港问题已经有近一个半世纪的历史。这个问题不解决，在我们两国和两国人民之间总存在着阴影。现在这个阴影消除了，我们两国之间的合作和两国人民之间的友好前景光明。"

撒切尔夫人对邓小平的这一评价表示完全赞同。她说，回顾我两年多以前初次在这里同您见面以来，我们已经取得了多么大的成就，双方的了解也加深了。

撒切尔夫人还特别说道：从历史的观点看，"一国两制"是最富天才的创造，这个构想看起来是个简单的想法，但却是充满想象力的构想，是解决香港问题的关键，是我们达成协议的关键。

邓小平接着说：如果"一国两制"的构想是一个对国际上有意义的想法的话，那要归功于马克思主义的辩证唯物主义和历史唯物主义，用毛泽东主席的话来说就是实事求是。这个构想是在中国的实际情况下提出来的。

谈到人们对"一国两制"能否行得通，中国在签署中英《联合声明》后是否能始终如一地执行的疑虑，邓小平对撒切尔夫人说：我们不仅要告诉阁下和在座的英国朋友，也要告诉全世界的人：中国是信守自己的诺言的。

撒切尔夫人听后，表示坚信"一国两制"的构想是行得通的。

接着，邓小平又讲述到，采用和平方式解决香港问题，就必须考虑到香港的实际情况，也考虑到中国的实际情况和英国的实际情况，就是说，我们解决问题的办法要使三方面都接受。三方面都能接受的只能是"一国两制"，允许香港继续实行资本主义，保留自由港和金融中心的地位，除此之外没有其他办法。

邓小平还向撒切尔夫人讲述了 1997 年后保持香港现行的资本主义制度 50 年不变的道理。并请撒切尔夫人告诉国际上和香港的人士，"一国两制"除了资本主义，还有社会主义，就是中国的主体、10 亿人口的地区坚定不移地实行社会主义。主体是很大的主体，社会主义是在10 亿人口地区的社会主义，这是个前提，没有这个前提不行。在这个前提下，可以允许在自己身边，在小地区和小范围内实行资本主义。

当天下午 5 时 30 分，在人民大会堂西大厅隆重举行了《中英关于香港问题联合声明》的正式签字仪式。

中国总理和撒切尔夫人分别在长桌本国国旗一侧就座，用中国的台式英雄金笔，各自代表本国政府在联合声明上签字。

邓小平出席了签字仪式。

当两国领导人交换声明文本时，大厅里爆发出热烈的掌声。随后，两国领导人发表讲话。

撒切尔夫人说：这是一个具有历史意义的时刻，邓小平主任能够出席各自政府签署的关于香港前途的联合声明，在香港的生活史上，在英中关系的历程中，以及国际外交史上都是一个里程碑。联合声明为从现在起到1997年和1997年以后继续保持香港的稳定、繁荣和发展提供了坚实的基础。

撒切尔夫人赞扬中国领导人对双方谈判采取的高瞻远瞩的态度。并盛赞"一国两制"。她说，"一国两制"的构想是没有先例的，它为香港的特殊历史环境提供了富有想象力的答案。

谈到中英《联合声明》，撒切尔夫人说，这是香港人民往后赖以向前发展的基础，香港会成为一个比现在更加繁荣的地方。今天，我们荣幸地同中国朋友一起，参加一个独特的仪式，我们应该有一种创造历史的感觉，应该有一种自豪感，并对未来充满信心。

讲话结束后，邓小平手举香槟酒杯，高兴地走到撒切尔夫人面前，和撒切尔夫人碰杯，共祝中英双方完成了一件影响深远、具有历史意义的大事。

1985年5月27日，中英两国政府在北京互换批准书，中英《联合声明》正式生效。

为了确保1997年之后香港的繁荣稳定，在全国人大审议批准中英《联合声明》的同时，起草香港特别行政区基本法的工作也同时展开。在基本法起草的过程中，邓小平倾注了大量的心血。他多次会见基本法起草委员会的全体成员，对基本法的原则和意义作了精辟的解释。他说："我们的一国两制能不能成功，要体现在香港特别行政区基本法里面。这个基本法还要为澳门、台湾作出一个范例。所以，这个基本法很重要。"要非常认真地从实际出发来制定。基本法出台后，邓小平评价说，写出了一部具有历史意义和国际意义的法律。说它具有历史意义，不只对过去、现在，而且包括将来；说它具有国际意义，不只对第三世界，而且对全人类都具有长远意义。"这是一个具有创造性的杰作"。

邓小平与国庆 35 周年庆典

三十五年来，我国不但完全结束了旧时代的黑暗历史，建立了社会主义社会，也改变了人类历史的进程。特别是中国共产党第十一届三中全会以来，由于彻底纠正了"四人帮"反革命集团的倒行逆施，恢复和发展了毛泽东同志的实事求是的思想路线，陆续实行了一系列适合新情况的重大政策，全国的面貌更是焕然一新。在全国实现安定团结、民主法制的基础上，我们把进行社会主义现代化建设放在一切工作的首位。我国的经济获得了空前的蓬勃发展，其他工作也都得到了公认的成就。今天，全国人民无不感到兴奋和自豪。

——邓小平

1984 年 10 月 1 日在天安门广场举行的中华人民共和国成立 35 周年庆典，是改革开放后我国综合国力和全国人民精神面貌的一次大展示。这次国庆大典，集中反映了改革开放后我国各条战线取得的成果，是邓小平成为第二代中央领导集体核心以来政绩的初步总结，很自然地，邓小平就成为这次国庆大典上最引人注目的人物。

邓小平提出：恢复阅兵仪式

新中国成立后，根据中国人民政治协商会议的决定，阅兵是国庆大典的一项重要内容。从 1949 年到 1959 年，天安门广场上共举行过 11 次阅兵，开国大典、国庆 5 周年、10 周年规模都较大。虽然那时新中国还并不富裕，但 10 月 1 日天安门广场上的阅兵仪式却鼓舞着人们建设社会主义的信心，记录着共和国奋进的足迹。此后，由于一连串的政治运动的冲击，令人激动和振奋的阅兵场面消失了。

1980 年 3 月 10 日，身为中共中央军委副主席的邓小平，在听取了总参谋长杨得志的工作汇报后说：部队阅兵好久没有搞了。不能说阅兵、搞分列式就是形式主义。它对部队作风培养有实际意义。搞阅兵，把军队摆出来，让人民看看，也可以密切军民关系。3 月 18 日，总参谋部向全军发出通令：恢复军队内部的阅兵。同年 12 月，中共中央决定，1984 年 10 月 1 日举行建国 35 周年国庆大阅兵。

1983 年 12 月，以中共中央书记处书记万里为组长的 35 周年阅兵领导小组和以北京军区司令员秦基伟为总指挥的首都阅兵指挥部相继成立，各项准备工作迅速全面铺开。

1984 年 3 月 2 日，邓小平和中央军委常委的其他领导人一道，听取北京军区参谋长、阅兵副总指挥周衣冰关于阅兵方案的汇报，并批准了这个方案。

1984 年 10 月 1 日，金秋的北京一派喜庆景象，粉刷一新的天安门城楼金碧辉煌。庆祝中华人民共和国成立 35 周年大会和阅兵式在这里隆重举行。

广场前列，十万名青年用他们手中的花束轮番变换出各种巨大的图案。天安门城楼两侧的观礼台上，除了国内各行各业的代表外，还包括杨振宁、李政道、吴健雄等世界著名科学家在内的华侨代表和台湾同胞及港澳同胞代表。各国驻华外交官、在京外国友人、来华专家等，也应邀登上了观礼台。

9时40分，邓小平同党和国家其他领导人、全国各界代表、西哈努克亲王夫妇以及越南老朋友黄文欢，登上天安门城楼。霎时，广场爆发出热烈的掌声和欢呼声，五彩缤纷的气球腾空升起。

上午10时整，北京市市长宣布："庆祝中华人民共和国成立35周年大会开始！"

伴随着雄壮的国歌和隆隆的礼炮声，一辆黑色的红旗牌敞篷车缓缓驶出天安门，越过金水桥，停在桥头。站在这辆敞篷车上的中央军委主席邓小平，接受阅兵总指挥秦基伟的报告。秦基伟向邓小平行了一个庄严的军礼后报告：

军委主席：

庆祝建国35周年阅兵式，受阅部队列队完毕，请你检阅。

阅兵总指挥：秦基伟

这时，军乐队奏起了阅兵曲，阅兵车缓缓向东驶去。新中国成立以来最大的一次阅兵开始了。邓小平频频挥动右手，向三军官兵致意。

"同志们好！""同志们辛苦了！"他那亲切的问候不时从阅兵车上的扩音器传来。

"首长好！""为人民服务！"三军官兵以响亮、坚定的回答向统帅和人民表达敬意。

嘹亮的对应声此起彼伏，从一个方队传到另一个方队，在长安街上空久久回荡。这壮观的场面通过电视实况转播，传送到国内外亿万电视观众的面前。最高统帅与普通指战员之间真挚、朴素的感情交流一下子拉近了统帅、士兵和人民之间的距离。

整齐的方队、崭新的装备，依次经过天安门城楼，接受党和人民的检阅。望着这威武之师、正义之师的英姿，邓小平的脸上露出了满意的笑容。

1984 年的国庆大阅兵，无疑振奋了海内外中国人的心。祖国的强盛和繁荣，使他们感到无比的兴奋和自豪。就连一位 40 多年前的反共作家也不得不客观地作这样的评价：人类有史以来，从没有一个军队的统帅首先向受检阅的官兵问好的。中外古今的阅兵礼，照例是受检阅的官兵高呼万岁的，从恺撒到拿破仑、从沙皇到凯瑟琳、从希特勒到墨索里尼、从华盛顿到罗斯福、从蒋介石到蒋经国，以及许多国家的阅兵礼，万岁之声，震耳欲聋，已经成了惯例，而唯一的例外，是邓小平。他将慰问官兵的感情，掺杂在阅兵典礼中，是人类军事史上的创举。

国庆讲话展新图

10 时 18 分，邓小平检阅完受阅部队回到天安门城楼发表重要讲话。

他宣告："三十五年来，我国不但完全结束了旧时代的黑暗历史，建立了社会主义社会，也改变了人类历史的进程。特别是中国共产党第十一届三中全会以来，由于彻底纠正了'四人帮'反革命集团的倒行逆施，恢复和发展了毛泽东同志的实事求是的思想路线，陆续实行了一系列适合新情况的重大政策，全国的面貌更是焕然一新。在全国实现安定团结、民主法制的基础上，我们把进行社会主义现代化建设放在一切工作的首位。我国的经济获得了空前的蓬勃发展，其他工作也都得到了公认的成就。今天，全国人民无不感到兴奋和自豪。"

他满怀信心地描绘了本世纪末我国社会主义现代化建设的宏伟目标，他说："党的十二大提出，到二〇〇〇年，我国的工农业年总产值，要比一九八〇年翻两番。最近几年的情况，表明这个宏伟目标是能够达到的。当前的主要任务，是要对妨碍我们前进的现行经济体制，进行有系统的改革。同时，要对全国现有的企业，进行有计划的技术改造。要大大加强科学技术研究工作，大大加强各级教育工作，以及全体职工和干部的教育工作。全党和全社会都要真正尊重知识，真正发挥知识分子的作用。这样，我们就一定会逐步实现现代化。"

对外政策是国庆典礼必讲的内容之一，邓小平说：中国的对外政策是维护世界和平、反对霸权主义，主张用和平方式解决争端。他要求人民解放军全体官兵，务必时刻保持警惕，不断提高军政素质，努力掌握应付现代战争的知识和能力。

关于祖国统一问题，邓小平明确指出："我们主张对我国神圣领土台湾实行和平统一，有关的政策，也是众所周知和不会改变的，并且正在深入全中华民族的心坎。大势所趋，祖国迟早总是要和平统一的。希望全国各族同胞，包括港澳同胞、台湾同胞和海外侨胞，共同促进这一天早日到来。"

1949 年 10 月 1 日，毛泽东在开国大典上宣布：中华人民共和国中央人民政府成立了！短短几个字，是对中国共产党几十年来领导中国人民为独立、自由而进行的艰苦卓绝的斗争的总结。邓小平的国庆讲话，则总结了十一届三中全会后，中国共产党领导中国人民进行改革开放，建设有中国特色社会主义道路所取得的巨大成就，并向全国人民描绘了我国本世纪末的具体的奋斗目标和当前的主要任务，使全国人民对我国社会主义现代化建设的前景充满了信心。

"小平您好！"

10 时 33 分，邓小平讲话结束后，军乐队奏响了雄壮的《解放军进行曲》。分列式开始了。

陆海空三军仪仗队护卫着八一军旗，雄赳赳、气昂昂率先进入广场，全场爆发出热烈的掌声。

六个军事院校的方队紧接其后，这些未来的将军们最先接受检阅，中国军队的革命化正规化现代化的喻义昭示于世。

10时50分，分列式结束。《歌唱祖国》的乐曲奏响了。天安门广场顿时变成了欢乐的海洋。群众游行开始了。

走在最前面的是由一万八千人组成的仪仗队。他们簇拥着国旗、国徽和毛泽东、周恩来、刘少奇、朱德的塑像，还有各种体现奋斗目标、时代精神的横幅、彩车。在通过广场时，"祖国万岁！""共产党万岁！""振兴中华！""实现四化！"的口号声此起彼伏。

之后，农民队伍走过来了，他们有的吹着唢呐，有的跑着旱船，一片喜气洋洋。农民大军作为游行的前导方队，打着"联产承包好"的醒目横幅。看到这个情景，邓小平转头对身旁的西哈努克亲王高兴地介绍说："这是我们的农业队伍"。西哈努克由衷地夸赞说："中国的农业搞得好，是因为阁下领导和中国的政策好。"邓小平笑着说："标语上写得很清楚，是因为政策好。"

农民队伍之后，是由六万人、四十二部彩车、十三幅标语组成的浩浩荡荡的工业、科教队伍。其中有条横幅十分引人注目："时间就是金钱，效率就是生命。"这是深圳经济特区和蛇口工业区特制的两辆大型彩车上的标语。

在深圳特区的彩车后面，是大学生的游行队伍。当北京大学的学生队伍行至天安门城楼前时，忽然，人群中亮出了"小平您好！"的横幅，神经高度警敏的中外记者纷纷按动快门，抢下了这个珍贵的镜头。

这一镜头在电视屏幕上仅仅闪动了几秒钟，但它却在中华大地乃至全世界引起了强烈反响。因为这四个字不仅表达了大学生们对邓小平重视知识分子政策的拥护，也最真实地表达了全国人民对邓小平的敬意。

事后，几位制作横幅的大学生说：我们不像人家赞誉那么高，我们写这幅标语首先是出于真诚，一种对党和国家领导人，特别是邓小平同志的由衷的祝愿。我们知道，是他和党一起，率领十亿人民担起振兴中华的大业。我们都是中国的普通百姓，如果不是中国政治制度的这种变革，我们是不可能跨入学校大门的。另外，党的政策在农村及全国各地实现、开花、结果，的确激起了我们的各种感激之情。我们反对个人迷信，也反对过誉的吹捧，同时，我们又站在同志及晚辈的立场上，肯定我们领袖的功绩，赞美为民族的复兴建立奇勋的小平同志。

一位出席国庆大典的外国友人说：我荣幸地出席了贵国的国庆大典，北大学生打出的"小平您好"给我留下了极深的印象，这一举动在几年前的中国是不可能的，它体现了群众和领袖之间坦率和朋友般的关系，是个人感情的自然流露，表现了人民对邓先生的信任和对开放政策的拥护，说明了中国正从"四人帮"时的非民主向民主的方向健康前进。

10月1日的天安门游行队伍最后出场的是欢呼着、跳跃着奔向广场的二万三千名少先队员，它象征着我们的事业后继有人。望着这些天真活泼的孩子们，邓小平意味深长地对西哈努克亲王说："他们是我们的未来，是我们的希望！"

邓小平与北京正负电子对撞机建造工程

> 现在世界的发展，特别是高科技领域的发展一日千里，中国不能安于落后，必须一开始就参与这个领域的发展。搞这个工程就是这个意思。
>
> ——邓小平

北京正负电子对撞机是中国自行设计、研制和建造的中国第一台高能粒子加速器。它是在邓小平的直接关心、推动下建成的。

邓小平一直非常赞成和支持开展高能物理的研究，说这是从长远发展的利益着眼

高能物理是一门寻找新的粒子，进行物质微观结构研究的尖端科学。60 年代起我国开始了这一领域的研究，但处于比较落后的状态。

1972 年 9 月，二机部四〇一所的张文裕、朱光亚等 18 位科学工作者联名写信给周恩来总理，反映国内高能物理研究工作落后，要求改变现状。周恩来亲笔复信指示："这件事不能再延迟了，科学院必须把基础科学和理论研究抓起来，同时又要把理论研究与科学实验结合起来。高能物理研究和高能加速器的预制研究，应该成为科学院要抓的主要项

目之一。"

同一年，第一次回国探亲的美籍华人学者李政道教授，也向周恩来总理提出了建设高能加速器的建议。他提出，北京正负电子对撞机一旦建成，足可以带动中国高技术的发展。虽然这个加速器还不是最高的能量，但在这个能量级中，其水平在全世界是比较先进的，可以做出有价值的科研成果。北京今后也将成为全世界"粲粒子"研究中心，为中国高科技出口迈出第一步，带动全国工业的发展。它更重大的意义是会增强中华民族的自信心，证明中国人不光数量上在世界最多，质量上在世界也是最优秀的。

科学家的建议受到了中国政府和科技界领导的高度重视。1975 年 3 月，周恩来总理在重病中批准开展高能加速器的预制研究。"文化大革命"结束之后，国家计划在北京建造一台 500 亿电子伏质子同步加速器（代号"八七工程"），并列入全国自然科学发展规划。

邓小平从一开始就非常赞成和支持这项工程。

国际上则有人对经济处于落后状态的中国搞高能物理研究感到不理解。1979 年，欧洲核子研究中心总主任阿达姆斯来访，邓小平会见他时，他向邓小平提出了这样一个问题：你们目前经济并不发达，为什么要开展高能物理研究，搞高能加速器？邓小平富有远见地说：这是从长远发展的利益着眼，既然要搞四个现代化，就得看高一点，看远一点，不能只看到眼前。

邓小平亲自拍板，正负电子对撞机工程被列入国家重点建设项目

1980 年底，国家进行国民经济调整，压缩基本建设的规模，决定停建"八七工程"。这件事在高能物理学界引起了很大的反响。科学家

们对我国高能物理研究工作的开展纷纷发表意见。

1980年12月25日，聂华桐等14位美籍华裔科学家致信邓小平等中央领导，直率地反映了他们对我国发展高能物理研究及建造高能加速器的意见。

这封信引起了邓小平及其他中央领导人的高度重视。

1981年1月10日，邓小平指示，请国务院副总理兼国家科委主任方毅召集一个专家会进行论证。

邓小平对高科技的高度重视和实事求是的科学态度，为高能物理研究的发展带来了希望。

从1980年底到1981年春，中国科学院高能物理研究所展开了深入的讨论，同时广泛征求国内外同行专家的意见。

1981年3月下旬，高能所所长张文裕专门派出两位教授访问美国，向一些著名专家学者征询对中国发展高能物理研究的意见和建议。李政道教授、美国斯坦福直线加速器中心所长潘诺夫斯基教授，以及高能所在美国的一批访问学者，都提出了建造2×22亿电子伏正负电子对撞机的建议。这个建议也得到了多数美国同行专家学者的赞同。

同时，根据邓小平的指示，国内有关部门也抓紧组织有关专家进行研讨论证。

1981年5月，"八七工程"指挥部和中国科学院数理学部联合召开了"高能物理玉泉路研究基地调整方案论证会"。来自北京大学、清华大学、中国科技大学、南京大学、中国原子能研究院、中科院理论物理所、国家计委、机电工业部等16个单位的60多位专家学者出席了会议。与会专家一致认为，高能物理是一门重要的基础学科，在我国应该得到发展。

北京正负电子对撞机由电子直线加速器、电子贮存环、大型通用探测器——北京谱仪、同步辐射光束线和实验站、计算中心五部分组成。

建造这样一台电子对撞机规模不算大，是我国经济条件所允许的。如果能如期建成，不仅可以使我国的高能物理研究进入世界高能研究的前沿，而且还可以"一机两用"，利用电子贮存环产生的同步辐射光，开展生物、化学、医学、材料科学、固体物理等多方面的研究工作，直接为其他边缘学科和国民经济服务。同时建造这台加速器需要多种尖端科学技术，包括高频、高压、超高真空、微波、大电流快脉冲、毫微秒快电子学、自动控制、数据自动采集、精密磁铁制造与磁场测量、辐射剂量监测等。工程的建造必将带动上述高技术的发展与应用。绝大多数代表认为，建造一台2×22亿电子伏正负电子对撞机是一个较好、较合理的方案。

此后，中国科学院数理学部及中国科学院领导又经过反复研究，1981年12月22日，党组书记李昌、副院长钱三强向邓小平等中央领导同志报告，请求批准正负电子对撞机方案。邓小平当日就作出批示："这项工程进行到这个程度，不宜中断，他们所提方针，比较切实可行，我赞成加以批准，不再犹豫。"

12月25日，邓小平在会见李政道教授之前，再次指示万里、姚依林和中国科学院领导："要坚持，下决心，不要再犹豫了。"在谈到工程经费和进度时，邓小平说："按五年为期，经费要放宽一些，不要再犹豫不决了，这个益处是很大的。"

在党中央、国务院的重视与支持下，特别是邓小平的亲切关怀下，1983年4月，国务院批准了对撞机工程计划任务书，同年12月中央决定将对撞机工程列入国家重点建设项目。

对撞机的建成，体现了邓小平对发展我国高科技事业的关心

1984年10月7日，北京正负电子对撞机工程正式破土动工。邓小

平亲自来到高能物理研究所，参加奠基典礼。

这天上午，邓小平一下汽车就兴致勃勃地观看了整个工程的模型，边看边听取工程经理、高能所副所长谢家麟讲解对撞机的性能和用途。谢家麟说，在工程的论证过程中，李政道教授付出了艰巨的劳动。邓小平当即对陪同的李政道表示感谢。李政道激动地说："应该谢谢邓主任的关心和支持。"

听到工程将于 1985 年竣工时，邓小平高兴地说："祝工程如期完工！"然后，他同大家一同来到对撞机工地奠基石旁，洁白的大理石基石上，镌刻着邓小平亲笔题写的铭文："中国科学院高能物理研究所北京正负电子对撞机国家实验室奠基"。邓小平拿起铁锹，为奠基石培上了第一锹土，从而揭开了我国第一个高能加速器建设的序幕。

此后，邓小平又多次听取了有关工程的汇报，并在人力、物力、财力上亲自拍板，给予大力支持。

邓小平的关怀与支持，极大地鼓舞了高能所和全国上百个单位的近万名工程建设者们，他们通力合作，艰苦奋战，终于在 1988 年 10 月 16 日首次实现了正负电子的对撞，提前建成了这一在世界上具有领先水平的高科技工程。

中国的高能加速器从无到有，建造成功，仅仅用了 4 年时间，这一建设速度在国际加速器建造史上也是罕见的。

1988 年 10 月 20 日，《人民日报》在显著位置，着力报道了这一重要可喜成果，高度评价了它的重要意义，称之为："我国继原子弹、氢弹爆炸成功、人造卫星上天之后，在高科技领域又一重大突破性成就"，认为"它的建成和对撞成功，为我国粒子物理和同步辐射应用开辟了广阔的前景，揭开了我国高能物理研究的新篇章。"

对撞机的建成，体现了邓小平对发展我国高科技事业的关心。

1988 年 10 月 24 日，邓小平同中央其他领导同志又一次来到高能物理研究所视察这个在中国科技发展史上具有重要意义的工程，祝贺这一重大成就。

邓小平听取了中国科学院院长周光召教授的汇报，参观了北京正负电子对撞机，亲切接见了参加工程建设的代表，并作了重要讲话。

他说："下一个世纪是高科技发展的世纪。""过去也好，今天也好，将来也好，中国必须发展自己的高科技，在世界高科技领域占有一席之地。如果六十年代以来中国没有原子弹、氢弹，没有发射卫星，中国就不能叫有重要影响的大国，就没有现在这样的国际地位。这些东西反映一个民族的能力，也是一个民族、一个国家兴旺发达的标志。"

他满怀期望地对科学家们说："现在世界的发展，特别是高科技领域的发展一日千里，中国不能安于落后，必须一开始就参与这个领域的发展。搞这个工程就是这个意思。还有其他一些重大项目，中国也不能不参与，尽管穷。因为你不参与，不加入发展的行列，差距越来越大。现在我们有些方面落后，但不是一切都落后。这个工程本身也证明了这一点。当然，有李政道和其他国际朋友的帮助，使我们少走弯路。但是这个工程不完全是照搬过来的，中间也还有我们自己的东西，有自己的技术，有自己的创造。"

最后，他对中国高科技领域提出了殷切希望："总之，不仅这个工程，还有其他高科技领域，都不要失掉时机，都要开始接触，这个线不能断了，要不然我们很难赶上世界的发展。"

在这里，邓小平特别提到了李政道教授所发挥的作用。的确，在对撞机建造的过程中，李政道组织了美国五个高能实验室的一流专家，帮助解决了从设计到安装中的许多难题。在休息室同参加工程建设的科技人员代表见面时，邓小平特意向李政道表示了谢意，他说："感谢你为这个工程做了许多工作。"

李政道教授后来则说:"没有小平先生就不会有北京正负电子对撞机,而现在不光是'一席之地',在这个领域,是全世界公认,中国是第一。"

对撞机标志着中国已在国际高能物理领域占有了一席之地,为中华民族争了光

北京正负电子对撞机的建造成功和取得的初步物理结果,是中国高能物理发展史上一个重要的里程碑,标志着中国已在国际高能物理领域占有了一席之地,中国在这一领域的学术地位大大提高了。

1990 年 8 月,第 25 届国际高能物理会议在新加坡召开。这是世界高能物理界最重要的学术会议。出席这次会议的,有来自 36 个国家和地区的近千名物理学家。中国代表有 33 位,其中大陆 17 位,台湾省 16 位。中国代表在国际高能物理会议全体会议上作报告,这还是第一次。

中国科学院高能物理研究所副所长郑志鹏应邀在大会上做了《MARKIII、DM2 探测器的新结果和北京谱仪的第一年》的报告。当他一走下讲坛,会议执行主席、诺贝尔物理学奖获得者、美国斯坦福直线加速器中心主任里克特教授就在即席的简短发言中评论说:这是一个新的高能物理实验室——北京正负电子对撞机国家实验室,第一次向世界宣布他们的实验数据。在一年时间里收集到 300 万个 J/事例且获得可喜的物理结果,我代表大会表示热烈的祝贺。北京正负电子对撞机是目前世界这一能区运行的唯一加速器,而且亮度高于以往的同类机器。感谢制造这台机器的人,也感谢在座的对建造这台机器有过贡献的人,我们期望它获得更出色的物理结果。

话音刚落,台下立即掌声雷鸣。

台湾代表也向高能所的代表表示了祝贺。他们说，你们的成功使每一个中国人感到骄傲。

许多海外华人华裔学者动情地说，中国对撞机的成功，为中华民族争了光。

邓小平与十二届三中全会

> 党的十二届三中全会将在中国的历史发展中写上很重要的一笔。

> ——邓小平

1984 年 10 月召开的党的十二届三中全会是继十一届三中全会以后又一个重要的三中全会。它是在中国的经济体制改革由农村转向城市，由单项改革过渡到全面改革的重要时刻召开的，在中国的改革史上具有重要的意义。

到 1984 年，邓小平领导的经济体制改革进入了第 6 个年头，农村改革取得巨大成功，迅速改变了中国农村的面貌。农村经济空前发展，农民生活大幅度改善。与此同时，乡镇企业异军突起，传统农业开始向现代化农业迈进。这种形势既为全面改革提供了一定的物质基础和社会条件，也为城市全面改革提出了配套进行的要求。

另一方面，在邓小平的直接关怀下，扩大企业自主权开始试行，城市综合改革试点起步，财政、税收、物价、流通等领域的改革也开始进行探索。

农村改革的成功和城市经济体制改革的探索，使邓小平更加坚定了加快和深化改革的决心和信心，及时指导我们党将改革的重点从农村转向城市，开始了整个经济体制的全面改革。

1984年国庆节，在共和国35周年的庆典上，邓小平郑重地向全党和全国人民发出了号召："当前的主要任务，是要对妨碍我们前进的现行经济体制，进行有系统的改革。"

10月20日，中共中央举行十二届三中全会，会议的中心议题就是讨论全面实施经济体制改革的问题。

会前，邓小平多次向中外朋友介绍这次全会，说："党的十二届三中全会将在中国的历史发展中写上很重要的一笔。"

他还把十二届三中全会同十一届三中全会作了比较，说："一九七八年开的是十一届三中全会，过几天我们要开十二届三中全会，这将是一次很有特色的全会。前一次三中全会重点在农村改革，这一次三中全会则要转到城市改革，包括工业、商业和其他行业的改革，可以说是全面的改革。""十二届三中全会的决议公布后，人们就会看到我们的雄心壮志。"

十二届三中全会的确是一次具有重要意义的会议。它分析了现代化建设面临的新形势，总结了社会主义建设正反两方面的经验，特别是十一届三中全会以来城乡经济体制改革的经验，一致认为，必须按照把马克思主义基本原理同中国实际结合起来，建设有中国特色的社会主义的总要求，进一步贯彻执行对内搞活经济、对外实行开放的方针，加快以城市为重点的整个经济体制改革的步伐，以利于更好地开创社会主义现代化建设的新局面。为此，全会审议并一致通过了《中共中央关于经济体制改革的决定》。

这个决定是根据邓小平关于改革的一系列思想观点，经过会前充分的酝酿讨论，九易其稿而形成的。它本着解放思想、实事求是的原则，总结历史经验及改革开放的实践经验和理论成果，回答了社会主义实践中提出的一系列重大的理论问题和实践问题，规划了经济体制改革的蓝图，是指导中国经济体制全面改革的纲领性文件。其主要内容是：

一、提出改革的基本任务是从根本上改变束缚生产力发展的经济体制，建立起具有中国特色的、充满生机和活力的社会主义经济体制。

二、首次在理论上突破了把计划经济同商品经济对立起来的传统观念，明确作出了我国的社会主义经济是公有制基础上的有计划的商品经济的重要判断。指出，商品经济的充分发展，是社会主义经济发展的不可逾越的阶段，是实现我国经济现代化的必要条件。

三、指出增强企业的活力，特别是增强全民所有制的大中型企业的活力，是以城市为重点的整个经济体制改革的中心环节。要通过改革，使企业真正成为相对独立的经济实体，成为自主经营、自负盈亏的社会主义商品生产者，具有自我改造和自我发展的能力，成为具有一定权利和义务的法人。

四、提出建立自觉运用价值规律的计划体制，发展社会主义商品经济。要适当地缩小指令性计划的范围，适当地扩大指导性计划的范围，对关系全局的重大经济活动，实行指令性计划，对其他大量产品和经济活动，根据不同的情况，分别实行指导性计划或完全由市场调节。

五、提出建立合理的价格体系，充分重视经济杠杆的作用。价格体系的改革是整个经济体制改革成败的关键。一方面应在保证人民实际收入逐步增加的前提下，对不合理的价格体系进行调整；另一方面，在调整价格的同时，要改革过分集中的价格管理体制，逐步缩小国家定价范围，适当扩大有一定幅度的浮动价格和自由价格的范围，使价格能够比较灵敏地反映社会劳动生产率和市场供求关系的变化，比较好地符合国民经济发展的需要。

六、提出实行政企职责分开，正确发挥政府机构管理经济的职能。要改变过去那种企业实际上作为行政机构附属物的状况，要按照政企职责分开，简政放权的原则进行改革，要有利于发展社会主义积极性，促进企业之间的合作、联合和竞争，有利于发展社会主义的统一市场，也有利于政府机构发挥管理经济的应有职能。

七、提出要建立多种形式的经济责任制，认真贯彻按劳分配原则。在消费资料分配问题上，既要反对平均主义，又要保证社会成员物质、文化生活水平的逐步提高，达到共同富裕。

八、提出积极发展多种经济形式，进一步扩大对外经济技术交流。

九、提出起用一代新人，加强党对改革事业的领导。

《决定》在理论上解决了马克思主义发展史上一直未能解决的问题，为全面改革现行的经济体制，大力发展社会主义商品经济提供了科学的理论依据。

邓小平在《决定》通过后，对其作了高度评价，他说："我的印象是写出了一个政治经济学的初稿，是马克思主义基本原理和中国社会主义实践相结合的政治经济学，我是这么个评价。"还说："这次经济体制改革的文件好，就是解释了什么是社会主义，有些是我们老祖宗没有说过的话，有些新话。我看讲清楚了。"1985 年 3 月 7 日，在全国科技工作会议上，在谈科技体制改革时，邓小平又一次提起这个经济体制改革的决定，他说："去年，中央作了经济体制改革的决定。全世界都在评论，认为这是中国共产党的勇敢的创举。"

十二届三中全会的召开和《中共中央关于经济体制改革的决定》的通过，标志着经济体制改革全面展开，中国经济从此开始进入持续高速发展的新阶段。

邓小平与科技教育体制改革

　　现在，中央还要作科技体制改革的决定。你们这次会议为中央作出科技体制改革的决定作了准备。这个决定草案，我看是个好文件，这个文件的方向，同整个经济体制改革的方向是一致的。

　　教育体制改革的决定草案，我看是个好文件。现在，纲领有了，蓝图有了，关键是要真正重视，扎扎实实地抓，组织好施工。

——邓小平

　　重视科技教育工作，是邓小平的一贯思想。在世界上，像他那样重视、关心科技教育在社会经济发展中的突出作用的政治家并不多见。十一届三中全会后，邓小平在领导改革开放和现代化建设的过程中，对科技和教育的重要性讲得最多，也最全面。我国进行的科技教育体制改革就是在邓小平的直接关心和指导下进行的。

科技教育体制改革势在必行

　　党的十一届三中全会以后，全国的工作重心转移到经济建设上来，确立了改革开放的方针，使社会主义现代化建设迈入了一个新时期。新的历史时期的任务，特别是经济建设中心地位的确立和改革开放的新形势，必然要求科技教育体制同从以阶级斗争为纲向以经济建设为中心的转变相适应，克服原来计划经济条件下形成的科学技术和教育体制中日益暴露的弊端。

旧的科学技术体制的主要弊端是：在运行机制方面，国家单纯依靠行政手段管理科技工作，包得过多，统得过死，使科技机构缺乏自我发展的能力和主动为经济建设服务的活力；在组织机构方面，旧的科技体制主要按照行政隶属关系设置科研机构，造成许多研究机构与企业相分离，研究、设计、教育、生产脱节，军民分割、地区分割的状况。人事制度上，由于受"左"的指导思想的影响，脑力劳动得不到应有尊重。人才不能合理流动，难以最大限度发挥科技人员主动性、积极性和创造性。

旧的教育体制的主要弊端是：在教育事业的管理权限上，政府有关部门对学校、主要是对高等学校统得过死，使学校缺乏应有的活力，而政府在许多方面应该管的又没有很好管起来；在教育结构上，基础教育显得薄弱，学校数量不足、质量不高，合格的师资和必要的设备严重缺乏，经济建设大量急需的职业和技术教育没有得到应有的发展，高等教育内部的科系、层次比例失调；在教育思想、教育内容、教育方法上，从小培养学生独立生活和思考能力很不够，不少课程内容陈旧，教学方法死板，实践环节不被重视，专业设置过于狭窄，不同程度地脱离了经济和社会发展的需要，落后于当代科学文化的发展。

科技体制和教育体制上存在的这些严重弊端，不利于科技和教育为经济建设这个中心服务，不利于科技教育事业的稳定和迅速发展，必须加以改革。对此，邓小平参照国际上科学技术和教育发展的最新趋势，结合我国的实际情况，在科技和教育方面提出了一系列论断，为我国科技和教育体制的改革指明了方向，提供了理论和政策的依据。

"科学技术是第一生产力"，是邓小平对科学技术在当代生产力和社会经济发展中的第一位变革作用作出的理论概括。这个重要的科学论断，反映了80年代科技和社会实践发展的愈益鲜明的时代特点，继承和发展了马克思主义，为促进经济和科技相结合、促进科技体制改革具有重大的指导意义。

"教育要面向现代化，面向世界，面向未来。"1983年10月1日邓小平为北京景山学校题词提出的这三个面向，正是立足于经济建设这一中心，反映了建设有中国特色社会主义事业对教育的要求，明确了我国教育事业改革和发展的方向。面向现代化，要求通过教育培养出掌握现代科学技术和劳动技能、具有现代意识的一代新人，为经济建设和社会主义现代化建设服务；面向世界，是面向现代化的必然要求，充分利用国际环境和有利时机，不断学习外国的先进经验、先进的科学技术和思想理论，大胆吸收一切人类文明成果为我所用，加快社会主义经济建设和各项事业的发展步伐；面向未来，要求教育工作与现代化目标、与共产主义宏伟理想相联系，使教育更好地为明天的经济建设服务。

经济建设必须依靠科技进步，科学技术工作必须面向经济建设。它与教育工作"三个面向"方针一起，成为科教体制改革的指导方针。

科技体制、教育体制改革的决定草案，是两个好文件

邓小平是科技教育体制改革的领头人。早在"文化大革命"后期的1975年，他在领导全面整顿时就明确提出：科技和教育都要整顿。"文化大革命"结束以后，邓小平直接领导了科技教育方面的拨乱反正，并采取了一些措施，进行了一些改革试点，如1977年恢复高等学校招生考试制度，1980年开始整顿科研机构，以及扩大科研机构自主

权，扩大高校办学自主权等。这些工作为科技和教育体制改革提供了经验，作了实践上的准备。

1985年3月，中央和国务院召开全国科技工作会议。讨论和部署科技体制改革工作，邓小平出席了这次会议。3月7日，他在会上作了重要讲话，指出："现在要进一步解决科技和经济结合的问题。所谓进一步，就是说，在方针问题、认识问题解决之后，还要解决体制问题。去年，中央作了经济体制改革的决定。全世界都在评论，认为这是中国共产党的勇敢的创举。现在，中央还要作科技体制改革的决定。你们这次会议为中央作出科技体制改革的决定作了准备。这个决定草案，我看是个好文件，这个文件的方向，同整个经济体制改革的方向是一致的。"

同年5月19日，邓小平在全国教育工作会议上，肯定了教育体制改革的文件，他说："教育体制改革的决定草案，我看是个好文件。现在，纲领有了，蓝图有了，关键是要真正重视，扎扎实实地抓，组织好施工。""我们多次说过，我国的经济，到建国一百周年时，可能接近发达国家的水平。我们这样说，根据之一，就是在这段时间里，我们完全有能力把教育搞上去，提高我国的科学技术水平，培养出数以亿计的各级各类人才。""一个十亿人口的大国，教育搞上去了，人才资源的巨大优势是任何国家比不了的。有了人才优势，再加上先进的社会主义制度，我们的目标就有把握达到。现在小学一年级的娃娃，经过十几年的学校教育，将成为开创二十一世纪大业的生力军。中央提出要以极大的努力抓教育，并且从中小学抓起，这是有战略眼光的一着。如果现在不向全党提出这样的任务，就会误大事，就要负历史的责任。"

3月13日，中共中央发布《关于科学技术体制改革的决定》；5月27日，发布《关于教育体制改革的决定》。这两个决定，是科技教育体制改革的纲领性文件，标志着科学技术体制和教育体制全面改革的正式开始。

科技体制改革的决定指出：改革的根本目的，是使科学技术成果迅速地广泛地应用于生产，使科学技术人员的作用得到充分发挥，大大解放科学技术生产力，促进经济和社会的发展。为实现这一目的，决定提出了具体而全面的改革措施，主要有：一、在科技运行机制方面，把市场手段引入科技管理领域，尊重价值规律在科技工作中的作用，行政计划手段与市场手段相结合，增强科技发展及面向经济建设的活力。二、在组织机构方面，调整科学技术系统的组织结构，鼓励研究、教育、设计机构与生产单位联合，强化企业的技术吸收和开发能力。通过大力加强企业的技术吸收与开发能力和技术成果转化为生产能力的中间环节，促进研究机构、设计机构、高等学校、企业之间的协作和联合，并使各方面的科学技术力量形成合理的纵深配置。三、在科研机构和科技人员管理方面，扩大研究机构自主权，改善政府对科技工作的宏观管理，为科技人员创造良好的成才和工作环境，充分发挥科研机构和科技人才的积极性和创造性。四、在科技工作对外开放方面，形成学习和引进外国先进科学技术的机制，加强对外科技交流，使科技工作走向世界。

教育体制改革的决定围绕培养掌握现代和技能的社会主义现代化建设人才的目的，针对旧体制的弊端，提出：改革教育管理体制，在加强宏观管理的同时，坚决实行简政放权，扩大学校的办学自主权；调整教育结构，相应地改革劳动人事制度；改革同社会主义现代化建设不相适应的教育思想、教育内容、教育方法。这些改革内容，具体落实到了我国的基础教育、中等教育、高等教育改革之中。改革的主要措施有：一、把发展基础教育的责任交给地方，有步骤地实行九年制义务教育。基础教育管理权属于地方，除大政方针和宏观规划由中央决定外，具体政策、制度、计划的制定和实施，以及对学校的领导、管理和检查，责任和权力都交给地方。国家帮助经济落后地区、少数民族地区发展教育事业；对教师进行培训、考核，逐步要求具有合格学历或考核合格证书才能担任教师。鼓励企业、社会团体、个人办学，鼓励捐资助学。二、调整中等教育结构，大力发展职业技术教育。改革劳动人事制度，实行"先培训、后就业"的招工用工原则。学生从中学阶段分流，部分初、高中生接受职业技术教育。逐步建立起从初级到高级、行业配套、结构合理又能与普通教育相互沟通的职业技术教育体系。三、改革高等学校的招生计划和毕业生分配制度，扩大高等学校办学自主权。高校招生在国家计划招生外可采取用人单位委托培养和招收自费生的办法，毕业生分配实行在国家计划指导下，由本人志愿、学校推荐、用人单位择优录用的制度，委培生按合同到委托单位工作，自费生可由学校推荐就业或自谋职业。决定还提出要加强教育立法工作，提高教师社会地位和待遇，实行校长负责制、校务委员会审议机制等等。

新的科技教育体制是有利于经济发展的体制

邓小平在 1985 年 3 月召开的全国科技工作会议上的讲话中指出："经济体制，科技体制，这两方面的改革都是为了解放生产力。新的经济体制，应该是有利于技术进步的体制。新的科技体制，应该是有利于经济发展的体制。双管齐下，长期存在的科技与经济脱节的问题，有可能得到比较好的解决。"新的科技、教育体制改革的决定紧紧围绕经济建设这一中心，与经济体制改革相配合，比较好地贯彻了邓小平的这一思想。

经济和社会发展对科技、人才的需要是多方面的，科技体制和教育体制要保证科技教育适应多方面的不同需要。《决定》尊重科技、教育发展的客观规律，注意充分调动和发挥科技人员和教师的积极性，在管理体制上打破国家大一统局面，使国家、地方、企业、社会等多方面力量相结合，在管理手段和方法上，改变单一的指令性计划管理，引进指导性计划，重视价值规律等经济手段的运用，从而使科技、教育的发展适应经济、社会发展的需要。

科技体制改革的决定提出大力开拓技术市场，通过市场中介，使科技成果迅速应用于经济建设，同时又反映经济发展对科技进步的需求。组织机构上鼓励生产单位与科研单位多种形式直接结合。政策上使科研工作形成合理的纵深配备，确保经济发展后劲。通过对外开放，使科技工作面向世界，在较高较快的基础上发展，并瞄准国际市场促进我国生产力水平提高和经济竞争力的加强等。这一系列措施在体制上保证科技和经济密切结合在一起，相互促进，形成良性循环。

教育体制改革的决定要求围绕经济建设需要培养人才。改变中等教育结构，大力发展职业教育，有利于大量培养受过良好职业技术教育的中初级技术人员，直接服务于经济建设，使先进的科学技术和设备迅速成为现实的社会生产力。高等学校在专业设置、招生、分配等环节都有较大的自主权，可以更有效地适应经济建设的需要，培养经济建设急需的专业技术人才。基础教育改革教育思想、教育内容、教育方法，适应经济体制改革的新形势培养人才。

1985 年科技教育体制改革两个决定出台以后，国务院和有关部门制定、实施了一系列法律、法规，具体落实决定的精神，如 1986 年国务院《关于扩大科学技术研究机构自主权的暂行规定》《高等教育管理职责暂行规定》，同年开始实施《中华人民共和国义务教育法》，1987年通过《技术合同法》等等。

科技、教育体制的改革，极大地解放和发展了我国的社会生产力，创造了巨大的经济效益和社会效益。科技体制改革使我国工业科技成果的推广应用率比改革前提高了一倍以上，大批企业的生产技术水平从世界上五六十年代的水平一跃而跨入八十年代的水平。农业劳动生产率和经济效益也有大幅度提高。教育体制改革后，教育工作为经济建设培养了大批急需的人才，大大提高了劳动力素质。他们与先进的科技相结合，使我国生产和管理水平上了一个新台阶。

邓小平与"863"计划

> 这个建议十分重要。找些专家和有关负责同志讨论，提出意见，以凭决策。此事宜速作决断，不可拖延。
>
> ——邓小平

"863"计划是中国在本世纪末的高科技发展战略。提起中国的高科技，人们就会想到"863"计划。有人称它是中国的"尤里卡计划"。

当今的世界，在新的科技革命的推动下，科学技术高速发展，日新月异，尖端技术被广泛应用，最新科技成果被迅速推广，科技与经济之间，乃至科技与整个社会发展之间的结合越来越密切，引起了国际经济和社会生活的深刻变化。高科技的发展水平，已成为国际间进行经济、军事乃至综合国力竞争的重大因素。许多国家纷纷制定并实施各自的高技术发展计划。1983年，美国率先推出战略防御计划，即"星球大战计划"。这个计划旨在借同苏联进行军备竞争而占据科学技术的制高点。紧随其后，法国及西欧的"尤里卡计划"，苏联、东欧的"科技进步综合纲要"，日本的"振兴科技政策大纲"等相继出台。这些计划都把科学技术领先权列为竞争重点，使这些国家的国防、政治、经济处于极为有利的位置。

我国还是处在社会主义初级阶段的发展中国家，人口多、底子薄，基础差，社会生产力的发展水平很不发达，经济、科技等与发达国家存在很大的差距。在这种国情下，面对世界新技术革命的浪潮，我们应当如何行动？

作为中国改革开放和现代化建设的总设计师，邓小平一直在密切观察着世界科技领域的发展动向，思考着中国的对策。他高瞻远瞩，深刻认识到，中国尽管比较落后，但"下个世纪是高科技发展的世纪。"从长远的战略出发，必须积极发展高科技，为下个世纪中国的全面发展抢占战略制高点，必须在世界高科技领域占有一席之地。他审时度势，把握机遇，亲自领导了高科技重大项目的制定与决策，"863"计划就是其中之一。

1986年3月3日，一份"关于追踪世界高技术发展的建议"呈送到中南海。这一建议是由王大珩、王淦昌、杨嘉墀、陈芳允等四位著名的老科学家提出的。他们针对世界高科技的迅速发展和世界主要国家已制定了高科技发展计划的紧迫现实，向中央提出了全面追踪世界高科技的发展和制定中国发展高科技计划的建议和设想。

很快，两天之后，即3月5日，邓小平就在这个建议上作了重要指示："这个建议十分重要"，"找些专家和有关负责同志讨论，提出意见，以凭决策。此事宜速作决断，不可拖延。"

根据邓小平的意见，中央立即组织有关部门负责同志和专家对我国的高技术的发展战略进行全面论证，制定高科技研究发展计划。

在研究论证高科技的发展项目的过程中，出现了不同意见，一种意见认为，高科技发展项目应以发展国民经济为主，还有一种意见认为应以增强军事实力为主。为此，又报告中央。

4月6日，邓小平作出明确指示："我赞成'军民结合，以民为主'的方针。"

邓小平确定的这样一个方针及时而科学，从而促进了计划的迅速制订。9月，有关方面比较全面地提出了关于高技术研究发展的计划报告。

10月6日，邓小平又在计划报告上批示："我建议，可以这样定下来，并立即组织实施。如有缺点或不足，在实施中可以修改和补充。"

邓小平对此问题的批复如此迅速和果断，充分反映出了他对于发展中国高科技的紧迫感和坚决态度。

10月18日，邓小平在会见美籍华人学者李政道和意大利学者齐基吉时透露了他的心情和想法，他说："对于科学我是外行，但我是热心科学的。中国要发展，离开科学不行。在这方面，我们还是比较落后。""发展高科技，我们还是要花点钱，该花的就要花。""在高科技方面，我们要开步走，不然就赶不上，越到后来越赶不上，而且要花更多的钱，所以从现在起就要开始搞。"

在邓小平的支持和推动下，11月，中共中央、国务院批转了《高技术研究发展计划纲要》，因为提出跟踪世界高技术发展的建议和邓小平作出指示的时间是1986年3月，所以中国高科技发展计划就简称"863"计划。中央在《通知》中指出：当代世界的新技术革命，将对人类社会的经济生活产生重大影响。在几个重要的高科技领域追踪世界水平，对我国本世纪末、下世纪初经济和科学技术的持续发展，对国防实力的增强，都具有极为重要的意义。要从国家长远发展需要出发，制订中长期科学发展规划，统观全局，突出重点，有所为，有所不为，加强基础性研究和高技术研究，加快实现高技术产业化。

这样重大的一个计划，从提出建议到最后决定，只用了8个多月的时间，既认真又迅速。这同邓小平的支持和推动是分不开的。

"863"计划是一项带有全局性的中长期战略发展计划，目的是集中部分精干力量，在几个最主要的高技术领域积极跟踪世界先进水平，努力创新，力争在我国有优势的领域有所突破，以选定的重点项目为目标，带动相关方面的科技进步，并将成果推广应用，为改造传统产业和建立新兴高技术产业服务。通过计划实施，培养和造就一批新一代高水平的科技人才，为本世纪末和下世纪初我国形成具有相当优势的高技术产业创造条件。按照"有限目标，突出重点"的指导方针，"863"计划选择了对中国未来经济和社会发展有重大影响的生物技术、航天技术、信息技术、先进防御技术、自动化技术、能源技术和新材料技术等7个领域作为突破重点，在重要的高技术领域及时地、积极地跟踪世界先进水平，缩小同国外的差距。计划共确定了15个主题，90多个专题，560个课题。从"七五"期间先投资10亿元人民币开始，到2000年总投资约100亿元人民币。

"863"计划实施后，上万名科学家协同攻关，很快就取得了丰硕成果，我国的高技术研究开发取得了重要进展。"863"计划的制定和实施成为继"两弹一星"后我国高技术发展的又一个重要里程碑。

1988年8月，与"863"计划相衔接的"火炬"计划，即《高技术产业发展计划》开始实施，其目的是促进高新技术研究成果的商品化，推动我国高新技术产业的形成和发展。就是将"863"计划的成果或阶段性成果，国家重点攻关计划中的部分成果、基础成果、科技发明、专利成果等进一步开发，使之成为在国内外市场具有竞争能力的高技术产品，为国家经济发展提供良好的技术服务。

1991年4月，时刻关心着我国高科技发展的邓小平为"863"计划工作会议题词："发展高科技，实现产业化。"再次为我国高科技发展明确了方向。

这些年来，在邓小平的支持和倡导下，我国的高技术产业化取得了可喜的进展。在一些高科技领域的研究上，已取得了一大批有重大突破和达到国际先进水平的成果，有的已经或正在被开发成高技术产品。经国务院批准，相继建立了一批国家级高技术产业开发区。"八五"期间国家级高新技术产业开发区累计实现技工贸总收入 3353 亿元，工业总产值 2961 亿元，利税 402 亿元，出口创汇 53 亿美元，成为我国高技术产业发展的重要基础。经过多年的发展，在我国高技术产业中涌现出一大批著名的高技术企业集团，它们在国家高技术产业发展和国民经济发展中发挥了越来越大的作用。这些企业中有联想集团、北大方正集团、清华同方集团等科研院所、高等学校创办的高技术企业；有四通集团、京海集团等民营企业；也有长城计算机集团、赛格集团、熊猫集团等国有大中型企业；还有一大批中外合资企业和乡镇企业。高技术成果商品化，高技术商品产业化，高技术产业国际化的体系正在逐步形成。

从"863"计划提出至今，中国的高新技术事业已走过了十几个年头。在邓小平的关怀和具体领导下迅速发展起来的我国高技术产业，促进了我国科学技术事业的发展，创造了巨大的经济效益，为推动我国经济的发展发挥着越来越重要的作用，成为新的经济增长点，大大增强了我国的综合国力和国际影响，为我国进一步扩大对外开放，参与国际竞争创造了有利的条件。同时也为下个世纪我国的高科技发展奠定了基础，积蓄了知识，培养了人才。

邓小平与十二届六中全会

　　　　我们要建设的社会主义国家，不但要有高度的物质文明，
而且要有高度的精神文明。

　　　　　　　　　　　　　　　　　　　　　——邓小平

　　社会主义精神文明是社会主义社会的基本特征之一，是社会主义题中应有之义。邓小平说：物质文明和精神文明都搞好，才是有中国特色的社会主义。

　　十一届三中全会以后，以邓小平为核心的第二代中央领导集体，把思想道德和教育科学文化建设方面的任务，集中概括到"社会主义精神文明"这一概念之内，鲜明地提出建设社会主义精神文明是我们社会主义现代化的重要目标，也是实现四个现代化的必要条件。1980年邓小平就明确指出："我们要建设的社会主义国家，不但要有高度的物质文明，而且要有高度的精神文明。"

　　在邓小平思想的指导下，我们党对精神文明建设的认识也在不断深化。从十一届三中全会到十二大，我们党对社会主义精神文明问题从理论上作了初步的系统论述，精神文明建设在许多方面取得了重大进展。

　　随着我国经济体制改革的全面展开，束缚生产力发展的旧体制逐渐被打破。经济建设的迅猛发展和全面改革的铺开，对社会主义精神文明

建设提出了新的更高的要求。然而在实际工作中，精神文明建设的指导方针还没有完全解决好。思想文化、意识形态和人们精神世界方面的一些关系还没有完全理顺，精神文明建设有许多方面同改革、开放的形势，同社会主义现代化建设不相适应。社会上也出现了一些消极的东西，党内也出现了严重腐败的现象。例如，资产阶级腐朽的人生观、价值观、生活方式的侵入，封建主义的残渣余孽死灰复燃，不正之风泛滥，以权谋私等。

然而，在一些党员领导干部和一些党的组织中，却存在着思想政治工作薄弱，忽视精神文明建设的现象。这为资产阶级自由化思潮的传播提供了便利。邓小平不断提醒全党，必须克服思想战线上的软弱涣散状况，大力加强精神文明建设。1985 年 9 月，中国共产党全国代表会议上，邓小平突出地指出了精神文明建设存在问题的严重性，从全面发挥社会主义的优越性和保证社会主义事业发展的正确方向的高度，强调了精神文明的战略地位。他告诫全党："不加强精神文明的建设，物质文明的建设也要受破坏，走弯路"。

为了解决精神文明建设存在的问题，适应形势发展的需要，统一全党和全国人民的思想，1986 年 9 月 28 日，中共中央在北京召开了十二届六中全会。

全会按照全面改革的要求，回顾和讨论了近几年来精神文明建设的成就和面临的问题，审议通过了《中共中央关于社会主义精神文明建设指导方针的决议》。

这个决议坚持马克思列宁主义基本原理和我国具体实际相结合的原则，继承和发展了党在十一届三中全会以来，特别是十二大以来关于社会主义精神文明建设的基本理论观点，并从实际情况出发，作出了许多新的概括，是我们党在新的历史条件下进行社会主义精神文明建设的一个纲领性文件。

《决议》首先从社会主义现代化建设的总体布局的高度，阐明了精神文明的战略地位。指出，我国社会主义现代化建设的总体布局是以经济建设为中心，坚定不移地进行经济体制改革，坚定不移地进行政治体制改革，坚定不移地加强精神文明建设，并且使这几个方面互相配合，互相促进。要求全党从这个总体布局的高度，正确认识社会主义精神文明建设的战略地位。

　　关于社会主义精神文明建设的指导方针，《决议》指出，社会主义精神文明建设必须是推动社会主义现代化建设的精神文明建设，必须是坚持四项基本原则的精神文明建设。

　　《决议》明确规定了社会主义精神文明建设的根本任务，是适应社会主义现代化建设的需要，培养有理想、有道德、有文化、有纪律的社会主义公民，提高整个中华民族的思想道德素质和科学文化素质。

　　《决议》还强调了马克思列宁主义在精神文明建设中的指导作用和党组织与党员在精神文明建设中的责任。指出，坚持以马列主义、毛泽东思想为指导，是我国社会主义现代化建设事业的根本。我们必须在实践中坚持、丰富和发展马克思列宁主义。在社会主义精神文明建设中，各级党的组织和广大党员一定要首先加强自身的精神文明建设，特别是搞好党风建设，树立全心全意为人民服务的思想，以模范行动和艰苦工作，组织和带动全社会的精神文明建设。

　　《决议》把社会主义精神文明建设的基本内容概括为六大建设：理想建设，道德建设，民主法制观念建设，文化建设，理论建设，共产党自身的精神文明建设。第一次把民主、法制、纪律的观念纳入精神文明建设的范畴。

　　在起草和讨论《中共中央关于社会主义精神文明建设指导方针的决议》草案的过程中，理论界、思想界和文艺界的一些同志反对在文件中写上"反对资产阶级自由化"的提法，理由是把自由同资产阶级连在一起，等于把自由的旗帜送给资产阶级。也有人在报刊上和座谈会上发表看法，认为自由、民主、平等、博爱、人权等口号是劳动人民同资产阶级一起创造的，不是资产阶级的专利品，把"自由"这种光辉的字眼送给资产阶级，于理不通。字眼上的争论反映了对资产阶级自由化思潮的不同态度。

在十二届六中全会期间，有人再次提出，删去《决议》中"反对资产阶级自由化"的提法。

为此，9月28日，邓小平在全会讨论《决议》草案时发表了重要讲话，重新强调了反对资产阶级自由化问题。他说，自由化实际上是要把我们中国现行的政策引导到走资本主义道路。这股思潮的代表人物是要把我们引导到资本主义方向上去。搞自由化，就会破坏我们安定团结的政治局面。没有一个安定团结的政治局面，就不可能搞建设。

邓小平非常坚决地指出："自由化本身就是资产阶级的，没有无产阶级的、社会主义的自由化，自由化本身就是对我们现行政策、现行制度的对抗，或者叫反对，或者叫修改。实际情况是，搞自由化就是要把我们引导到资本主义道路上去，所以我们用反对资产阶级自由化这个提法。管什么这里用过、那里用过，无关重要，现实政治要求我们在决议中写这个。我主张用。"他强调："反对自由化，不仅这次要讲，还要讲十年二十年。这个思潮不顶住，加上开放必然进来许多乌七八糟的东西，一结合起来，是一种不可忽视的、对我们社会主义四个现代化的冲击。"

根据邓小平的讲话精神，"反对资产阶级自由化"的提法最后还是写进了决议之中。《决议》鲜明地表现出我们党反对资产阶级自由化的原则、立场和态度，指出：搞资产阶级自由化，即否定社会主义制度，主张资本主义制度，是根本违背人民利益和历史潮流，为广大人民所坚决反对的。

十二届六中全会《决议》总结了几年来精神文明建设的初步实践，提出了社会主义精神文明建设的根本任务和核心内容，为改革开放条件下的社会主义精神文明建设指明了方向，在我国精神文明建设的进程中具有里程碑的伟大意义。

邓小平与百万大裁军

　　我们下这样大的决心，把中国人民解放军的员额减少一百万，这是中国共产党、中国政府和中国人民有力量、信心的表现。它表明，拥有十亿人口的中华人民共和国，愿意并且用自己实际行动对维护世界和平作出贡献。

——邓小平

百万裁军　震撼世界

　　建国 35 周年盛大阅兵庆典之后，1984 年 10 月 25 日，中央军委在京西宾馆召开座谈会，参加会议的有军委领导、人民解放军三总部负责人和陆、海、空、二炮和 11 个大军区的司令员、政委等高级将领。

　　11 月 1 日，军委主席邓小平在会上发表了讲话。当邓小平缓慢而又坚定地提出裁军百万的决策时，在座的将军们，心中感到强烈的震撼，他们被邓小平战略家的胆量和气魄所深深地折服。

　　邓小平首先从部队高级干部年龄老化问题入手，他说，从这次国庆阅兵讲起吧。我不是说这次阅兵如何，这次阅兵不错的，国际国内反映都很好。最近有位国际友人讲非常好。说到这他话锋一转，表情严肃地说，我说有个缺陷，就是 80 岁的人来检阅部队，本身就是个缺陷。

接着他在分析了国内外的形势之后，讲了这次裁军百万的重要意义，他说，我想谈一谈顾全大局的问题。这个大局就是我们国家建设的大局。现在需要的是全国党政军民一心一意地服从国家建设这个大局，照顾这个大局。这个问题，我们军队有自己的责任，不能妨碍这个大局，要紧密地配合这个大局，而且要在这个大局下面行动。军队各个方面都和国家建设有关系，都要考虑如何支援和积极参加国家建设。无论空军也好，海军也好，国防科工委也好，都应该考虑腾出力量来支援国民经济的发展。

邓小平停顿了一下，又接着说，再一个是培养军队和地方两用人才，也是个顾全大局的问题。军队培养两用人才，地方是欢迎的。我们军队培养了不少的专业技术的人才，把其中一些人转到地方各行各业，对地方也是个支援。

邓小平这次讲话，给大家留下了深刻的印象。

这次会议以后全军的精减整编方案开始了紧张地制定。

1985 年是不平凡的一年，被人们称为中国的裁军年。

这年的 6 月 4 日，中国人民解放军高级将领又一次云集京西宾馆，出席军委扩大会议。中央军委主席邓小平，向全世界正式宣布：我国政府决定，中国人民解放军减少员额一百万。

邓小平坚定地说，把中国人民解放军的员额减少一百万，这是中国共产党、中国政府和中国人民有力量、有信心的表现。它表明，拥有十亿人口的中华人民共和国，愿意并且用自己实际行动对维护世界和平作出贡献！

他接着分析说，减少一百万，实际上并没有削弱军队的战斗力，而是增加了军队的战斗力。即使国际形势恶化，这个裁减也是必要的，而且更加必要。

接着他缓和了一下语气，说：过去我们讲过，这么臃肿的机构如果不"消肿"，不要说指挥作战，就是疏散也不容易。这次军委会议开得很好，大家想到一块儿了。这说明我们军队的同志是从全局着眼，从国际大局和国内大局着眼看问题的。

随后，邓小平又讲到国际形势。他从三个方面分析了美、苏两个大国的全球战略和第三世界人民力量的增长。他说，全世界维护和平的力量进一步发展，在较长时间内不发生大规模的世界大战是有可能的，维护世界和平是有希望的。

最后他说，大家很关心军队建设，关心军队装备的现代化，这个问题也涉及大局。四个现代化，其中就有一个国防现代化。如果不国防现代化，那岂不是只有三个现代化了？但是，四化总得有先有后。军队装备真正现代化，只有国民经济建立了比较好的基础才有可能，所以，我们要忍耐几年。我们的经济力量强了，就可以拿出比较多的钱来更新装备。可以从外国买，更要立足于自己搞科学研究，自己设计出好的飞机、好的海军装备和陆军装备。先把经济搞上去，一切都好办。现在就是要硬着头皮把经济搞上去，就这么一个大局，一切都要服从这个大局。

邓小平的话句句入情入理，使与会者很受感动。

裁军百万，这是新时期我军精简整编中规模最大的一次，也是我军建军史上前所未有的一次创举。在当时东西方冷战仍然激烈、裁军谈判进展缓慢的情况下，主动裁军一百万，需要多么深邃的战略眼光和巨大的政治勇气。

当消息由新华社一播出，立即引起国际社会的巨大反响，世界上许多通讯社和报刊连篇累牍地刊登报道和评论，国际重要人物也纷纷发表谈话，称赞中国军队这一重大举动。

美联社、路透社、埃菲社等通讯社认为，中国裁减军队员额是同邓小平实现国防现代化、老干部离休、提拔有知识的干部、消灭人浮于事的现象，以及把军队人力物力用于经济建设相一致的。

联邦德国《波恩评论报》指出，大家都在谈裁军，可是迄今为止，只有中国人言行一致。

法新社、南通社说，裁军不会影响这个国家的防御能力。这一重大战略决策反映了中国的强大，也反映出他确信自己有能力在遭受袭击时保卫自己。

国际社会普遍赞扬，中国裁军百万，表明了中国政局是稳定的，显示出中国对世界和平怀有极大信心。中国为维护世界和平作出了重大贡献。

精减整编　提高战斗力

百万裁军的决策，不仅是邓小平在对新的国际形势冷静观察科学分析后作出的正确决策，也是邓小平从我军的现状，从我军的现代化正规化建设，从国家经济建设的大局考虑，而作出的正确决策。

长期以来我军一直存在着机构庞大，人员臃肿的问题。庞大的军队带来可观的军费开支。显然，这种状况不利于我国的现代化建设，也不利于我军自身的现代化、正规化建设。

1975年，邓小平主持军委工作时，就把"消肿"作为军队整顿的重要任务。1975年1月25日，他在中国人民解放军总参谋部机关团以上干部会上讲话说，现在，好多优良传统丢掉，军队臃肿不堪。军队的人数增加很多，军费开支占国家预算的比重增大，把很多钱花费在人员的穿衣吃饭上面。更主要的是，军队膨胀起来，不精干，打起仗来就不行。为此他明确提出：军队要整顿。

6月24日至7月19日，中央军委召开扩大会议，邓小平、叶剑英先后在会上发表讲话。会议分析了国内外形势和军队状况，明确整顿军队的任务：压缩军队定额，调整编制，精简机构，并在年内将军队总定额减少160万人。

7月19日，中共中央下发第18号文件，将邓小平、叶剑英在这次会议上的讲话，以及经毛泽东圈阅的中央军委《关于压缩军队定额、调整编制和安排超编干部的报告》，转发给省、市、自治区、各大军区、省军区党委，中央和国家机关各部委，军委各总部、各军兵种党委。8月，中央军委转发总政治部《关于安排超编干部的方案》，公布了调整后的各总部、各军（兵）种、各大军区主管名单。9月，中央军委又批转总参谋部《压缩军队定额，调整编制体制方案》。在邓小平、叶剑英直接领导下，从1975年第四季度开始，各军区、各军（兵）种按新编制进行整编，裁减部队，调整结构。到1976年，全军总人数在上一年的基础上减少了13.6%。

1977年，邓小平复出后，他重新提出军队存在的问题，继续强调军队要精简整编，改革体制。在年底召开的军委全体会议上，他说，军队中的"肿"字，我们还没有很好地解决。尽管我们部队这么大，但连队并不充实，而各级机关却十分庞大，臃肿的情况很严重。他还表示，这次会议按确定的编制精减，以后还要精减。以后精减，主要是精减各级领导班子和领导机关，首先是三总部和各军兵种、大军区、省军区的机关。在邓小平的主持下，会议通过了《关于部队编制的调整方案》。经过精减，1975年至1978年军队的总员额减少20%。

1980年，全军以大力精减机关、改革不合理的编制为重点，再一次进行精减整编，减少部队数量，提高战斗力。3月，邓小平在军委扩大会议上发表了关于精减军队，提高战斗力的长篇讲话。这篇讲话不仅阐述了"消肿"的必要性、迫切性和精减的方针原则，而且提出了军队体制的全面改革问题。他说，体制问题，实际上同"消肿"是一个问题的两个方面。要"消肿"，不改革不行。要求通过体制改革，建立起军队合理的组织结构和完整的规章制度。

此时，邓小平已经从更深层次来考虑"消肿"问题。他已经把"消肿"同改革军队体制联系起来，同培养军地两用人才联系起来，同军队服从国家建设这个大局联系起来。他的精减军队，提高部队战斗力的思想观点更加深刻了。

1982年，邓小平又进一步指出，部队精减整编要用革命的办法，用改良的办法根本行不通。根据他的指示，中央军委对各级领导班子进行调整后，又对14个兵团级、114个军级领导班子进行调整。军委炮兵、装甲兵、工程兵机关，分别改为总参谋部炮兵部、装甲兵部。工程兵部，铁道兵合并到铁道部，国家基建工程兵撤销，全军总员额下降为423万人。

经过1975年到1982年的历次精减整编，我军"肿"的问题有所改观。但是，邓小平并没有满意，他认为军队的规模仍然偏大，特别是对高层领导机构的臃肿状态没有从根本上的改变，感到不满意。他在1982年9月中央军委下达的《军队体制改革精简整编方案》上批道：这是一个不能令人满意的方案，现在可以作为第一步实行，以后还得研究。

于是，1984年，邓小平作出了惊世之举：百万大裁军。

1985年的军委扩大会议，是我军建设的一个新的里程碑，会议通过了《军队体制改革、精简整编方案》，要求在两年内减少军队员额一百万；会议提出对军队建设指导思想实行战略转变，把军队工作由原来的立足于早打、大打、打核战争的临战准备状态，真正转入相对和平建设的轨道。

这一年，中央军委所属的总参、总政、总后三总部机关人员分别减少了60%、30.4%、52%，处以上机构减少近1/6。原有11个军区精简合并为 7 个；军级以上单位减少 31 个，师团级单位撤销 4054 个；解放军军事学院、政治学院、后勤学院合并为国防大学；各县、市人民武装部不再归军分区管辖，改为地方建制，干部战士退出现役；军队内部管理的 76 种干部职务改由战士担任，官兵比例降为 1∶3.3。上述行动的结果，使我军在精兵、装备、合成和效能上都达到了一个新水平。

1986 年为"国际和平年"，中国人民解放军总体上完成了裁军百万的战略性行动，以实际行动体现了中国人民热爱和平、为世界和平事业作出贡献的诚意和决心。

1987 年，百万裁军行动胜利结束。

邓小平与"两个转变"

> 一个是对国际形势的判断，一个是根据这个判断相应地调整对外政策，这是我们的两个大变化。现在看来，这两个变化是正确的，对我们是有益的，我们要坚持下去。只要坚持这样的判断和这样的政策，我们就能放胆地一心一意地好好地搞我们的四个现代化建设。
>
> ——邓小平

粉碎"四人帮"以后，特别是党的十届三中全会以后，我们对国际形势的判断发生了变化，对外政策也有变化，这是两个重要的转变。这两个重要的转变，是邓小平经过长期的观察和科学的分析，透过世界政治、经济、社会制度、意识形态等等的差异，依据新时期国内任务的需要和国际形势的新发展作出的。

从"战争与革命"到"和平与发展"

争取比较长期的和平环境是可能的，战争是可以避免的，这是80年代以来邓小平通过冷静、客观地观察国际形势得出的基本结论。

过去我们的观点一直是战争不可避免，而且迫在眉睫。这种思想认识，有深刻的历史渊源。

第二次世界大战结束以来，会不会发生第三次世界大战的问题，一直为世人所瞩目。我们党对新的世界战争的预测历来十分重视，也经历了一个曲折的认识过程。一度曾对新的世界大战的危险估计过分严重，认为新的世界大战不可避免，而且迫在眉睫。因此，在一段时期里，全国备战，全民皆兵，一切为了准备早打、大打、打核战争，消耗了国家大量的财力、物力，严重影响了国家经济建设。

80 年代前后，邓小平同志根据对世界形势和我国周边环境的分析，改变了原来认为战争的危险很迫近的看法。在 1975 年和 1980 年他曾先后多次指出，大仗五年打不起来。以后又说，大仗十年打不起来。他认为，虽然战争的危险还存在，但是制约战争的因素也在增长，世界和平力量的增长超过战争力量的增长。并由此得出结论，在较长时间内不发生大规模的世界战争是有可能的，维护世界和平是有希望的。基于邓小平的这一判断，1978 年我们党的十一届三中全会制定了一心一意搞经济建设的方针，从而适时地把全党的认识引导到正确的轨道上来。

1980 年 1 月 16 日，邓小平在《目前形势和任务》一文中指出：80 年代我们要做的第一件事，就是在国际事务中反对霸权主义，维护世界和平。这个任务，每天都摆在我们的议事日程上。他说：八十年代无论对于国际国内，都是十分重要的年代。国际上很难预料会发生什么问题，但是，可以说是非常动荡、充满危机的年代。当然，我们有信心，如果反对霸权主义斗争搞得好，可以延缓战争的爆发，争取更长一点时间的和平，这是可能的，我们也正是这样努力的。不仅世界人民，我们自己也确确实实需要一个和平的环境。

1984 年 9 月 27 日和 10 月 10 日，联邦德国前总理施密特和现任总理科尔相继访华，邓小平分别会见了他们。在会见中，邓小平在谈到国际形势时，提到了科尔 1974 年访华和施密特 1975 年访华时双方在对战争问题的看法上的分歧。

科尔和施密特70年代访华时，邓小平作为副总理曾经会见过他们。在会谈中，当时中国曾坚持战争不可避免，而且迫在眉睫的观点，但德国客人则表示了不同意见。毛泽东在会见施密特时曾说，他知道苏联要干什么，将要发动一场战争。而施密特则认为大的战争不可能发生。当时陪同会见的邓小平一言未发。

10年后，邓小平在会见这两位德国客人时旧话重提。邓小平说：那时你们来访问，我们曾经谈到战争危险。现在我们对这个问题的看法有一点变化。我们感到战争危险仍然存在，仍要提高警惕，但防止新的世界战争爆发的因素在增长。他强调：中国最不希望发生战争。中国太穷，要发展自己，只有在和平的环境里才有可能。要争取和平的环境，就必须同世界上一切和平力量合作。

1985年6月4日，邓小平在军委扩大会上的讲话中说得更为明确，他说：这几年我们仔细地观察了形势，认为就打世界大战来说，只有两个超级大国有资格，一个苏联，一个美国，而这两家都还不敢打。首先，苏美两家原子弹多，常规武器也多，都有毁灭对手的力量，毁灭人类恐怕还办不到，但有本事把世界打得乱七八糟就是了，因此谁也不敢先动手。其次，苏美两家都在努力进行全球战略部署，但都受到了挫折，都没有完成，因此都不敢动。同时，苏美两家还在进行军备竞赛，世界战争的危险还是存在的，但是世界和平力量的增长超过战争力量的增长。这个和平力量，首先是第三世界，我们中国也属于第三世界。第三世界的人口占世界人口的四分之三，是不希望战争的。这个和平力量还应该包括美苏以外的发达国家，真要打仗，他们是不干的呀！美国人民、苏联人民也是不支持战争的。世界很大，复杂得很，但一分析，真正支持战争的没有多少，人民是要求和平、反对战争的。还要看到，世界新科技革命蓬勃发展，经济、科技在世界竞争中的地位日益突出，这种形势，无论美国、苏联、其他发达国家和发展中国家都不能不认真对待。由此得出结论，在较长时间内不发生大规模的世界战争是有可能的，维护世界和平是有希望的。根据对世界大势的这些分析，以及对我们周围环境的分析，我们改变了原来认为战争的危险很迫近的看法。

邓小平基于对当代国际形势和时代主题的清醒的、符合实际的认识，引导我们党对战争与和平问题作出了新的判断，从而实现了由"战争与革命"到"和平与发展"的重大转变。

从"一条线"的战略到独立自主的和平外交

我国长期以来一直奉行完全独立自主的外交政策，在反对霸权主义、维护世界和平的斗争中和其他重大国际事务中，发挥了重要作用，受到世界人民的普遍尊重和称赞。

从七十年代后半期起，为了遏制苏联的扩张势头，维护世界和平，毛泽东和周恩来及时提出了从日本经欧洲到美国的"一条线"的战略思想，号召全世界人民联合起来，共同对付苏联的霸权主义。

"一条线"战略在当时对缓和中国在国家安全问题上所面临的极度紧张形势，使中国摆脱长期腹背受敌、孤立无援的状态，遏制苏联的扩张霸权，起了重要的作用。对此，邓小平在 1985 年 9 月会见来访的奥地利总统基希施莱格时说：毛主席当时提出的国际战略有当时的历史条件。那时苏联在各方面都占优势，美国加上西欧都处于劣势，是很大的劣势。我们当时面临的形势是，从美苏力量对比来看，苏占优势，而且张牙舞爪，威胁中国。我们的判断是，苏联处于进攻性态势，而且是全球性进攻，战争的危险主要来自苏联。为了避免战争，毛主席提出了建立从日本经欧洲到美国的"一条线"战略，以对付苏联的挑战。这有个好处，促进了美国和欧洲的联合。美国同中国的关系改善了，日本和欧洲同中国的关系也改善了。

80 年代以来，国际形势发生了重大变化。美苏之间的争夺转入均衡、僵持阶段。在这种情况下，继续实行"一条线"战略，不仅已无必要，而且对中国不利。因为占世界人口四分之一的中国，在反对霸权主义、维护世界和平的斗争中，已经发展成为独立于美苏之外的一支重要力量，中国如果同美苏任何一国结盟或建立战略关系，都会影响世界战略力量的平衡，不利于国际形势的稳定。现实表明，"一条线"战略已不能适应一心一意搞现代化建设的中国的国际地位和建立正常的对外关系的需要。从国际形势的变化和国内建设的实际出发，邓小平及时地指导我们党改变了"一条线"的战略，代之以更为实际、更为灵活、更具原则性的战略方针，即独立自主的和平外交政策方针，并在新的历史条件下，更加突出独立自主。

1983 年 11 月 29 日，邓小平在会见加拿大总理特鲁多时说："我们这样的一些国家采取独立自主的外交政策是十分重要的。从六十年代我们就一直赞赏法国的戴高乐总统在国际事务中采取的独立自主的政策。在七十年代，我们认为战争的危险主要来自苏联，当时我们同西方，包括美国、欧洲采取了更接近的政策，这是按照当时的实际情况决定的。近几年有点变化，苏联还是咄咄逼人，但美国最近的几手表明，对美国也不能忽略。对美国我们还要继续观察。这几年它搞的几手应该引起我们的注意。我们认为，有资格打第三次世界大战的只有美苏两家，没有别人。这是近几年我们对事物观察后的看法。这种独立自主的外交政策更有利于争取和平。"

1985 年 6 月 4 日，邓小平在中央军委扩大会议上的讲话中更为明确地指出了我国对外政策的这一重要转变，他说：我们改变了过去"一条线"的战略，这是一个重大的转变。世界上都在说苏、美、中"大三角"。我们不讲这个话，我们对自己力量的估计是清醒的，但是我们也相信中国在国际事务里面是有足够分量的。我们奉行独立自主的正确的外交路线和对外政策，高举反对霸权主义、维护世界和平的旗帜，坚定地站在和平力量一边，谁搞霸权主义就反对谁，谁搞战争就反对谁。所以，中国的发展是和平力量的发展，是制约战争力量的发展。现在树立我们是一个和平力量、制约战争力量的形象十分重要，我们实际上也要担当这个角色。

新时期独立自主的和平外交方针酝酿于党的十一届三中全会，确立于党的十二大。1982年9月，邓小平在中国共产党第十二次全国代表大会上的开幕词中明确提出："中国的事情要按照中国的情况来办，要依靠中国人自己的力量来办。独立自主，自力更生，无论过去、现在和将来，都是我们的立足点。中国人民珍惜同其他国家和人民的友谊和合作，更加珍惜自己经过长期奋斗而得来的独立自主权利。任何外国不要指望中国做他们的附庸，不要指望中国会吞下损害我国利益的苦果。"

中国的对外政策是独立自主的，是真正的不结盟。中国在任何时候任何情况下都坚持独立自主，同任何国家没有结盟关系，完全采取独立自主的政策，坚决反对一切形式的霸权主义和强权政治。1984年11月1日，他在中央军委座谈会上的讲话中重申：我们现在是独立自主的外交政策，谁搞霸权主义就反对谁。不允许任何人打"中国牌"。这是维护和平的最好的政策。因为中国这个力量，加到任何一方，都会发生质的变化。我们说十年打不起来，包括我们这个对外政策的作用。最好的是我们现行的政策，这个最有分量，最有利于世界和平和国际形势的稳定。他明确指出，中国"不搞政治游戏"，"中国在政治上不爱好打牌，"中国不打别人的牌，也不允许别人打中国牌。中国不依附任何大国或国家集团，不屈从任何大国和国家集团的压力，不同任何大国或国家集团结盟。在国际事务中，一切从中国人民和世界人民的根本利益出发，根据事情本身的是非曲直，说公道话，办公道事；按照是否有利于维护世界和平、发展各国友好关系、促进世界经济繁荣为标准，独立自主地作出判断，决定自己的立场和政策。

邓小平关于"两个转变"的思想，对于后来我国制订正确的对外政策和社会经济发展战略，具有重要的指导意义。正如他1985年6月4日在中央军委扩大会议上的讲话中所说的："总之，一个是对国际形势的判断，一个是根据这个判断相应地调整对外政策，这是我们的两个大变化。现在看来，这两个变化是正确的，对我们是有益的，我们要坚持下去。只要坚持这样的判断和这样的政策，我们就能放胆地一心一意地好好地搞我们的四个现代化建设。我们的立足点还是自力更生，但是我们搞开放政策，利用国际和平环境更多地吸收对我们有用的东西，这对加速我们的发展比较有利。"

邓小平与十三大

十三大归根到底是改革开放的大会。十三大要重申我们党
十一届三中全会以来制定的一系列方针和政策，深化经济体制
改革，相应地进行政治体制改革。

——邓小平

1987年10月召开的十三大是中国共产党历史上一次非常重要的会
议。会议系统地阐述了社会主义初级阶段的理论，确立了党在社会主义
初级阶段的基本路线，提出了"三步走"的经济发展战略，概括了邓
小平有中国特色的社会主义理论的轮廓。大会正式宣布中国共产党在实
现马克思主义与中国实际相结合的第二次历史性的飞跃中，开始找到了
一条建设有中国特色的社会主义道路。

邓小平对十三大的筹备工作给予了很大关注和重要指导

十三大实质上主要有两项重要准备。一是人事问题。这在1月召开
的中央政治局扩大会议上已经明确。老一辈革命家从党的事业着想，从
国家的长治久安着想，在这次全国代表大会上继续带头推进废除领导职
务终身制，徐向前、邓颖超、彭真、聂荣臻"四老"从领导岗位上退

下来，邓小平、李先念、陈云实行半退。即大家所说的"四老"全退，"三老"半退。还在1985年中国共产党全国代表大会实行年轻化的基础上，进一步加快实行年轻化的步伐，尤其是中央政治局常委班子，基本上由年富力强的同志组成。

另一个准备是起草中央委员会的政治报告。邓小平对这项重要的准备工作给予了极大的重视和关注。在报告的起草过程中，他作了重要指导。

1987年2月6日，邓小平同几位中央负责同志谈话时说："十三大报告要在理论上阐述什么是社会主义，讲清楚我们的改革是不是社会主义。要申明四个坚持的必要，反对资产阶级自由化的必要，改革开放的必要，在理论上讲得更加明白。十三大报告应该是一篇好的著作。"实际上邓小平指出了报告要把十一届三中全会以来进行的改革的性质讲清楚，阐明我们的改革是巩固和完善社会主义，而不是搞资本主义，这样就可以把全党和全国人民的认识统一起来，更加勇敢更加大胆地投入改革。他还多次指出，加快和深化改革，尤其是把政治体制改革提上日程，应该是十三大的主题和基调。

从1987年2月底开始到3月中旬，中央反复讨论了报告的思路、结构和主要内容。

3月21日，中央向邓小平报送了《关于草拟十三大报告大纲的设想》。其中说："大家都认为，这个文件，关系重大，一定要写好，要把三中全会以来我们建设有中国特色的社会主义的路线写清楚，写出分量来。"还说报告准备写七个部分。全篇拟以社会主义初级阶段作为立论的根据。报告的起草工作准备循着这个思路加以展开，说明由此而来的经济建设的发展战略，由此而来的发展社会主义商品经济的任务和我国经济体制改革的方向，由此而来的建设社会主义民主政治的任务和我国政治体制改革的原则，由此而来的加强和改善党的领导的任务，由此而来的在理论和思想指导上避免"左"右两种倾向的必要性。

报告的设想得到了邓小平的首肯。四天之后，即25日，他对这个设想作了批示："这个设计好。"

随后，十三大报告以邓小平批准同意的设计方案为基础，几易其稿，最后形成。报告包括七个部分：1. 历史性成就和这次大会的任务；2. 社会主义初级阶段和党的基本路线；3. 关于经济发展战略；4. 关于经济体制改革；5. 关于政治体制改革；6. 在改革开放中加强党的建设；7. 争取马克思主义在中国的新胜利。

十三大开过后，邓小平说："我们党的十三大报告是集体创作，集中了几千人的智慧，有许多内容并不是我提出来的。当然，其中也有我的看法和意见，但大部分是集体的意见。"

邓小平主持了十三大

十三大于1987年10月25日至11月1日在北京举行。大会正式代表1936人，代表着4600万党员。特邀代表61人。出席大会的代表1950人。十三大的中心议题是进一步加快和深化改革。大会的主要议程是：听取和审议十二届中央委员会的报告；听取和审议中央顾问委员会、中央纪律检查委员会的报告；审议并通过《中国共产党章程部分条文修正案》；选举第十三届中央委员会；选举新一届中央顾问委员会、中央纪律检查委员会。

10月25日上午，人民大会堂，举世瞩目的十三大即将在这里隆重开幕。

邓小平红光满面，健步走进人民大会堂。

邓颖超高兴地握着邓小平的手说："小平同志，向你祝贺十三大的召开。"

"大家一起祝贺，向大家祝贺。今天是党的盛会，人民的节日，值得祝贺。"邓小平一边热情地同邓颖超握手，一边笑着说。

当得知来采访这次大会的国内外记者很多，有400多人时，邓小平高兴地说："好嘛，好嘛！这说明我们的这次大会受到全世界的关注。"

开会的铃声响了。大会主席团的成员们陆续走向主席台。

9时整，十三大正式开幕。

邓小平主持了大会。

赵紫阳受十二届中央委员会委托，向大会做了《沿着建设有中国特色的社会主义道路前进》的报告。

大会对当前我国社会作了深刻的分析，指出，一方面，以生产资料公有制为基础的社会主义经济制度、人民民主专政的社会主义政治制度和马克思主义在意识形态领域中的指导地位已经确立，剥削制度和剥削阶级已经消灭，国家经济实力有了巨大增长，教育科学文化事业有了相当发展。另一方面，人口多，底子薄，人均国民生产总值仍居于世界后列。

从这样一个实际出发，报告提出应确立六个具有长远意义的战略指导方针：第一，必须集中精力进行现代化建设。社会主义社会的根本任务是发展社会生产力；第二，必须进行全面改革；第三，必须坚持对外开放；第四，必须以公有制为主体，大力发展有计划的商品经济；第五，必须以安定团结为前提，努力建设民主政治；第六，必须以马克思主义为指导，努力建设精神文明。

报告系统地阐明了关于社会主义初级阶段的理论和党在初级阶段的基本路线，这是十三大的突出贡献。

十三大召开之前，邓小平就在各种场合多次对初级阶段的理论进行论述。如：1987年4月26日的《社会主义必须摆脱贫穷》，4月30日的《吸取历史经验，防止错误倾向》，7月4日的《我国方针政策的两个基本点》，10月13日的《我们干的事业是全新的事业》等。特别是8月29日的《我们干的事业是全新的事业》精辟地概括了社会主义初级阶段的含义。他说："我们党的十三大要阐述中国社会主义是处在一个什么阶段，就是处在初级阶段，是初级阶段的社会主义。"他给初级阶段下的定义是"不发达阶段"的社会主义。他强调："一切都要从这个实际出发，""根据这个实际来制订规划"。

为了推动十三大报告的修改工作，党中央还在理论界发动了关于社会主义初级阶段问题的大讨论。广大理论工作者和各方面的专家学者各抒己见，对初级阶段理论的各个方面发表了许多好的见解。为十三大作了很好的舆论准备。

根据邓小平的思想，在广泛听取意见，总结 20 余年社会主义建设曲折发展的经验教训和十一届三中全会以来的新的经验的基础上，党中央决定把社会主义初级阶段的理论作为十三大报告的立论基础，并对社会主义初级阶段的问题第一次作了专门而系统的阐发。

十三大报告提出，我国社会已经是社会主义社会，但还处在社会主义的初级阶段。正确认识这一国情，是建设有中国特色的社会主义的首要问题，也是我们制定和执行正确的基本路线及其政策的基本依据。同时明确规定了党在初级阶段的基本路线，就是：领导和团结全国各族人民，以经济建设为中心，坚持四项基本原则，坚持改革开放，自力更生，艰苦创业，为把我国建设成为富强、民主、文明的社会主义现代化国家而奋斗。这条基本路线被称为"一个中心，两个基本点"，即以经济建设为中心，坚持四项基本原则，坚持改革开放。

报告规定了三步走的经济发展战略部署，即第一步，实现国民生产总值比 1980 年翻一番，解决人民的温饱问题；第二步，到本世纪末，使国民生产总值再增长一倍，人民生活达到中等发达国家水平，人民生活比较富裕，基本实现现代化。这个战略部署是邓小平经过反复思考后提出来的。

十三大的中心任务是加快和深化改革。关于经济体制改革，报告提出要围绕转变企业经营机制这个中心环节进行配套改革，逐步建立起有计划商品经济新体制的基本框架。同时报告根据邓小平的设想，提出了政治体制改革的任务和目标。

随后，从 10 月 25 日下午到 10 月 27 日，大会分组对报告进行讨论。11 月 1 日，大会作出决议，批准了这个报告，认为它是党和人民集体智慧的结晶。

11 月 1 日，在最后一次全体会议上，大会以无记名投票方式选举产生了十三届中央委员会、新的一届中央顾问委员会和中央纪律检查委员会，通过了各项决议。

在中委候选人预选名单上，没有邓小平的名字。虽然大家知道他同陈云、李先念等老一辈革命家为了实现中央领导层的年轻化，带头退了下来，但有些代表还是投了邓小平的票，可见他在党内，在人民心中威信之高。

在十三大新闻发布会上，香港记者提问道："邓小平没有进入中央委员会，今后怎样发挥作用？"

十三大新闻发言人说，邓小平对党和国家的功勋是人所共知的。他在我们党和国家中起重要的领导作用，并不是因为他担任了什么职务，而是由于他思想正确而决定的。粉碎"四人帮"以后，他没有当总书记，但是仍然是党的政策的总设计师。现在，他离开了中央委员会，由于他的威望和智慧，仍然能够在党和国家工作中发挥重要的作用。

11 月 2 日举行的十三届一中全会决定邓小平任中央军委主席。

十三大将邓小平在改革开放中提出的新的思想观点概括为建设有中国特色的社会主义理论

十三大宣布，中国共产党在实现马克思主义与中国实际相结合的第二次历史性的飞跃中，开始找到了一条建设有中国特色的社会主义道路，即在改革开放中实现中国社会主义现代化的道路。这是以邓小平为核心的党中央领导全国人民，坚持解放思想，实事求是的思想路线，不断开拓创新的伟大成果。

以党的十一届三中全会为起点，中国进入了社会主义新的历史时期，以邓小平为核心的第二代中央领导集体开始对社会主义建设实践新的探索，同时也开始了新理论的开创。在完成拨乱反正，实现伟大历史转折的基础上，邓小平在党的十二大上提出了"建设有中国特色的社会主义"这一主题，标志着建设有中国特色的社会主义理论的正式提出。

十二大以后，邓小平及党中央继续围绕着"什么是社会主义，怎样建设社会主义"这个最基本的问题进行探索，提出并阐述了与传统的社会主义观所不同的一系列崭新的科学理论观点，并初步形成了一整套相互关联的方针政策。

十三大比较全面地将这些新的理论观点概括为 12 条，构成了建设有中国特色的社会主义理论的轮廓。即：

1. 关于解放思想，实事求是，以实践作为检验真理的唯一标准的观点；2. 关于建设社会主义必须根据本国国情，走自己的路的观点；3. 关于在经济文化落后的条件下，建设社会主义必须有一个很长的初级阶段的观点；4. 关于社会主义社会的根本任务是发展生产力，集中力量实现现代化的观点；5. 关于社会主义经济是有计划的商品经济的观点；6. 关于改革是社会主义社会发展生产力的重要动力，对外开放是实现社会主义现代化必要条件的观点；7. 关于社会主义民主政治和社会主义精神文明是社会主义重要特征的观点；8. 关于坚持四项基本原则同坚持改革开放的总方针这两个基本点互相结合、缺一不可的观点；9. 关于用"一个国家，两种制度"来实现国家统一的观点；10. 关于执政党的党风关系到党的生死存亡的观点；11. 关于按照独立自主、完全平等、互相尊重、互不干涉内部事务的原则，发展同外国共产党和其他政党的关系的观点；12. 关于和平和发展是当代世界的主题的观点，等等。

这12个观点初步回答了我国社会主义建设的阶段、任务、动力、条件、布局以及国际环境等基本问题，为我国社会主义现代化建设指出了明确的方向。

十三大开过不久，邓小平对十三大的特点作了概括："党的十三大的特点，一个是阐述了中国社会主义初级阶段的理论，在这个理论指导下，坚定地贯彻党的十一届三中全会以来的路线、方针和政策；另一个是更新了中央领导班子，保证我们的改革开放政策能够连续贯彻下去，并且加快步伐。"他还说："在十三大以前，国际舆论和国内的人民还有些担心我们的改革开放政策是不是会连续下去，十三大回答了这个问题，我国人民和国际朋友都放心了。"这实际上是对十三大的高度评价。

后来他在1989年5月31日的谈话中说："十三大政治报告是经过党的代表大会通过的，一个字都不能动。"

邓小平与我国经济体制改革目标的确立

> 不要以为，一说计划经济就是社会主义，一说市场经济就是资本主义，不是那么回事，两者都是手段，市场也可以为社会主义服务。
>
> ——邓小平

实现历史性转折后不久，邓小平一语惊天："社会主义也可以搞市场经济"

1979 年 11 月 27 日，《人民日报》在第 4 版登载了一则新华社的短讯："新华社北京 11 月 26 日电，国务院副总理邓小平今天上午会见美国不列颠百科全书出版公司编委会副主席弗·吉布尼和保·阿姆斯特朗，加拿大麦吉尔大学东亚研究所主任林达光教授和夫人。会见时，邓小平副总理同来自美洲的朋友们进行了友好的谈话。"

人们从这短短的几十字中，看到的只是礼节性的外交辞令。但翻开后来出版的《邓小平文选》第二卷，却发现这次谈话的内容极为丰富：谈到了中国实现现代化"是一场新的大革命。我们革命的目的就是解放生产力，发展生产力"；谈到了"我们不要资本主义，但是我们也不要贫穷的社会主义，我们要发达的、生产力发展的、使国家富强的社会主义"；等等。更为引人注目的是关于经济体制改革的内容——

吉布尼："美国犯了一个很大的错误，就是看社会主义中国的时候，把它看成和苏联的社会主义是一模一样的。……"

邓小平："中国的社会主义道路与苏联不完全一样，一开始就有区别……但是，我们有些经济制度，特别是企业的管理、企业的组织这些方面，受苏联影响比较大。这些方面资本主义国家先进的经营方法、管理方法、发展科学的方法，我们社会主义应该继承。在这些方面我们改革起来还有许多困难。"

吉布尼："您是不是认为过去中国犯了一个错误，过早地限制了非资本主义的市场经济，这方面限制得太快，现在就需要在社会主义计划经济的指引之下，扩大非资本主义的市场经济作用？"

邓小平："说市场经济只存在于资本主义社会，只有资本主义的市场经济，这肯定是不正确的。社会主义为什么不可以搞市场经济，这个不能说是资本主义。我们是计划经济为主，也结合市场经济，但这是社会主义的市场经济。……市场经济，在封建社会时期就有了萌芽。社会主义也可以搞市场经济。同样的，学习资本主义国家的某些好东西，包括经营管理方法，也不等于实行资本主义。这是社会主义利用这种方法来发展社会生产力。把这当作方法，不会影响整个社会主义，不会重新回到资本主义。"

"社会主义也可以搞市场经济"——此语一出，石破天惊，震聋发聩。生活在那个时候的人们都知道，说出这样的话，需要多么大的勇气和胆魄！

新中国成立以来，我们一直实行计划经济，大到钢铁电力等国民经济的支柱产业，小到针头线脑等群众日常生活用品，无一不在计划之列。粮票、油票、布票、糖票，人们离了各种票证寸步难行。更主要的，是人们在思想上已把市场经济与资本主义等同起来，视市场经济如洪水猛兽，连农民自发形成的集贸市场也被取缔；"计划经济是社会主义的本质特征之一"则写入了教科书，奉为不可动摇的根本。

水至清则无鱼。单一的高度集中的计划经济体制虽在一定时期发挥过积极的作用，但也使我们在建国几十年后陷入了经济发展的困境。1978年12月召开的中共十一届三中全会实现了历史性的转折，提出了实行经济管理体制改革的任务。但究竟怎么改，改革的目标是什么，人们的认识还是很模糊。

在这种情况下，邓小平高屋建瓴，提出搞市场经济，充分显示了作为我国改革开放和现代化建设总设计师的远见卓识和过人胆略！

改革由农村转入城市后，邓小平大声疾呼："社会主义和市场经济之间不存在根本矛盾"

在总设计师的引领下，从1982年党的十二大到1987年党的十三大，我国经济体制改革由点及面、由浅入深地迅速推进，经济迅猛发展。这几年的实践，也使我们党对市场经济的认识不断深化并有了新的发展。

1982年9月，党的十二大召开，邓小平在大会的开幕词中提出了一个响亮的指导思想："走自己的路，建设有中国特色的社会主义"。"中国特色的社会主义"，内涵丰富，其中蕴含着对传统的计划经济进行一场深刻革命的期冀和要求。

在这一思想指导下，党的十二大确定了分两步走，在本世纪末实现国民生产总值翻两番的战略部署。为此，大会就经济体制改革问题提出在坚持国营经济主导地位的同时，要发展多种经济形式；在贯彻计划经济为主、市场调节为辅的原则的同时，采纳了许多商品和企业要实行指导性计划的主张，并提出："至于各种各样的小商品，……可以让企业根据市场供求的变化灵活地自行安排生产。"在当时，这种在计划与市场的问题上的认识是有所前进的。

十二大前后，邓小平同国家计委负责同志谈话，强调了正确处理计划与市场这一问题的重要性："社会主义同资本主义比较，它的优越性就在于能做到全国一盘棋，集中力量，保证重点。缺点在于市场运用得不好，经济搞得不活。计划与市场的关系问题如何解决？解决得好，对经济发展就很有利，解决不好，就会糟。"

到1984年，农村改革已取得很大成功，"计划经济为主"的口号在广大农村已渐退为明日黄花；经过试点，城市的体制改革也取得了初步经验，指令性计划的范围逐渐缩小，市场调节的范围不断扩大。

适应改革发展的这一新形势，同年10月党的十二届三中全会通过了《关于经济体制改革的决定》，标志着改革由农村转入城市，全面展开。这个《决定》改变了"计划经济为主，市场调节为辅"的提法，明确提出："改革计划体制，首先要突破把计划经济同商品经济对立起来的传统观念，明确认识社会主义计划经济必须自觉依据和运用价值规律，是在公有制基础上的有计划的商品经济。商品经济的充分发展，是社会经济发展的不可逾越的阶段，是实现我国经济现代化的必要条件。"

从完全的计划经济到有计划的商品经济，这无疑是认识和实践的一大进步。10月20日，就在这次全会通过这个《决定》时，邓小平作了即席讲话，给予高度评价："我的印象是写出了一个政治经济学的初稿，是马克思主义基本原理和中国社会主义实践相结合的政治经济学。"两天后，邓小平在中顾委三次全会上又谈道："这次经济体制改革的文件好，就是解释了什么是社会主义，有些是我们老祖宗没有说过的话，有些新话。我看讲清楚了。过去我们不可能写出这样的文件，没有前几年的实践不可能写出这样的文件。写出来，也很不容易通过，会被看作'异端'。我们用自己的实践回答了新情况下出现的一些新问题。"

时隔一年，1985 年 10 月 23 日，时任中央顾问委员会主任的邓小平在人民大会堂会见了美国时代公司组织的美国高级企业家代表团。在回答时代公司总编辑格隆瓦尔德的提问时，邓小平再次阐述了社会主义与市场经济问题——

格隆瓦尔德："现在经济改革，你们教育人民要致富，出现了少数贪污腐化和滥用权力的现象，……这种现象是否反映了一个潜在的、很难解决的矛盾，即市场经济和社会主义制度之间的矛盾？"

邓小平："社会主义和市场经济之间不存在根本矛盾。问题是用什么方法才能更有力地发展社会生产力。我们过去一直搞计划经济，但多年的实践证明，在某种意义上说，只搞计划经济会束缚生产力的发展。把计划经济和市场经济结合起来，就更能解放生产力，加速经济发展。……总之，我国当前压倒一切的任务就是一心一意地搞四化建设。我们发挥社会主义固有的特点，也采用资本主义的一些方法（是当作方法来用的），目的就是要加速发展生产力。"

1987 年 10 月党的十三大召开。就在此前几个月，2 月 6 日，邓小平同几位中央负责同志谈话，明确指出："为什么一谈市场就说是资本主义，只有计划才是社会主义呢？计划和市场都是方法嘛。只要对发展生产力有好处，就可以利用。它为社会主义服务，就是社会主义的；为资本主义服务，就是资本主义的。好像一谈计划就是社会主义，这也是不对的，日本就有一个企划厅嘛，美国也有计划嘛。我们以前是学苏联的，搞计划经济。后来又讲计划经济为主，现在不要再讲这个了。……十三大报告要在理论上阐述什么是社会主义，讲清楚我们的改革是不是社会主义。"

党的十三大在总结实践经验的基础上，提出了社会主义初级阶段理论和党在这一阶段的基本路线，并指出："社会主义有计划商品经济的体制，应该是计划与市场内在统一的体制。""社会主义商品经济的发展离不开市场的发育和完善，利用市场调节决不等于搞资本主义。""新的经济运行机制，总体上来说应当是'国家调节市场，市场引导企业'的机制。"这些提法，较党的十二届三中全会《关于经济体制改革的决定》的有关论述又有所前进。

春风又度，邓小平视察南方发表谈话："计划多一点还是市场多一点，不是社会主义与资本主义的本质区别"

从 1987 年党的十三大到 1992 年视察南方，邓小平几次就发展市场经济问题作了明确的论述。

——1990 年 12 月 24 日，邓小平同几位中央负责同志谈话，重申："我们必须从理论上搞懂，资本主义与社会主义的区分不在于计划还是市场这样的问题。社会主义也有市场经济，资本主义也有计划控制。资本主义就没有控制，就那么自由？最惠国待遇也是控制嘛！不要以为搞点市场经济就是资本主义道路，没有那么回事。计划和市场都得要。不搞市场，连世界上的信息都不知道，是自甘落后。"

——1991 年春节前后，邓小平视察上海，对浦东开发开放寄予莫大的希望并给以明确的指导，再次谈道："不要以为，一说计划经济就是社会主义，一说市场经济就是资本主义，不是那么回事，两者都是手段，市场也可以为社会主义服务。"

1992 年初，南国早春。踏着春的脚步，总设计师邓小平再次莅临我国改革开放前沿地带的深圳、珠海及上海等地。边走、边看、边谈，这位思维敏锐的老人对我国改革开放以来的经验作了全面的总结，提出了一系列事关中国改革和发展的前途和命运的科学论断。

谈到计划与市场问题时，他指出："计划多一点还是市场多一点，不是社会主义与资本主义的本质区别。计划经济不等于社会主义，资本主义也有计划；市场经济不等于资本主义，社会主义也有市场。计划和市场都是经济手段。……社会主义要赢得与资本主义相比较的优势，就必须大胆吸收和借鉴人类社会创造的一切文明成果，吸收和借鉴当今世界各国包括资本主义发达国家的一切反映现代社会化生产规律的先进经营方式、管理方法。"

这段论述，简明而又极其深刻，一语中的。其重大意义，江泽民作了科学的评价："这个精辟论断，从根本上解除了把计划经济和市场经济看作属于社会基本制度范畴的思想束缚，使我们在计划与市场关系问题上的认识有了新的重大突破"。这就为党的十四大确立社会主义市场经济目标奠定了坚实的理论基石。

继往开来，第三代中央领导集体明确提出："我国经济体制改革的目标是建立社会主义市场经济体制"

以邓小平关于市场经济的论述为指导，将建立社会主义市场经济体制作为我国经济体制改革的目标并付诸实施，是以江泽民为核心的党的第三代中央领导集体的重大决策和贡献。

邓小平南方谈话后，6月9日，江泽民在中央党校省部级干部进修班上就领会和贯彻邓小平南方谈话的精神发表讲话，袒露了党的十四大即将出台的一些重大决策。就是这次讲话中，第一次确认了"社会主义市场经济体制"这一提法。

江泽民说："现在可以这样讲，经过十多年的摸索和总结国内外经验，我们对建立社会主义的新经济体制在理论上和实践上的认识，已经比较成熟了，在全党也进一步统一了，完全可以进入加快实施的阶段了。"这种新经济体制，"我个人的看法，比较倾向于使用'社会主义市场经济体制'这个提法。"

金秋十月，是收获的季节，也是我国经济体制改革经过 14 年的风风雨雨、曲曲折折之后获得根本性突破的时刻。江泽民在党的十四大报告中对十一届三中全会以来我国经济体制改革的历程和邓小平关于市场经济的精辟论述作了简洁、系统地概括，强调："我国经济体制改革确定什么样的模式，是关系整个社会主义现代化建设全局的一个重大问题。这个问题的核心，是正确认识和处理计划与市场的关系。……实践的发展和认识的深化，要求我们明确提出，我国经济体制改革的目标是建立社会主义市场经济体制，以利于进一步解放和发展生产力。"党的十四大还将"建立社会主义市场经济"载入了修改后的党章。

这样，"建立社会主义市场经济"这一重大决策正式出台，并成为全党的统一意志。

十四大结束时，邓小平在江泽民的陪同下，出现在全体十四大代表的面前。老人那发自内心而又溢于言表的笑容，是对新一代中央领导集体的赞许，抑或是对十四大作出的这一重大决策的褒奖？

一年后的 1993 年 11 月，中共十四届三中全会通过了《关于建立社会主义市场经济体制若干问题的决定》。这个决定遵循十四大关于经济体制改革的目标和基本原则，勾画了我国社会主义市场经济体制的基本框架，全面部署了建立这一新经济体制的步骤和措施。党的十五大进一步提出，要建立比较完善的社会主义市场经济体制，使改革在一些重大方面取得新的突破，并就调整和完善所有制结构、加快推行国有企业改革等方面作出了一系列重大决策。

而今，沿着这条凝聚着总设计师心血的道路，我国的经济体制改革进入了整体推进、重点突破的历史新阶段，成功实现了宏观调控的"软着陆"，抵御了席卷全球的"金融风暴"，向着"力争在本世纪末初步建立起新的经济体制"的目标稳步推进。

邓小平与当代中国的价格改革

　　物价改革是个很大的难关，但这个关非过不可。不过这个关，就得不到持续发展的基础。

——邓小平

"物价改革非搞不可"

　　党中央最高层作出放开物价，进行价格改革的决定是在 1988 年。而在此之前的 1987 年，物价就已经开始上涨了。请看当年的经济形势：

　　全年工业总产值增长速度超过 14%，轻重工业增长速度比例为 47.6：52.4。生产性投资由上年 60.6% 上升到 65.9%，能源投资比上年增长 22%，原材料工业投资比上年增长 31.3%，1 至 11 月，国内财政收入比上年同期增长 3.8%，支出增长 1.7%。粮食增产 50 亿公斤。

　　与这些经济增长成就相伴随的，是令人头痛的物价问题。各大城市，猪肉涨价 20%，蔬菜上涨 30%。1987 年全国物价上涨指数为 7.2%，高出计划 1.2%，猪肉、食糖等农副产品告缺，匿迹多年的肉票重新登场。

　　造成这种状况的原因是多方面的：

　　长期以来，我们实行高度集中的计划经济体制，物价都是由国家制定的。为了保证优先发展重工业，国家采取了工农产品"剪刀差"政策，即人为地降低生产原料价格，这样做，对于集中有限的物力和财力，进行工业化建设产生了积极作用，但同时也造成了严重的后果。强制性地压低一部分生产原料的价格，一方面使农民生产积极性调动不起来，影响了农业生产的发展和人民生活水平的提高。另一方面也使国家背上了沉重的财政包袱，由于购销价格倒挂，国家每年用于物价补贴的开支高达几百亿元。因此，改革开放以后，党中央决定对国民经济进行调整，其中一个重要方面就是调整价格。

为了缩小工农产品的剪刀差，从 1979 年夏天开始，中央决定提高18 种农产品的收购价格，平均提高幅度达 25%，同年底，提高了 8 种副食品的销售价格，提高幅度为 30%。与此同时，在 1979 年和 1980 年两年里，还分别提高了原煤、生铁等能源、原材料的价格，提高幅度也在 30% 左右。此后，中央在 1983 年全面调整了纺织品价格，涤棉布降价 31%，纯棉布提价 19%。1983 年和 1985 年，提高了铁路、水运的价格，提高幅度为 20% 左右。

几年的价格调整，产生了一定的效果，在一定程度上促进了农业等"短线"产品生产的发展，使国民经济不协调的状况开始有所缓和。

但是，由于经济体制内在的弊端并没有从根本上改变，随着经济的发展，原来认为调得比较合理的比价，不出几年又恢复到了原来的状况。例如，工农产品的比价指数（反映剪刀差大小的一种数据），1979 年比 1978 年缩小了 14.2，两年后就又恢复到 1978 年的状态。基础产品价格提高了，过了两年，加工工业的价格也跟着上来了，二者不合理的比价又回到了原来的状态。理论界称这种现象为"比价复归"。比价复归，是在更高的价格水平上复归。改来改去，价格水平提高了，价格扭曲的问题还是没有解决。

还有，改革之初，由于多方面的原因，不可能一下子全部放开价格。只能先放开一部分产品的价格，暂时保留一部分计划价格。这样，同一种产品就有两种价格，即人们所说的"双轨价格"。计划内的即部分是计划价格，超产部分是市场价格，在供不应求的情况下，市场价格往往高于计划价格。

由于有了市场价格这一轨，打破了原来指令性计划一统天下的局面，使经济生活出现了生机。市场价格不但刺激了紧缺物资生产的增加，同时也促进了紧缺物资的节约，还使不能纳入计划的乡镇企业在市场上买到了原材料，促进了乡镇企业的发展。

但双轨价格的存在也带来了经济秩序的混乱。因为在双轨价格的条件下，生产厂家，总会千方百计地少生产计划内产品，多生产计划外产品，还要想尽办法把计划内产品拿到市场上去卖高价；用户自然也就想方设法地多买计划内的商品，少买计划外商品，甚至还会通过各种手段去套购计划内的商品。

当时社会上有一种职业，群众称之为"倒爷"，就是把计划价格的商品倒到市场上去卖。当时流传着的一则故事就很有代表性：

在武汉的一家旅馆里，一位"倒爷"将手中的一张钢材提货单，卖给同房间的另一位"倒爷"，每吨加价200元。第二位"倒爷"又把提货单卖给第三位"倒爷"，每吨又加价200元。就这样，这张提货单没有出旅馆，就倒腾了4次，4个人不费吹灰之力就获取了暴利。这批钢材的价格由每吨700元加到1600元。

在双轨价格条件下，权力和市场的恶性结合成了罪恶的渊薮，成了当时腐败现象的物质基础。一时间，要求改变双轨价格，进行物价改革的呼声很高。

正是在这种情况下，邓小平明确指出，"物价改革是个很大的难关，但这个关非过不可。不过这个关，就得不到持续发展的基础。"

1988年5月19日，邓小平在会见外宾时，再次强调，"物价改革非搞不可","理顺物价，改革才能加快步伐。""不解决物价问题就不能放下包袱，轻装前进。"

据此，1988年5月30日，中央政治局在北京召开全体会议，决定着手研究价格工资方案，加速价格改革。

"过一关很不容易，要担很大风险"

"物价改革非搞不可"，但价格改革关系国民经济的全局，涉及千家万户的利益分配，是最容易牵动人们情绪的。因此，邓小平在不同场合，多次指出，"过一关很不容易，要担很大风险"，"这要求我们每走一步，都兢兢业业，大胆细心"。

根据邓小平讲话的精神，党中央对物价改革一直采取十分慎重的态度，按照生产的发展和国家财力负担的可能，在保证人民实际收入逐步增加的前提下，有计划有步骤地进行。

从1978年到1984年，物价一直"温和"上涨，平均每年零售物价总指数上升2.5%。1984年中央作出《关于经济体制改革的决定》，明确提出要全面进行价格改革后，物价上涨的幅度也是不大的。

中央决定1988年价格"闯关"时，也是很慎重的，计划得较为周密。

4月5日，国务院决定先放开肉、蛋、菜、糖四种副食品价格。根据国务院统一部署，北京市政府决定，从5月15日起，对猪肉（禁食猪肉的民族为牛羊肉）、鸡蛋、大路菜和白糖等4种主要副食品试行零售价格变动，同时每月给每个职工补贴10元。具体办法是：

猪肉，带骨带皮的统货肉每500克由1.39元调为2.1元，瘦肉由2.5元调为4元；牛肉，去皮去骨的统货肉由1.8元调为2.8元；羊肉，由1.95元调为3元；白皮鸡蛋，每500克由年均1.41元调为1.81元；

绵白糖，塑料袋装每 500 克由 0.9 元调为 1.42 元；大路菜，年均每 500 克由 0.1915 元调为 0.249 元。

对城市居民凭证定量供应的粮食、食品不提高价格。猪肉、食糖、鸡蛋高价后，仍按原定量标准供应。

价格补贴由暗补改为明补，由补给商业部门转为直接补给居民，补贴范围和标准是：

国营和集体企业、行政事业单位在职职工、离退休职工、城镇优抚救济对象每人每月补贴 10 元；在校大专学生和研究生每人每月补贴 8 元；在校中专学生每人每月补贴 7 元；禁食猪肉民族的补贴金额分别在以上三个标准的基础上增加 2 元，补贴款由职工和学生所在单位发放。家庭人口多，生活确有困难的职工、由各单位酌情给予适当困难补助。

采取这种给居民价格补贴来放开价格的做法，是为了缓解这几种食品价格购销倒挂的矛盾，既促进生产，也可以改善供应。

这一年，国家又对农产品价格进行了调整，提高了粮食合同定购价格。棉花收购价格也有较大幅度的上调。还提高了部分生产资料和交通运输的价格，如煤、原油、电都有较大幅度的提高。

7 月，国务院决定，放开名烟名酒的价格，并在 7 月 28 日全国统一执行。由于这类商品不影响普通群众的生活，估计不会出什么问题。但是，没有想到放开后，涨价幅度很大，茅台酒的零售价由二三十元一下子涨到 290 元。中华烟也由每包一两块钱涨到 12 元。在此之前，彩色电视机的价格也实行浮动，18 英寸彩电由每台 1330 元上浮到 1900 元。由于彩电供不应求，实际价格比这还要高出很多。

这么大的涨价幅度，给群众造成了物价将要大幅度上涨的心理预期。当时报纸上宣传改革要付出代价。什么样的代价呢？过去不清楚，现在有了一个形象的答案：一个教授一个月的工资买不到一瓶茅台酒！这叫群众怎么不恐慌呢？

从 8 月 7 日开始，福州、天津、上海、重庆、成都、北京、西安等城市出现了抢购的情况。全国其他城市，城镇和农村也随之发生抢购，且形成迅速蔓延之势。

当时的场景，经历过的人可能都还记得。对于这一场来势凶猛的抢购风潮，报纸杂志有过不少生动的描述：

物价，人们日常生活紧密相关的这个话题，绷紧了社会的神经。

各种流言不胫而走。人们不顾炎天火日，急匆匆涌上街头，挤入商店，大汗淋漓地向货架上投去恐慌的饥渴的眼光。抢购肥皂！抢购卫生纸！抢购皮箱！抢购洗衣机！着了慌的居民恨不得将所有的纸币都换成看得见、摸得着的物品，恨不能将几代人所需要的东西都买齐。长沙市友谊商店一位经理向记者说："真是奇怪！顾客们像疯了一般！把钱不当钱，见什么都买。我们积压了好几年的毛毯一下就卖光了。质量最差的洗衣机也卖光了，仓库已经空了，营业额猛增，营业员大拿奖金，一个个都笑呵呵的。"

《小说界》透露：上海的抢购风潮自 3 月 2 日始，2 角 6 分的草纸涨到了 3 角 8 分。火柴，连 7 分钱一盒也买不到了。理发费、住宿费，也纷纷上涨。

新华社记者报告：南京的抢购风潮自 3 月 8 日始，鼓楼地区一居民买了 400 盒火柴，放在家里，小孩玩火酿成了大祸。

抢购风潮使商品销售量大幅度提高。8 月份全国商品零售额比 1987 年增长了 38.63%，比 1988 年 7 月增长了 7.5%。据有关部门估计，这次商品抢购风，抢购了约 60 亿元商品。值得注意的是这次商品抢购伴随着挤兑银行储蓄存款，8 月份城乡储蓄绝对额不仅没有增加，反而减少了 26.8 亿元，历史上 8 月份出现储蓄绝对额下降的只有 1960、1961、1962 和 1967 四个年份。这次突击提存，人们不仅动用活期存款，而且动用了定期存款进行抢购。

今天回过头来看这场抢购风潮，值得我们反省的地方是很多的。

主要是经验不足。1988年的价格改革和过去有明显的不同，这就是由过去的"调放结合，以调为主"变成了"以放为主"。从理论上说，不放开价格，不让它回到供求关系中去，是不可能达到价格改革的目的的。但是，当时忽视了这样一个问题：中国物价放开以后，除了需要释放长期积累的隐性通货膨胀以外，还要释放1984年以来新的通货膨胀因素。这就是国民收入超分配和货币的过量发行。据有关资料统计，从1985年到1988年，国内生产总值增长了66.0%，而货币增加了79.17%，现金流通量增长了116%。潜在的通货膨胀压力如此之大，已成一触即发之势。价格放开后，物价自然大幅度上扬，导致大规模的抢购。

其次是宣传工作出现失误。长期在计划体制的低物价、低工资条件下生活的城乡居民，习惯了吃"便宜肉"，其心理承受能力是比较脆弱的。有关部门应该要考虑这方面的情况，多做些宣传工作，使广大群众理解中央的政策。

"发现问题就做些调整"

对于物价改革可能出现的问题和艰巨性，邓小平早就有清醒的认识，1985年7月11日，他在听取中央负责同志汇报经济工作情况时就说："理顺生活资料价格恐怕要用三年，加上生产资料价格的改革，需要的时间更长，如果用五年时间理顺价格关系，就是了不起的事。这项工作很艰巨。"同时，他还明确指出，"出现问题就做些调整，使之符合实际情况。"

面对价格闯关后出现的严峻的经济局面，1988年8月30日上午，国务院召开第20次常务会议，通过了《关于做好当前物价工作和稳定市场的紧急通知》。《通知》重申价格改革方案"指的是五年或更长一些时间和长远目标，目前改革方案还在进一步修订完善之中。明年作为实现五年改革的第一年，价格改革的步子是不大的，国务院将采取有力措施，确保明年社会商品零售价格上涨幅度明显低于今年。要据此向群众做好宣传解释工作，消除疑虑。"《通知》还具体提出由人民银行开办储蓄业务，使三年以上的长期存款利息不低于或稍高于物价上涨的幅度。

《通知》发出后，上述措施一一得以落实，抢购风潮才终于平息。物价上涨率和通货膨胀率倒挂的问题也得以逐步扭转，银行存款开始重新回升，金融逐渐趋于稳定。

9月23日，党中央召开了十三届三中全会。全会认真地分析了我国的经济形势，认为当前总的形势是好的，但存在的问题也不少，突出的是物价上涨幅度过大。为了创造理顺价格的条件，为了经济建设持续、稳定、健康地发展，全会作出"治理经济环境、整顿经济秩序、全面深化改革"的决定，确定把1989、1990年两年改革和建设的重点突出地放到治理经济环境和整顿经济秩序上来。治理经济环境，主要是压缩社会总需求，抑制通货膨胀。整顿经济秩序，就是整顿目前经济生活中特别是流通领域中出现的各种混乱现象。在这两方面都要采取坚决有力的措施。治理经济环境和整顿经济秩序是长期要注意的大问题，最要紧的是1989、1990两年一定要抓出成效。务必确保1989年的物价上涨幅度明显低于1988年，1989年一切工作都要服从这一点。

全会虽然仍原则通过了《关于价格、工资改革的初步方案》，但已不再急于马上推行，而只是建议国务院在今后五年或较长的一些时间内，根据严格控制物价上涨的要求，并考虑各方面的实际可能，逐步地稳妥地组织实施。

十三届三中全会作出治理整顿的决策后，由于当年已进入年底，

1989 年春夏之交又发生了全国性的政治风波，所以在 1989 年上半年我国的经济形势仍是严峻的。

1989 年 11 月 6 日至 9 日党的十三届五中全会召开。全会审议并通过了《中共中央关于进一步治理整顿和深化改革的决定》。全会决定，包括 1989 年在内，用三年或者更长一点的时间，基本完成治理整顿任务。全会提出治理整顿的主要目标是：逐步降低通货膨胀率，要求全国零售物价上涨幅度逐步下降到 10% 以下；扭转货币超经济发行的状况，逐步做到当年货币发行量与经济增长的合理需要相适应，努力实现财政收支平衡，逐步消灭财政赤字；在着力提高经济效益、经济素质和科技水平的基础上，保持适度的经济增长率，争取国民经济总值平均每年增长百分之五至六；改善产业结构不合理状况，力争主要农产品生产逐步增长，能源、原材料供应紧张和运力不足的矛盾逐步缓解；进一步深化和完善各项改革措施，逐步建立符合计划经济与市场调节相结合原则的，经济、行政、法律手段综合运用的宏观调控体系。

由于中央采取的措施切实可行，经过全党上下的努力，治理整顿的目标初步达到，经济过热和通货膨胀得到了有效的抑制。1989 年全国零售物价总水平由上年的 18.5%，回落到 17%，1990 年进一步回落到 2.1%。1991 年物价只上涨 2.9%。通货膨胀得到了有效的抑制，全国商品零售价格涨幅从 1994 年 10 月 25.2% 的最高点，回落到 1991 年上半年的 1.8%。同时，由于从 1990 年 3 月起，中央和国务院决定调整操作力度，作出增加 499 亿元固定资产投资的重大决策，以此来启动市场和经济。工业生产在经历了 1989 年下半年到 1990 年上半年的市场疲软和生产低速度增长之后，从 1990 年下半年也开始逐步恢复到正常年份的增长速度。

总之，三年治理整顿使国民经济摆脱了剧烈波动的困境，促进了经济、社会和政治的稳定，为改革开放迈出更大步伐创造了有利条件。

抓住时机，深化改革

1992 年初，邓小平发表了著名的南方谈话，明确提出要抓住时机，深化改革，要求"胆子更大一点，步子更快一点"。这有力地推动了改革开放的进一步发展。从 1987 年以来进入困境的价格改革，此时也加快了步伐。

实际上，由于治理整顿创造了比较宽松的经济环境，在此期间，价格改革并没有停顿，在某些方面还有不小的进展。1990 年国家相继调整了糖料、油脂油料等收购价格，原油及部分成品油、煤炭、铁路和水路货运、邮电资费、食糖等的售价。1991 年又先后有计划地提高了原油、钢铁、铁路货运和统配煤炭等的价格，对统配水泥、橡胶、镀锡薄板和冷轧硅钢片实行计划外价格并轨。

1992 年是价格改革步伐迈得最大的一年。其中生产资料的价格放开得最多。到 1991 年底，国家物价局和国务院有关部门管理的生产资料和交通运输的价格有 737 种，1992 年就放开了 648 种。与此同时，对农产品的收购价格和其他工业品价格也大踏步地放开。1991 年底，国家管理的农产品收购价格有 60 种，1992 年就放开了 50 种。轻工产品除了食盐和部分药品等个别品种外，都全部放开了。

这其中，最值得称道的是调整了 25 年没有动过的城镇居民定量平价粮食销售价格。粮食是国家统购统销物资，长期以来，国营粮店对城镇职工的粮食的销售价格，低于国家从农民那里的收购价格，差额由财政补贴。1991 年，国家用于粮食价格补贴 400 多亿元，其中城市补贴 200 多亿元。平均每个市民补贴 130—150 元。用这些钱可以买好大米 100 公斤，这是将近一年的口粮。理论界早就算出了这一笔账，建议放开粮食价格。但是，放开粮价的政治风险太大，国家迟迟不能决定。过去一直把粮食价格当政治问题，五六十年代，玉米面提价一分钱，事先要层层开会，作好充分的思想动员，还让党员以党的纪律保证不去抢购。现在全面放开粮价的确需要勇气。

这时，有关部门全面地分析了形势，认为近几年粮食收成较好，各地的库存粮食比较多，放开粮价不会出现问题。于是，从 1992 年 4 月 1 日起，面粉、大米、玉米三种粮食中等质量标准品的统销价格每 500 克平均提价 0.11 元，其他粮食品种的统销价格也按购销同价的原则相应提高，实现了购销同价。粮价放开后，比过去玉米面提一分钱还简单，事先没有保密，也没有人抢购。

粮食价格和分配的放开，标志着中国价格改革特别棘手的一关已经基本闯过。

为了实现党的十四大提出要建立社会主义市场经济体制的目标，十四届三中全会进一步提出了深化价格改革的主要任务：在保持价格总水平相对稳定的前提下，放开竞争性商品和服务的价格，调顺少数由政府定价的商品和服务的价格；尽快取消生产资料价格双轨制；加速生产要素价格市场化进程；建立和完善少数关系国计民生的重要商品的储备制度，平抑市场价格。

按照这一要求，价格改革的市场化进程已经全面推进，1997 年，政府定价的比重已经很小，按社会零售商品总额计算，95% 已经放开；全国 90% 以上的生产资料价格和农产品价格已由市场决定，对粮食实行了"保量放价"、建立了保护价及相应的风险基金和储备制度。适应社会主义市场经济体制的价格机制正在逐步形成。

邓小平与中国在
世界新格局形成中的指导方针

> 对于国际局势，概括起来就是三句话：第一句话，冷静观察；第二句话，稳住阵脚；第三句话，沉着应付。不要急，也急不得。要冷静、冷静、再冷静，埋头实干，做好一件事，我们自己的事。
>
> ——邓小平

80 年代末 90 年代初，世界形势风云突变。

1989 年春夏之交，中国首都北京发生了一场政治风波。

紧随其后，是东欧的剧变和苏联的解体，世界社会主义运动出现了严重曲折。

像翻倒的多米诺骨牌，从 1989 年开始，东欧各国和苏联国内形势相继发生了战后以来最剧烈的根本性转折。速度之快、来势之猛、范围之广大，令人震惊。

继东欧各国发生变化之后，1991 年，苏联局势发生剧变。"八一九"事件后，各加盟共和国纷纷独立并取得国际社会的承认。12 月 25 日，戈尔巴乔夫发表电视讲话，宣布辞去总统职务。在回顾他担任苏联最高领导人近 7 年的经历时，他承认这些年来进行的种种改革都失败了，国家失去了前途。戈尔巴乔夫的讲话结束后，飘扬在克里姆林宫上空的苏联国旗悄然降下。

国际形势的骤变，世界上有人忧虑，有人迷惘，有人欣喜，但也有人清醒。

早在 1989 年北京春夏之交那场政治风波之后，邓小平在 6 月 9 日接见戒严部队军以上干部讲话时就明确指出："这场风波迟早要来。这是国际的大气候和中国自己的小气候所决定了的，是一定要来的，是不以人们的意志为转移的。"

什么是国际大气候？一个星期后邓小平在同江泽民、李鹏、杨尚昆等人谈话时，作了进一步说明，就是"整个帝国主义西方世界企图使社会主义各国都放弃社会主义道路，最终纳入国际垄断资本的统治，纳入资本主义的轨道"。

自 1989 年北京那场政治风波之后，中美关系降到了建交以来的最低点。

在这样的情况下，邓小平明确指出：中国绝不会接受任何国家干涉中国内政。中国不怕制裁，外国也没有权力制裁中国。任何两国之间的关系，都要首先考虑自己本国的战略利益，同时要尊重对方的利益，而不应该让价值观念和社会制度的差异，来干扰正常的国家关系。

对于一个拥有十亿人口并且正在崛起的大国，美国不能无视中国的存在。1989 年下半年，美国相继派出了前总统尼克松和布什总统的特使斯考克罗夫特使访问中国。邓小平对他们说，结束严峻的中美关系，要由美国采取主动。中美尽管有纠葛，有这样或那样的问题、分歧，归根到底，中美要好起来才行。这是世界和平和稳定的需要。他请斯考克罗夫特使转告布什：有一位退休的东方老人关心着中美关系的发展。

面对国际形势的变化和西方的制裁，这位老人从容而有力地指出：中国的社会主义是变不了的。中国肯定要沿着自己选择的社会主义道路走到底，谁也压不垮我们。只要中国不垮，世界上就有 1/5 的人口在坚持社会主义。我们对社会主义的前途充满信心。

在中国的社会主义制度、改革开放和现代化建设事业、国家的主权和安全受到严峻挑战的关键性时刻，仍然是邓小平提出了我们党和国家在急剧变化的国际形势下的战略对策。

1989 年 9 月 4 日，邓小平在同中央负责同志商量他退休的时间和方式问题的同时，提出了重要的关于国际形势的十二字方针。他说："对于国际局势，概括起来就是三句话：第一句话，冷静观察；第二句话，稳住阵脚；第三句话，沉着应付。不要急，也急不得。要冷静、冷静、再冷静，埋头实干，做好一件事，我们自己的事。"

冷静观察。邓小平指出："国际局势还有一个方面，就是社会主义国家动乱。东欧、苏联乱，我看也不可避免，至于乱到什么程度，现在不好预料，还要很冷静地观察。"邓小平讲这番话的时候，苏联、东欧剧变尚处在酝酿、发展阶段。邓小平以战略家的深刻洞察力，揭示了东欧、苏联动乱的不可避免的趋势。同时指出国际形势不可测的因素很多，矛盾越来越突出，国际形势怎么发展，还要冷静地观察。1990 年 3 月 3 日，他在同几位中央负责同志谈话时指出：现在旧的格局在改变中，但实际上并没有结束，新的格局还没有形成。和平与发展两大问题，和平问题没有解决，发展问题更加严重。他强调说，对国际形势还要继续观察，有些问题不是一下子看得清楚，总之不能看成一片漆黑，不能认为形势恶化到多么严重的地步，不能把我们说成是处在多么不利的地位。实际情况并不尽然。世界上矛盾多得很，大得很，一些深刻的矛盾刚刚暴露出来。他指出，我们可利用的矛盾存在着，对我们有利的条件存在着，机遇存在着，问题是要善于把握。

稳住阵脚。第二次世界大战后形成的冷战随着苏联、东欧的变化行将结束，但在新的国际形势下又开始了新的冷战。新的冷战一个是针对整个南方、第三世界的，另一个是针对社会主义的。邓小平认为，苏联、东欧的变化对我们来说并不感到意外，迟早要出现的。这个变化首先出现在内部。他强调指出，发达国家欺负落后国家的政策没有变。西方国家不喜欢中国坚持社会主义道路。在这种情况下，中国自己要提高警惕，放松不得。要维护我们独立自主、不信邪、不怕鬼的形象。要把国家的独立和主权始终放在第一位。他说，现在的问题不是苏联的旗帜倒不倒，苏联肯定要乱，而是中国的旗帜倒不倒。因此，首先中国自己不要乱，认真地真正地把改革搞下去。没有改革开放就没有希望。中国稳住了，而且实现了发展目标，社会主义就会显示出优越性。

沉着应付。在新的国际形势下，中国如何在维护世界和平、促进世界经济发展中发挥应有的作用，如何发展国际间的交往，为我国的现代化建设创造良好的外部环境，是一个很重要的问题。邓小平指出，不管怎么样，我们还是友好往来。朋友还要交，但心中要有数。不随便批评别人、指责别人，过头的话不要讲，过头的事不要做。1990 年 3 月 3 日他再次强调说："我们对外政策还是两条，第一条是反对霸权主义、强权政治，维护世界和平；第二条是建立国际政治新秩序和经济新秩序。这两条要反复讲。具体的做法，还是要坚持同所有国家都来往，对苏联对美国都要加强来往。不管苏联怎么变化，我们都要同它在和平共处五项原则的基础上从容地发展关系，包括政治关系，不搞意识形态的争论。"

做好一件事——我们自己的事。邓小平指出，纵观全局，不管怎么变化，我们要扎扎实实地抓好建设工作。他反复强调，要抓住时机，大力发展自己，尽快把中国经济搞上去。少管别人的事，也不怕制裁。中国能不能顶住霸权主义、强权政治的压力，坚持我们的社会主义制度，关键就看能不能争得较快的增长速度，实现我们的发展战略。

世界在向多极化的方向发展，但旧的国际秩序造成的问题仍很突出，在国际关系中粗暴侵犯别国主权和领土完整、肆意干涉别国内政的现象还严重存在。特别是在新的情况下，有个别大国打着"人权"等幌子，对别国横加干涉，甚至不惜采用"制裁"等方式达到他们控制其他国家的目的。在这种情况下，世界上许多国家，特别是第三世界中小国家，认识到中国在多极世界中的重要地位，再次提出了以前他们曾多次提出过的要求中国在反对霸权主义和强权政治中起领导作用的愿望。

1990年12月24日，邓小平在同几位中央负责同志就善于利用时机解决发展问题谈话时，一开始先谈了国际问题。

邓小平说："现在国际形势不可测的因素多得很，矛盾越来越突出。过去两霸争夺世界，现在比那个时候要复杂得多，乱得多。怎么样收拾，谁也没有个好主张。"

接着，邓小平又强调了在复杂的国际形势下中国对外政策的一个根本原则。他说："第三世界有一些国家希望中国当头。但是我们千万不要当头，这是一个根本国策。这个头我们当不起，自己力量也不够。当了绝无好处，许多主动都失掉了。中国永远站在第三世界一边，中国永远不称霸，中国也永远不当头。"

当然，邓小平所说的"不当头"，并不意味着中国在国际事务中无所作为，而是要有所作为。中国在世界上是举足轻重的和平大国，在国际舞台上具有广泛的影响力和号召力。要有所作为，做什么？邓小平认为，我们要以自己不称霸、不当头，坚持独立自主的外交政策在世界上树立一个好榜样。我们要积极推动建立国际政治经济新秩序。我们谁也不怕，但谁也不得罪，说公道话，办公道事，以维护和争取一个和平的国际环境。在争取和平的前提下，我们要全力发展自己的国家，建设具有中国特色的社会主义。中国是世界维护和平和稳定的重大因素，中国发展得越有力量，世界和平越靠得住，中国的国际地位也就越高，说话越有分量。

正是邓小平纵观全局，高瞻远瞩，对错综复杂的国际形势作出了精辟的判断，对我国对外关系提出了重要的指导方针，我国高举反对霸权主义、维护世界和平的旗帜，把握有利时机，坚持原则，务实灵活，顶住了东欧剧变、苏联解体所造成的巨大压力和一次又一次强大的冲击，打破了以美国为首的西方世界的制裁，维护了国家的主权和安全，增强了我国在多极世界中作为一极的地位和作用，为改革开放和社会主义现代化建设赢得了和平、有利的国际环境。

20世纪就要过去了，在世界向新格局过渡的艰难行程中，邓小平这位与历史和未来对话的世纪老人提醒我们："从现在起到下世纪中叶，将是很紧的时期，我们要埋头苦干。我们肩膀上的担子重，责任大啊！"

在1992年初那次历史性的视察南方时的谈话中，邓小平再一次向我们提出了中国在世界新格局中的历史责任和任务："世界和平与发展这两大问题，至今一个也没有解决。社会主义中国应该用实践向世界证明，中国反对霸权主义、强权政治、永不称霸。中国是维护世界和平的坚定力量。"

邓小平与第三代领导集体的确立

要组成一个实行改革的有希望的领导集体，要真正建立中国共产党历史上第三代领导集体。

——邓小平

邓小平说，要建立第三代领导集体

实现党中央领导层的新老交替，是邓小平最为关注的一个问题。80年代以来，他一直致力于解决这个问题。

1989 年那场政治风波之后，这个问题更加突出地摆在了中国党和政府面前。

这年 5 月 31 日，邓小平在与李鹏、姚依林谈话时说，要组成一个实行改革的有希望的领导集体，要真正建立中国共产党历史上第三代领导集体。他语重心长地指出，新的领导机构，眼界要非常宽阔，胸襟要非常宽阔，这是对我们第三代领导人最根本的要求。我们的第一代领导人前期是胸襟宽阔的，我们第二代基本上也是胸襟宽阔的，对第三代领导以及以后的领导都应该有这样的要求。在这次谈话最后，邓小平这样说："新的领导班子一经建立了威信，我坚决退出，不干扰你们的事。希望大家能够很好地以江泽民同志为核心，很好地团结。只要这个领导集体是团结的，坚持改革开放的，即使平平稳稳地发展几十年，中国也会发生根本变化。关键在领导核心。我请你们把我的话带给将要在新的领导机构里面工作的每一个同志。这就算是我的政治交待。"

6月16日，邓小平在谈话中再次指出，我们中国共产党现在要建立起第三代领导集体。他说：在历史上，遵义会议以前，我们的党没有形成过一个成熟的党中央。从陈独秀、瞿秋白、向忠发、李立三到王明，都没有形成过有能力的中央。我们党的领导集体，是从遵义会议开始形成的，也就是毛刘周朱和任弼时同志，弼时同志去世后，又加了陈云同志。到了党的八大，成立了毛刘周朱陈邓六个人组成的常委会，后来又加了一个林彪。这个领导集体一直到"文化大革命"。

谈到第二代领导集体，邓小平说，党的十一届三中全会建立了一个新的领导集体。在这个集体中，实际上可以说我处在一个关键地位。这个集体一建立，我就一直在安排接班问题。虽然两个接班人都没有站住，但在当时，按斗争的经验、按工作的成就、按政治水平来说，也只能作出那样的选择。况且人是变化的。

邓小平强调说：任何一个领导集体都要有一个核心，没有核心的领导集体是靠不住的。第一代领导集体的核心是毛主席。第二代实际上我是核心。第三代的领导集体也必须有一个核心，就是大家现在同意的江泽民同志。要注意树立和维护这个集体和这个集体中的核心。

邓小平还指出，中国的事情，关键在共产党要有一个好的政治局，特别是有一个好的常委会。国家的命运、党的命运、人民的命运需要有这样一个领导集体。

1989年6月23日至24日，中国共产党第十三届中央委员会第四次全体会议对中央领导机构的成员进行了必要的调整：选举江泽民为中央委员会总书记。增选江泽民、宋平、李瑞环为政治局常委，政治局常委会由江泽民、李鹏、乔石、姚依林、宋平、李瑞环六人组成。形成了以江泽民为核心的新的中央领导集体。

在十三届四中全会上，江泽民在谈到他担任党的总书记的感受时说："这次中央全会推选我担任政治局常委、总书记。我没有这个思想准备，又缺乏中央全面工作的经验，深感担子很重，力不从心。现在全会已经作出决定，我感谢同志们的信任，决心同大家一道，刻苦学习，加强调查研究，尽心尽力做好工作，不辜负老一辈革命家和同志们的期望。"

江泽民等人不负众望

新的中央领导集体果然不负众望。在邓小平等老一辈革命家的大力支持下，立即着手"聚精会神地做几件使人民满意、高兴的事情"：

1989 年 8 月，中共中央发出了《关于加强党的建设的通知》，要求"各级党委必须按照党的基本路线的要求，聚精会神地抓党的建设，下决心解决好当前党的建设中的迫切问题"，以便使党能在新的历史条件下，经得起执政的考验，经得起改革开放和发展商品经济的考验，以及反对和平演变的考验。

根据《通知》的精神，从 1989 年秋季开始，在中央的领导下，各级党组织针对一部分党组织严重不纯的状况进行了清查和清理，主要对象是动乱、暴乱中的重点人和重点事。此后，又按照从严治党的方针，在全党进行了一次做合格党员的教育，并在部分单位进行了党员重新登记工作，以解决在动乱中和党内日常生活中存在的一些突出问题。

与此同时，还开展了对干部的考察工作。加强党的建设，关键在于把领导班子建设好，各级党委按照干部管理权限，重点考察了县（处）级以上党员干部在这场斗争中的思想认识和实际表现是否同中央保持一致，是否坚持四项基本原则、坚持改革开放、反对资产阶级自由化，是否廉洁奉公、勇于同腐败现象作斗争。根据考察的结果，对领导班子进行了必要的调整。

发扬党的优良传统，密切党和群众的联系，开展廉政建设，坚持同腐败现象、腐败分子进行斗争，是加强党的建设的一个重要方面。这也是新的中央领导集体在动乱平息之后，向人民作出交代的最重要一条，因为，"这次出这样的乱子，其中一个原因，是由于腐败现象的滋生，使一部分群众对党和政府丧失了信心。"

1989年7月，党中央、国务院作出了《关于近期做几件群众关心的事的决定》。根据这个决定，党和政府着重抓了七件事：进一步清理整顿公司；坚决制止高干子女经商；取消对领导同志少量食品的"特供"；严格按规定配车，严格禁止进口小轿车（除执行政府间已签订的长期贸易协定和国家批准的技术贸易合同外），中央政治局、书记处成员和国务院常务会议组成人员一律使用国产车；严格禁止请客送礼；严格控制领导干部出国；严肃认真地查处贪污、受贿、投机倒把等犯罪案件，特别要抓紧查处大案要案。

1990年3月召开的十三届六中全会，通过了《关于加强党同人民群众联系的决定》，指出党群关系、干群关系现在总的说是好的，但是这些年来在一些党组织和党员干部中滋长了官僚主义、主观主义、形式主义和消极腐败等严重脱离群众的现象。对此，《决定》提出，今后应从七个方面坚持不懈地努力加强党同人民群众的联系。

与此同时，以江泽民为核心的党中央还加强了对人民群众尤其是对青年学生的思想政治工作。江泽民指出，全党必须努力培养和造就千百万社会主义事业的接班人。如果现在不提出并解决这个任务，我们党就不可能有坚强的后备队，就不可能胜利地走向未来。这是我们的社会主义事业能否长久地坚持和发展下去的一个具有重大意义的问题。

此后，在全国党政干部和广大人民群众以及青年学生中广泛开展了社会主义思想教育、中国近代史及国情教育。一些以往长时期行之有效的思想教育制度和工作制度得到了恢复和改进，爱国主义、集体主义的教育得到了加强，通过大力表彰劳动模范和先进工作者的事迹，开展学雷锋、学焦裕禄、学赖宁、学英雄人物的活动，社会主义的正气进一步发扬。

……

在短短几个月内，以江泽民为核心的党中央，作出了一系列深得人民拥护的重大决策，国内政局逐渐平稳。全国人民从身边的实际变化中感受到了党中央的英明正确。

两代领导"核心"顺利交接

在目睹了以江泽民为核心的新的领导集体在短期内所作出的政绩后，邓小平放心了。他决定完全引退，把担子完全交给以江泽民为核心的第三代领导集体。

1989 年 9 月 4 日，邓小平同中央政治局常委江泽民、李鹏、乔石、姚依林、宋平、李瑞环等人谈起了他退休的问题。

他说，现在看来，对我们全会选出来的人，对新的领导班子这一段活动，国际国内的反映至少是很平静的，感到稳妥，没有什么怪话，说明我们这个新的领导班子是能够取得人民的信任和国际上的信任，如果再加上我们退出去，人家再看上 2 至 3 个月，或半年，我们的局面真正是稳妥稳定的，是一个安定团结的政治局面，中国还在继续发展，继续执行原有的路线方针政策。到那时，我们这些人的影响就慢慢消失了，消失了好！所以邓小平决定退下来。

在同政治局常委们谈话的同一天，邓小平致信中共中央政治局，请求批准他辞去中央军委主席的要求。他说："党的十三届四中全会选出以江泽民同志为首的领导核心，现已卓有成效地开展工作。经过慎重考虑，我想趁自己身体还健康的时候辞去现任职务，实现夙愿。这对党、国家和军队的事业是有益的。恳切希望中央批准我的请求。我也向全国人民代表大会提出辞去国家军委主席的请求。"

根据邓小平的请求和中央政治局的安排，1989年11月召开的党的十三届五中全会把邓小平退休的问题作为会议的主要议题之一。全会认真地讨论了邓小平的辞职信，认为小平同志高瞻远瞩，应该尊重他的意愿，同意他的请求。全会讨论并通过的《关于同意邓小平同志辞去中央军委主席职务的决定》，高度评价了邓小平对我们党和国家建立的卓著功勋。

11月9日，会议进入最后一天。下午3时，参加会议的全体同志在人民大会堂举手通过了一项特殊的决定：同意邓小平辞去中央军委主席职务。同时，会议根据邓小平的建议，决定江泽民为中共中央军事委员会主席。

江泽民在十三届五中全会结束时作了重要讲话，他说："十多年来，在小平同志领导下，我们军队的革命化、现代化、正规化建设已经奠定了良好的基础。……我们的军队是党领导的人民军队，是共和国的钢铁长城。党的建军原则和军队的光荣传统，要一代一代坚持和发扬下去。我相信，在党中央领导下，依靠军委的集体智慧，依靠全军同志的共同努力，依靠全党全国人民的支持，一定能够把军队建设和军事工作不断推向前进。"

11月19日下午4时许，邓小平驱车来到人民大会堂，向出席十三届五中全会的全体代表道别。在人民大会堂休息厅里，刚刚从五中全会会场内出来的中央各位领导同志看到邓小平进来，纷纷走过来和邓小平握手。江泽民一步趋前，紧紧握住邓小平的手。这时江泽民建议，几位领导同志一起，和小平同志照一张相。当江泽民、杨尚昆、李鹏、姚依林、乔石、宋平等十二位同志簇拥着邓小平一字排好后，记者们一拥而上，拍下了这一历史性时刻。

邓小平一行走进人民大会堂大厅，整个大厅顿时响起热烈的掌声。邓小平站在麦克风前对代表们说："一句话，感谢同志们的理解和支持，全会接受了我退休的请求，衷心感谢全会，衷心地感谢同志们。"当邓小平离开大会堂的时候，江泽民一直把他送到门口，紧紧握着他的手说："我一定鞠躬尽瘁，死而后已。"

1990年3月4日，七届人大三次会议在北京召开，会议批准邓小平辞去中华人民共和国中央军事委员会主席的职务。

……

邓小平在他生前最后一次外出视察途中曾这样说："我对江泽民同志为核心的班子很信任，他们方向、路子正确，工作得很好，我非常放心。"当地负责同志说："你接班人选得好，大家都拥护。"邓小平高兴地说："是啊，选对了，我比过去更放心了。"实践证明，以江泽民为核心的第三代中央领导集体是称职的，合格的。

邓小平与浦东开发

我已经退下来了，但还有一件事我要说一下，那就是上海的浦东开发，你们要多关心。

——邓小平

邓小平对上海有着特殊的感情

上海，在中国近代史上曾是远东最大的贸易中心和中国最大的工业城市。

上海，邓小平对它有着特殊的感情。

1920 年的夏天，16 岁的邓小平第一次来到这座城市。正是在这里，他和其他 80 多位四川子弟一起乘坐法国邮船"盎特莱蓬"号赴法勤工俭学，开始了他革命生涯的第一站。

1927 年大革命失败后，邓小平随中共中央机关由武汉迁至上海，并担任中共中央秘书长，开始在这里从事革命斗争。

1949 年，人民解放军解放了上海。邓小平出任中共中央华东局第一书记，家也搬到了上海。

上海回到了人民的手中，城市在一天一天地变化着，特别是在党的十一届三中全会以后。从 1988 年开始，邓小平连续七年都是在上海过的春节，上海的变化与他有着紧密的联系。邓小平对上海的工作非常重视。他曾经说过，上海的工人阶级长期以来一直是中国工人阶级的带头羊。上海这个地方，人才、技术和管理方面有着明显的优势，辐射面宽。

关心浦东开发

1990 年，邓小平来上海过春节时，非常关心浦东开发这件事。他说，上海和浦东开发，不是上海一个地方的事，是全国的事。浦东开发，可以带动长江三角洲和长江流域的发展。回到北京后，邓小平向中共中央政治局的同志说，我已经退下来了，但还有一件事我要说一下，那就是上海的浦东开发，你们要多关心。他还特意要求李鹏负责抓一下浦东的开发和上海的发展问题。

为了使开发开放浦东这一决策更加符合中国国情和上海实际，从1989 年到 1990 年初，江泽民、杨尚昆、乔石、邹家华等中央领导和老一辈革命家都曾亲临上海，进行全面深入的调查研究和实地考察。1990年 3 月 28 日至 4 月 8 日，姚依林副总理受中央委托，率领国务院特区办、国家计委、财政部、中国人民银行、经贸部、商业部、中国银行等部门的负责同志来到上海，对浦东开发问题进行专门研究和论证。与此同时，国内外专家也被请到上海做可行性研讨工作。这一年的 4 月，中共中央和国务院正式作出了开发、开放浦东的战略决策。同时宣布 90年代中国改革开放的重点，就是浦东开发。从那时起，上海的发展进入了一个新的阶段。

上海开发晚了，要努力干啊！

邓小平结束对深圳、珠海的考察，已是 1991 年农历岁末。看到老人家一路劳累，人们都希望他能在珠海过春节。然而，邓小平却说，我还想着上海、惦着浦东啊！

1991年2月17日，听完了上海市负责同志关于浦东开发的汇报后，邓小平仔细地审视了浦东新区的规划图，指出：浦东开发晚了，是件坏事，但也是好事。

浦东开发晚了的话，邓小平已经不是第一次这么说了。只不过，这次视察了深圳、珠海特区等地方后，邓小平对此感触要更深一些。

早在一年前视察上海时，邓小平就十分明确地表述过类似的意思。他说："上海开发晚了，要努力干啊！"

对于这个"晚"，邓小平是这样解释的。他说："那一年确定四个经济特区，主要是从地理条件考虑的。深圳毗邻香港，珠海靠近澳门，汕头是因为东南亚国家潮州人多，厦门是因为闽南人在外国经商的很多，但是没有考虑到上海在人才方面的优势。上海人聪明，素质好，如果当时就确定在上海也设经济特区，现在就不是这个样子。十四个沿海开放城市有上海，但那是一般化的。浦东如果像深圳经济特区那样，早几年开发就好了。开发浦东，这个影响就大了，不只是浦东的问题，是关系上海发展的问题，是利用上海这个基地发展长江三角洲和长江流域的问题。抓紧浦东开发，不要动摇，一直到建成。只要守信用，按照国际惯例办事，人家首先会把资金投到上海，竞争就要靠这个竞争。"

不过，在邓小平看来，开发晚了，未必全是坏事。这是因为后来者浦东可以借鉴广东的经验。他说，你们可以借鉴广东的经验，可以搞得好一点，搞得现代化一点，起点可以高一点。后来居上，我相信这一点。"努力干，后来居上！"这成了浦东开发，上海振兴的指导思想。

为了加快浦东全面的、大规模的开发，尽快把浦东建设成为外向型、多功能、现代化的国际城市，邓小平在视察南浦大桥工程时说，上海这么大，不搞几座大桥不行，要加快能源、交通等重大项目的建设，能早上的就集中资金早上，早上一年早得利一年，不要拖。根据邓小平的这一指示，按照总体规划，分步实施的原则，上海加紧了浦东的开发开放。

首先是抓好基础开发，突出一个"快"字。在很短的时间内，完成了南浦大桥、杨浦大桥、杨高路拓宽改建工程、外高桥港区、浦东煤气厂二期工程、通信工程等浦东开发的十大基础工程项目，总投资达140亿人民币。大桥建设者们铭记邓小平视察南浦大桥时的殷切希望，提前45天建成南浦大桥。许多外国实业家参观南浦大桥等基础工程后得出了一个结论，中国是真心实意开发开放浦东，而不是打"政治牌"。

其次是带动区域开发，突出一个"高"字，高标准、高质量、高水平地建设。陆家嘴金融贸易区体现了整体性和上海特点；外高桥保税区已显示了发展的领先性；张江高科技区集中了各国现代科技。

再次是基础开发与功能开发相结合。国际金融区发展迅速，文登路商业街初具规模，金桥出口加工区100个投资项目已正式开工。

"金融先行"是开发浦东的一个成功经验。市长朱镕基向邓小平汇报了开发开放中金融先行的一些做法。邓小平听后，讲了一段极为精辟的话。他说："金融很重要，是现代经济的核心。金融搞好了，一着棋活了，全盘皆活。上海过去是金融中心，是货币自由兑换的地方，今后也要这样搞。中国在金融方面取得国际地位，首先要靠上海。"在邓小平指示的指导下，上海迅速奋起，抓好金融改革，瞄准更高层次的世界现代化水平，与国际惯例接轨。银行、信用社、证券公司、保险公司等金融机构大批涌现，特别是大批外资银行的涌入，美国花旗银行把其在华总部移至上海，上海已为许多世界大银行所瞩目。把上海办成金融中心，这又将进一步促进浦东开发，上海振兴。

上海变了

1993 年，邓小平又一次来到上海，他对上海的同志说：对中国来说，大发展的机遇并不多，中国与世界不同，有着自己独特的机遇，希望你们不要丧失机遇。

这一年的冬天，邓小平又一次视察了他一直关注的浦东新区。当时虽然下着阵阵寒冷的春雨，但邓小平的兴致丝毫不减。他兴冲冲地登上了已经竣工的雄伟壮观的南浦大桥，握着大桥建设总指挥的手高兴地说："这是上海工人阶级的胜利，我向上海工人阶级致敬！"

看着热气腾腾、日新月异的浦东建设新景，从不作诗的邓小平竟诗兴大发，笑吟道："喜看今日路，胜读百年书。"并对陪同的上海负责同志说，这是他的心里话。

1994 年，邓小平最后一次到上海过春节，也是他一生中最后一次外出视察。这次，他登上了新锦江饭店的顶层，尽情饱览浦东开发开放后的上海新貌。

随着旋转餐厅的缓缓移动，俯瞰着大上海璀璨的夜景，邓小平深情地说，"上海变了！"虽然短短的四个字，但它道出了邓小平对上海这几年来发展的充分肯定。

此后，邓小平虽然再也没有来过上海，但他 1992 年提出的"一年一个样，三年大变样"的希望，在他的亲切关怀下，经过全市人民的共同努力，很快变成了现实。从 1992 年到 1996 年，短短五年间，浦东的国内生产总值已经翻了两番多，全市的国内生产总值年均增长 14%以上，比上一个 5 年计划快了 1 倍，人均国内生产总值也由 5 年前的 1000 美元一跃突破了 3000 美元。

邓小平南方谈话与十四大

　　不坚持社会主义，不改革开放，不发展经济，不改善人民
生活，只能是死路一条。基本路线要管一百年，动摇不得。

——邓小平

1992 年 1 月，邓小平像往年一样去了南方……

　　1992 年 1 月，邓小平像往年一样，去了南方，开始了具有历史意义的南方视察。在武昌、在深圳、在珠海，邓小平发表了一系列重要谈话，发出了震撼时代的强音：

　　在武昌，邓小平一针见血地批评了"左"的言论和表现，指出右可以葬送社会主义，"左"也可以葬送社会主义。中国要警惕右，但主要是防止"左"。

　　他对湖北省委、省政府负责人说："发展才是硬道理"，"能快就不要慢"，"不坚持社会主义，不改革开放，不发展经济，不改善人民生活，只能是死路一条"，办事情正确与否"主要看是否有利于综合国力，是否有利于提高人民的生活水平"，低速度就等于停步，甚至等于后退。

　　在深圳，邓小平说："对办特区，从一开始就有不同意见，担心是

不是搞资本主义。深圳的建设成就，明确回答了那些有这样那样担心的人。特区姓'社'不姓'资'。""从深圳的情况看，公有制是主体，外商投资只占四分之一，就是外资部分，我们还可以从税收、劳动等方面得到益处嘛！多搞点'三资'企业不要怕。""有的人认为，多一分外资，就多一分资本主义，'三资'企业多了，就是资本主义的东西多了，就是发展了资本主义。这些人连基本常识都没有。"在从火车站到皇岗口岸的路上，邓小平对谢非等人说："广东二十年赶上亚洲'四小龙'，不仅经济上要上去，社会秩序、社会风气也要搞好，两个文明都要超过他们，这才是有中国特色的社会主义。"

在深圳，邓小平还谈到了人们最为关心的问题——什么是社会主义、怎样建设社会主义的问题。他说："要坚持党的十一届三中全会以来的路线、方针、政策，关键是坚持'一个中心，两个基本点'。""为什么'六四'以后我们的国家能够很稳定？就是因为我们搞了改革开放，促进了经济发展，人民生活得到了改善。所以，军队、国家政权，都要维护这条道路、这个制度、这些政策。"

1月21日下午，邓小平和杨尚昆在市迎宾馆接见了深圳市五套班子的负责同志。他语重心长地说："改革开放胆子要大一些，敢于试验，不能像小脚女人一样，看准了的，就大胆试，大胆闯。深圳的重要经验就是敢闯。没有一点闯的精神，没有一点'冒'的精神，没有一股气呀、劲呀，就走不出一条好路，走不出一条新路，就干不了新的事业。"

临别时，邓小平又说："你们要搞快一点！"这是他对深圳特区人民的期望，也是对全国人民的嘱托和希望。

在珠海，邓小平充分肯定了广东和珠海的工作成绩后说："抓住时机，发展自己，关键是发展经济。现在，周边一些国家和地区经济发展比我们快，如果我们不发展或发展太慢，老百姓一比较就有问题了。所以，能发展就不要阻挡，有条件的地方要尽可能搞快点，只要是讲效益，讲质量，搞外向型经济，就没有什么可以担心的。低速度就等于停步，甚至等于后退。要抓住机会，现在就是好机会。我就担心丧失机会。不抓呀，看到的机会就丢掉了。时间一晃就过去了。"

各级领导者是党的路线的执行者，如何选好各级的带路人，事关党的事业成败。对此，邓小平说："我在 1989 年 5 月底还说过，现在就是要选人民公认是坚持改革开放路线并有政绩的人，大胆地放进新的领导机构里，使人民感到我们真心诚意搞改革开放。人民，是看实践。人民一看，还是社会主义好，还是改革开放好，我们的事业就会万古长青！"

珠海和广东其他一些地方的巨大变化，使邓小平对我国走有中国特色的社会主义道路更加坚定了必胜的信念。同时，他也对特区的改革开放提出了新的要求。在珠海视察时，邓小平反复叮嘱广东省和珠海市的领导："要坚持两手抓，一手抓改革开放，一手抓打击各种犯罪活动。这两只手都要硬。打击各种犯罪活动，扫除各种丑恶现象，手软不得。"

视察了深圳、珠海后，邓小平乘火车沿浙赣线去上海途中，又一次来到江西。这也是他最后一次来到江西。在江西，邓小平又一次谈到了要尽快发展的问题。他说：稳定发展我赞成。但是，只要能快一点还是要争取快一点。胆子要更大一点，放得更开一点。不能胆子没有了，雄心壮志也没有了。有机遇能跳还是要跳。

解放思想，抓住机遇，尽快将经济搞上去。这是邓小平对江西乃至全国的期望，也是时刻萦绕在邓小平心头的一件大事。

邓小平南行的最后一站是上海。在上海他住了 18 天。这 18 天他谈话的主要议题还是要求人们抓住机遇，加快发展。要思想更解放一些，胆子更大一些，步子更快一些。

十四大报告以南方谈话为灵魂

邓小平的视察南方谈话，宛如一股强劲的东风，吹遍了中华大地，在海内外产生了强烈反响。

就在邓小平视察南方之时，海外新闻已经沸沸扬扬。舆论普遍认为，邓小平这次视察南方将使中国的改革开放再次进入快车道。中国将再次成为世界投资的热点。国内舆论更是热火朝天。人们欢呼又一次思想解放运动，期待着改革开放的又一个高潮。

党中央对邓小平的视察南方谈话迅速作出反应。1992 年 3 月，中央政治局召开全体会议，集中学习和研究落实谈话精神。6 月，中共中央总书记江泽民在中央党校发表重要讲话，全面系统地阐释了视察南方谈话精神。江泽民着重指出，邓小平的这个谈话为即将召开的中共十四大作了思想上组织上的充分准备。

1992 年 2 月，江泽民在十四大报告起草座谈会上强调：邓小平同志视察南方的重要谈话，是他十多年来关于建设有中国特色社会主义的一贯思想的高度体现和新的发展，十四大报告要以这个谈话精神作为贯穿全篇的主线。

6 月 9 日，江泽民来到中央党校，向在党校进修的省部级学员发表重要讲话。

江泽民在讲话中说，中央给地方的重要任务，就是要落实邓小平南方谈话的精神。

江泽民说：小平同志重要谈话贯穿一个鲜明的中心思想，就是必须坚定不移地全面贯彻执行党的"一个中心、两个基本点"的基本路线，解放思想，实事求是，放开手脚，大胆试验，排除各种干扰，抓住有利时机，加快改革开放步伐，集中精力把经济建设搞上去，不断地把有中国特色的社会主义事业全面推向前进。江泽民从 9 个方面阐述了如何深刻领会和全面落实邓小平南方谈话精神。

根据江泽民在中央党校的讲话，十四大政治报告起草小组又对报告作了重要修改。到十四大开幕时，报告已经修改了 10 次，620 多处。在此过程中，邓小平亲自审定了讨论稿，对报告给予了充分肯定，认为报告是有分量的，结构也是好的。

1992 年 10 月 12 日，中国共产党第十四次全国代表大会在北京人民大会堂隆重召开。中共中央总书记江泽民面对近 2000 名十四大代表，向全中国和全世界郑重宣告：我国经济体制改革的目标，是建立社会主义市场经济体制。江泽民说：这就是要使市场在社会主义国家宏观调控下，对资源配置起基础性作用，使经济活动遵循价值规律的要求，适应供求关系的变化，通过价格杠杆和竞争机制的功能，把资源配置到效益较好的环节中去，并给企业压力和动力，实现优胜劣汰。

十四大报告对"左"倾思潮给予了有力的回击。

江泽民在十四大报告中指出："左"的表现主要是否定改革开放，认为和平演变的主要危险来自经济领域，甚至用"阶级斗争为纲"的思想影响和冲击经济建设这个中心。右可以葬送社会主义，"左"也可以葬送社会主义。在我们党的历史上，"左"的思想根深蒂固。"左"带有革命色彩，拿大帽子吓唬人，好像越"左"越革命。在建设社会主义的进程中，从 1957 年起的 20 年间，出现的错误，主要都是"左"。改革开放要探索和开辟新的道路，突破束缚生产力发展的体制和观念，阻力主要来自"左"，现在明确要警惕右但主要是防止"左"，目的在于使全党同志特别是领导干部深刻吸取历史教训，密切结合当前实际，联系自己的思想和工作，提高贯彻执行党的基本路线的自觉性和坚定性，解放思想，同心同德，把经济建设和各项事业搞上去。

十四大报告以邓小平南方谈话为灵魂，对邓小平建设有中国特色社会主义理论从九个方面作了新的科学概括，使之成为比较完整的科学体系。并提出了用邓小平建设有中国特色社会主义理论武装全党的战略任务。

至此，党的十四大终于冲破"左"的束缚和传统观念，实现了令人振奋的新突破，开辟了第二次思想解放的新局面，促进了改革开放的新发展。

情系十四大

1992年10月12日上午，亿万观众在转播十四大开幕的电视荧屏上不约而同地搜寻邓小平的身影，人们未能如愿。

19日上午，在十四大的闭幕式上，人们又没有见到邓小平。于是，全世界都提出了一个问题：邓小平您在哪里？

邓小平就在自己家里。他同人民一样，同样在关注着十四大的召开。

邓小平对十四大的关注，自有他自己的方式。他关注着十四大的报告。在炎热的夏季里，他曾用两个半天的时间审读了报告草稿，又用了两个半天对报告提出了修改意见。他认为：江泽民这个报告有分量，是一次革命。他说：报告中讲我的功绩，一定要放在集体领导的范围内，要写得合乎实际，绝不是一个人的脑筋就可以钻出什么新东西来，是群众的智慧、集体的智慧。我的功劳是把这些新事物概括起来，加以提倡。

邓小平关注着十四大的进程。开幕那天，他和寻常百姓一样，坐在家里的电视机前，认真听江泽民的报告。结束时，他满意地说：讲得不错，我要为这个报告鼓掌。说完，就在电视机前鼓起掌来。十四大开了7天，他每天都翻阅十几份报纸，仔细了解大会进程。大会闭幕的那天上午，选出了新的中央领导机构，邓小平欣慰地说：真是群情振奋。

邓小平没有出席十四大，但他理解大会代表和全国人民的心情。他不愿也不会给十四大代表和全国人民留下一份遗憾。

10月19日下午3时，邓小平来到人民大会堂。在江泽民等七位新的中央政治局常委和新近退出中央委员会的老一代革命家杨尚昆、万里等人陪同下，邓小平要与全体代表见面。

邓小平来了。水银灯把会议大厅照得通明。两千名代表的掌声在大厅里久久回荡。

邓小平身着中山装，满面春风，边走边向代表们招手致意。

"小平您好！"

"祝小平同志健康长寿！"

这发自肺腑的声音，表达了全体代表的心声，道出了中华各民族人民深深的祝福。

与2000名代表一起，邓小平又一次留下了一张历史性的合影。随后，七名常委送邓小平往回走，在即将跨进电梯的一刻，邓小平突然转过身来，对江泽民说：大会开得很好，希望大家继续努力。

江泽民紧握着邓小平的手，激动地说：现在大政方针已定，我们要真抓实干。

望着年富力强的党中央总书记，88岁的邓小平高兴地笑了。

邓小平理论：十五大的灵魂

　　1997 年 2 月 19 日，一代伟人邓小平与世长辞。邓小平去世后，党内党外、国内国外都在关注中国的方向与形象；关注中国能否继续坚持由邓小平创立的有中国特色的社会主义理论，能否继续走由邓小平开创的有中国特色的社会主义道路；关注在世纪之交的关键时刻，中国共产党人以什么样的面貌跨入新世纪。1997 年 9 月召开的中国共产党第十五次全国代表大会进一步确立邓小平理论在全党的指导地位，并将其载入党章。这次大会的主题是：高举邓小平理论伟大旗帜，把建设有中国特色的社会主义事业全面推向二十一世纪。江泽民在十五大报告中指出：旗帜问题至关重要。旗帜就是方向，旗帜就是形象。坚持十一届三中全会以来的路线不动摇，就是高举邓小平理论的旗帜不动摇。邓小平同志逝世后，全党在这个问题上尤其要有高度的自觉性和坚定性。

邓小平理论作为全党的指导思想的历史地位的确立

　　党的十五大明确提出邓小平理论是党的指导思想，并将其在党章中确立下来，明确规定：中国共产党以马克思列宁主义、毛泽东思想、邓小平理论作为自己的行动指南。这是我们党经过近 20 年改革开放和社会主义现代化建设的成功实践作出的历史性决策。作出这个决策，表明以江泽民为核心的党中央第三代领导集体和全党把邓小平开创的建设有中国特色社会主义事业全面推向新世纪的决心和信心；也反映了全国人民的共识和心愿。这也是我们党对邓小平理论历史地位的认识逐步深化的必然结果。

伟大的事业，必须有伟大的理论指导。科学的革命理论是共产党人的灵魂和指南。中国共产党是非常重视理论指导的党。中国人民找到了马克思列宁主义，中国革命的面貌为之一新。马克思列宁主义同中国实际相结合有两次历史性飞跃，产生了两大理论成果。第一次飞跃的理论成果是被实践证明了的关于中国革命和建设的正确的理论原则和经验总结，它的主要创立者是毛泽东，我们党把它称为毛泽东思想。第二次飞跃的理论成果是建设有中国特色社会主义理论，它的主要创立者是邓小平，我们党把它称为邓小平理论。这两大理论成果都是党和人民实践经验和集体智慧的结晶。党从诞生之日起，就把马克思列宁主义确立为自己的指导思想。经过遵义会议和延安整风，党的七大又把马克思列宁主义的理论与中国革命的实践之统一的思想——毛泽东思想，确立为党的指导思想。现在，在十一届三中全会和十二大、十三大、特别是在十四大的基础上，党的十五大又把马克思主义同当代中国实践和时代特征结合起来的邓小平理论确立为党的指导思想。

确立邓小平理论为党的指导思想有一个过程。党的十一届三中全会以后，在邓小平理论这一当代中国的马克思主义形成和发展过程中，全党逐步认识了这一现代化建设的指导思想。党的十三大报告在第一次使用"建设有中国特色的社会主义理论"概念的同时，也第一次指出马克思主义与中国实践的结合有两次历史性的飞跃。党的十三届四中全会形成以江泽民为核心的党中央后，我们党对这一理论及其历史地位的认识更加深刻。1989年，江泽民在国庆40周年大会上指出："邓小平同志关于建设有中国特色社会主义的理论，是经过十年实践检验而为亿万人民所认识和接受的科学理论，是指引我们继续前进的旗帜。"经过党的十三届五中全会、七中全会、江泽民在建党70周年庆祝大会上讲话和1992年6月9日在中央党校的讲话，对邓小平建设有中国特色社会主义理论作了进一步的总结和概括，指出这一理论"是在新的历史条件下对马列主义、毛泽东思想的重大发展"，"标志着我们的社会主义事业进入了一个新的发展阶段，标志着我们党对社会主义的认识实现了一个新的飞跃"。党的十四大比较系统地概括了这一理论的主要内容及其贡献，明确提出了"用邓小平同志建设有中国特色社会主义的理论武装全党"的战略任务，指出"学习马克思列宁主义毛泽东思想，中心内容是学习建设有中国特色社会主义理论"，实际上确立了这一理论在全党的指导地位。这是十四大最大的历史性贡献之一。十四大以后，在落实用科学理论武装全党的历史性任务的过程中，我们进一步认识到邓小平理论是保证中国在改革开放中胜利实现社会主义现代化的唯一正确的理论。1993年11月2日，江泽民在学习《邓小平文选》第三卷报告会上的讲话中指出，邓小平建设有中国特色社会主义理论，是马克思主义同中国实际相结合的最新成果，是我们党付出了巨大代价获得的极为珍贵的精神财富，是我们党和人民进行新的历史创造的科学总结，是我们发展社会主义的伟大旗帜。党的十四届六中全会决议在论述精神文明建设的形势时，把这一理论的形成和发展，说成是"党的指导思想"的"历史性飞跃"。这是党的文献中第一次直接使用"指导思想"的提法。邓小平去世后，在《告全党全军全国各族人民书》和江泽民在邓小平追悼大会上致的悼词中，更加直接明确地指出这一理论"是中国共产党的指导思想和中华民族的精神支柱"，同时号召全党全国人民"更高地举起邓小平建设有中国特色社会主义理论的伟大旗帜"。1997年5月29日，江泽民在中央党校的重要讲话中，对邓小平去世后人们普遍关注和思考的一个重要问题：我们能否继续坚持由邓小平创立的建设有中国特色社会主义理论，能否继续走由邓小平开创的建设有中国特色的社会主义道路，作出了明确肯定的回答。他指出，邓小平创立的建设有中国特色社会主义理论和在这一理论指导下制定的党的基本路线，是我们必须遵循的行动指南。他对邓小平理论的历史地位作了深刻的阐述，强调我们一定要高举邓小平建设有中国特色社会主义理论的伟大旗帜，用这个理论来指导我们的整个事业和各项工作。这是党从历史和现实中得出的不可动摇的结论。经过十四大到十五大，邓小平理论日益深入人心，在这种情况下，党的十五大对我们党的这一基本理论作了进一步的概括和总结，第一次在党的正式文献中使用了"邓小平理论"这一更为醒目、更为简明、更为准确的新提法，强调邓小平理论是"马克思主义在中国发展的新阶段"，确立其在我们党的指导思想的地位，并将其载入党章，这是我们党对这一理论认识发展的结果，是以江泽民为核心的党中央作出的重大历史性决策。

在社会主义改革开放和现代化建设的新时期，在跨世纪的征途上，一定要高举邓小平理论的伟大旗帜

党的十五大的灵魂就是高举邓小平理论的伟大旗帜。江泽民向全党发出号召：在社会主义改革开放和现代化建设的新时期，在跨世纪的征途上，我们一定要高举邓小平理论的伟大旗帜，把建设有中国特色的社会主义的伟大事业全面推向二十一世纪。

一个领导人民从事伟大事业的政党，不能没有自己的旗帜。在社会主义改革开放和现代化建设的新时期，在跨世纪的征途上，我们为什么一定要高举邓小平理论这面伟大旗帜呢？首先，这是由邓小平理论本身的内容、地位和作用决定的。邓小平理论是马克思主义同当代中国实际和时代特征相结合的产物，是马克思列宁主义、毛泽东思想在新的历史

条件下的继承和发展，是当代中国的马克思主义，是马克思主义在当代中国发展的新阶段。这一理论是关于在中国这样一个经济文化比较落后的国家如何建设社会主义、如何巩固和发展社会主义的学说，是一个贯通哲学、政治经济学、科学社会主义等领域，涵盖经济、政治、科技、教育、文化、民族、军事、外交、统一战线、党的建设等方面的比较完备的体系，又是一个需要进一步丰富发展的科学体系，是中国共产党的指导思想和中华民族的精神支柱。所以，邓小平理论必然成为我们党的旗帜。

第二，这是近 20 年来中国经济社会发展的最根本经验。党的十一届三中全会以来，在邓小平开创的建设有中国特色的社会主义理论指导下，中国共产党和中国人民锐意改革，努力奋斗，整个国家焕发了勃勃生机，古老的中华大地发生了翻天覆地的变化，社会主义中国显示出强大的生机和活力。展望近 20 年来社会主义改革开放和现代化建设取得的巨大成就，国人自豪、世界瞩目。国民经济持续健康快速发展，综合国力大大增强，人民生活不断提高，社会主义市场经济体制正在逐步建立，对外开放总体格局基本形成，经济社会发展事业全面推进。所有这一切，都是在邓小平理论和根据这一理论确立的党的基本路线指导下取得的。20 年发展的历史告诉人们，在改革开放和现代化建设中形成、并经过这一实践检验的邓小平理论是科学的、正确的。特别是经过 80 年代末、90 年代初国际风云变幻的严峻考验，经过党的十四大以来我们在科学理论武装下所取得的辉煌成就，更有力地证明了邓小平理论的真理性及其价值。历史和现实证明，在当代中国，只有邓小平理论而没有别的理论能够解决社会主义的前途和命运问题。只有高举邓小平理论的伟大旗帜，建设有中国特色社会主义的伟大事业才能从胜利走向新的胜利。

第三，这是我们抓紧机遇、开拓进取，把建设有中国特色的社会主义伟大事业全面推向二十一世纪的必然选择。当今世界发展很快，国际间综合国力的竞争日趋激烈。中华民族以什么样的姿态进入二十一世纪，关系到中国在未来世界舞台上的地位。邓小平理论是在和平与发展成为时代主题的历史条件下，在我国改革开放和现代化建设的实践中，在总结我国社会主义胜利和挫折的历史经验，并借鉴其他社会主义国家兴衰成败的历史经验的基础上，逐步形成和发展起来的。这一理论指明了我们的事业继续前进的方向和道路。在世纪之交机遇和压力并存的关键时刻，我们将会面临许多新情况、新问题和新矛盾。这就更加迫切需要科学理论的指导。只有高举邓小平理论的旗帜，才能在正确的方向下找到解决现实困难和问题的办法，去顶住各种压力和迎接各种挑战，把握中华民族大发展的良好机遇，把改革开放引向深入，顺利实现我们在本世纪末的各项任务和目标，并为下个世纪的发展打好基础。总之，我们只有高举邓小平理论的伟大旗帜，才能把握正确方向，树立良好形象，把建设有中国特色社会主义伟大事业全面推向二十一世纪。

在当代中国，只有邓小平理论能够解决社会主义的前途和命运问题

江泽民在党的十五大报告中强调指出，实践证明，作为毛泽东思想的继承和发展的邓小平理论，是指导中国人民在改革开放中实现社会主义现代化的正确理论。在当代中国，只有把马克思主义同当代中国实践和时代特征结合起来的邓小平理论，而没有别的理论能够解决社会主义的前途和命运问题。

理论来源于实践。实践不仅是形成正确的理论认识的源泉，而且也是检验理论认识真理性的唯一标准。党的十一届三中全会以来，邓小平以马克思主义者的巨大政治勇气，以无产阶级革命家开创新时代的宏伟

气魄和胆略，引导我们的国家走上一条一心一意搞建设的新道路，开创了改革开放和社会主义现代化建设的全新事业。这样的事业，我们的前人没有做过，其他国家也没有干过。在开创全新事业的过程中，邓小平带领我们党以马克思主义的基本原理为指导，一切从国情出发，在实践中学习、探索、提高，并不断进行理论总结，逐步形成了新的建设有中国特色的社会主义理论科学体系——邓小平理论。这个理论总结我国改革开放和社会主义现代化建设的新鲜经验，总结新中国成立以来我国社会主义发展成功和失误的历史经验教训，总结国际经验，第一次比较系统地回答了中国这样经济文化比较落后的国家如何建设社会主义、如何巩固和发展社会主义的一系列基本问题。

近20年来，我们走过的路和改革开放所取得的巨大成就，都证明邓小平理论是指导中国人民在改革开放中胜利实现社会主义现代化的正确理论。邓小平理论作为当代中国的马克思主义，它立足于中国又面向世界，总结历史而又正视现实、放眼未来；它贯穿解放思想、实事求是的思想路线，围绕"什么是社会主义、怎样建设社会主义"这个首要的基本理论问题，在社会主义发展道路、发展阶段、根本任务、发展动力、外部条件、政治保证、战略步骤、党的领导和依靠力量、祖国统一等重大问题上，形成了一系列相互联系的基本观点，构成了一个完整的科学理论体系，描绘了社会主义发展的宏伟蓝图和美好未来。在当代中国，只有这个理论而没有别的理论能够解决社会主义的前途和命运问题。

当前，我国正处在建立社会主义市场经济体制和推进社会主义现代化建设的重要时期。在跨越世纪的新征途上，我们一定要高举邓小平理论的伟大旗帜，用这个理论来指导我们的整个事业和各项工作。这是党从历史和现实中得出的不可动摇的结论。

高举邓小平理论的伟大旗帜，事关中国社会主义的前途和命运，也必将影响到国际社会主义运动的发展。尽管苏联解体、东欧剧变后世界社会主义的发展进入低潮，但是，只要有 12 亿人口的中国坚持走社会主义道路，而且实现了自己的发展目标，就一定能够显示出社会主义的优越性。所以说，邓小平理论不仅是指导中国社会主义建设的正确理论，也是社会主义获得新的生机和活力的正确理论。

再版后记

为纪念新中国成立 50 周年，《邓小平与共和国重大历史事件》于 2000 年初在人民出版社第一次出版。近二十年来，本书受到广大读者的普遍关注和好评。

2019 年 5 月 13 日，中央决定从 6 月开始，在全党自上而下分两批开展"不忘初心、牢记使命"主题教育。近日，中央"不忘初心、牢记使命"主题教育领导小组印发《关于在"不忘初心、牢记使命"主题教育中认真学习党史、新中国史的通知》，要求把学习党史、新中国史作为主题教育重要内容，不断增强守初心、担使命的思想和行动自觉。

习近平总书记在纪念邓小平同志诞辰 110 周年座谈会上的讲话中，深切缅怀了他为党、为祖国、为人民建立的不朽功勋，追思和学习他为党和人民事业不懈奋斗的崇高风范。今年是中华人民共和国成立 70 周年，人民出版社推出《邓小平与共和国重大历史事件》纪念版。这次再版，重新设计了封面和版式，内容未作大的改动。

2019 年 8 月 2 日

责任编辑:鲁　静　刘　伟
责任校对:吕　飞

图书在版编目(CIP)数据

邓小平与共和国重大历史事件:纪念版/武市红,高屹 主编. —北京:
人民出版社,2019.9(2022.2 重印)
ISBN 978－7－01－021154－1

Ⅰ.①邓…　Ⅱ.①武…②高…　Ⅲ.①邓小平(1904—1997)–生平事迹
②中国历史-历史事件-现代　Ⅳ.①A762②K270.5

中国版本图书馆 CIP 数据核字(2019)第 196029 号

邓小平与共和国重大历史事件
DENGXIAOPING YU GONGHEGUO ZHONGDA LISHI SHIJIAN
(纪念版)

武市红　高　屹　主编

人民出版社 出版发行
(100706　北京市东城区隆福寺街 99 号)

北京盛通印刷股份有限公司印刷　新华书店经销

2019 年 9 月第 1 版　2022 年 2 月北京第 4 次印刷
开本:710 毫米×1000 毫米 1/16　印张:30
字数:405 千字

ISBN 978－7－01－021154－1　定价:70.00 元

邮购地址 100706　北京市东城区隆福寺街 99 号
人民东方图书销售中心　电话 (010)65250042　65289539